再读论语

沈再 著

子曰：「为政以德，譬如北辰，居其所而众星共之。」

天津出版传媒集团
天津古籍出版社

图书在版编目（CIP）数据

再读论语 / 沈再著. -- 天津 ：天津古籍出版社，2025. 1. -- ISBN 978-7-5528-1503-0

Ⅰ . B222.25

中国国家版本馆CIP数据核字第2024NM4623号

再读论语
ZAI DU LUNYU

沈 再 / 著

出　　　版	天津古籍出版社	
出 版 人	张　玮	
地　　　址	天津市和平区西康路35号康岳大厦	
邮政编码	300051	
邮购电话	（022）23517902	

责任编辑	柳　笛	
封面编辑	鞠佳美	

印　　　刷	天津新华印务有限公司	
经　　　销	全国新华书店	
开　　　本	710毫米×1000毫米　1/16	
印　　　张	27.75	
字　　　数	430千字	
版次印次	2025年1月第1版　2025年1月第1次印刷	
定　　　价	138.00元	

版权所有 侵权必究

图书如出现印装质量问题，请致电联系调换（022-23517902）

自 序

本书所据《论语》版本，取诸通行之宋朱熹《论语集注》（北京中华书局《四书章句集注》1983年版）。

《论语》行世，先秦时或有鲁、齐、古诸本，鲁《论》当为宗样。前汉好老氏，孔儒不得志，盖伏于乡党开教授业，及董仲舒应召而出，儒术始兴，博士读注《论语》遂一发不可收拾。经王莽一变，后汉古文经学发达，遍注古经高名声远，以马融、郑玄卓著，郑玄所注《论语》爰为后世通行本，而及于宋儒朱熹。

今人能读《论语》之类经典，尤当鞠躬致谢古文经学一脉编纂之功，《尔雅》训辞，《说文解字》总字，《广韵》正声，《文心雕龙》集文，若非训诂考据、校勘订正之学术成就，诸夏文化传承固难以为继尔。自朱熹后，有明一代归入理学，专门注读《论语》者鲜矣。近世变革，今文经学风气复起，新儒家不甘沉沦，应时出而卫道，盖以钱穆（字宾四）先生所作《论语新解》流传声广，二十世纪初日本宇野哲人先生采朱熹本在东京出版《论语新释》，不分时代、地域勉力匡扶孔子正义。

《论语》为孔儒经典之至要，地位或可比拟他类文明之圣经，信奉者代代从而运之，不特深刻影响历史观念、社会规范、政治倾向，且渗入文化生活领域：蒙童识字、堂室建筑、楹联文饰、服装饮食、四时节气、心理安慰、社交娱乐无所不染，载之于《三字经》、《千字文》、诗词歌赋、戏曲演义之册，传之于私塾、书院、辟雍、茶座、青楼之处，兴之于婚丧嫁娶、迎来送往、大功告成之际。故尔《论语》当可谓乃一文化肌体之基因深髓，绝非咬文嚼字之辩驳、标新立异之毁誉，自诩能伤之者也。

本书采哲学式注读《论语》，窃望免训诂考证之拘泥不通，勉盼远以纬乱经之造次偏颇。端赖近世考古学、人类学、语言学、分子基因学诸门知识之成就，哲学式阅读经典方为可行，而不至于妄意希天矣。王国维氏即为引考古而入经学注读成功之例，《观堂林集》考据与考古并举，三代文物斐然成章；钱钟书先生之哲学式阅读盖无出其右者，所作《管锥编》玩赏经史子集，不通乎哲则绝不罢休；日本学者内藤湖南先生几亦有哲思通见之功，所治中国史学史之研究法堪比人类学；印度辛加尔教授所著《印度与世界文明》尤可明证：若乃不凭哲思通见，古代文明必僵死于零散遗存，不过沦为今人浅学炫耀之图腾罢。

本书体例，沿采章句注读法，以原文"句读"为主，力求去芜存精；又加"释读"于每章前端，务期通情达理：或通明全章共指，或通乎当时古今，或通贯《语》内前后。每篇最末"再按"之语乃作者运思，非切《论语》本身，诚欲置身当时仲尼，合观天地人间，再返孔教宗旨纲要，容其情而会其意，读者可独立审参。本书所作析理言义，因至尊孔子，凡不匹相当之名、之事、之义，一概不取；举例殆免及于孔子身后，若有所及则统谓之"后儒""后世"或"今人"，不指任何时代；地名亦贴采古称，大略呼之，不求精准。

适值数字计算时代来临，围棋象棋已为落败，昭示人类哲思通见能力末落之前景，近代人文学术所凭文献索引模式料不久将全委之于人工智能，胡适之先生一辈当年靠摘抄卡片治学之方式一去不复返矣。本书注读《论语》古典正战兢于此，虽多承学者成果而作引用，实不敢自称学术，诚劝读者当作小说家言之艺文耳，倘能襄赞贵府闲暇网络搜索之趣，得以婉转致敬前辈诸贤，愚愿固足矣。

目　录

学而第一	1
为政第二	20
八佾第三	43
里仁第四	66
公冶长第五	88
雍也第六	111
述而第七	139
泰伯第八	170
子罕第九	190
乡党第十	215
先进第十一	228
颜渊第十二	246
子路第十三	267
宪问第十四	292
卫灵公第十五	327
季氏第十六	357
阳货第十七	373
微子第十八	395
子张第十九	407
尧曰第二十	427

洞悉『论语』智慧 传承华夏文明

- **听**·儒音雅集
  听配套有声书，走进儒家思想的殿堂。

- **悟**·论语智慧
  为你解析经典，汲取中华文化的精髓。

- **读**·先贤名句
  读经典名句，领悟先贤的生活艺术。

- **观**·圣人故事
  通过纪录片，见证孔子的生命旅程。

|扫码查看|

学而第一

子曰:"学而时习之,不亦说乎?有朋自远方来,不亦乐乎?人不知而不愠,不亦君子乎?"

释 读

斯章论为学之义。开篇首列学而篇,彰显孔门重学之义,或亦表纪传弟子敬师之意。孔子劝学三论,并立而又相联,递进所喻盖明两旨:其一,人生行世,所求莫过于乐也,或独乐,或众乐,或安乐;其二,欲达所求,根本在学也,惟信学道高明,舍此别无他途。本章前述两义易解,末句之义似费周折,容当深析。人不知而不愠,犹言学有所成者,若怀才不遇,亦足以安之若素,无怨无尤;既有此安乐,何必再取譬君子而称美,岂非买椟还珠、狗尾续貂,多此一举乎?故当深明"君子"所喻"学成"之多指:一者孔门教人好学上进,主以位列君子为鹄的也;二者学道求诸在我,初学或不免"人不知而愠"之陋,行世如宾而求,及至大成,则能反客为主,卓立天下,安乐自尊而无所求矣;三者孔门所谓君子,通乎学道而论者也,隐然轻其君子之位,而重配位之德。盖本章夫子乃喻世人有为必当向学也。

【学而时习之】幼鸟双翼振而不飞曰习。新知加身,犹雏鸟之生双翼,习而方可有用也。上知先知从学于天地,后知中知从学于人师;古制,夏时曰校,殷时曰序,周时曰庠;孔子时有小学与大学之分,小学主教蒙童初艺,大学主明成人义理。本章劝学乃通诲彻语,本句义主指小学之乐也,盖谓一切人等,若入学道,虽小学亦可乐在其中焉。

【不亦说乎】"说"同"悦",喜也,与"好恶"之"好"相近,亦通"乐"义,独乐之义也;犹言乐不可支也。学而时习,得之在我,从心而悦。

【有朋自远方来】朋,友也,然似与"友"之近缘相对,多指远缘之"友"也。大学之道,广行天下,学之则可自大其身;同学身处异域,虽未谋面亦能为友,实赖大学有成方享其妙也。学者行世,固有出乎望外之喜也。

【不亦乐乎】乐,喜也,众乐之义也;通"悦"义,一己之"悦"能及于众,众乐之妙也;犹言何乐可胜之也。夫"悦"或为小乐之形,而"乐"乃大乐也。

【人不知而不愠】愠,不悦也,闷闷不乐也;程度加重可言"恚",再重则言"怒"。学有所成,德必稳固,外轻内重,随遇而安,我之"悦"及"乐"已不可夺,故无生"愠"者也。

【君子】初世先民依血缘而定亲疏远近,渐生尊卑贵贱之制,尊贵者代代相传而成贵种,诸夏名之曰君子也。周礼所谓君子乃天子诸侯血亲之统称,及孔子时,爵位可得世袭之家族成员皆称君子,分等而列"诸侯""卿大夫""士"三大级,混而简称为"子"也。夫"子"以下无位而有份于礼者,缀食于君子,俗称为"国人"或"人"也;礼之外者无位亦无份,而为君子所采食,称"民"也,其任使于"子"(或"人")而行贱役者称"奴",夫"奴"居远邑者称"野人";详察礼制文字,古时所谓"人"与"民"不可等视浑说。本章夫子以"君子"而喻为学大成之境,凡有为上进之士,其犹世间尊贵者,能反客为主,乃卓尔自立于天下者也。

有子曰:"其为人也孝弟,而好犯上者,鲜矣;不好犯上,而好作乱者,未之有也。君子务本,本立而道生。孝弟也者,其为仁之本与!"

释 读

斯章论为学之要。本篇多劝世人学而知之,本章有子亦然。孔子立教,其所谓仁者,或为新鲜事物,门外汉不明个中美妙,师徒劝学,必先切情而后方能共鸣,犹今之所谓营销术也。盖有子所劝者乃君子,故本章就犯上作乱之患而论。

【为人也孝弟】孝者,善事父母也;弟同"悌",友待兄弟也。君家守礼为周礼基石,关乎天下和平安宁,其犹今所谓执政团队内部秩序;文史专家训周礼古制,指"尊尊、亲亲、贤贤、男女有别"谓之四柱,孝弟主奉"尊尊、亲亲"之礼,行之不怠,世代无乱。

【不好犯上,而好作乱】盖"犯上""作乱"两事有分有合:所分者后果也,一轻一重;所合者因果也,一先一后。远见者防微杜渐,防患于未然;无知者熟视无睹,必至大祸临头,而悔之晚矣。

【本立而道生】"本"与"道"两字为形上常用,不免人言言殊,所指多矣,非明《易》不可得之,兹简述其要:(1)《易》主"一分为二"之运,天生一,一生二,夫"生"者即所谓"道"也。(2)夫"道"之所生必存乎两端,如内外、本末、刚柔者,皆从阴阳之二分而成。(3)所谓"本"相对于"末"义方可得立,言"此"必当及于"彼",无时无刻,两不相忘。今所谓量子纠缠、叠加者,或亦合于此义。(4)夫"道"又含"行"义,行之于本者,正道也;行之于末者,大道之尽也,近乎无道矣。有子先举世间犯上作乱之大患,而告为学求仁之大义,论法犹云"扬汤止沸,莫如釜底抽薪",教人"止沸"之道:夫"沸"之"本"乃釜底之薪也,而"汤"为其"末"耳,故"止沸"正道在于抽薪,不必扬汤。

【仁】所谓仁,称善称佳者也;盖孔子取日常称善之俗语,立为本教形上至义之名,其犹《易》之取"道"字一法也。至义之"仁",近及于"天"而全存乎人,故世人敬天必当守仁;若仿有子本章句式,似"不守仁者,而好敬天者,未之有也"之谓也;圣教形上至义,好用形下俗字,为利广传而不得已之方也,孔门亦本此而兴仁广教焉。后儒极推"仁"义,视"仁"与"天"并齐,奉"道外无人,人外无道"而训守仁等同敬天,"仁义"遂代"天理"亦为至尊,故孔教又可名之曰"仁教"也。

再读论语

子曰:"巧言令色,鲜矣仁!"

释 读

斯章论初学仁义之法。仁义深奥玄妙,初为孔门学者,先教以排除法,近似老氏一门说所谓"道"者,一时难以言明,则以"无欲""无争"而示浅知,皆学道教法次第之常运,佛陀讲经,善用此法尤甚。言之巧辩,色之善迎,俱为日常之胜姿,世多以此而洋洋自得者,而孔门仁教非之,自有当头棒喝之功。或投门下学者欲得逐利应急之方,求有速效,盖本章夫子儆学者当先务本之义。

【巧言令色】令,美也。或源自历法之称,天子定正朔,明时历,天下依时而作,称月令;周时正月为始,令月次之,为一年吉时。学者求言之"巧"、色之"令",其志非当,明告以诫;仁者不求巧言与令色,并非刻意窝囊无用,学者修成自然可出辞气,何须乖离逐末焉?夫子不值"巧言令色",后儒改以"茅塞顿开""如沐春风"之类当面阿人,或亦未免巧言之嫌也。

【鲜矣仁】犹言无仁也,非仁者所当行者也。盖时风本末倒置,盛行逐利,轻礼废仪,人伦有失序之患;夫子以为巧言令色者,苟且从权,败坏世道,亦难辞其咎。

曾子曰:"吾日三省吾身:为人谋而不忠乎?与朋友交而不信乎?传不习乎?"

释 读

斯章论学修之道。夫"学"主得知,夫"修"主正身,以所学而正己身,谓之"省"或"反省",乃修身之本也;盖求诸己之学问,必设科反省功夫。圣教修身反省,乃绝对私隐,通例不得旁人介入;本章曾子异乎寻常,以反省示人,岂可谓之反省邪?推究情理,或宜解作教学之语,乃诲初学者反省之方,而非曾子自白己省之辞。盖初学者入教,或无缘巧言令色之术,相聚窃窃私语,以为误投师门,本章曾子聚众而训,勒弟子反省于"忠、信、勤"三义。

【省】观己也、自检也。古圣求诸在己之教,文字有所不同,其义则能通也;后世佛师译经,多采诸夏经文之字,如本章之"省"字,主喻内观,净洗厌离,省修之义又益丰富:先清所染,而后一尘不染。

【为人谋而不忠】忠,不违也,衷心而守也。盖"忠"之初义在于为人谋,常义在于为君谋,形上至义乃死守仁道也;高下固有三分,曾子取其下而论,可证本章或教训新进者也,犹今时新兵入伍背诵守则,务求熟烂于心。

【与朋友交而不信】言与行相合谓之信,本句当主察其"行"之一端也;若察"言"之一端,则谓之"诺"或"约"也。依礼,朋友一伦属平交,无上下之命,所系者惟"信"耳。孔儒所谓"忠"多指侍上,所谓"信"则主及平交。

【传而不习】传,教也,授也。传而不习,等同未传;常习所传,通乎不惰,勤也。一日三省者,曰忠,曰信,曰勤;初学虽浅,奉此三义往复无厌,从教入门殆可无虞矣。

子曰:"道千乘之国:敬事而信,节用而爱人,使民以时。"

释 读

斯章论为政之道。孔子初兴仁教,广劝人学,首重网罗家国君子,若无涉为政之道,必难收劝学之效。盖本章夫子扼要举例,以示本门政见之高明。

【道千乘之国】道,行也,善治也。周天子行封建,主以宗室立国,故君子贵种称"国"亦为"家国",原分大小百里、七十里、五十里不等之国;后渐有分合,及孔子时大国多已自大,改以骑乘计量,如按八百家出车一乘,千乘之国近拥百万之众,当指公侯大国。

【敬事而信】敬,下行礼于上,以示尊义;敬事者,勤政也。主权者勤政不怠,又重信守约,有为而不妄为,乃善为者也。

【节用而爱人】节,截也,裁也,节用即"俭(简)"也;爱,喜而亲之也,其所怀之"亲"义出于喜好而非本于血缘,故爱人者能以非亲为亲者也。礼制国本家有,宗亲合族用度配享,固可予取予求;君子若为仁人,其奉"亲亲",重"爱"轻"用",务本而和亲也。

【使民以时】时,时历也,此指逢时之义。使民之义,即徭役也;家国采食于民,一为财物,一为民力;征用民力称徭或役,徭盖指从官事者,如河工、筑屋之类,役盖指随军民夫,如戍边、担粮之类。使民若不以时,服役抛荒,扰民伤生。

子曰:"弟子入则孝,出则弟,谨而信,泛爱众,而亲仁。行有余力,则以学文。"

释 读

斯章论小学大学相续之道。幼童小学,教其举止,养其习俗,正其言行,明其善恶,以求子弟成人无害,今时幼教家教亦本此而作所谓启蒙教育,古今不易者也;及至长大,各赴前程,若有志为学,智力又及,大学不失为一途。由本章或可料当时为学,乃成人从业之一选而已,小学之后未必再学;小学主重技艺,纵关乎为文,或亦止于口诀记诵,而大学则非学文不可。盖其时君子等级尚武轻文,子弟若从大学文教,不免有误入歧途之忧,故本章夫子劝而释之。

【弟子】君子家族青年子弟之称也。后下流至百姓百业,从业之师以"弟子"称门徒者尤多。

【入则孝,出则弟】入,入于父母室内也;出,出其父母居室,仍在家兄弟相处也。在家出入,守礼而行。

【谨而信】谨,慎也,主慎言也;通训在家在外之行也。交游于人,言而有信,虽年幼亦当知不可行欺人偷窃之事。

【泛爱众】泛,水大之貌也,取其四通之义也;主指在外之行也。泛爱众,不限其亲而亲者;弟子小学虽知之尚浅,未明"亲亲"大义,亦能与人为善,内怀所谓同情心。

【亲仁】亲者，近也，好也，与"远""厌"之义相对。小学有成，明是非，辨善恶，择善而从，弟子近乎有德矣。

【行有余力，则以学文】所谓文者，盖与"纹"相通，杂凑而成也；象形文字初同纹事，义皆不定，及能专指，方称为"字"也；本处之"文"当指诗书六艺之文，而喻大学也。弟子小学有成，足当各从其业；而孺子可教，又力所能及，不入大学续修，似甚可惜尔。夫子劝学之意显矣。

子夏曰："贤贤易色，事父母能竭其力，事君能致其身，与朋友交言而有信。虽曰未学，吾必谓之学矣。"

释 读

斯章论仁教广行之义。仁教自行之于天下，为学故不必尽入师门，若能身体力行，必也殊途同归，虽不为同门，亦可谓同学矣。子夏所言同学之义，实广大师门之论，有尽括天下士子之效，深合后世传道者所谓不为同门亦为同道之义。

【贤贤】贤者，以"知"而言乃谓之"明"也，以"行"而言可谓之"能"也；相合共指，盖贤者乃明义理而善治事者也。夫"贤贤"之为德，原出自礼制政治，主修君子之识贤、礼贤、用贤诸节，以求天下有治；后泛指主权者必备之德行，若非"贤贤"而用人，为君必无以胜任。贤者当时未必有其位，遇贤固当屈尊以迎，而呈"贤贤易色"之状，从礼贤之义也。

【竭其力】竭，尽也，尽己之能也。所谓孝为善先，在心不在迹；心有余而力不足，其"孝"亦可谓至矣。

【致其身】致，付也，出也。尽其身心而付之于君命，犹甘作牺牲者，其"忠"可谓至矣。

【言而有信】言，诺也，约也；有诺必复，有约必行，合"信"之义也。

【虽曰未学,吾必谓之学矣】盖前章夫子主劝君子孝父母,子夏本章则劝学于君子;相同者皆奉仁义,相异者夫子主入学,子夏许在家。

子曰:"君子不重则不威,学则不固。主忠信。无友不如己者。过则勿惮改。"

释 读

斯章论君子善学之义。君子礼制庄重,自有其威严,若非矜持或不免取辱,君子道也;而为学求仁则大异其趣,固无高低贵贱之别,当怀一律平等之意,为学之道也。又君子究非庶人子弟可比,所学主次本末亦当合其天命,故本章夫子本于尊尊亲亲贤贤之旨,主诲君子为学成德进益之道。

【学则不固】固,固然也,当有也,理所当然也。为学求道皆同学,无关礼位身份,犹今所谓学术面前人人平等;故虽君子,在学必当谦己以让,服其师教,合其同学,方称为学正道。有解此句以"不重"作其因,而"不威"与"学则不固"并列为其果,故训"固"字为"坚固"义,相成于"重"义,又相应于"威"义,合指君子当奉"重、威、固"而学,意颇牵强,尤不通后三句义,必未辨"不重则不威"与"学者不固"乃指两事,各从其理,并非一道,遂浑君子道与同学道而出误解,与劝喻君子放下架子虚心求学之意正相颠倒。

【主忠信】君子人家以尊尊为首礼,弟子行而不明其义,或难免为人所乘,易成心腹之患而乱天下,故孔门大学深教君子,明举忠信乃尊尊之本也。

【无友不如己者】后世读本句,易生抵触,误会孔子教人势利,寻攀高枝。礼制时代,君子贤贤之道,非常人交友可比,必从贤义而择友,此其一指也;君子无私交,不可任一己好恶而友,又其一指也。故本"贤贤"之义而解"不如己"者,可明所谓友者,乃"亲贤人,远小人"之义也;君子同学,附者自众,不察滥交,必害贤贤之道,岂可不慎乎?

【过则勿惮改】过,失也,误也,不当也;惮,怯也,畏也,不肯也。有过则改,本为常理,原不必多所烦言;君子礼位庄重,最讲体面,恐难为之,纵己之过,尽可诿人承受,故夫子重诲以儆。盖所训君子乃为学之新进者也。

曾子曰:"慎终追远,民德归厚矣。"

释 读

斯章论广教之法。其时周礼天下,王室既颓,家国自为,礼失其器,无所归依;适孔儒新兴,欲广大其教,劝四方来学,必亦苦寻通乎上下远近而又同求共意之事,以作盛放新教之容器。传孔子乃商人之后,源于夷人,重治丧事,人托众请,或受启发,遂切丧仪而造利器,新教随入家家户户。孔子自承周公旧礼,而周礼限行于君子人家,原不通于庶民,考诸旧礼宗法、庙数、丧服种种大件,民亦无力仿效,故孔门师徒取其形,简其仪,重其义,新其说,底定天下百姓之礼,堪称新礼教也。本章曾子斯论,可谓新礼教之滥觞,虽其始也仅微言凿凿,及至成也浩荡滔滔。

【慎终追远】慎终,丧亲也,必哀葬之;追远,敬宗也,必祭祀之。亲者丧于前,无论厚薄,以哀葬尽其礼;祖宗化为鬼,无论远近,以祭祀尽其孝。周礼旧法,所谓服丧之制乃承自宗法之制,宗法之制乃承自天子诸侯继统之制,固有民人所不宜者;孔儒取其孝悌而教,立为新礼纲常之首,既无伤旧礼,广传之效尤胜,可谓新辟一礼制时代矣。

【民德归厚】民德相对上德而言,合于为政务民一道,求其顺服平安之义也。民德以顺服为归,其义乃经说也,而孔儒此论盖另有深意:(1)大人之德多出于礼制,细民之德多系于风俗;(2)然民俗良莠杂陈,不得乱投其门,故孔门切丧事而起以化民,虽薄丧亦从其礼,知其祖,认其宗,怀其亲;(3)自是可教孝悌,再明尊敬,由浅入深,循循善诱,化俗进德,斯可期天下同归于仁矣。

再读论语

子禽问于子贡曰:"夫子至于是邦也,必闻其政,求之与?抑与之与?"子贡曰:"夫子温、良、恭、俭、让以得之。夫子之求之也,其诸异乎人之求之与?"

释读

斯章论仁德之美。仁德大成,必也发乎天,存乎内,运乎人,其用无远弗届,无往不胜;为学各有其求,或为名位,或为利益,并不希奇,惟求仁得仁者,能以"温、良、恭、俭、让"示人。子贡善颂夫子,本章堪为一典。

【政】政事也,君主之事也。为政之事,定夺于君主,谋划于大臣,大臣以下多不得与闻也。孔子客游他邦,位不及大臣,而得与闻其政,非常礼所可,故弟子讶异而问。盖子禽时为门人新进。

【求】夫"求"之存乎己身,称"志"或"欲"或"意"也,行及于人则谓"求"或"请"或"索"也。若人不予,强"求"以得,谓之"乞"也,哀求也。

【与】同"予"之义。不求而"与"之,称献也,敬也;求而"与"之,称给也,赏也。夫子仁德存身,人敬而与之,勿庸"求"也。

【温】平和也,了无愠色。其气平和,人多亲之。【良】善也,盖主言善。其善美也,人多信之。【恭】行礼也,谦己居下。其顺礼也,人多敬之。【俭】简也,不奢华也。其无饰也,人多尊之。【让】无争也,后得也。其让人也,人多乐之。此五义所形之仁德,亦犹日月光辉照耀,邦国若非无道,岂不仰望敬爱,何劳夫子求而与之哉?

子曰:"父在,观其志;父没,观其行;三年无改于父之道,可谓孝矣。"

释读

斯章论尊尊首孝之义。继统所赖尊尊之义,由周公成之于礼,主运于王室天家父子继立相传；以政事而言谓之尊尊，就家事而论称为孝弟。孔子兴教劝学，立"孝"为礼制首义，君子或有疑者，盖本章夫子务本而释，其所谓孝并无违君家尊尊礼义。后儒偏重教化民德，严繁天下孝仪，或非祖师初衷。

【父在，观其志】志，求也。本句犹言父在则以其志为志，乃子尊父也，子从父也。天家无私，所谓行孝，岂可与匹夫人家相提并论，嘘寒问暖、出入请安，固属当行，终为末事耳；君子为子而事父，必以尊其位、服其命、合其意而归，尊当尽忠，君子行孝之本也。

【父没，观其行】父死子继，继祢者道承其父，知其然而再知其所以然，谓之"观其行"者也。君父所行固有所由，子观父行，得其所由，明其苦衷，知其难为，必生敬意，犹今俗语所言"不当家不知柴米贵"也。

【三年不改于父之道】周礼服丧之制盖分轻重五等，曰斩衰、齐衰、大功、小功、缌麻，以斩衰最重，子为父服，当生麻戴身守杖三年。世子继立，三年丧期，不改君父之道，用其臣，继其政，化大忠为大敬，亦君子行孝之本。后儒重化民德者，依本句义强求民间通行三年守孝之制，似未得其旨由。

有子曰："礼之用，和为贵。先王之道斯为美，小大由之。有所不行，知和而和，不以礼节之，亦不可行也。"

释　读

斯章论仁礼救世之义。古圣制礼，孔儒言义，所谓义者，有常有变，礼主和乃为其常，礼有节则出其变。时遇变者，无人奋起以应，遂为世患，故志士仁人当明己任，以安天下。盖本章有子忧世而劝君子勇于卫道。

【先王】孔儒所谓先王，同"往圣"一也，殆指尧、舜、禹、商汤、周之文武。先王开天辟地之功成于礼制，运礼而治能和天下之美，而至美者莫过于古今亦如一家；盖上古礼制政治，隐有王位相继之心理，视先王几似祖宗，以为均出天生，本一脉相承者也,孔儒或默认无疑。后儒发作而生"正统"论,此说遂大行于世,新立帝王无论何出,必自三皇五帝起寻祖认宗,以合礼教正统之义。

【和为贵】和,安也,容众也。礼制之美,成于先王家室之"和"也,亲疏不争,相安无事。以和为贵,当指礼仪之妙要尤以君子仁德为本焉。

【小大由之】本句当指宗法有失之义。所谓"小大"者,盖周礼宗法所定大宗小宗,固有严明之义;若天下任由其乱,大小宗不分无辨,后果不堪设想。小大由之,何以为有子之深忧哉?兹依文史专家研究浅表大略:(1)周鉴殷亡,严制继立传子传嫡,长幼嫡庶之序,全凭宗法能明;(2)一君多妇,以妇为室,太室所出长子为世子,别子为祖,继别子者为宗,是为大宗之始,大宗之诸兄弟为小宗之始;(3)天子为天下父,则世子为天下子,该父子一系至尊,别其兄弟叔伯,故不当曰祖曰宗,而实为天下共戴之最大祖宗;(4)天子至尊,虽不称祖宗,又当负合族之义,若乃五世而迁之宗,亦可收归天子一系;(5)传子传嫡以免兄弟相争之忧,宗法则明子孙相安之道,继立分封俱当听天由命,不许争夺,宗法所立之大小次序实为周室礼制纲纽,寸步不让者也。盖孔子时宗法制广行于下,其旨已不甚严明,大小之分可定于人争,而世人亦渐视为当然,假"和"之名而饰苟且,大有今所谓强权即公理之势,故尔有子患之。

【知和而和,不以礼节之,亦不可行】苟且偷安者振振有辞,反假"以和为贵"之说而逃,不肯出头应变,任凭众暴寡、强凌弱,犹今所谓绥靖者也。有子斯言温而厉,端在一个"节"字,当谓宗法小大之礼义若尽失,则"和"义亦同尽毁,推其"节"义可入激烈而"攻"之义也。夫"知和而和"之前一"和"义指和平、安乐,后一"和"义指忍耐、退让;夫"节"之义,动词,修正也,所谓"以礼节之"隐含制裁之义;盖有子所忧时患,一为宗法礼乱,小大由之;一为卫道乏人,不以礼节之。

有子曰:"信近于义,言可复也;恭近于礼,远耻辱也;因不失其亲,亦可宗也。"

释读

斯章论大学修身之功。小学有成,初明言行、孝悌之训,能戒欺骗、粗鄙诸恶;续入大学,知理明义,成于有德,必定再获善功也。

【信近于义,言可复也】义,当然之理也,必行之为也;复,行也,履约也。言行合一曰信,知行合一曰义;夫"信"近于"义",则"言、行、知"三者合一,可称德也。许诺或约定之"言"固当行之,仅为"信"义之下者,未必正当,譬如无知者私许助人夺位;夫"信"之上义当合其所知之"义",明"义"而断先时之约言,远不义而去不当,并非食言无信,而可谓之幡然醒悟、悬崖勒马者也。

【恭近于礼,远耻辱也】恭,行礼之身也,居下而行之状也;耻辱,咎己曰耻,责人曰辱。若非大学,行礼不知其义,浑然不辨尊卑、上下、远近、受授诸节,必多过失,易招耻笑而为人所轻;尤可恶者,不知己"耻",亦不惮人"辱",甘居下流,犯上作乱,则近乎自取灭亡。故好学知礼岂异于救命乎?

【因不失其亲,亦可宗也】本句古义玄奥,盖出于宗法服丧之制而说。所谓"因",当为"过继"之义:(1)大宗可定小宗之继;(2)小宗若绝继,大宗可择族人指定继祢,称"过继"或"因";(3)相"因"者虽无父子之实,而有父子之义,义子当以孝亲之礼事其义父;(4)义子若明宗法至理,行礼必合节中矩,生父义父两家亲疏不乱,故谓"可继宗"也。由是可窥古代人群,以父母为本而衍生之常伦概貌:第一,初民男女无防,家由女统,诸夏古姓从女,如妣姓、姚姓、姜姓,血缘可明;第二,及后人群近缘聚落,扩大而成氏族,男以族名为其姓,称氏,如有虞氏、有陶氏、有穷氏,男女混统其家;第三,再后家由男统,设男女之防,立婚姻之说,渐归一男多妇之俗,盖为《诗》所指之时代;第四,近古文化,男人成功,主宰其家,多妇多室,各室出子,血缘繁兴;俟其家为天下君家,严婚姻之制,禁同姓之婚,则可广其亲缘,翁婿甥舅得以遍布四方;第五,政治遂与家族秩序相表里,礼制虽运于君家而关乎天下,故诸夏自周公至孔子一以贯之,齐家亦同平天下;当时若有违礼乱制,必吁天下共讨之。本句有子或欲戒"小大由之"之失,深明入学孔教可除其弊;当时与闻者听来只平常劝言耳,今人若明宗法社会情势,可知

再读论语

有子斯言固含非凡之义。

子曰："君子食无求饱，居无求安，敏于事而慎于言，就有道而正焉，可谓好学也已。"

释 读

斯章论好学之义。夫"好学"之"好"有"乐学"之"乐"义，兼包"善学"之"善"义，好学者当为乐学者，亦为善学者，不可偏颇取义。所谓乐学，成于其志能胜其欲也；人"欲"耽于美衣美食之乐，学"志"则本于仁德道义之乐，离"欲"而生其"志"者，食居之事大可不屑一顾。所谓善学，固有其方，无非用心勤劳，以贤明者为师。大学不同小学，君子本可成人从业，或为政，或军旅，读书学文之事，当时或疑之为不务正业，虽好学乐从，亦不免有所为难。盖本章夫子或劝喻有志君子，本门学道其实至简易入。

【食无求饱，居无求安】犹言食饱居安不足挂齿也；食饱居安以形欲求，隐喻志求之胜也。孔子中庸，不恶君子锦衣玉食，惟求其能立志胜欲，勿耽于物享而已。

【敏于事】敏，感而应之于细微也；事，成其形而将发之者也。夫"敏"与"钝"相对，事已有显，知与不知、知早知晚有别焉；敏于事者用心尽意，专注而无旁念，应变周到而不乱。于极微极细处修行得"敏"，佛学于此论有成，后儒采学其道，化"敏"识"机"，而出"机敏"之说，兹浅略述下：(1)《易》道初生不显者称"微"，极微之显凭"机"方能得发，夫"机"者即相生相应相对相杀诸关系；(2)佛传东来谓世相诸色皆幻，世人误识为真，乃出于欲念造作，烦恼固无已时；学修之法首当省观其"念"，必至一念不起，万千色相无扰，修者既不得念念相续，深处稍微有应亦须禁止；(3)释家修法乃"敏"于"念"之生处，制念住念，而后方生正念，出正行；(4)后儒得味释氏，知"敏于事"乃末，而"敏于机"方为其本，遂群赴幽微玄深，各发其机敏之见，或言气，或言道，或言理，或言心，无外乎皆"机敏"之说耳。

【慎于言】君子慎言,出于礼制结构上位者无可奈何之情,犹今公众人物惟恐祸从口出一似也;而居下位者,慎言亦乃上进之必修,学者固当谨言慎言焉。夫子"慎言"本乎"信"义而论,务求"言"合于"实",以固言者之诚信,而除"轻言""巧言"失信之弊;后儒不明,偏执一端,竟生畏言之风,教民三缄其口为德,为害匪浅,当远先师本意欤。

【就有道而正焉】就,赴也,择也;有道,贤也,善也;正,修也,中也。君子为学,以贤为师,从善如流,理所当然尔;惟辨所谓有道无道至难,故不惮烦言而立纲,学者若能洞通此旨,则近乎上知也已。

子贡曰:"贫而无谄,富而无骄,何如?"子曰:"可也。未若贫而乐,富而好礼者也。"子贡曰:"《诗》云:'如切如磋,如琢如磨。'其斯之谓与?"子曰:"赐也,始可与言《诗》已矣!告诸往而知来者。"

释 读

斯章论"知之"不如"乐之"之义。盖学修次第,先知之,再好之,终乐之。例如贫而谄,富而骄,不学无知固多是类;贫而无谄,富而无骄,小学有成者可知其为善也;贫而乐,富而好礼,必大学有成者方能致之矣。子贡善经商,切贫富而验修为,本章夫子随手悬义而示上德,好学者与善教者相互辉映,师生如是不亦乐乎哉。

【贫而无谄】谄,言卑也,犹俗语讨好也。贫者多难,自轻自贱,日久成习,谄言秽行而不觉,以为当然之事;若贫而好学,知义明理,修身立德,自可卓立于世,犹所谓贫贱不能移者也。然夫子直告子贡其上仍有胜者,是贫而不能夺其乐者也。

【富而无骄】骄,凌人也,自高于人也,与"傲"近一义。富者足力,诸事少难,易生骄态,不能体谅他人,略无同情之心;小学有成,可知骄非善,足以戒之;及入大学,修已明道,省思义利之辨,豁然能明德比财贵,方能好之乐之焉。故所谓"富而好礼"之优于"富而无骄"者,夫子乃示君子学者恒贵不失之大宝也。

【《诗》】传成于殷周之际,周室使官广采天下,集分《风》《雅》《颂》三类;儒士经典,《易》为首尊,次即《诗》也。上古制文,圣贤造字,远传多流,婉转入《诗》,故可称之为象形文字之渊薮,亦古史奥义之钟鼎。文史合一于《诗》,经义溯源多归其所出,盖当时奉为经史,故凡孔门师徒所引《诗》言,当采经义而作解说,非可等同今人之读如纯文艺。子贡以《诗》之一节而悟为学进德之上义,夫子称赞可与论《诗》矣,个中情形,亦犹今时若有人言"我思故我在",哲学士闻而告之可与语存在主义。

【告诸往而知来者】《诗》之上义,若非上知不能明之;上义即道也,天地古今不易者也,又名之"常"也。常道无分空间四方,譬如人终有一死,鲁国如是而他国亦如是,必无例外之地;常道亦无关时间往来,譬如春有百花冬有雪,孔子时如是而周公时亦当如是,夏商必亦复如是;常道亦无关乎人意,譬如有父必有子,百姓皆如是,必不可因人而异。后儒有好玩弄常道之义者,凭本句而极攻知来之术,先作纬书,后结方士,大兴所谓谶纬之书,引经据典而逆料未来,耸人听闻,诸夏学术风气受浸甚深;尤有可鄙者,好凭纬书断章取义之法,虚与委蛇,分裂常道于一时一域,譬如传河图洛书之说以卜天下之变,或犹今所谓吾人之草善于他方之苗,均大违孔子《诗》义者也。

子曰:"不患人之不己知,患不知人也。"

释 读

斯章论重在知人之义。盖明小学大学之道别也。小学存身,大学成人,学修之志亦当根本不同;人处世间,或求"人知我",或求"我知人",能两全其美者几希;两者既不可兼得,当以"我知人"为重为先,方合大学成人自立之义。考诸当世礼制实情,君子士人凡求立位进身,必以"人知我"为际遇之先,故凡子弟不免常怀"人之不己知"之惶恐,而囿于小学之见,挂虑名利封赏,有碍大学进德;

大学之道求诸在己，成之在我，不依他人，亦通"人不知而不愠"之义。又，君子当承贤贤之命，善知人者，群贤毕至，若不知人，或求"勿友不如己者"亦不能够；本章夫子所诲知人之义及于君子学者，尤具切实之力。

【患】忧也，不安也；求而不得生"患"也。学修之道求诸在我，故谓"人不知我"勿庸有"患"；求之不得，当反省而惕生其"患"，譬如明道、志坚与否，此处则针对人我相知之事，主患"不知人"一端方称善学者也。是以君子有志者或多有不同寻常之"患"也。

再 按

诸夏经典沿传迄今，端赖孔儒之功，其经义相续起伏，当世已似式微，孔儒固亦当自咎其责。学者近人有激烈非孔者，有疑孔者，有新其说者，均以孔儒为传统根本，欲救天下，罪及一人，偏颇牵强之论，终成今人一时共见，纷纷各从别教他说而自立。幸逢全球交流及研究技术发展，今人能恃更优溯源方法及广大评估视角，再探孔儒教义之所本，重明儒学传流之得失，温故或可再知新焉。兹浅举大略，试飨学者味之：

一、诸夏创文之始殆为巫者、医者、史者。巫当属古老尊贵，其源所自无以详考，盖可归人类学所谓原始宗教之形态也，殷商一代最为发达，或称巫咸，又分男女，女名巫者，男名觋者。巫者主行敬天之祭，擅通神之仪，善作符纹标志，初民听其专绘专解，制乐发声，医者居间兼治驱邪消疾之事；巫、医之术自传其后，盖不传外。其时亦存"卜"者，善养龟契纹之占术，主测吉凶，不及巫兴而渐融于巫者。

二、史者崛起于巫卜之后，承占术之文而入于王官。夫"史"之称源于军旅射事之说颇当，古王皆本武士，其官主为武官，盖"史"者犹今所谓参谋长官，设筹置中，指挥出令；王有天下则"史"转指众官，专纪所司以为例则，作字纪文，各成其典存库，代代奉之曰经；殷商之际"史"者殆已主指文官，总文字经典，依职司分设专门，称所谓天官冢宰，如大史、小史、内史、外史、御史，儒者之先当出小史、内史、御史之属，或主司察人选举之事。

三、周入春秋，王室凋敝，王官转流民间传教造士，士人遂成诸侯列国选贤来源。孔子集各家而编经，整理而成所谓六艺或六经，以资家臣之才学；自是而往，士人不求仕于家国而立教为业者，称"诸子"或谓"百家"。孔儒自居王官学问之大宗，而视诸子为小宗耳；后儒再教帝王独尊己术，贬诸子为末流。又立所谓道统说，与帝王之所谓正统论相互表里，政教合一遂为诸夏政治之常轨。

四、史传之字为象形文字，犹契龟裂纹，其义可因人而解。盖文字初作于硬材，如龟甲兽骨石版，后增金器，史官时代多用竹简木版，为之不易，务求字简；由是古字一字多义，所书可无关所语，而以象形文言形式孤存，世人大多无能识知焉。孔子兴教，采时行之文，首正字义，重编经典以教士人，堪称诸夏发明教科书之始祖。孔子以后，文由儒传，字遂不绝，象形文字之所至，即诸夏风化之所及。然一字之语音亦呈百种，正音之任遂重，孔儒因势利导，入诗赋而教韵律，取门楹而制对联，拟物相而形说法，如以荷喻和，以鹿喻禄，以蝠喻福，东西南北三教九流，凡用字者，字音渐趋近似，而成"音声相和"之功，虽匹夫匹妇一介白丁，不免为承文字化育，时久文化潜移风俗，天下隐为一体矣。

五、世间文字固有指事、会意、形声、假借、转注诸用，象形文字亦然，其别于表音文字者，要在以字驭语之能。象形之字每字可谓一世界，其相、其音、其意皆可变幻无穷，造作其事，取一字读之，则玄奥似有三千大千世界之感；后儒携其识字之力，代代以解义教读为业，各成所见，累积成钜，一字膨胀终成一象，字形略旧而意向迁远，欲识其全，不啻盲人摸象；故后儒传经，虽字字穿凿，训诂注释，务求得正，反治丝愈棼，离题万里，天下百姓多莫名其妙，常讽儒士说一套写一套做一套。为除其弊，屡有革命，如秦火毁文，梵经音译，隋唐兴诗，及至晚近白话，字主表音，不顾旧义，去"之乎者也"改著"的了吗呀"，书语方近合一。然白话文字无义，又新生口舌游戏之弊。

六、学而开篇，孔子教义之要字已出，虽事指形下，义必归于形上，学者方可称明。如仁、道、礼、忠、孝、信、义，是类之字取诸形下日常，借意会而通乎形上，随诸篇语境多所铺陈，难凭一章一句而断，犹今分析哲学所谓"概念"，乃融"能指、指、所指"于一体者也，非宇宙视角不能全览。故学者读是类要字，其"所指"

宜称之为"义",而不应遽称之为"意"。

纵诸夏古文经纬,欲得孔儒之所以兴衰,虽不中亦不远矣。文字之源非出于儒,传承则实凭儒,孔子集字、成文、正义,诸夏始有教本,孔儒之功一也;诸夏累世变迁,其域易主无已,而仍可自名诸夏,端赖文字传续未绝,孔儒之功二也;东亚大陆人群种殊,习性迥异,语音驳杂,所可通融者,终系之于文字,渐化四方于一体,孔儒之功三也。其所失者,殆出于象形文字固有之不足,难书难识,其义任解,不免为无良肖小多有所乘,加以政教合一时久,昏暴淫奸荼毒天下之祸,自有其难辞之咎,亦殊可叹恨也。

扫码查看

听·儒音雅集
悟·论语智慧
读·先贤名句
观·圣人故事

为政第二

子曰:"为政以德,譬如北辰,居其所而众星共之。"

释 读

斯章极论为政之道。理想政治之说,可溯至所谓先王时代,盖由厕身事君之史者纪文成典,主张至尊者当无为而治,而由孔子承述;孔子同时之老子一家或为该"史"所奉经义之后,所言无为之义殆出于天子视角,笃信天命如此,固当顺服,尽合自然;孔子亦善无为说而更新其义,盖所见本于生民立场,以为"无为"内含"当为"之义,即所谓"德",而别老道之所谓"性";孔教"无为"之美善任"德"而不任"性",譬如父强子弱,强能杀弱乃老子之"性"也,父慈子孝乃孔子之"德"也;举天道而入人道,立德于人,有为于世,力行"当为"之"有为",可全"无为而治"之功。孔子合"无为"与"有为"两义而成"德"义,欲求君主为政必本于"当为"而行。

【为政以德】所谓为政,治天下也。古之天下,必也凭夺而有,有之则求安乐,方言及为政之事。夺天下一道,成王败寇,固当尽人事而听天意,无所谓德与不德,惟以事成为上者也;而治天下一道,居位至尊,总统群伦,牵一发动全身,爵禄废置生杀予夺,操诸一人,若不明至当之义,进退失据,必生乱患。孔子兴教,主攻善政,而立仁政德政之说。就礼制政治而言,仁政德政两义虽大同似一,亦含微妙之别也:所谓仁政或偏指宗室之治,类今所谓上层政治及国体政体之事;所谓德政或偏指务民之治,犹今所谓民政事务之政策方针。孔儒多不分析而统语,就事论事之际方有所侧重,读者当审。

【德】要字上义,殊难言明,犹苦甜之义,非亲尝无以得之。盖"德"由"善"起,善者天成而由人加名,得之于物称善,得之于人称德;有德之人,善者内存,能统全身,言行从义,思虑无害,俗语善人也。自孔教行世,有德者主称仁德之人,其别善人俗义,而专服仁义,既能有志于当为,亦可安乐于无为,犹佛教所言"觉悟"者,利益自在焉。

【北辰居其所】北辰,古称天极,指北极星。古人崇天,王官或设"冯相氏"或称"保章氏"职司天象时历;自古北辰乃天象至尊之位,专喻王者。

子曰:"《诗》三百,一言以蔽之,曰'思无邪'。"

释 读

斯章论《诗》传德之义。学文明义,《诗》为至宝;史书传德,以《诗》最早且全,故孔儒奉之为经典。本章承上章之"德"义,几近所谓止于至善,乃求仁德者也;学《诗》或见其情,或知其事,或感其志,皆属未中,必明其义,修成于德,方称善学。修德之要在于修思,一无邪意,而后方能言行得当,利益人我。

【蔽】覆也,盖也,犹言总揽其要也。

【思无邪】取自《鲁颂》"駉"篇,颂健马而称王德之盛,以喻君子"有为"之美也。思,审而求其义也;视其所知所怀,思之能得其义,倘若杯弓蛇影,或类犬吠影,则难得其正义矣。又,"思"与"意"相伴而生,二者至近亦有所别:夫"意"较之于"思",多染"求"之义,而"思"则未必有"求"也。邪,与"正"相反,不正、无善之义也。所谓正邪者,若通乎"思",其义殆成于实与不实;若通乎"意",其义盖归于善与不善。实与善合一为"当",否则为"不当"也,故能思之无邪者,必成仁德者也,实与善二者兼备矣。由是夫子自信,仁德实善者有为于世,必不让美于天道无为者也。

子曰："道之以政，齐之以刑，民免而无耻；道之以德，齐之以礼，有耻且格。"

释读

斯章论君子有为分别新旧之义。盖有为之君多乱，无为者恶之，欲尽弃有为；孔儒保留之，举仁德而倡有为，维新之志昭然无遗焉。有为者无道，非有为之过也，若为学明道，有为之治定能期成。无道之政可谓之旧政，有道之政可谓之新政；仁政德政托古改制，效法先王而化万民，其要为何？乃本章夫子所传之道也！

【道之以政】道，行也；政，旧政也。无道之政，徒凭天命，广严其令，威服天下，固多其类，亦为时弊。

【齐之以刑】齐，理乱也；刑，刀斧加身之罚，指刑律也。礼制政治，刑与礼相为运用，乃所谓"礼之所去，刑之所加"之义。重刑之政，恐吓齐民，多生怨恨，居上位者猛如豺狼，至尊者近似桀纣之君，天下惟求去之一快，上下何可一体安宁哉？

【民免而无耻】免，避祸也；耻，自咎也。以刑之重罚求民之顺服，犹所谓暴政也，虽同处一邦一国，君视民为草芥，民视君为仇雠，固难久续也。

【道之以德】行仁政德政也，孔教之新政也。有为者奉其当行之义而治，出无为而图振衰起敝，犹今所谓行政法定之义，法无定者不当为，法定之事必当为也。

【齐之以礼】礼，周礼也。新政之道重礼轻刑，从先王周礼以和为贵，化民以教，亲爱和平，务求上下远近合为一体。

【有耻且格】格，矩形也，引指正人之行也；本句犹言自律也。民受教化，行礼知义，何劳新政用刑？礼制政治，君民各有其利，本非一体者也；孔子主仁政德政，实劝君主修王德，常怀怜民恤人之心，多行让利于民之政，苦心孤诣不啻虎口夺食，亦难免天真迂阔之嫌也。

子曰:"吾十有五而志于学,三十而立,四十而不惑,五十而知天命,六十而耳顺,七十而从心所欲,不逾矩。"

释读

斯章论修德进程之义。孔子生年七十有三,本章当出自晚年所语。当时世变趋急,诸侯家国相争,大者俱谋自强称霸,小者多陷战兢惶恐。当此纷乱无望之际,孔子昂然献说,倡"道之以德"之政,自信可复天下永续安宁,若乃其道可行,必本于君子能修。适士人诸说纷呈于前,孔子新献相竞其间,大有缓不济急之劣,终其一生亦未获遇矣。而夫子不甘束手,时政虽不从其道,移之修身似仍绰绰有余;盖本章乃夫子暮年自道以劝修王德之论,终不肯绝望于君子。后儒不顾孔子立德本意,执其崇德之义而泛行于众,主教生民,以致本章夫子自道亦成诸夏之人生经说,世世代代烂熟于耳,明珠投暗,虽为百失,固亦有其一得之功。

【吾十有五而志于学】以"吾"自称,多为私处;以"我"相称,多为临众;故可猜当时与语者乃友也,或为君子位者,夫子举例己身而劝其修德。孔子言所谓志者,近俗语之"求"也,而别具深义,亦为要字,兹作概要剖析,以供后文读解参之:(1)从《易》可知,身之内外,主于内者谓之心;(2)心有其容,所容者又二分,一主于内生者曰"欲",一通乎外而成者曰"志";(3)"欲"与"志"二者相生相克而造动静:夫"欲"生"求"而"志"能"择",而"求"与"择"合称为"意";(4)人之心遂一忽儿难休,或似猿马,或如刀割,或起春风;及至人生绵延展开,意用无穷,万相傍生,心体斑驳,不知伊于胡底;(5)救心犹救世,故圣贤迭出,教安心之道,以利益人我:老氏主以无知而达无欲;孔子则兴"立志"说,力求以"志"胜"欲"。夫子自道十五立志于学,其志当指大学之择也;盖十五弱龄已完小学,犹今人高中毕业,何去何从,系之于择,有志于学者,故当择业而入大学,为文也。

【三十而立】立,自立也,立位也。周礼天下,欲求安身立命,莫过于立位;而次者从业有成,挈妇将雏,自立门户,方得成人之义。盖夫子为学从文,未及三十而开门兴教矣。

【四十而不惑】惑,疑也,不明也;惑之所生,不通于见闻而深自怀疑也。盖夫子知理明义而自立门教,亦边疑边教边学,及近四十终贯通古今四方人我,方自信其义再无可疑矣。

【五十而知天命】从《易》而究天命,通自然无为之义也;从礼义而言天命,通顺服之义也。仁者立志之初,不免雄心有为,极尽人事而求,譬如夫子尝喋喋不休,要君为政道之以德,惜乎天不遂人意,当时或不能知之,后明了亦天命所由以故也。盖本句亦夫子或劝君子友,仁政德政乃长久之道,未可急于一时。

【六十而耳顺】耳顺,形之而喻容人之言也。声由耳自外入内,内心应之以"顺"则生和悦,不顺则生嗔怒,德修其心,成之于"耳顺"也。以无为之道而容有为之声,蹈高凌虚,既明其"所以然",何须再咎问其"何以故"哉?盖夫子乃劝友务必修德,德政虽暂可不取,修德行已固有乐益不去之妙也。

【七十而从心所欲,不逾矩】逾,违也,越而出之也。矩者,方形之器,用以度量,较"格"为大,喻仁道也。成于至德之境,天道人道一体,无为有为不分,人我内外无别,几为天人合一,心之所欲即身之所行,无可无不可尔。夫子七十而入化境,所形至德之美,虽非君子,闻而必亦神往,故诸夏后世传颂不已。又,本章所言齿龄之数,当以虚指作解为宜,否则易生泥义,以为人生刻板如斯,了无生趣,而害夫子教人心领神会之善旨,亦殊异释家"人生即修行"之随缘乐义。

孟懿子问孝。子曰:"无违。"樊迟御,子告之曰:"孟孙问孝于我,我对曰'无违'。"樊迟曰:"何谓也?"子曰:"生,事之以礼;死,葬之以礼,祭之以礼。"

释 读

斯章论君子修德奉孝之义。君子修德,首推行孝之礼,深切家国继立之本也。孔子发论,好一字多义而因人,意在拾遗补缺,不肯泛泛教人,故学者今人当略知所诲者之过失,方得其针对之言义。鲁国之政,当时操于鲁君昆弟之后,季、孟、叔三家卿大夫之手,季氏势力最大,孟氏最弱;大夫从政,依礼为臣,然三家实主鲁政,有僭君违礼之嫌;孔子鲁人,深以为弊,常旁敲侧击,婉言谏劝。盖孟懿子略无孝行,反谋孝名或欲遂私,召孔子问策;本章纪孔子不愤其谋,郁郁而出。

【无违】违,倍(同"背")也;无违,守也,服也。孟氏问孝之义,夫子直告"无违",乃婉责其常违也,犹今所谓基本不达标,小改已不行也,可证孟氏平日行孝情状之不堪,而惺惺作态请教孔子,必有所图谋。

【樊迟御】御,驾车也。樊迟属孔门所谓"七十子"之一,当时为师驾御往见孟氏。盖礼制夫子为士人,孟懿子居上位,夫子拜访不时匆匆愠怒而出,樊迟不问亦必存疑;或孟懿子违礼声广,樊迟料二人必话不投机,故尔勿庸多问。夫子自知失态,主动相告"孟孙问孝于我",以解弟子之忧。

【生,事之以礼;死,葬之以礼,祭之以礼】事,行也,侍也,出入问安不辞其劳也。葬,当指丧服之制,亲丧以哀。祭,尊祖敬宗之礼,人死成鬼,亦如天神,能佑庇后人,行祭可得也。又,祭分庙祭与郊祭,庙祭敬祖宗,郊祭敬天神,本句当指庙祭也。所言皆礼义之常,犹饥之当食,渴之当饮,固无烦人教,而夫子竟受逼敷衍,可见孟懿子日常无礼之极,浑似一白丁,孺子不可教也。

孟武伯问孝。子曰:"父母唯其疾之忧。"

释 读

斯章论忠孝之义。君子之孝,忠孝一体,而合于尊尊之义;忠孝者听命无我,惟父母尊长之意是从,可谓至孝矣。盖同为孟氏,武伯较懿子为佳,尚能守礼行孝,本章夫子诲其忠孝以勉进也。

【唯其疾之忧】疾,恶之也;忧,不安也;父母所恶亦为孝子所恶者也。以父母之疾而疾,以父母之忧而忧,殆为后儒所谓"先天下之忧而忧,后天下之乐而乐"之源义也。本句当读如"唯父母其疾(而疾)、(唯父母)之忧(而忧)"为宜,以

"唯"字通而分管"疾、忧"二字,而"之"可解为"并"或"及"义。若作"忧其疾"而解,谓孝子当忧父母之身疾,形同废话耳。

子游问孝。子曰:"今之孝者,是谓能养。至于犬马,皆能有养;不敬,何以别乎?"

释 读

斯章论敬孝之义。子游乃孔门弟子,当为士人而无位者;教士人行孝,善及父母,无关天下,大可忽略所谓忠孝,止于敬孝足矣。化民行孝,主成于敬,从心而事,尽意而养,斯可矣,故有所谓"百善孝为先,论心不论迹"之说。所谓"敬",自心而行礼于尊者也;及之于外称"恭"也,及之于内称"诚"也。三字亦礼教要字,可就文言所指之侧重而生变义,如敬酒当主表其"恭",如敬天则主表其"诚",本章"敬养"主诚敬义也。

子夏问孝。子曰:"色难。有事弟子服其劳,有酒食先生馔,曾是以为孝乎?"

释 读

斯章论无敬不孝之义。可续上章义。盖孔子傲士人能养尚不足以为孝,子夏或疑其说,以为类比犬马似言之过甚,孔子反驳而成本章。无敬者必心累,心累者多色难,虽奉养以礼,而受者不觉其亲,相看两厌,孝义固无从谈起。子夏同子游皆士子耳,相问夫子之孝义,可通乎世间常伦之情理。

【色难】以和颜悦色为难,犹今所谓给人看脸色。所谓孝者,易养而难敬,古今皆然,孝子不免色难。孔教诚心正意为上,课敬于孝,以孝修敬,阔大旧礼忠孝之义,而成就民间敬孝之礼,谓之新礼教并无不当耶。

【有事弟子服其劳】弟子,相对父母尊长之后一辈也,又称"二三子""小子"之类;劳,累身也。父母有事,不辞辛劳,形孝子之勤也;勤而有怨,亦非孝也。

【有酒食先生馔】先生,父母尊长之统称也;馔,饮之食之,享也。盖饮酒之事古已早有,王官置专司造酒,称祭酒;酒属希罕,行祭方用,礼毕乡宴,合乐而饮,非民人所能日享;孔子时酒虽已多,或亦非寻常可得,故谓"酒食"乃喻指难得之美食也,尽先生享用于前,以形孝子之能让;若让而不乐,岂可言孝乎?

子曰:"吾与回言终日,不违如愚。退而省其私,亦足以发。回也不愚。"

释 读

斯章论贤贤之义。《论语》涉及门生多为"七十子",而孔子最亲颜回,师徒亦师亦友、亦父亦子,以其学修至德近成,读《语》各篇所纪言行,大多形其外木讷而内英秀,盖深合孔教克己复礼之义。文明初兴,各方文教传法大同而小异,古希腊诸贤设学院,俱似自治团体,为师者犹小邑邦父,从学者绕之环之,教学即生活,生活即教学,言传身教并重,弟子交作业亦于一问一答之际而就,学修上进均无必是之法,各成其类。或自悟而不欲示于人前者,如须菩提比丘与颜回之近似;或大张其知而求力行者,如柏拉图与子路、子张之同比;或取中道者求自悟而亦肯达人,如泰勒斯之弟子阿那克西曼德与子贡、子夏之多契。君子贤贤之法,不可尽以所示而判,尤当深察克己复礼未示之另一面;盖本章夫子举颜回之例而诲贤贤之道,庶几可免遗珠之憾。

【不违如愚】愚,笨也,不通义;不通事理则无以应其变,故谓之愚也。匹夫匹妇之"愚"大可恕之,至多有怒其不争之一"怒"耳;君子士人之"愚"则难恕,或可祸国殃民也。颜回人前唯唯诺诺,克己复礼之常貌也,夫子初以"不违如愚"形之,疑其或同无知之"愚",故贤贤者当察表里之全,否则必有失也。

【亦足以发】夫"发"可有两解:一就己身而言,通"明"之义,终日坐于师前听诲,默而识之,好学者也;一就旁人而言,可同"弘"解,扬广之义,贤士谦己而隐,君子有识当发之示众。由是与"退而省其私"联读,若从前解之"发"义,当指道颜回退而独处,自省深悟大有心得;若从后解之"发"义,则主谓夫子退而观察颜回私行,足可为学者之楷模。本章夫子与外人语而品颜回,殆两义皆用,总称颜回私德之贤,以儆君子勿就表面而论善择贤。

子曰:"视其所以,观其所由,察其所安。人焉廋哉?人焉廋哉?"

释 读

斯章论贤贤之正义。上章颜回人前示愚,夫子发乎其隐而举,本章递进而诲君子察人之道,令贤士不致无遇。本章可谓贤贤之极论,放之四海而能通说也。

【视其所以】"所以"之"以",指行也,为也。所行者,当场可见谓之"行"也,事后可见谓之"迹"也,现行往行之效谓之"功"也;视其所以,必"行""迹""功"全考,方称完备。本句犹今所谓绩效考察。

【观其所由】由,同"出"也;指意欲及志求,犹今所谓动机者也。直观内心所怀之意志殊非易事,考察之法,必观其有所为及有所不为,方可推知其或谋利或求名或奉义,其"意"其"志"之动机大略宛然矣。

【察其所安】安,足乐之义也;其存于内,谓之不迁也,其形于外,谓之不伤身也。夫"所安"当指其德,小德小安,大德大安。小德形拟之称"节",大德形拟之称"干",至德形拟之称"本";察其"节"能知其"干",所"本"自亦不远矣。又,"视、观、察"三义均为"见"义,由表及里,深浅不一,循环往复,识人之道固无止境焉。

【人焉廋哉】焉,何处也;廋,匿隐也。本句犹言"贤才何处可藏乎?"所以之表,所由之志,所安之德,三者俱察,贤才必无所可遁其形。本章夫子所论择贤之法,后儒偏颇取义,好夸德而轻抑才,而所谓德者又以保位不去为安,遂多盛行庸碌。

子曰："温故而知新,可以为师矣。"

释　读

斯章论贤师之义。贤者各从其业而贤,诸业之贤又莫过于师,是故成贤之道要在拜师;然何可知师之贤否邪？事迹功业,动机志向,大德小节,虽亦为师之本,而尚不足以为师哉;可称之为师者,另有玄妙所在焉。盖本章夫子主诲君子择师之道。

【温故而知新】告诸往而知来者,谓之善学;温故而知新,谓之善教。教学从文论经,俱为故往之指,倘若照本宣科,人云亦云,至多可称教书匠耳;而善为师者,必从旧文经典,发其变义,合之于人,应之于时,运之于事,能令义理不僵而活跃于前。所谓"温"者,煮水、热酒之事,以火攻水,裨益于用,以之而喻师教之道;所谓温故知新,怀藏旧识谓之"温"也,发其新义谓之"知"也,古今互攻,终明一贯不易之道也。夫子斯义乃好古而非泥古,虽好古文,更求善温能明古文所载之道;后儒穿凿附会,攻乎异端,死守古文,自得于所谓"无一字无来历,无一言无典故"之志,以字通字、以句演句、以文逐文,亦害诸夏教学近乎文字游戏。

【师】师者原当指军也、兵也,盖先人迁延开地以"师"为凭,无"师"之旅,多行之不远。承平日久,鼓乐之"师"充入王室礼仪,夫"师"转指乐师官职。乐师有技,传授成业,诸业效之,业内传者授者亦尊称为"师",从学受学者则称"徒"。及孔子时,盖以师为业者授文,或近乎温水仆婢之贱役,君子人家聘师,未必配享尊礼。夫子兴教多赋新义于旧辞,如新式"君子"主从道德而不限于名位,新式"士人"实指志士仁人而非功名利禄;夫"师"之尊义亦自旧井救出,新"师"贵乎传道于世,若能温故而知新,文师亦可并立于祭酒、司乐,适足以同享师尊焉。

子曰:"君子不器。"

释读

斯章论君子主于修德之义。本章义近玄幽,主以"器"字难解。盖《易》说之世界,无中生有而成阴阳,阴阳所化可见可感之所有,以"器"为终为末,无可再化之矣。其始其本之一端,即谓之道也。夫"器"既为大道终了之名,则不通他事他物矣,而转入复归于"无"之"运"道,只得嫁鸡随鸡,为人所用(运)罢。当时诸子学问,以《易》明道之见当为共识,孔子必亦不外如是,故其所谓"不器"当喻德也、道也,君子必求自主,不可为人所用。圣教言上义,常取俗物作譬而攻,令人恍然而明,譬如《诗》以"雎禄"而喻"鸣君子",以"鹿鸣"而喻"求君子"。本章则以"器"而喻"非君子",主儆君子总天下百姓百业,固当以德为本,勿惑于小知小道,以免沦落成"器",为人所乘而不自知。后儒有解本章乃教君子学通识修通才,亦形上之浮言滥说耳,世间岂真有通识之学哉!

【器】用物也。器之大者谓之礼器也,一事一仪均专有其器,余者皆小器也,文史研究有分十九器类、二十一器类诸说,谓之宗彝,如祭、养、享、藏、献、乐、儆诸器。日常之器,少可通用,如衣可蔽体然不能饱腹,瓶可盛水而不能代步。取"器"形下之用"专",而攻"君子"形上之"通"义,本喻之至当,不料后儒极功"不器"玄义,妄生"通学""通才"之说,自高自大者乘隙,动辄以"小器""器识"而鄙斥他学,流弊泛滥,亦无可救药。

子贡问君子。子曰:"先行其言而后从之。"

释读

斯章论识君之法。上下互察,方可全知人之义。士人求遇君子,若不能明察,必多遇无道,则不可久,甚或自招其祸,犹请君入瓮者也。士人察君,主求其信,先信之,后证之,再从之。夫察常人之信,听其言观其行足矣,而审君子之信,其言即命,由不得旁观,虽疑必亦奉行于先,及证其命,义在其中,则可得之也。故君子之有"信"谓之"信义"也,不当断之以常人之信,譬如君子贰过不改,延其恶政,信固信已,然无义也,亦不能称之为有信。盖孔子新教既求造成新君子,亦欲更张旧士人:旧士人惟求其"禄",事君以"信"为归;新士人尤求其"义",必从"义"而重"信"者也。

【从之】求仕从政也。为政之于君主,孔儒称"主政"或"为政",若之于士人,宜称"为政"或"从政",上下可统称为政也。从之为其末,新士人当以信义为本。

子曰:"君子周而不比,小人比而不周。"

释 读

斯章论君子修与不修之别。凡孔儒并称"君子小人"者,所指当皆君子位也,主以成德而别名,盖取大学、小学之"大""小"义转称品人,明示君子学修之悬殊。自孔子兴教始,所谓君子即新君子,所谓小人乃旧君子也。君子成德,固有种种善,小人未及,遂生种种患。善与不善,因人因时而异说纷呈,亦德大道广由以故也,恐难一言以蔽之,读者当跳出箴言教条成见,方可得其所指。本章主论君子贤贤之道有别,虽为例举得失,而实称君子修德之功也。

【周而不比】周者,广及也;比者,偏取也。君子修德,知人择贤,广取天下,则天不生无用之人,世无不可用之材,贤贤固无虞矣,是谓之"周"也;礼贤下士,人尽其才,才尽其用,论功行赏,上下一体矣,是谓之"不比"也。周而不比者,与所谓求贤若渴、广开贤路、德才并举之义一也。

【比而不周】君子无德不修,偏听偏信,宠爱私人,或凭亲疏取人于上,或怀贰志结党于下,终不免孤家寡人,形单影只,是谓之"比"也;又以一己之好恶用人,凭切身之利害择任,非奸佞宵小不得承其欢,贤德之士侧目远避,是谓之"不周"也。礼制固服天命,若非宗亲故旧,实难得其遇,亦合乎世情常理,故君子比而不周者众。而孔子非之以"小人"之名,当出于扩大士人进阶通途之望也。

子曰:"学而不思则罔,思而不学则殆。"

释 读

斯章论大学学修之道。盖小学之技,学而时习之诚可矣也,而大学明德之道,务必"学而思"两用不离。为学可以获知,广见博闻容于己身。所谓运思,即辨而择也,辨其所容以分本末、主次、先后,而定其所取。以勤学而容新知,以运思而获新得,学思并运,往复进益,日积月累必有所成。学而思之道不许单运一支,譬如水火之合于温,缺一不可。

【学而不思则罔】罔,漠然无识也。学而不思者,单运为学,犹小学幼稚,举一而知一,知其然不知其所以然,浅表之识,必不能得其义。仅得其象,不得其义者,故称"罔"也,譬如见犬马有养,误以为孝者也。

【思而不学则殆】殆,危也,近亡也。若运思而不学,竟可近于危亡之"殆",学者名为求学,而无异亡命之徒,警诫之义显高于"罔"也。究其义,或以人皆有思故:凡不学而思者,好无中生有,不凭实据,强不知以为知,言而无信,行而无义,以致世间欺妄不去。匹夫思而不学只误一人,若为君子则害天下矣。

子曰:"攻乎异端,斯害也已。"

释 读

斯章论中庸之道。上章既明"学而思"之义,本章再教"运思"之法。学者运思必当行于中庸,不可攻其一端而自以为有得。所谓异端,相对"中庸"而生,盖二义源于《易》道阴阳之说,兹述大略:(1)《易》之道主一分为二,举世之有同归于一者曰太极,太极之一分为二者曰阴阳,阴阳化合而成万物;(2)万物皆有两端而成一体,如正反、先后、动静、本末,必相对相合而不相离;(3)中庸者,"不偏谓之中,不易谓之庸",亦所谓"正常"之源义也;(4)居其"中"者合其"体",用其"体"者得其"义",天道如是而仁道亦不相违也;(5)譬如君子贤贤而求德才兼备,若极求其德或极求其才,或求全责备,则为攻乎异端,必不能得人。故中庸之道实乃大学运思之法,即今所谓认识论。认识论或知法天下源流甚众,如辩证法,逻辑法,量法(因明),语言分析法。今人服从逻辑,而多鄙视孔学乏逻辑者,以为其教贻误诸夏,实不知诸夏甚早自有其知法矣,即《易》道之推演大法也,称一分为二而又合二为一之道,孔子名之曰中庸,故孔教有恃无恐矣。

【攻乎异端】攻,治金石也;引指极求之义也。极求者失其中道,偏行于一端或一极,则求之正而常得之反,犹所谓缘木求鱼、抱薪救火之失。攻乎异端之见,亦过与不及之失所由以故也。

【害】伤也,损也。小害多所失利,如云"罔"者;大害则可丧命,如云"危""殆"者。

子曰:"由!诲女知之乎?知之为知之,不知为不知,是知也。"

释 读

斯章论自知之明。学者之知,从学而思得之,由中庸之道明之,义理昭然而成矣。然学海无涯,思亦无穷,所知之义了无止境,故求为学无厌不怠,当为知者之明义一也;又当知人各有所见,我知之外并有他知,人或不能知我,犹我或不能知人,故不当固执己见而强人,斯乃知者之明义二也;尤甚者,人我之见针锋相对,不共戴天,此际务必以"知义"为归,不当罔顾其实而言鹿言马,以免徒劳相争而自陷无知之"愚"也,可谓知者之明义三也。盖子路强言,三义皆违,不能自知,故夫子重责诲之。

【诲女知之】犹言教汝何所谓"知"也。诲,教也,告知也;盖为师言传身教,直指人心谓之"劝",不语之教谓之"化",循循善诱谓之"喻",弟子恭称师教则曰"诲"。本章夫子自言"诲"子路,辞气汹涌,并非真教其"知",实责其"不知"也,而有后世禅师"棒喝"之同趣焉。

【知之为知之,不知为不知,是知也】本句所论"知"与"不知"之演绎,倘依今逻辑法,学者未免诟病者:(1)正反两义并行而复归其一,必不通也,犹论"一是一,二是二,是一也"之不能成立;(2)若以"有无""生死""本末"代入,则无即有、死即生、末即本,亦断无此理。然《易》道推演大法,依一分为二又合二为一而解,则有理所当然之悟也:(1)夫言知义,必本于"知"与"不知"之二分而论;(2)世无惟"知"者,亦无惟"不知"者;(3)故有无、生死、本末亦可如是演绎其义。逻辑法根本不分,见一则一,见二则二,直举常见判为前提(如一不等于二),又以现见为次前提(如当前有一,亦有二),则顺生一合常之结论(如判"一与二"两不相等),不得别有见地(如指二中有一,或告一可分二)。由是逻辑非因人因时因地而可异者,乃必是之法也,精通则成科技;而《易》道从人,深浅由知,乃或然之择也,习之能成道德。两类知法一主通物我,一主通人我,诸夏知法不利科技之说,盖由以故也。

子张学干禄。子曰:"多闻阙疑,慎言其余,则寡尤;多见阙殆,慎行其余,则寡悔。言寡尤,行寡悔,禄在其中矣。"

释 读

斯章论克己复礼之义。中庸之道主成其知,克己复礼主成其行,二者并修而成其德也。士人求从政之业,禄为表而德为里,固当重修其德而勿着意利禄之求,本章夫子主诲子张务本之义,而所含意旨亦深。盖士人从政而事家国,本无天命之贵,亦少贤贤之遇,一姓一氏之天下,愿让外人疏远者几希,岂不设杜严防哉?故为学修仁厚德,克己复礼,能安家国宗亲之寄望,能避天威难测无妄之降灾,实立士人安身立命之根本,亦广君子委政贤能之通途。前述诸章,先示为政以德之高义,又举广纳贤才之识法,本章再教志士仁人之修要,庶几孔教新政新君新民之旨全矣。盖子张为孔门弟子志高气盛者,或"谨慎"阙如,故本章夫子主诫以克己复礼,亦属一时因人之论。

【干禄】干者,从也,求也;禄者,公(侯)家之职奉也。家国采食于民,用度皆出于所谓民脂民膏;士人求仕,分食其采,本亦无非民脂民膏。仕人食禄若只报君,不过家臣耳,若尚能念及民泽,似差可谓之贤臣。

【多闻阙疑,慎言其余】阙,去之也。疑,不明也,盖不明事者称"疑",不明事之理者称"惑",主诫慎言也。从政事君,以学为主,能明为上,切勿自以为是,轻出己见,横生枝节。

【多见阙殆,慎行其余】犹言"先看后做"也;近上句之义,主诫慎行也。

【言寡尤,行寡悔】尤,象形字,人手部长赘疣之形,为病态,引申为过失之义。悔,自咎其过也。小过能悔者,谓之后怕、虚惊也,倘为大过,则悔之晚矣。仕途实险恶,食禄当谨慎,必拜君上先进为师,虚己之所知所能。士人谨言慎行盖为克己复礼固有之方:从政事君非比寻常,乃赴身不由己之业也,言行之"当与不当"转伏于"可与不可",方称其"义",犹今所谓可行性为上;先"可言"而后"当言"谓之谨言,先"可行"而后"当行"谓之慎行。是所以谨言慎行,士人正与常人相反,夫"信"与"义"之两分,乃"信"重于"义",若非克己已深、复礼至极,志士仁人难能为之焉,学者明此可恍然而悟,何以好举大义之士,鲜有家国君子之亲信哉。本章之义主喻慷慨从政之士,后儒教民则不免对牛弹琴之迂也。又,克己复礼虽主"慎"义,仍须并修"忠""敬"诸义方可成德,不当偏取而守;后儒不通者,极攻本章"慎禄"之训,后世诸夏"六害之臣"出焉。

哀公问曰:"何为则民服?"孔子对曰:"举直错诸枉,则民服;举枉错诸直,则民不服。"

释读

斯章论初兴德政之方。道之以政,旧政也,道之以德,新政也,为政同归之于民服,新旧所求一也而道分。新政初举,别开生面,正人以义而不以力,道之以德可上轨道。以义正人之政,重教轻刑,以礼化民,以理服人;以力正人反之,徒恃威逼刑服,强人所难,善恶之辨必泯然亡矣。问对于君,依礼当称全名,故本章直呼夫子为"孔子"。本章鲁哀公问服民之策,盖旧政时已大衰,新政又不能兴,故其有忧。

【服】贴身之衣,喻顺从也。周制,天下有五服之分,以君主都邑为圆心或每五百里自外而推成,计有甸服、侯服、宾服、要服、荒服,各定其礼而贡,是谓服天下也。自国政及至民政,又有臣官五服、亲族五服、丧仪五服,义求和顺有序。哀公所谓"民服"之"服"当求令行禁止之义。

【举直错诸枉】举,升之而高于众,令人仰望也;错,同"措",置于其上也。物之正谓之直,而喻善也;物之不正谓之枉,而喻恶也。以直攻枉,如切如割之善工,开物成务者也,而喻善政之善;以枉驭直,如拆如废之毁物,奸宄寇攘者也,而喻恶政之恶。察本章孔子对君之论,其义昭昭而其言委婉,至于为政或当行或不当行,悉凭君主一念,孔子不敢放肆直教,仅并举直枉而浅白形之,当合其士人从政慎言之义。由是再味上章所论,所谓当行不当行,任由君上而不凭己知,士人从政惟求可行者也。

季康子问:"使民敬、忠以劝,如之何?"子曰:"临之以庄则敬,孝慈则忠,举善而教不能则劝。"

释读

斯章论德政重教之义。君子仁政德政,所谓齐之以礼,重教轻刑乃为次弟之首要也。礼治运于临下治民,先庄严自重而后可得民敬;运用宗室齐家,先父慈子孝而后可得人忠。如是之君,仍嫌忠敬不足,欲求民德归厚,又必先举善广教,尔后方可正之以刑。孔教中庸,未去刑治而以之为末,以刑而补礼所不逮之漏,即古训所谓"礼之所去,刑之所加"者也;盖时已失为政之道,故季康子动辄言"劝",实欲加刑也;本章夫子诲其仁政德政之道,务戒不教而诛。又,季康子乃鲁国主政君子,本章称孔子为"子"似有不当,盖季氏以大夫主政,有僭位之嫌,故纪者明贬之;夫子所言或亦隐谏,劝其正人宜先正己。

【使民敬、忠以劝】劝,鼓励也,引申为劝导、劝说;或谓命也令也,或谓禁也警也,俱威迫之语也,几近今公共场所"请勿吸烟"之警告标志。使民敬忠,布告严申,刀斧紧随其后,虽曰未刑,民固惶恐难安矣。

【临之以庄则敬,孝慈则忠】庄,持重貌也,此指德配其位也;事上曰孝,和下曰慈。季康子明言敬忠实求民服,夫子从其字而不从其义,本于仁政德政而别教其义:所谓敬者当合于尊尊之义,上若有德而庄,下必从之以敬;所谓忠者当合于亲亲之义,父慈子孝,出入无违,合族必也安宁平顺。

【举善而教不能则劝】本句当读如"举善而教,不能则劝",犹言先广教化民以扬善,再有不从者可正法矣。教与学相应而生,君子设教,子弟入学;又教学两端,未必止于辟雍庠序,亦可举善任贤,使民效从。广教之下或有漏者,则属冥顽不灵,咎由自取,方可用刑;虽曰用刑,实亦为教,民必益明善恶之辨焉。有解本句宜读如"举善而教不能,则劝",谓孔子之"劝"乃道之以德之诚,迥异于季康子道之以政、全无仁心之"劝",可令学者得味一义上达下达殊分之妙也,亦可参。

或谓孔子曰:"子奚不为政?"子曰:"《书》云:'孝乎惟孝,友于兄弟,施于有政。'是亦为政,奚其为为政?"

【释 读】

斯章论德政之本。王者天下,君子家国,自古即奉孝弟为礼治之本。孔教广其义而通百姓,谓仁政德政之治,亦犹今所谓"从我做起、人人有责"之事也。盖孔子好论为政之道,时已得名,或惜之,或疑之,或讽之,不免大有人在,弟子择而记之,本章之问似出于讽者。相问夫子者,疑发乎辩而不胜之后,隐从诡辩之术而问,问者辞穷而欲强辩,犹言"汝既明之,何不亲为之哉"以转问,以夫子不遇而讥其说,逻辑学称之为"别立"。如闻"苏格拉底乃诚实公民"者,其别言"苏格拉底之子逆母不孝",苏格拉底之诚实遂不复昭然;分析哲学指其乃所谓"话术",由目视而转耳闻,视野可变声域,故疑世人之语言难达共识。而夫子立"孝弟"乃为政之义,以"再转""再立"之术破人之讽,当场勉力未输,亦属精彩。

【奚】同"何""盍"之义。盖非鲁国口音。或言此音多为夷人或楚人,无可详考矣。

【《书》】盖指《尚书》,有说源自殷商而传至周,惜无原始文献可考。《尚书》主教天子诸侯为政之道,亦为诸夏帝王心术之本,分右史官纪言而成,及孔子时其文似尚存有,或尝亲编,故列作孔儒经典。

【孝乎惟孝,友于兄弟】犹言百善以孝为先,尊其长自可和其亲。孝弟为世间人伦常事,非诸夏一家独有,他族亦善之美之。孔儒举以为群伦之纲,失之俱失,一无是处,其情可喻,其理难通。盖孔教以孝弟为首善之义,乃主及于为政之域,未必世间伦常之至重,其犹《尚书》通乎"施于有政"而论,以解家国继立之头等大患,方称"中"也。后儒有失慎言之道,泛教孝弟而广化民众,亦有所乖谬焉。

子曰:"人而无信,不知其可也。大车无輗,小车无軏,其何以行之哉?"

释 读

斯章论君子重信之义。士人从政主凭所谓可行性,故尔以谨慎为贵,夫"信"与"义"自在其中矣;君子则略有不同,若乃为政主权决事,所言至重,必以有信为贵,方能正其意而重其言,夫"义"与"慎"方可保存不失。君子翻手为云覆手为雨者也,欲其守信自古即为难事,故本章夫子立信而教,盖主劝君子修德克己,先求一言驷马难追,尽治食言之弊,次求合义明慎之道,则君子庄敬自固矣。

【大车无𬨎,小车无𫐐】𬨎,御具也,驾大车之把握处;𫐐,亦御具也,驾小车之把握处。以大车而喻大国,以小车而喻小国,本句谓家国无论大小,君子守信之义一也:虽有天命,无信必不能久行于天下。

子张问:"十世可知也?"子曰:"殷因于夏礼,所损益,可知也;周因于殷礼,所损益,可知也;其或继周者,虽百世可知也。"

释 读

斯章论道统之义。史与经之辨,乃儒术之至要。孔子承史而明义,编文成经,后儒奉为"五经""六经"而名。经史原为一体,相与表里,经可传史,史可证经。所谓经者,常道也,不易之义理也,如天道恒行四时,人伦必有五常;明其道而述其言,成之于文,载之于典,则谓之"经"也。夫"经"源于"史",如史纪、礼纪、诰命、策论、诗歌,文字多袭取互沾,经史合流共传其道,是义两者无分学术疆域,亦合文明古教胚胎之通征,近乎犹太《圣经》一类。又所谓道者,乃天命于斯,人运于斯,不为夏禹存,不为桀纣亡,是谓之"道"也。孔儒不肯语怪,讳言天道,而称之为仁礼;仁礼之行也同道,合之则益,违之则损,益者兴损者亡必定无疑。盖本章夫子喻子张勿疑读史明经之道。后儒衍生而出兴亡相继之道统论、正统论,深文周纳,亦甚可疑也。

【十世】世者,人生一代也;古有自高祖至玄孙九世相传之望,十世已出乎望外。盖子张以"十世"代喻史纪,或存疑读史未必可知往来。

【夏、殷、周】诸夏公认之古代祖系也。夏或源于西戎,殷或源于东夷,而周起于夏地,自承禹臣后稷之后,就孔儒经史而言确凿无疑,以今所谓科学证据则似不足以征。诸夏史传自孔子著《春秋》,盖归"相因"之论矣:视天子一系隐为相继关系,天下虽易姓以夺,必为应变止损之举,如汤武革命、周之维新,替天行道者也,其实相继未绝。《春秋》"相因"之义主指王德,或让或夺皆"善"也,差可一分高下者,惟"美"中不足耳,譬如周武不及舜禹之美;后儒《公羊传》则见重弘德,凭教化夷狄之功效而大分三代之相因。

【因】依也,顺也。因之一义,本于《易》生灭之道,凡二合为一者不出相生、相克、相敌诸关系,因者行乎道、顺乎性、合乎情者也。因道而相继,虽不为一姓,纵远隔世代,亦可视若一体。后儒循义造作,发经义之道统说而自尊其教,原本无可厚非,竟又推及于史义,立所谓正统说,裁定天子代代相因连绵而继,则犹照猫画虎,多逞臆之见矣。

【损益】损,有失也;益,有得也。道本圆满自在,固无所谓损益者;而所谓损益,必指人为,出于人为而复归之于人,称人道也;人道合乎天道,则称仁道也。继周礼者,行于仁道,必有益而无损,征之以史,故可信其历百世而不绝。

子曰:"非其鬼而祭之,谄也。见义不为,无勇也。"

释 读

斯章论勇行之义。君子主修信,士人主修慎,上下皆当共修者,谓之"义"也;"义"之所在,行之所往,夫如是者,称"勇"也。盖时政无义之弊甚矣,本章夫子痛心疾首,求义勇而吁救世者也。

【非其鬼而祭之】鬼,先人也。盖"鬼"之说源自巫,史传之,以为万物有灵,主于天者曰神,主于人者曰鬼。祭师可神鬼皆通,设郊祀以敬天神,行庙祭以敬祖宗,祈佑社稷子孙。及周,王室诸侯严其宗法丧服之制,礼乐之事关乎尤重,直通大位继立,天下不乱遂亦可征之于祭祀,故行祭礼非同儿戏,若行不当,其罪滔天。非其祖宗而祭之,僭礼越位之乱行也。盖时政废礼,趋炎附势风盛,权奸出殡,满朝服丧,夫子恶之。

【谄】巧言以博闻者之欢心也,非实言也。谄者其言无义,其行背义,而徇私偷安也;譬如本非后亲,捕风捉影而冒充,数典忘祖,不以为耻,故多行乱祭。

【勇】无惧也。道之常行曰"义",即当行则行之也;道之应变生"勇",义行有难而仍直往者也。义士知义而行,无勇亦不能久也;家国多以武而立,君子又当守社稷,固有其勇;夫子教君子见义勇为,取其武勇之"勇"而归仁义,乃求义勇者也。

再 按

先民生活初时并无文法,概从无言之自然法则,止求图生存续血脉。及至人众族聚,小群四合而成大群,虽多繁衍生息之善利,亦积强凌众暴之恶弊;相争无已之际,赖有贤智者越众而出,分善恶之别,立明暗之对,申之以诫,约之以律,正之以礼,成各方所谓圣人、先知、使徒、牟尼者也;自然法则由天理无言而进入发声成文之时代,即所谓文明时代。自然法则实乃天道,言不能生之,文不能灭之,欲称其名,以"封建法则"之指最怡,即分封众建之谓也;人类文明之于封建法则,无论发生何种进化变易,犹人身之于基因,终无以违之。封建法则通贯天下古今,根本叩问两义:一曰血缘共利而定"利"之所归者,一曰传之久远而立"权"之所主者,二者合称所谓权利者也。纵观权利面貌与社会形态,兹简表历史演进大略,试析自然封建法则之若干通义。

表2-1 自然封建法演进

自我评价	所有权		继承权		
家天下	分封		众建		主权法则
	爵/土	/位	依礼世裁	让贤	礼制/政治
共天下	社会形变(主因宗教教义/技术进步)				
	股份/物权	人格/名誉	依法承继	选兴趣	政治/法律

一、自然封建法则,天生亲近家天下之状态。血缘共利既为天生人性,亦出于家庭家族天然秩序,成员自然享有分配权与所有权。

二、一旦家庭及家族取得成功,分配权显著大过所有权。即由当期分配延伸至远期分配,自然而生主权及继承权。

三、主权及继承有份者为尊,或令血缘共利之关系受损。至尊意志或伤成员权利,权利保护不能限于血缘关系而求,遂萌生成员间政治关系之雏形。

四、政治关系推动竞争与合作,主权者行为处于复杂境地。成功家族征服统治附庸家族,逐渐诞生法令与政策,家天下由以兴起。

五、家天下为本之权利秩序,虽合乎自然法则,亦不免迎来时代变化。宗教教义根本挑战家庭权威,技术进步持续赋予个人生存技能,人伦面貌似为共天下所代;然深察细认,世间并无所谓共天下之新人伦,惟有与时俱进顺乎自然封建法则之家天下而已,今世之财产继承法例盖归血缘亲属,各国莫之能外者也。

自然封建法则行于天下,世人各作回答,遂有社会分野之多样;诸夏先进,大略合乎法则,是以早列文明古国,端赖孔儒孔教最切扼要欤。

八佾第三

孔子谓季氏:"八佾舞于庭,是可忍也,孰不可忍也?"

释 读

斯章论礼乐之义。乐与礼同齐,亦含周制深意:夫"礼"明上下尊卑,定君子之次序,主"分"也;夫"乐"则融亲疏远近,合血缘之衍生,主"和"也。君子行庙祭及郊祭,依礼大宗负合族之义,祭礼之后必举合族之宴乐,礼乐并举方合封建之美善,故若君子无乐,则行礼未成焉;天子以降,宴乐之制等秩谨严,饮食器具明别高低,乐舞规模各配其数,譬如八佾之乐舞专属天子,公侯减为六,大夫再减为四。季氏时为鲁国主政大夫,用八佾而舞于庭,僭礼之极,故本章夫子重斥不忍。

【八佾】佾者,礼乐方阵之列队;犹今之平方,四佾则四四一十六人,八佾则八八六十四人。大夫宴乐敢用天子之数,可知周礼时已颓废,亦无如之何矣。

【忍】容也,让也,克己意而从人也。忍者能容所不能容者,能让所不能让者,几同"恕"义,惟心有不甘耳。人之过与不及常可恕之或忍之,然违义至极,若再容让,则非"忍"也,当谓之"苟且",无一事不可顺服,而生所谓"知和而和,不以礼约之"之耻辱也。

再读论语

三家者以《雍》彻。子曰:"'相维辟公,天子穆穆',奚取于三家之堂?"

释读

斯章同参上章义。鲁国大权时不在鲁君,政归季孙氏、叔孙氏、孟孙氏三家大夫,礼乐显违周制,孔子疾视亦莫可奈何也。

【《雍》】《诗》之周颂篇名,祭颂由天子专用。时鲁大夫僭用之。

【彻】同"撤",宴乐终前一曲以全礼毕也。此指三家以大夫位而用《雍》颂之乐告终。

【相维辟公,天子穆穆】维,助也;辟,庇护也。《雍》篇颂词,似今可仿诗"众建以相维,分封以辟公,天子恩浩荡,永世享拜敬"而赞也。合族礼赞天子恩泽之辞,大夫僭用,岂非乱礼忘本之极!

子曰:"人而不仁,如礼何?人而不仁,如乐何?"

释读

斯章论仁德之功。君子者,修仁德为其本,行礼乐为其末。盖先孔子之世,以周礼本由天定,君子享礼固多心安理得者,予取予求皆称命凭运,所行礼乐名曰敬天,实近欺天者也;及至于当世,敬天者尤希,欺天者益众,故孔子出,兴学广教,举仁义而救周礼。盖本章夫子乃明仁义为礼乐之本。

【人而不仁】所谓不仁,不知仁义、不修仁德也,俗语盖谓之"不善"者,故孔子兴学教人。君子虽有天命,若无仁德之修,则必天道人道俱暗,礼多失其"敬"义,乐亦失其"和"义。譬如鲁国三家之礼乐,徒有其表,又有何益哉?夫子斯言虽简,傲义至深。

林放问礼之本。子曰:"大哉问!礼,与其奢也,宁俭;丧,与其易也,宁戚。"

释读

斯章论礼义新旧有别之义。礼义既分新旧,行亦固有所别,知者一眼望去便能明鉴:行旧礼者,贵物用而尊位秩;从新礼者,重义理而守忠敬。祭礼崇奢,服丧无哀,或已为时弊,故本章夫子或借题发挥而砭世。

【奢】铺张也,费财也。与"俭"相对,近于"侈"义。所谓礼奢,指行礼于人,铺张其事,以排场论礼者,乃旧礼之风尚。

【俭】同"简",节省也,与"素"义相近。简礼易行,可通贫贱,礼义广行,民德归厚,亦中新礼之矢的也。

【易】所谓丧易,"易"字之义不甚明了,或以庙数说能通:(1)周制天子七庙,诸侯五,大夫三,士一,庶人无庙;(2)亲丧入庙,远世(五世)之祖必另迁祧庙(更远之祖庙),而于祧庙行累世远祖之合祭,称"祫"礼,此"迁"者或即所谓"易"之义也;(3)盖君子治丧,旧礼于"迁"一节至重,而孔子以为轻。有解"易"为"惕"之借用,指居丧谨守五服之制,所在全句主教服丧者轻外重内之新礼,亦可参。

【戚】忧伤也,哀也。丧亲乃人生莫大损失,虽五服之重不能挽回,此情此义非仁德孝子则难以领会。继称君子若明辨礼义新旧之别,则迁庙之"易"当不如丧亲之"戚"也。

子曰:"夷狄之有君,不如诸夏之亡也。"

释读

斯章论诸夏以礼为本之义。周礼虽衰旧,亦强于尽无,若诸夏以礼为本,必能无敌于夷狄蛮族也,此一读也。诸夏夷狄所别者,其惟礼制也,周之维新于斯,诸夏不亡于斯焉,又一读也。二义合读,盖本章又可解为:天下以礼为本,君为之末者也。孔子崇礼至重矣。

【夷狄】诸夏称外族之名也。诸夏常处河洛,自视中国,他族环围互有攻伐开拓事迹,累积侵夺暴残之仇,遂多称卑呼贱而名四邻,书文贬称东夷、西戎、北狄、南蛮(苗),其间较小细分之族称不可胜数,如巴、闽、貊、犬等,皆以不雅兽虫形之,并非他族之自称。春秋时所称夷狄之族近处燕、晋、齐之旁地,去鲁不远,以游牧田猎浮海为生,居无定所,勇毅强韧,亦奉君主,而好众推之法,少行世传之制,多任力大敢为者居之。夷狄所指分布广大,常为分散自治部落,倘聚而为一则兴强盛大国,能贯通大陆交通,主宰远途商贸交易,诸夏适时不幸则犹飘零孤舟,徒任其摆布耳;其先民又擅长冶炼制金之术,今东起太原西至额尔多斯一带盖其祖源之地,或又远接中亚粟特人。

【诸夏】周室诸侯家国之自称也。周代殷商,以臣弑君,夺天下位,义有乖离;为服天下,周上承禹夏,溯源后稷为祖,继统之说勉可成立。周公摄政,重行封建,天下底定,又亲制大礼,融合上下内外远近,百姓浑于一共同文化,自称诸夏人民。然禹夏之际,天下或绝无夷狄诸夏之分:如夏之出处或同后世之蒙古,属强狄殖民部落之一支而已,汤武革命,故放桀复归牧猎;又如殷祖盖为强夷部落,纣亡后商人远遁渤海故地。夷夏之辨,其始殆指迁徙定居两群之习性差异,并无善恶之别,至于严有所谓异族之论,当属后世之说,盖随两类生活人群渐行渐远,彼此冲突误会累代滋长,终成文化心理深刻防卫与敌对。

季氏旅于泰山。子谓冉有曰:"女弗能救与?"。对曰:"不能。"子言:"呜呼!曾谓泰山,不如林放乎?"

释 读

斯章论见义勇为之义。新教礼义之全体,要可谓"本于仁、立于德、行于道"也。夫"行于道"者,内含《易》守常应变之两指,守常不违固善,应变不屈尤为难能可贵,见义勇为乃个中大善者也。季氏以大夫位而僭行祭祀泰山之诸侯礼,冉有为季氏宰,主司祭礼,不能卫道力谏,似有取禄舍义作循臣之嫌。盖鲁国虽力弱,而拥礼制尊名于天下,自乱大礼则根本尽亡矣,故夫子痛责弟子不能救。

【旅于泰山】旅,远郊祭天之行也。诸夏各有高山名胜,如燕山、太行、太岳、嵩山,河洛人终认泰山最近天神,有说或承自东夷人之祭拜信念;又因周公封于鲁而配享王位,泰山之祭遂羡列家国郊祭之极,为诸侯强邦礼制之冠。泰山本由公侯祭,大夫祭之而公侯无奈,亦可知鲁国政礼之不堪矣。

【救】劝谏也。道之常行遇变,应变以"救"或"济"谓之"权变",权变者或以智或以勇,或智勇双全,致变者复归于仁道,则称贤能者也。礼有"命"义,阻"违"如同"救"也;卫道如杀敌,冉有无力以救,反从违者,固不免懦夫投敌之过也。

【曾谓泰山,不如林放乎】犹言看错人矣。尝以为冉有德修似泰山北斗,能作孔门道义之依靠,终究不过如此,实亦不及守常弟子也。夫子严责冉有,失望之极而语。后儒有解本句当读如"曾谓泰山(之神)不如林放乎",辞气婉转而叹,为冉有之失勉强缓颊,乃为贤者讳,后生之苦心也,姑存一参。若从当时礼废无救,夫子矢言"是可忍孰不可忍"一节,本句痛责直斥之义亦显焉。

子曰:"君子无所争,必也射乎!揖让而升,下而饮,其争也君子。"

释 读

斯章论君子相争之义。夫君子者,天生武士也,吊民伐罪,戍守社稷,自古举世皆然。诸夏之服天下,贵于夷狄者,主凭君子相争,虽以力取亦奉礼而行,譬如挑战设所谓致师之礼,阵战有所谓宋襄拒楚之例。君子之争不伤和平,不违礼仪,天下和平庶几可保无虞,战争与和平或可两全焉。君子虽处承平,其责不怠必常有备,狩猎骑射训演操习,强其术而明其礼,至其师出则多威武和平之师,所谓王师也,而非虎狼之师也。后世军阵之法,以争胜为至高目标,礼义丧失殆尽,君子之战终成绝响,战争遂为天下巨祸。今世联合国设立所谓战争法条,可证君子相争仍理想不灭焉。

【君子无所争】争,务求也,力取也。位君子者,依礼可足配所需于内,故曰"君子无所争";其所谓有争,必争之于外而行征伐者也。以强凌弱,无德失道,争夺于内,亦不配君子之称也。

【射】自古贵族之天职也。以武立国方有国君,君主、贵族、君子本多武士也。君子国施行文治以续其祚,招祭师、文士从其政,称所谓士大夫。古之骑射装具昂贵难得,非贵族不能负担,训演费时亦非贵族无能从事,故君子阶级实为战士主力。周礼有所谓"大射"之仪,专以规制武士射礼。

【揖让而升】揖让者,行礼于相争者,意谦之,身卑之;升者,升堂就其位而射。相争者,就位前必相互礼敬,无骄也。

【下而饮】射毕下堂归其位,必俟同竞者一一完成,以定胜负,胜者即再揖让而升,举杯(时称"觯")立饮。其礼盖示君子相争必胜之志也,亦敬君子之败者。

【其争也君子】本句所谓争者,竞技也;故所谓君子,乃合礼义者也,武士守礼真君子。君子之争有益无害,譬如现代体育比赛,竞争者千辛万苦,旁观者甘之若饴,胜者开香槟,败者亦犹荣,实皆大欢喜之争也。

子夏问曰:"'巧笑倩兮,美目盼兮,素以为绚兮。'何谓也?"。子曰:"绘事后素。"曰:"礼后乎?"子曰:"起予者商也,始可与言《诗》已矣。"

释读

斯章论德为礼本之义。周礼严繁,原存于君子人家,本不行于民间,渐变良久方通乎大夫士人家,庶人好礼者无奈望而却步,虽向往之亦无以得之,有礼不下庶人之憾也。新礼务求广行,化繁为简,直取其义,力主德为礼之本,礼为德之末,以取悦天下,新旧礼教由是分流。孔子兴新教仁礼,化一姓一家之礼乐,而为天下百姓之礼乐,名曰从周,实维新者也。本章子夏(商)由考工之序,入明礼之道,举一反三,合所谓《诗》之经义者也,故夫子赞之。

【巧】天工之妙也,动作之美也。巧笑出自天然,谓其一无杂念也。

【倩】生而美容也,形象之美也。巧与倩均为天成之美,一指动,一指静,非人造作之"谄""令"所可比拟。

【盼】分明也,喻目之光彩。美目明洁,犹日月之照人也。

【素】洁也,白色也,当指本色义也。以"素"而喻"仁德"之貌也。

【绚】多色并染所成之色也,彩色也。以"绚"而喻"仁礼"之行也。

【绘事后素】绘画最终一道工序,谓之"素"功,以白色填画衬托,使花纹更加绚丽多彩,合成一美也。子夏(商)以时之逸诗而问素绚之义,夫子以画工之终素而喻,得悟仁礼之义当以学修为先,成德为本,方成礼仪之光彩。成礼之道形以"绘事后素"之论,几近后世所谓"画龙点睛""厚积薄发"之说。

子曰:"夏礼吾能言之,杞不足征也;殷礼吾能言之,宋不足征也。文献不足故也,足则吾能征之矣。"

释　读

斯章论学礼勿疑之义。孔子新礼从周,或有疑者,以为君子相因相续,各承其礼,好礼者亦未必从周,譬如杞从夏礼,宋从商礼,有何不当哉? 夫子托文献不足而辟之,盖其义有二:一者明好礼之义,所谓礼义即道也,夏殷之礼乃传于周,非传于杞、宋者也,好礼必从周,方谓之正道;二者劝人去疑,若以残存为续,譬如杞之祀夏、宋之祀商,遽疑道或可别传,必歧出他礼之乱,天下终至无所适从矣。好礼乐道而勿轻率疑古,其理亦能通今,譬如以周出西戎而妄猜周礼或近夷狄,又今时科技不证炎黄二祖实存,遂尽弃诸夏史说,以为爱国必及于东非始初基因之邦,则荒腔走板甚矣。盖周礼时趋嬉戏,各执其礼之势盛,本章夫子本意或原当痛责不忍,以明正统,然终借口史纪未载而张惶避论,足征当时世情

可叹也已。

【杞】传夏亡之际其国人复北归游牧，殷封杞国以容其遗族，故址不详，或位于晋国北地。依孔儒经说，夏亡于无道，而商汤仁义，存续夏祀于杞，故好礼者至多可以杞礼为小宗，其大宗必当归为殷礼。

【宋】传殷亡之际其国人归渤海故土，遗族居周封之宋国，周之公国绕宋，宋国有似入于瓮中。又，"宋"的古音近"商"，或云乃"商"之假借字，其民善货殖，故取名而有后世"商人"及"商业"之称谓。孔子为殷商遗民之后，族望宋国，依制必娶宋女。宋续商礼，其义亦同杞例，为礼之小宗，而周礼乃大宗，好礼者固当明辨。

子曰："禘自既灌而往者，吾不欲观之矣。"

释 读

斯章论非礼之失。世行大礼，莫过于禘礼，而竟不忍卒睹，礼制之废义，犹今世美女小姐称谓之别指，受之不乐焉。

【禘】禘礼也，不王不禘，乃天子专行之祭礼也。周承殷制行禘礼，天子诸侯每五年合祭祖宗并敬天，每三年合祭祖宗不敬天称祫礼。鲁为周公之封，成王许其配享天子，故鲁亦可行禘礼。孔子时禘祫之礼或已不严，可各行其是矣。

【灌】为禘礼之大节，盖用香气或血降神，以引神入祭所。有文史研究指"灌"与"祼"或"果"古音相通，三字用于禘礼，其义一也。行"灌"之事主敬鬼神，之后流程或主敬人，而敬人之礼殆已乱矣，谄骄态丑，夫子故云不忍往视。

或问禘之说。子曰："不知也。知其说者之于天下也,其如示诸斯乎!"指其掌。

> **释 读**

斯章论匡扶之义,可继上章义。禘礼之大,天下皆知,如人视其掌,何可不知,明知故问者,必别有居心。所谓匡扶,必本于众人皆知当行之义而施援手,之所以不为,各有其难焉,或因有畏,或因无勇;若有义人迎难而上,犹俗语所谓作出头椽子,实则不难,星火燎原,成之或可易如反掌。本章所记夫子栩栩如生,其"直"也扑面而来,其"智"也会意一笑,其"忧"也于心不忍。

【指其掌】以"掌"而喻"易知""明知"之义,犹言举手之劳、易如反掌,皆操之在我之事耳。后儒奉本章源义而生"掌故"之说,指风俗教义律令,人人不免、应知应从,遂有好古搜旧者,穷极"掌故"详文,成为史纪专门之一科。有解本章或疑鲁国行禘礼不当,孔子讳言而挠掌他顾,此说似泥"不王不禘"之义甚过,兹不采。

祭如在,祭神如神在。子曰："吾不与祭,如不祭。"

> **释 读**

斯章论祭当主敬之义。周之旧礼主"畏",当畏者天命也;孔子新礼主"敬",所敬者出于人心也。其时礼弛,如前章乱行禘礼之述,盖"畏"已略无,而"敬"亦阙如,欺天欺人,有害无益。

【祭】祭祀为古来之敬拜礼,盖分神我类与封建类两道:神我类主信仰,服祭师,从教会;封建类主感恩,敬祖宗,佑社稷。周承夏殷两代,祭礼转重封建,信仰渐为辅助,大兴庙祭与郊祭;庙祭亦称家祭,奉祀祖宗神位,设祖庙于居室东向;郊祭亦称祭天,奉祀天神,远置于都邑外百里内。

【吾不与祭,如不祭】一义可解作教人行祭以敬,同前句之义而复言之;一义可解为新礼自信之说,盖夫子尝从庙事,熟掌礼义,或放言四邻君子,行祭若不投其门,延请充作主祭,则祭事必无成效。两义皆可,惟后义之解递进前句,可扬"祭礼之正舍我其谁"之豪迈,尤切新教广传急迫之情。

王孙贾问曰:"与其媚于奥,宁媚于灶,何谓也?"子曰:"不然,获罪于天,无所祷也。"

释 读

斯章续论礼行之正。奥与灶,盖二者合指祭礼所设之牌位也。夫"奥"殆指方位,有说为室之西南,一鬼有一"奥",常设而不移,祖宗数位并列其间,故"奥"又多形幽深;牌位置之于"奥",安供品以献上,称"灶"。王孙贾乃卫国大夫,引时语而与孔子论礼,其义当以"奥"而喻天命君子,以"灶"而喻当道权臣,犹后世俗语"县官不如现管"者也。礼义兴,所祀固明,必敬其尊位;礼义废,各从所怀,多谋其可用。君子失礼无道,百姓游戏自乐,故出俗语讥刺,本不该刻薄挑剔其义,大夫君子转引而问,则似欲讽孔子礼教迂阔矣。盖孔教已负重礼之名,或有不屑者如王孙贾前来挑衅,而本章夫子直不退让,必求诚意敬畏之礼。

【媚】近亲也,取悦也,是指献礼也;"谄"也主献巧言,"媚"也主献令色。媚者贫贱,多身不由己,无奈自保,易误以"媚"为"敬"。又,"媚"与"敬"二者,或以"义"之有无而根本分别:媚者不知无义,形似有敬然实非敬也;敬者知义,似亦不免有媚行,则称忍辱也,负"义"而承重,并非媚也。

【奥】奥位虽尊,然少光僻深,故又同"玄""幽"诸字义相合,具不可捉摸之指也。

【灶】主指每祭之供品,祀毕即出,众可分享,今人所谓祭灶之说或承之而来。礼制既废,行礼者进退失据,莫不如获用于当前,有知其不当而无奈之纠缠心理,或即古吴语尚存"奥灶"一辞之义也。

【无所祷也】祷,语与神鬼也,或求也,或悔也;神明宗所行神我相通之一功,同"祈"也。本句似可读如"所祷无(敬)也"。神我相通之际行祷,了无敬意,祷亦自欺,神明有知,必咎欺天之罪,盖俗语所谓"急来抱佛脚"亦犹是类,祷者实一无所祷,未合礼之正义。

子曰:"周监于二代,郁郁乎文哉!吾从周。"

释 读

斯章续论周礼继统之义。可参前章"夏礼吾可言之"之义。周继夏殷,上承自古圣之道,下及于文武周公,文献足征固无疑矣,此其义一也。周虽旧邦,其命维新,周礼继统大道,顺天应人,文物典章俱备,盛极于三代,岂可有违哉?此其义二也。盖本章夫子主诲好礼者必当从周而勿庸再疑,否则,或非其鬼而祭之,或禘自灌以下不忍视之,则既不善亦不美矣。后儒极攻本章从周之论,以致于泥古,亦弊害匪浅之误读也。

【监】同"鉴",因也,视取也。周从夏殷二代之礼,乃天道相继之盛事,反观目下之世,惜已有所不能矣。

【郁郁乎文哉】郁郁,大有也,茂盛丰富也。三代均以武力得天下,而周能一脉相承于道,道之以德,齐之以礼,爰有大成,由是天下礼制鼎盛,文物完备,无愧于道统之大宗,故夫子坚执从周。

子入大庙,每事问。或曰:"孰谓鄹人之子知礼乎?入大庙,每事问。"子闻之曰:"是礼也。"

释 读

斯章论学礼之道。入大庙礼当屏息禁声,而夫子有疑则问,或因其好知也,或因其救礼也，本句义似宜采后者，谓夫子每问于有疑处，非不知也，乃醒主事者勿违也。又，仁礼重"敬"及"诚"，临祭有疑则当知之，亦不违"诚敬"之义。

【大庙】同"太庙"，天子诸侯之祖庙也。鲁为周公姬旦封国，鲁大庙当为周公庙。时礼近废，旁人不觉，夫子每事问，或欲儆人，而渐如蝉鸣蛙噪也。

【鄹人】鄹，鲁封之采邑，代指孔子之父叔梁纥。以"鄹人之子"称孔子，犹呼"二、三子""小子"之语，以示鄙薄也。

子曰："射不主皮，为力不同科，古之道也。"

释 读

斯章论仁礼平等之义。礼义本乎仁德，若欲分辨君子小人，必凭其德其道，外在礼仪尚无以为之。道德面前人人平等，孔教也；法律面前人人平等，政教也。平等诸说孰优孰劣，不能武断而论，所发各自"嚆矢"，亦各中其"终的"也。宗教主修神我，文教主修人我，科技主修物我，倘运之相混，其过不在各教诸学，乃为人误用而有所失耳，若伪君子祸国殃民，又岂可直罪孔教乎？盖本章夫子以射礼而喻仁礼平等之通义。

【射不主皮】皮，皮革所作靶也；主皮，射穿靶皮之谓也。周之大射礼，判定射手技能，不必贯穿靶皮，而以中的为准。以"射"而喻仁礼，以"皮"而喻能力，其义当指仁礼在德不在力。

【为力不同科】力，天生之能也；科，等第也，类别也。生而平等之所以万难，实由各人之力天生不同所致：壮弱长短速缓智愚参差不齐，父母人家地方风土相远迥异，人之不齐犹万物不齐出自于天，古来平等固属第一难事。圣人出教，平等有道，主凭自修，或从神我之际获得灵魂平等生活，或于人我之世修悟平等智慧，而孔子则明立仁德而生平等人格。故谓凡去自修而求平等者，必妄人也，譬如盗贼、无赖汉；后世为政未领孔子礼教此自修上义者，极攻平等齐人，单运刑律一支，视人几近为物。

八佾第三

子贡欲去告朔之饩羊。子曰:"赐也,尔爱其羊,我爱其礼。"

释读

斯章论礼分轻重之义。仁礼尚俭,简而不废乃其正道也。

【告朔】诸夏古制,王制历法,定正朔,传于天下,周礼亦然,一年一喻家国诸侯十二朔望,诸侯受而藏于庙,逢朔则行仪祭告。周所承之古历,盖称夏历,为月亮历,以月圆为"朔",月半为"望"。告朔之礼时鲁或已久废,简奉以羊,徒剩其形,子贡主祭,欲尽去而省费。

【饩】祭祀所用之牺牲品。

【尔爱其羊,我爱其礼】犹言你我所见不同也。或可谓"礼义事关之大,岂可以一羊比之耶?"夫子激奋之情溢于言表矣。好礼者生不逢时,礼废仅剩一羊,犹思亲者只余丝缕之念想,倘若再去,必无可牵挂矣。子贡见责于夫子,近乎是类同情之祖考。

子曰:"事君尽礼,人以为谄也。"

释读

斯章论敬礼与谄媚之别。奉"义"而可辨行礼之得失,犹明"德"方能别君子小人。君臣上下之礼为大义,同孝事父母之礼并重,忠臣如孝子,尽礼固无穷也。时尊君与孝亲之礼或已两不相及,有以孝亲至上者,简行尊君之礼,不免心存轻慢,厌其费繁,犹子贡欲去饩羊,坏礼而不觉己非,反以省一羊而自以为得义,皆属浅学少知之失。盖本章夫子直告所以,而勉好礼者勿惑于非礼之辞。

【人以为谄】夫"谄"可参前章"媚"之义解;夫"人以为"当指众口之言也,今所谓舆论者也。舆论奥妙难测,虽未必是非善恶之明,而力道至大,能众口铄金;受其害者无处不在,累世鲜敢拂逆,人多顺之从之,即成所谓庸众。高明之士若善用其正,至尊权威亦不免战兢;倘为邪奸之徒操弄裕如,天下公义定坠入于暗,君子若非孤奋必不能立身。盖夫子新立其教,舆论不利,个中苦难惟其自知耳。

定公问:"君使臣,臣事君,如之何?"孔子对曰:"君使臣以礼,臣事君以忠。"

释读

斯章论君臣之礼。君臣虽分上下,为政则当一体,本属天经地义,而定公发问,可知鲁国君臣时有分离之忧矣。既失相融契合,徒有"君使臣、臣事君"之表相,君臣心知肚明,则各觅其方也:若依道家,或教"君使臣由之,臣事君顺之";若依法家,或告"君使臣凭术,臣事君取势";《书》典传义,春秋或多佩服法家。盖定公无定,相问求解于孔子,不料孔子本章教迂阔之义,殊难运于当前,故猜定公或大生其"奥灶"之心焉。

【君使臣以礼,臣事君以忠】君臣礼义,定公岂可不知哉?君臣之道,乃为政之本,兹事体大,定公不耻下问请教,孔子虽明其患,不敢忘乎所以,但奉常理通说,亦合其"慎言其余"之"慎"义也。孔子承平之教,似不切离乱之急,然察诸夏君臣相搏之道术纷呈不绝,前有《洪范九畴》之建用皇极,后有《商君书》之刑赏调合,倘非孔教一意重礼若迂,其政也不知伊于胡底。

子曰:"《关雎》,乐而不淫,哀而不伤。"

释读

斯章论仁礼修身之义。《诗》乃以喻而言义者也,非如后世小说家言,偏颇而取美文雅韵,主运之于赏情望怀,实正相反。《诗》必出其境方能归其义,孔儒传

八佾第三

《诗》为经,于记字存文外另有大用,或言史,或指事,或论理。今人读《诗》多从文学,遂生隔阂,所解参差不对,两下互视乖离,儒士派鄙夷文学派之浅薄,文学派不齿儒士派之迂腐。观乎本章,文学派确无能通其义,儒士派则唾手可得:谓《关雎》主指妇德,讽周天子拥新妇不理朝,妇后不能如"雎"之早鸣,以儆夫君勿怠,由是可通君子齐家之义。若耽于雎鸠所喻男女之事,只读见情欲盎然,曰求偶,曰相思,曰欢合,曰如意,文学派当自矮矣。一夫多妇时代,君子治家若非齐之以礼,添乐则淫,丧爱则伤,仁政德政必无可望焉。是故儒士派"乐而不淫,哀而不伤"之仁义,或亦文学派情系"求偶如意"之升华也。

【乐而不淫】淫,过分,过度,泛也。礼制男女有别,主防宗法之乱,以免嫡庶不分,尊卑失序,固当恶"淫"以戒。男女合欢,无礼节之,如水乱流则多害焉,细民为之劳神,君子为之误国。

【哀而不伤】伤,害身也。丧其亲爱必有哀,若不以礼节之,则亦乱也:小人恨天,大人丧志,君子自绝于天下。或解"哀"同"爱",其义盖承"乐"而来:礼乐存正,则谓之"乐"与"爱";礼乐不正,"乐"多指"淫乐",而"爱"则陷"溺爱";故"哀伤"者即溺爱也,同淫乐一害,以形君子好色关情,而出"多淫则乱种,可遗祸后代;伤神则乱序,必当下有失"之儆效,亦属趣论尔。

哀公问社于宰我。宰我对曰:"夏后氏以松,殷人以柏,周人以栗,曰使民战栗。"子闻之曰:"成事不说,遂事不谏,既往不咎。"

释 读

斯章论仁礼周延之义。恕道乃中庸所固有,隐讳亦仁礼所当守,若仅以"诚"示人,不免有失"敬"之过。孔子悬周礼为至尊,一力维护不让分毫,实深其怀苦心孤诣:第一,夏商周三代皆源起夷狄,而制天下礼,既已成之,何必再疑;第二,当世疑古之风或盛,周礼几近于废,若推波助澜,再多非议,虽非虚言亦近妄言矣。孔教所主"为成者隐、为尊者讳"之义,从中庸之道而释则为至当:夫

"诚"与"敬"二义相合而可成"忠",两不相害而可成"恕";以忠恕而隐之讳之,非"不诚"也,而实为"忠诚"也;譬如贝多芬乃乐师至尊,而耳疾笃甚,好事者传其母淫行秽生致其痼疾,则未可视为"诚"也,实无明惑乱者也。后儒无明者极攻本章夫子言义,滥设其隐,肆行其讳,以"敬"伤"诚",甚至尽灭其"诚",名"恕"实"谄",假"忠"饰"奸",书文多从成王败寇之论,亦甚可恶。盖本章夫子乃本中庸而卫周礼。

【社】设祭(庙祭、郊祭)之土地,多与"稷"并用,"稷"为生产之土地,合指天下,后引指家国所统之地。立社稷者,天子诸侯人家也;行立社之礼,须选植林木于其地,夏商周三代所植各异。

【战栗】惊恐状。周选栗木植于其社,有传本意欲使民战栗不已也。苟信传言,则孔子何可从周礼而立仁礼哉?宰我为孔教门生,出此传言岂非自弃乎?

【成事不说】周之初兴,鼎革未定,世事艰困,难免忧虑彷徨,或尝生使民战栗之意;及后维新,轻武威而重礼治,天下乐益至今,再传使民战栗之旧说,等同于今所谓翻老账,徒添危言耸听耳。玉汝于成,当不言攻玉之恶,譬如澳大利亚初代移民尝为罪犯,以此而羞其今世文明,亦非礼也。

【遂事不谏】遂,往行也,近"成事"或"往事"之义;谏,劝上之言也,欲正其"方行"或"未行"之事。遂事不谏,即木已成舟,生米煮成熟饭,犹今所谓面对现实之义,亡羊补牢可也,一味悔不当初则迂而蠢矣。过往之事可作史论,若作议谏则谓之迂也,愚也。复兴周礼乃孔教目下大事,弟子竟传非礼不敬之言,搬弄口舌害人疑周,故夫子深责以诲。

【既往不咎】咎,责也,明其过失也。既往之失,举世已非当事者,固勿庸再究其过矣;倘执意"咎"之,或为无事生非,或为迁责于人,皆别有居心者也。譬如管仲相齐桓,尝设女闾三百而聚敛,后人咎而贬其尊王之功,岂可乎哉?周欲使民战栗之旧说,盖所传者深惑于时礼多乱,遂妄疑周礼原本有失,而不肯反求诸己。

八佾第三

子曰:"管仲之器小哉!"或曰:"管仲俭乎?"曰:"管氏有三归,官事不摄,焉得俭?""然则管仲知礼乎?"曰:"邦君树塞门,管氏亦树塞门;邦君为两君之好,有反坫,管氏亦有反坫。管氏而知礼,孰不知礼?"

释读

斯章论君子修德之义。举盛名如管仲而断其过与不及,新礼教品论君子之锋芒尽呈矣。管仲助齐称霸,会盟天下,尊王攘夷,诸夏得存,多赖其功。孔子新教以德为大,以功为器,虽有功如管仲,若不修德亦同小器。所谓小器,当为孔教所贬旧君子之义,近"小人"一指也。是类居位少敬,私行不简,仁礼未可合其身焉。

【三归】指三处府居;或谓三归为高台名,三归之台依礼当属诸侯明堂建制;两说均可参。管氏府居自奉三归,耗费巨大当可推知,乃享乐者也,非简约者也。

【官事不摄】官事,从政也;摄,自取也,犹今所谓兼职经商也;谓管仲身为大臣另私兼图利也。礼制严勒从政者不得经商,其义殆为采食者不当有自食之业;鲍叔牙曾为管仲辩,言其孝亲故而兼财,欲时人姑枉谅之,而管氏不修,藉以肆行,或近乎"贪"矣。又,夫"官事不摄"之制严禁家国君子经商,盖出于长保武士天职不坠之意,实亦另有等级社会结构财富均衡分配之良效,若君子货殖敛财,与民争利,能挡者其谁乎?

【树塞门】树,立也。指管仲立屏风于居室门,僭诸侯礼。

【反坫】坫,设于明堂之高台;反坫,指诸侯会同宴饮之礼。反坫之饮法,已无可了其详情,观前句"邦君为两君之好"之指,或犹今时河洛一带之"端酒":众目睽睽之下,主人置数杯于托盘,贵宾必一气饮尽为敬。姑枉作一猜想耳。管仲毕竟大夫,虽各国仰重其名,亦同诸侯反坫而饮,犹树塞门之僭行也。估计夫子嫌其喝多了。

子语鲁大师乐。曰:"乐其可知也:始作,翕如也;从之,纯如也,皦如也,绎如也,以成。"

释读

斯章论礼乐美善之义。周制礼乐一体,先礼后乐,礼有礼义,乐有乐理。孔子所论乐理,非作者之语,而为品者之言。后儒通乐技之文者,好以本章为范例,品赏趣之。

【大师】大音"太"。盖礼乐之乐时属国乐,周制天子诸侯专设有乐官,称"师",大师为乐官之首。

【翕】合也,闭也,与"张"之义相对。作乐时混合各色音响,声虽杂而融之以和,相辅相成。

【从】同"纵",发出也。乐章展开,其音跃出,人入其境,从而忘身。

【纯如】一色也;诸音和谐而成一整体,以喻不杂乱也。

【皦如】同"皎",满月之明也。赏乐之人得见作乐之人之意,以喻全相合也。

【绎如】丝长而整也。乐不停而赏不断,两不分离似为一体,以喻相续不绝也。

仪封人请见。曰:"君子之至于斯也,吾未尝不得见也。"从者见之。出曰:"二三子,何患于丧乎?天下之无道也久矣,天将以夫子为木铎。"

释读

斯章论仁道当行之义。夫子四游不得志,而于卫国名"仪"之一小邑邂逅知己,惺惺相惜,难能可贵,故门弟子记之。

【封人】司封疆之礼官也;盖主其事者当有贤名,而位秩偏下,又多避免出外走动,内庭职官一类也。

【丧】失也,亡也。时小邑弱邦以礼乐崩坏,多怀岌岌可危之忧患也。

【木铎】金口木舌之铃,为君主颁教令时警众之器。仪封人必亦贤者,其见夫子如拨云见日,由衷叹服,矢言而判夫子乃万世宗师。盖孔子平生所得赞誉,仪封人本说容可居首。

子谓《韶》:"尽美矣,又尽善也。"谓《武》:"尽美矣,未尽善也。"

释 读

斯章极论礼乐之大义。美与善皆人生之可贵者,亦取舍之本因也。各大文化自古追求美与善,由是各成其知识体系,若又能传播教化远域异族,该文化则可进称所谓文明矣。所谓文明之所以能流传广远,端赖有关"美"与"善"之知识,即今之"价值观"也;文明古教大概由"形上"与"形下"两知合成:形上知识主以求全归一,形下知识主以分别利害;前者与世间绝,神我之外再无所有,对牛弹琴无以言表;后者与他人异,我之利害究非他人之利害,李代桃僵殊为不易;两者单取其一则多陷孤立而难通,惟凭"价值观"介于形下与形上过渡之际,可通人我,合众一体,传亦无远弗届,何以故哉?曰其美其善者也。所谓"美与善"者,下可切利害之情,上可合至真之义,世间既以之为宝贵,则人愿同服其取舍:譬如希腊人以人本自立为美善,印度人以觉悟解脱为美善,虽不甚了其形上之至臻知识,他乡之人亦可引为己道而行之,此即价值观独有之功也。价值观相对形上知识而言似为形下一类,相对形下知识而言又似为形上一类,惟当此过渡之际,所谓"人类"与"天下"之义方能成立,经文典籍得免流于空说;故言天下大同者或人类一体者,必指价值观大同之义。

价值观固能流远,而原教知识体系则未必肯随乘同行:或多所拉扯于形下,严别"外族"阻人共享;或多逞威迫于形上,假以"异端"恶名攻讦挞伐。由是导致价值观反获相对于原教知识体系之独立命运,甚至引发原教形上知识之深刻变革;形下知识亦受染价值观而生持续微妙改良,包容技术、贸易之种种影响,如衣服、饮食、货币、珍宝、风俗等。价值观亦守中庸之道,虽依一分为二而曰美曰善,实二者大同小异也:我之合意称美,人之合意称善;夫"美"之于形下而成艺术,夫"善"之于形下而成伦理道德(有别于形上神我道德至义);人我共通之际又可合称为"仁"或"义",即今所谓"价值"者也。

　　孔子所谓美者善者,其义殆不外乎循此作解,而读之或有若干出入,兹略明之:第一,美与善,孔子当时已分明有别,其所指盖以"美"为"乐"之旨,以"善"为"礼"之旨。第二,形下之美与善合称可谓之"仁",侧重不同,可言可议;然形上"至仁"之义并齐于天,惟言所谓尽美尽善而已,无以尚之;故形下此"仁"并非形上彼"仁",学者势须留意,不当相浑。第三,形上之仁化成形下之仁,即礼乐也,世人遂可辨其善美,明其损益;故可知姚舜帝之高明远过于周武王,虽乐一也,而武王之礼似稍欠奉。第四,自"仁"义而衍生形下之伦理道德,如"德""贤""笃""慈""爱""友"诸要字,义皆关乎美善而孔儒运之,求美益我,求善利人,其语或重一端而言,或两者皆怀,学者今人欲求甚解,自可籍此筌蹄,试得鱼兔之趣焉。试举"未见好德如好色"之例而析:若依"好德求善,好色求美"之判法,则该句义当指求善多不及求美,乃世间人我不移之常情耳,言者或有美中不足之叹,盖亦无重责一端之意,夫子乃主指克己不易之理也。

【韶】传为舜时之乐,《韶》乐兴可引九凤来仪。以此说而喻舜时大治,礼乐俱足,竟有天人和乐之盛况,故谓之尽美尽善。

【《武》】乐也,周武王之乐也。武王伐纣,虽替天行道,然以臣弑君,非礼也,乐有余而礼不足,故言其未可称尽善者也。

子曰:"居上不宽,为礼不敬,临丧不哀,吾何以观之哉?"

释 读

　　斯章论验礼之义。新教仁礼至上之义广大微妙,求诸在己而成之在己,故无可察之;可验可观者必形下日常之能"行"也,通乎人伦常业,运之于为政、处世、孝亲诸要事，若上下宽待，往来礼敬，慎终追远，必可谓之君子仁人者也。本章夫子以反论发言，或有空谈仁义者，不重仁礼之用，故尔深斥。

【宽】厚待也，容众也，与人为善也；与"亲"义相邻，"亲"主对内，"宽"主对外；与"严"义相对，主指君子为政临下予取之度量。宽政形似德政而仍非德政，二者所别本于形下、形上之义不同：若不能上达仁义，而洋洋自得于"宽严"之辨，犹有豺狼厌食之"宽"或镂空盛水之"严"，实则宽严皆误者也。

再 按

公元前七至三世纪，人类各大文化相继兴起革新运动，有谓之"轴心时代"。新兴者冲击旧文化，倡导新思维与新道德，开辟追求真理与幸福之崭新道路，奠定环球人类生活方式，迄今仍为文明基石。孔子固有天命，冥冥然得跻身此浩荡潮流，以新攻旧再造诸夏文化，尊居东亚巍巍宗师之列，必因其教所破至大，而所立又极高明故也。兹姑枉浅析略述孔子维新之经纬，求正于学者贤明。

一、孔子倡立仁义旨在启发人类信心。所谓仁义者，相对于天命神权至尊而另立，判定人生即道德，而道德亦即人生也；孔教以为道德可发自于人本身，不必依靠神喻或天条戒律，人生所负使命求其在我，成之在我。由是人对自身行为后果亦无借口可逃，必得直面（如"诚"），必得负责（如"信"），必得利人（如"贤"），故当志求自强不息于世间。孔教伦理以人我现世为贵，少言神我，不论来世，力敌自然无为之说，远弃天定人生之义，而兴今所谓积极道德观，堪称东方人文宗之始祖。

二、孔子中庸智慧贡献诸夏文化根脉。周之天下及至春秋，《易》道盖为其主流，与多神风俗交织盛行，时久滋染占卦卜筮方术，一般知识多从阴阳家之残浅浮说，文化风气窃弊而偷安；有识之士不忍蒙昧，奋兴自起，迎来老氏与孔子。老氏一道正本清源，主无为而见本性，乘《易》道而归自然；孔子亦本《易》道，然出而用之，立"仁义"而代"太极"或"一"，定世间根本之"二"分者为"知"与"不知"，亦改《易》道而名曰中庸之道，《易》说之"一分为二"之"分"，又"合二为一"

之"合",从此不再操于神鬼天命,而可定于中庸知者之有为。故老氏与孔子,同源而分流者也;孔子所论"有为"本于中庸之"知"义,夫"有为"者适之于"分"首生"教"也,适之于"合"首生"学"也,"教与学"遂为"有为"之根本,犹"顺与容"乃老氏"无为"之要诀。孔子一脉重教广学,底定匡扶道德人生之智慧,道德与智慧相合并运,终得远逸神权之威迫,世人惟居人间现世而论人生,即所谓"人外无道,道外无人"之义,近乎泰西近世宣告"上帝已经死亡"之说;有为之士从此云集人文宗,变生蜂拥百家,诸子纵然名称互异,经纶殊途,而终归之于一向,皆怀救世济众之志,俱奉政教合一之业;柏拉图于雅典私意妄想之所谓哲学王,不期然竟行之于渺远东方,流风深髓,虽愚夫愚妇亦知"读书做官的好"。

三、孔子礼教恒为经纶济世之方。孔儒传有"三礼"之典,所制规范巨细靡遗,天文地理、公私事务、百姓日常、及于居室、冠冕、骑乘、饮食、宴乐、用器种种,严有尺寸、数量、颜色、材质之类既定配法,祭祀服丧尤为隆重其事,若今人睹之,必多望洋兴叹。而孔子当时兴礼,主训君子为政之道,本求融上下合远近,以造成共同一体之局面,未必尽心于繁礼冗仪。孔子重礼,意在制君,上策求其克己修德于内,下策束其不违礼仪于外,即所谓克己复礼,后儒无奈不能敌君,转重化民,当远孔子本义;礼治之要,通乎古今,从俗从例为其常,重威重令为其变,凡上下远近之势不绝,则克己复礼之道不灭,譬如今之科层式机构法人,主权者即所谓君子,亦必本于礼治而行,若乃从众之时不能克己以和,义勇之际不能复礼以敬,难免分崩离析于内,自取灭亡于外。又礼教能合远近之义,莫过于孔子所论夷夏之辨,盖斯时天下之道,主位者实皆源于外夺,即今所谓"殖民"者也,外来殖民实行封建多有不仁,如周始社稷欲使民战栗;礼教牢立夷夏之辨,奉祀三皇五帝而能绝其祖源,殖民后裔承平日久,数典忘祖,固可转殖民封建而为在地封建,君民一体庶几可期之矣。诸夏地处河洛四战之地,无凭可守,自古即为殖民天堂,高举礼教而驯化暴君,亦被殖民者之智慧大法,数代之后或可望稍减其苦难焉。后儒守礼不通者,多以自尊严防而呆奉其义,则属不肖子之固陋尔。

孔子维新如上概略所述,明辟神我、人我、世我三道至义,而合成仁礼之教,其规模深广固不输周公旦之革古鼎新,起弊振衰之功形以"亘古暗夜升起之明灯"当非过誉;惟于物我之际,孔教逻辑精审稍逊而已,后人非难苛责其失,或亦多不明中庸之道之妙要。

里仁第四

子曰:"里仁为美。择不处仁,焉得知?"

释 读

斯章论知仁之义。所谓"仁"字,常言称"善"也,俗语道"佳"也,其义固有形上形下两造。形上至义庶几无以言表,而形下之义敷陈为世间人伦之纲目,足可识之辨之,相生所谓"知"义也。至上"仁"义既自在大全,则绝无所谓"不仁"者能与之并立,实喻修行未成之难也,终可完胜而归之于一神。故可解曰:(1)孔子所论分所谓"仁"与"不仁",并非真有"不仁"可敌于"仁"者,其义必当指"不知仁"者与"知仁"者。(2)形下既分"知仁"与"不知仁",所得亦必各异,夫"知者"所得曰美哉!乃自合意者也;反之,所谓"不知者"则无此得也。(3)察"知者"何可断其有"知"耶?曰:视其"择"也,求善美兼及而行其"择",可谓之"有知"也;惟图私利而"择",则为有所"不知"者。(4)凭"择"方能观"知",由是所谓"知者"非仅谓"知",必也求其能"行"也。知行合一,方全"知者"之义;知而无行,或亦同不知。盖本章夫子乃诲学者当以知仁为本而行世。

【里仁为美】里,居也,处也。盖"里仁为美"乃夫子自道也,本句之"仁"当指向形上,所谓里仁者,进修圆满之"知者"也,仁德有成,如游子归家,于己而言称美,于人而言称善。

【择不处仁】择,多选而取者也,以"知"驭"行"而行之也。见人择处,而识其仁否,则本句之"仁"当指向形下,殆犹今所谓价值观,指向善美者也。所谓择仁而处,知行合一者也,而择不处仁,虽有知亦近无焉。

【知】统称知识也,又可分"知者""认知""所知"三指也;本句用义主指"所知",又不尽脱另二指之义。孔子所谓仁者即知仁者,不仁者即不知仁者,知仁者所知固为仁义,然不可倒置而断知者即仁者。后儒违此而独尊本教,则多害世人之知者矣。又,孔子依"所知"而分"知者"为上中下三等,隐敌天命君子之礼位,志学求知者遂恒有其尊严,平等由己而不由人,或亦可不由天矣。

子曰:"不仁者不可以久处约,不可以长处乐。仁者安仁,知者利仁。"

释 读

斯章论仁与不仁根本分别之义。无知而不仁,若依本门弟子之见,二义关系当然近似一币之两面,而旁门外道则未必得见,必以形下"种与苗"之因果或可喻之;无奈形下因因果果歧出众多,思想易驰骋无疆,取譬之术为求通乎形上至义,反又丛生形下义理之人言言殊矣,圣贤教人不易有过于此乎?夫不仁者惟其不知也:物我之际所择本于得失,得之则乐失之则悲;人我之际惟求人知,人知则喜,人不知则愠。由是,不仁者之美之善者皆私也,如美衣美食之小美,巧言令色之小善,自以为足矣,故世人多斯类不仁者也。仁者行此世间,必常遇无知之徒,或喜怒无常,或怨天尤人,贫贱则起盗心,远之则生恨意,亦人世之常情。知仁者则别具风采也,本章夫子并举两形而论,亦合其扬善劝恶之常道。

【久处约】约,薄财也,有困也,同"俭"义,近"穷"之义,此指逆境也。物力有多少,处境分宽窄,若重毫厘得失,心有不甘,久不获遇,恐多铤而走险、离经叛道者也。

【长处乐】乐,心悦也,此指顺境也。不仁者侥幸处于顺境,常有恃无恐,骄横无礼,招摇过市,故多速亡者也。

【仁者安仁,知者利仁】仁者、知者并论分说,形为两指,实乃一体,皆仁者也,主谓上知至德之仁者也。两指分论并说,所谓仁者偏其"守常"之义,所谓知者偏其"应变"之义，亦本《易》而出者，谓大道起于阴阳，常中固有其变。至德之仁者重守其常，称"安"也，虽四方多所不仁，全然不为摇动，譬如"无风之处一盏火苗"；至明之仁者能应其变，又称"贤"也，每变终能复归于道，人我皆可受益，是所谓"利仁"之义也。

子曰："唯仁者能好人，能恶人。"

释 读

斯章论克制好恶之义。人我之世若根本一分为二，惟"好恶"可也。或论二分天下者，言"有无""真伪"亦似可取，然此两造必以"知"为本，未可独立二分，比"好恶"固等而下之者也。所谓好恶者，性情也，天生之，人运之，凡皆有之。趋避而成所好所恶，各各有异，若有雷同，纯属巧合，故"好恶"亦称"私"也。芸芸众生，好恶本私，世间人我遂分不合，惟"仁者"能以"知"破其囚笼：化私为公于义，和其不同于理，则世人万千不同之好恶，凭义理可通乎美善之合也。世人固不免"好恶"之私，若乃学而知仁，则其"好恶"可贯通而及于他人，好恶于此际已非天生好恶，而可称美善者。如是所谓仁者有化己私为公义之"能"，其犹前章所述价值观之能传、能通之"能"也；若无此"能"者，所谓"好恶"当不值一论矣。譬如主张种族隔离，或实行奴隶劳动，其好恶虽或亦含秩序或效率诉求，然绝非仁义者也，实近无知者也。盖本章夫子乃诲好恶之修也。

【仁者】仁者之至义，是谓上知至德之人，近乎天人合一，神我一体者也，已无生所谓好恶之情矣。世间仁者，应指上知以下者，多为中知，是类明美善而能制好恶，克己不息者也。

【好】亲也，喜也，择也；多与"美"义相邻。人我之际各生所好，不仁者多交朋党，好谄佞也，相与壮胆，狼狈为奸。仁者择群同道，好义士也，公正无偏，不肯害人。

【恶】厌也，远也，弃也；多与"善"义相敌。不仁者怀其私恶，辱没毁谤，树敌以攻,恶之欲死者也;而仁者所恶,就事论事,不及其身,戒之以义,务求浪子回头者也。

子曰:"苟志于仁矣,无恶也。"

释 读

斯章论志胜欲之义。仁义齐天,大道自在,包容无择,亦所谓"天地不仁,以万物为刍狗"之义,大成至德固无所好恶者也。夫"好恶"者又称"欲"也,以"欲"主宰知行而谓之"私"也,众私各逞其意,欺夺暴残,相攻相杀,天下必成恶贯满盈之地。若知世间万恶源于私欲,悬崖勒马,反求诸己,立志去恶向善,问道求义,世界无恶或可期之矣。凡存心向善,能幡然自新得,旧恶遽抛身后,可望跻身"无恶"之列矣,可通乎所谓"放下屠刀,立地成佛"也。孔子"无恶"之义殆可三指:(1)下知若有志于学,私欲不能全逼己意,人之所恶亦为己之所恶,人我相通亦可获其美善。譬如人恶偷盗,己亦恶之,名虽曰"恶",实为"无恶"。(2)若又立志深修,下知或可进至中知,越好恶贵美善而明"义",己之所"恶"可通乎人之所"好",终必"无恶"于世。譬如今时罢工权,虽生不便,人亦乐之。(3)中知再进而入于上知,虽称有"欲"而"私"已灭,行止全然合道,夫"所恶"必称替天行道,亦"无恶"者也,如汤之放桀,武王伐纣。

【志于仁】志,意向也;天生之意称"欲",克"欲"所生之意则可称"志"。志于仁者,即学者、修者也,夫子主指务求"知仁"者也。

【恶】一义为"好恶"之"恶",己恶之义也;一义指"善恶"之"恶",人恶之义也。本章两义皆可含,及于上知、中知者主指前一义,及于下知者主指后一义。

再读论语

子曰："富与贵是人之所欲也,不以其道得之,不处也;贫与贱是人之所恶也,不以其道得之,不去也。君子去仁,恶乎成名?君子无终食之间违仁,造次必于是,颠沛必于是。"

释读

斯章论仁义胜人欲之义。所谓义或谓仁义者,今语谓之应当,泰西近哲谓之道德律令,同常言所谓公道、正义诸辞一类也。仁义通乎天下,凡有知者皆以为然,其容私欲而归美善,若非美善则必反克私欲,乃"义"之真谛也。义有所命则往,义有所禁则止,故虽私欲随身,而不能主宰义人。私欲之于仁义,其犹今人身家资产已入股份,再不能任取,当依公司章程运之,由是世人常情之利害好恶,无以恶性发作伤人,有道之邦亦必如是。本章夫子重儆天命君子当负义命,否则恐大难临头也。

【君子去仁,恶乎成名】恶,音"鸣",何以也。世人皆有欲,细民谋利,君子求名,不以其道则不取也。本章前句先发通论,本句以下则主儆天命君子。君子礼尊,名之所在,义之所归,若尽逞私意,其名无义,人皆远之,必难得美善之名。又所谓名者,盖指君子爵位,配享其利,旧君子殆等视于名利;后又指名誉、名望、名声,不限指君子名位,主从义而名者也。旧君子重利,而新君子重义,义利若不能两全,孔教可加美名予以报偿,为君子新旧相分而亦另成之一界。

【无终食间违仁】无,同"勿",含申禁之义也;终食,一饭之用时,意指须臾片刻也;违仁,倍(背)也,去也,畔(叛)也,不知者多称"不仁",而"违仁"者或亦指知而不行者,乃不从"义命"者也。君子虽天命其位,而"义命"如其性命,若违一饭之顷,亦同呼吸止息以时,后果不堪设想矣。

【造次】惶急而为也,指妄为之行必成祸患也。君子违仁,求取不当,或僭或夺,皆"造次"之行。

【颠沛】行于不平之途,指败逃流亡也。不义之行,终难有得,多归于失败,细民尚可存身,君子则不免流亡远域他乡尔。

子曰:"我未见好仁者,恶不仁者。好仁者,无以尚之;恶不仁者,其为仁矣,不使不仁者加乎其身。有能一日用其力于仁矣乎?我未见力不足者。盖有之矣,我未之见也。"

释 读

斯章论知行合一之义。夫上知者,知行合一于"仁"也,无所谓"好恶",近乎无可无不可之化境,无以言表,惟以"好仁"名之也已矣。中知略逊上知,知行合一于"义"也,能好仁亦能恶不仁,所好者"义命"也,所恶者"乱命"也,务求知行不畔于道;倘遇不义之命,或辞也,或谏也,或藏也,必使不加乎己身。下知者,知行合一于"志"也,立志学仁系于一念,凡人皆可为之,无有不能者也。学仁之道广及于人,君子细民一体可行,只需知行合一,或多或少必有所得。盖本章乃夫子广劝学仁也。

【我】同"吾",有文史训诂学者专有"吾我""尔汝"之考证,言所谓吾我之别,概指主词所含公私、断疑程度有分,称"我"则有独挡众人之势,或已得决疑之明。若以此类推,君主用"朕"当同常人之称"我",用"寡人"当同称"吾"也。

【尚】同"上",以嘉言形之也;无以尚之者,近所谓无以言表义也。好仁至德者,既无好恶,亦逾美善,极上大成,天人神我似一,虽欲表而无辞,虽欲往而不至,是所谓上知者也。

【力】前句"用其力"之"力"指"行"也,立志也,志于学仁也;后句"力不足"之"力"指"能"也,天生其人,虽无知者下知者,皆有其学仁之"能"也。

子曰:"人之过也,各于其党。观过,斯知仁矣。"

释 读

斯章论不仁者与仁者相通之义。世既大分为仁者与不仁者,则两类人群何以共存,亦当有所交待。譬如宗教多划他教为异端,滋长敌对仇恨,显非神明慈恩本义;孔教仁义广大,及于天下,务求大同,故其所谓相分,亦终归之于相合,虽分而不离,明别而相通。就仁者而言,不仁者固有其过,或因无知,或因贪私,或因无奈,知其然又知其所以然,仁者之义也,今所谓同情心或同理心者,虽恶之亦不失其悯、其恕、其谅也。就不仁者而言,若有过而能自觉,知过认错,善心未泯者也,虽曰不仁,并非冥顽不灵,尚可教而化之,亦有望通乎仁者。盖本章夫子乃诲常人知过近仁之义也。

【各于其党】古时五或十里为一党,一党约五百户;夫"党"于此喻指同类因也。世所谓不仁者,各有所因,仁者行世不应只咎其过,恶之欲死,当分门别类而明察。贫者为盗可恕,弱者复仇可悯,无心之失可谅;至于结党呼啸,群起作乱,虽犯刑律,胁从之徒亦宜轻饶。

【观过】知错也,认错也;观,视于外而省于内,同"察"也。不仁者有过,若知之认之,亦不失其诚,虽其过不可恕,其人则可恕也。今时法律有设所谓污点证人,指认犯罪者减罚,盖其义近似。

子曰:"朝闻道,夕死可矣。"

释 读

斯章论求道如命之义。无道而生,虽生犹死;有道而死,虽死犹生。孔子本章教人为真理而可轻生死,后世有以"礼教"或"名教"名之者,殆非谬赞。

【朝闻道,夕死可矣】常言所谓虽死无憾者,多指私意梦想之宝贵,而夫子以之代颂大道至义,虽人人领会而又不能不耸容起立致敬焉。学修本犹自新者,日日旧我死,时时新我生,乐在其中矣;如是由衷而发,从容道来,论道而至于颂道,必大成至德者能快然语之尔。或谓教于匹夫匹妇,似不当语此惊骇之论,盖以改说"若闻道,可享天命也"为宜,可适之于劝浅学少知者,姑存以参。

子曰:"士志于道,而耻恶衣恶食者,未足与议也。"

释读

斯章论道学真伪之辨。立志学修,求道进德,因其名美,趋之者众,故当分辨真伪,以免误察士人。若念念不忘美衣美食,不能轻物卑欲,虽自称志于仁,犹俗语所指"满口仁义道德,实一肚子私心坏水"之"伪君子",尤恶于"不仁者"即所谓"真小人"也。本章亦通前章"观过"之句义,孔教所谓仁者不仁者之分,亦相对之言,不可一概而论。士人择仁而处,倘若不修,尚不足以称其为仁者也。

【士】事君从政者也,通"事""仕""司"等字。古之"士"盖分武士、教士、文士,各习其艺,自从一业,从政事君,指其仕职。孔儒所谓"士"多文士也,其位当时已少世袭。其时初兴百家之士,道法各不相同,以阴阳家、法家、兵家、纵横家渐为热门。士人不仕,流于民间者,以老、墨两家势大。

【议】谋议政事也。士人从政求禄谋位,不免多混沽名钓誉之徒,君子失察,委以政事恐自陷贤贤无义。

子曰:"君子之于天下也,无适也,无莫也,义之与比。"

释读

斯章论义命齐天之义。君子天命有尊,固可作威作福,任其好恶,无拘无束,能一呼百应,必望风披靡。天命成就旧时君子如斯,而孔子兴教立仁,奉义命并尊于天命,亦具"顺之者昌,逆之者亡"之莫大威力,为政之道遂转入新轨,务求所谓仁政德政焉。君子若服义命而为,则其位虽旧,其命维新也,已非独夫旧人,乃焕然一新之真君子。本章言至简而意磅礴,孔子再造诸夏之宏志显扬矣。

【无适也】适,往至也,引为必达之义。君子怀天命,其无常人所必适之迫,欲往则可自往,故曰无适也。

【无莫也】莫,非也,不可也。君子至尊,无常人所不可之禁。夫"无适"与"无莫"者,合指犹今所谓"无可无不可"之义,任意纵欲之形也。

【义】仁义也。夫"义"示之于上知,亦称天理,譬如"天生万物""人人生而平等"之类,凡人皆以为然者也;示之于中知,盖谓世间公理,譬如"民以食色为天""天下为公或为私"之类,所言可大分人群,闻者各是其是,择而从之,今所谓"左派""右派"殆出于此间;示之于下知,则可称常理,譬如"不当偷盗放火杀人"之类,亦可谓之底线,逾者自取灭亡也。新政之当合于"义",犹旧政之必出于"命",是以诸夏之政道大分焉。

子曰:"君子怀德,小人怀土;君子怀刑,小人怀惠。"

释 读

斯章论新政何求之义。新政勒君奉义而为,所求当亦有别以往,及于行己之事,譬如美衣美食、巧言令色,固足可去之矣;及于为政,尤称美善:君子所好为德,则广土众民次之;君子所求为道,则行其大其远。前两句主谓好德,后两句主指求道;不过,怀德与怀土相对并举以喻好德,读之易通,而"怀刑"与"怀惠"相分而喻求道之义,则需深味一番矣:(1)盖本《易》而言,所谓"道"者即"生"也,是故有道则存,无道则亡,君子命悬一线,岂可不慎天谴人怨哉?故曰犹怀刑也;(2)常言所谓"道"者,亦"行"也,殆不外择也、处也、安也;(3)二义相合而解,夫"择"主分轻重先后之序,夫"处"主分内外本末之体,夫"安"主分常变动静之运;(4)若知见不能及道,乱序而取小利,逐末而失体统,逆运而求新奇,殆属无知下知之行也,小人怀惠当如是类。本章盖夫子主喻新政之高明。

【怀德】怀,求也,内不舍也,以之为贵也;德,仁德也,通"道之以德"之"德"义。仁德至善,君子怀之,如获至贵大宝,举世亦无可相易者也,何况区区一块土地耳?若乃仁政德政大成于美轮美奂,犹北辰居其所,而众星共之矣,何愁远域不来乎？

【怀刑】刑，责罚之重者也。君子所怀之刑，必为天谴也、人弃也；天谴出于天道之倍，人弃由于仁道之失；新君子之畏天命，实乃畏于仁道者也。

【怀惠】惠，利也。旧君子反是，无知则无畏，逐利无厌，苛索不予，自恃天命而惟享其运，似甘为天下之贼者也。

子曰："放于利而行，多怨。"

释读

斯章论旧政无义之弊。善美之义本于众利，能和人我以同欲。君子旧政不明，纵横私利，践踏百姓，人或敢怒不敢言，亦近似天下公敌。又或者君子虽欲行义于众，而匡之以利而说义，如此亦必怨声载道。譬如生子多少之事，义归父母已定，而以众利之名夺其主权，虽富恐亦多怨。盖当时君子为政，利字当头，津津乐道，而言仁义者反多气馁，夫子直陈其弊而劝君子。

【放】由也，任也，安也。为政求利不奉义，放利而行之谓也。其犹近世之国政肆行以利为本，或曰重商，或曰重农，或曰重工，众相分而群相争，职业怨仇遂烽烟四起矣。

【怨】内怀不平意也。人我之际，夫"怨"之由来，似出利损，实因无义，所谓公平正义阙如，必怨怨相加而无已。譬如天灾致损，常无所怨也，若由人加害，又不得其直，怨亦可生恨，则天下无利可安矣。

子曰："能以礼让为国乎？何有？不能以礼让为国，如礼何？"

释读

斯章论礼治根本宗旨之义。礼治崇礼日常之义，乃为忠孝友爱其乐融融，若归旨根本，当明主求继统有序无争也。旧政亦行礼制，如夏殷两代，敬天而不由命，继统多采兄终弟及，或长或贤均有望得之，悉听人争可也；周礼维新，明立传子之制，而严嫡庶宗法，任命运而不由人意，全从天命，弥息人争，是所谓周公制礼之本由也。盖孔子时家国礼治近废，君位继立不明正义，各执天命强求，父子反目、兄弟相残之患多有，天下不宁，故本章夫子徒叹奈何。

【礼让为国，何有？】让，传位也；本句当指目下之情不堪也。孔儒笃信古时先王之继统皆凭"让"，夫"让"为继统之正义，自取乃为次也，而"夺"则无道；然世间国位之传，多以夺取为常，及周公底定"礼让"即传子也，天下方安；故孔子编《春秋》以"礼让"为得位最正者，门徒盛传尧、舜、禹相让之经说。后儒极攻其义，而造正统论。

【不能以礼让为国，如礼何？】犹言若非礼让，礼亦同亡矣。前句主叹当世礼失其本之状，本句则直指礼治之本也。继统若不依周礼，周礼则无必要矣。由此可证孔子所谓礼者，主诲君子之道也，犹今所谓上层政治之基础。后儒重教细民礼让，当为明珠暗投。

子曰："不患无位，患所以立。不患莫己知，求为可知也。"

释读

斯章论君子务本之义。上章"礼让为国"之义何可行焉？通乎本章盖可求焉。君子奉天命而继位，必当合乎天道，故祖宗相传继立，承其位为末，续其道为本。君子务本，本立而道生，则礼让不难，继立或亦不难矣。大位继统当前，有份者无不垂涎三尺，仁德君子既可礼让不贪，亦能继之泰然，学修于仁，功莫大焉。盖本章夫子劝学于君子，主诲其务本之义。

【不患无位，患所以立】所以立者，旧君子之天命也，而为新君子之德也、道也、义也。孔子仁教不去天命，及于"所以立"之义当主有三指：（1）有天命者即有份继统者,必依序而继,守而不违即可谓合乎仁道;(2)其间贤与能者,安守本分,誓不反天命,则可谓之仁德;(3)若继祢者无道,次有继统之命者,虽有道亦不取代,而勉力维护于不坠,则可谓之仁义。故孔子所谓"所以立"当合周礼本旨,主求君子仁人加以自律,以固继统和平。

【不患莫己知,求为可知】犹言莫重"人知我"也,当重何以"人知我"也;谓当以"何可知"为"知己"之本,夫"知己"乃末事耳,如是之明则可不愠无怨矣。孔子所教"求为可知"之义,当从其一贯之论,一曰修德存身,二曰行己弘道,三曰奉义如命,总归为克己复礼者也。

子曰:"参乎!吾道一以贯之。"曾子曰:"唯。"子出。门人问曰:"何谓也?"曾子曰:"夫子之道,忠恕而已矣。"

释 读

斯章论仁道中庸之义。仁道本《易》,其行也有常有变,譬如水之为常,而冰为之变;行守其常者,谓之"经"而存乎"忠"也。如知水与冰皆水,必不以冰为石,应变而行者,谓之"权"而生有"恕"也,如水既分两形,以冰为石或暂用亦可。形上神我之仁义,多常而少变,以太极恒守一,不易者也;形下世间之仁道,多变而少常,以情势无不因时因人而异,虽日月行轨、四时更替,亦不免有所渐易。是故仁道行世必当合乎中庸,守其常而善应变,合二为一则成其"忠",一分为二则成其"恕"。譬如古之"禅让"变为周之"礼让","忠"其义当知乃求和平传位也,"恕"其义者则明贤能无遇亦当忍也。盖礼让说已不合时宜,夫子仍喋喋不休劝诲,或遇讥讽,告曾子以示问心无愧,而本章曾子会意至深。

【一以贯之】贯,通也;通乎上下谓之"彻"也,通乎四方谓之"灌"也,通乎往来谓之"垂"也。常道不易,其流所至,或隐或现,亦乃不易者也,故以"一以贯之"形之,犹今所谓万变不离其宗。

【忠】下敬上之极义也;主运于臣对君之礼义也。由中庸观之,所谓"忠"者当喻固守"不易"之"常"者也,后儒广其义,凡不稍违义命者,诸业之求尽善尽美者,皆可称"忠"。

【恕】饶也、容也、不咎也。仁者中庸,其"恕"出于应变之道,知其过而容其情也。所恕之"过"若大,则须有"忍"或"让",譬如愚者讽我;其"过"若至大及"罪",则"恕"道当转入"忠"义,必不能"忍"之,亦不可"让"之,譬如八佾舞于庭。

子曰:"君子喻于义,小人喻于利。"

释 读

斯章论为政义利之辨。夫"仁"之始也与"天"齐高并尊,称德或义皆为至义之字,无以言表;降及于天下世间则曰"美善",如是之美善又可称之为"义"也;再降于人我之众则称"好恶",好恶所指而谓之"利"也。若不本《易》化生之法,孔教义利之辨根本难明,由是可察义利分合之大略:(1)下知者义利合一,惟利是图,以为义在其中矣;(2)中知者义利可分,重义或并不轻利,必当常作取舍;(3)上知者又义利合一,利在义中,义外无利,故所谓求仁得仁,固为利在其中矣。君子为政,必从"上知"之道,若乃少学浅修,虽可"恕"之,士人为臣者出于"忠"义,亦当力维仁道于不坠。故本章亦夫子主诲君子之论;后儒转以教民,未免文不对题之迂也。

【君子喻于义】喻,晓知于人也,或为教,或为劝,或为命。君子之喻,多为政命,以义而命人,则人皆归义。譬如武王伐纣,自称替天行道而天下从之,若以周代殷为由而夺天下,则未必可有善成矣;又或如舜欲取九夷,托名曰治水,而可全其一统九州之功。孔儒征之于史传,固知"君子喻于义"之威力,而后儒迂腐,偏取其名,罔顾其实,而为"诈"术所欺,反为伪君子利用,则不可恕也。

【小人喻于利】匹夫匹妇逐利为义,皆可恕也;若君子为政,亦犹肖小细民,言必称利,则犹网之失纲,其目不张,难有所获。譬如问管仲何以从政摄商,若奉孝名尚可勉强见谅,若喻以补贴不足,则百官皆可兼利矣。

里仁第四

子曰:"见贤思齐焉,见不贤而内自省也。"

释读

斯章论日常修仁之道。见贤思齐,天经地义,何劳孔儒烦言哉?实知易行难由以故也。所谓贤与不贤,必本于"义"而言者,因义之所在,未必利之所归,譬如见义勇为或受伤,孝事父母或少友,恪守礼让或无位,取舍之际难免心惊肉跳,七上八下,犹豫不决。知之易,行之不易,故见贤思齐者,乃求明其"难为"之事何可得其"善为"之道也;见不贤而内省者,犹今所谓换位思考也,扪心自问,若吾为他人,岂可必定优胜乎?由是学修之道既易亦难:夫易者,殆指学修于日常时处,大可不必专从一师,正襟危坐,皓首穷经,若能留意身旁,辨以"贤与不贤"则信手拈来也;夫难者,难得之也,学修者虽众多,有成者几希也,若非经天人交战、内外煎迫,重义轻利亦属不易,遑论进于至德矣。或有以仁义高深莫测而畏学者,盖本章夫子勉之以易,亦喻之以难。

【见贤思齐】夫"贤"亦一要字,近"善"之义,主指利人之"能"也。盖知行合一者统称为"贤",偏于"知"者称"贤明",偏于"行"者称"贤能";夫"贤"又通乎上下各等,上知之"贤"可谓之"圣",中知之"贤"辄谓之"贤",下知之"贤"或可谓之"善"。古来贤者卓立人群,最适于从政治事,故为政者必重贤贤之道;孔儒所谓贤者,与有道者、有德者皆为仁者,盖三者相通于"上知"也,而贤者尤有济世之胜,譬如吕尚相文王、管仲相齐桓称贤者,伯夷、叔齐礼让隐逸称有德者,黄老之徒从无为而生称有道者。

【见不贤而内自省】不贤者,知行两造俱失或失一,而乏利人之"能"也。有道而未必贤,可称"狷"者也,如独善其身者;有德而未必贤,即称"迂"也,如宋襄之拒楚。内省之法亦有分:如"一日三省乎己"者,以省己而得明;本句"见不贤而内自省"者,取他人而省己;内外两运而同归于修身,方为学修正道。若弃修身而行以逐利,则为不义之学也,所谓学也犹窃,乃学者之贼耳;譬如见贤者聚财,不知其义而只羡其富,或见有德者失位,而鄙视其德,未可称"内自省"者也。

子曰:"事父母几谏。见志不从,又敬不违,劳而不怨。"

释 读

斯章论仁孝重义之义。孔教立仁,维新礼制,称所谓仁礼而别旧礼。仁礼者,不反"礼固由天定",然亦坚信"义出于仁命",两者缺一而不能成礼,务必两全。孔教改良革命而不动声色,潜移旧礼之"尊"义,静立仁礼之"孝"义,且以"孝"义为仁礼首要,而作推广新礼所牵之牛鼻;仁孝主敬,其常曰顺,而其应变则谓之"谏"也,即责孝子行其孝礼,于奉养敬尊外,别有奉劝"知义"之任。君子行孝,守常应变于义,或顺或谏,为政以德庶几可期,亦可名其为"新孝子"也。

【几谏】几,数也,屡次也;几谏,婉转进言以劝之义。行孝事亲,一日几奉者为孝也,一义几谏者则为仁孝也;君父尊严,亦为至亲,若见其过,顺之谏之。后儒以君为父者,多以顺为上,至多"几谏"而已。

【见志不从,又敬不违,劳而不怨】犹今所谓看场合再谏也。善谏者察言观色,顺谏为上;次者色难,以示不满,虽顺无敬,或称直谏、憨谏;最下者去其顺,多所要挟,不守本分,甚至为逆,则称强谏也,如兵谏,囚谏,大违孔教礼行,可名之曰叛也乱也。

子曰:"父母在,不远游。游必有方。"

释 读

斯章论孝重待亲之义。礼重敬孝,而孝又重待亲,凡亲尊在,行远之事不可尽由自主,必请告准方可成行,其义可通乎上下人等。就君子而言,则其儆义加重,当时交通障碍远隔,一旦出门则归期无定,恐令父母思虑挂念,添其忧伤其神,故不当轻出。尤当慎者,君子远游多喻志在他方,另有所求,或可乱继立分封之礼序,而大害尊祖敬宗之礼义,故若父母未许,不当强行径往。盖本章夫子乃语与君子之言,所指何事已不可得矣。

【方】天下之一域也,同"邦""国""邑"一类也,有说"方"比"国"大。此处所言之"方",当含地点、时间、所为何事之全部,父母审而允之"方"者,亦犹今之"方案"也。

子曰:"三年无改于父之道,可谓孝矣。"

释 读

首篇已出此句,此处抄录发生重复。再列于斯篇,亦可同参仁礼重孝诸义。

子曰:"父母之年,不可不知也。一则以喜,一则以惧。"

释 读

斯章论孝亲重寿之义。行孝报恩,莫过于为父母添寿者也。善孝者在敬而非仅养也,当孝之以德;敬孝者在仁而非仅顺也,又孝之以道。君子奉孝求寿,若德与道毕至,虽父母天命有限,承其志而续其道,亦同加其寿长矣。盖本章夫子举养寿而劝君子尽孝。

【父母之年】年,年齿也。父母固知子之年,而子知父母之年则未必然也。举孝子当知父母之年,而重喻行孝之责,虽曰寿为天命,孝子实可为之添寿。所谓"事之以礼,葬之以礼,祭之以礼",或"三年无改于父之道",皆属君子行孝添寿之功也。

【一则以喜,一则以惧】父母齿长,孝子虽喜其寿,亦忧其衰,更当无微不致,惟恐有失,故而喜惧参半。孝子志忑不安于添寿,则"父母在,不远游"固可守矣。

再读论语

子曰:"古者言之不出,耻躬之不逮也。"

释 读

斯章论信主重行之义。仁者务求知行合一,然"知"与"行"两道有分,修法固当有所不同:修"知"者求其在我,由下知而升上知,其道隐成于内,主为神我关系,多无以言表,所可言者惟中庸二字耳;修"行"者亦虽求其在我,然必由己及人,示其道于外,主为人我关系,故可为人察得。由是所谓知人者,盖知其"行"者也:(1)夫"行"者又可一分为"言"与"行"之二者,言行合一于"行",即称"信"也;(2)夫"言"与"行"两相未能尽合,则少信或无信者也;(3)言行不合,其弊主由其"言"之轻出,而"行"之不及也,言者实不明其言之重也。盖言语之微妙莫测,亦人我之世无可逃者也,既蒙其利,亦受其害,故有所谓雅言、箴言、良言,相别于失言、大言、妄言;如斯之言,又与"知"亦成纠缠,无知而言、知而不言、知而言之又可蔚为大观:第一,若"所言"能合其"所知",则得"诚"之义,"信"之则至当,又谓之"诚信",即知、言、行一体而用者也。第二,若"言"不轻发而行其当行,则其"行"近所谓"笃"之义;言尽诚而行近笃,亦称之为"笃实"者也。盖不明中庸之知法,学者今人读孔儒经典或有教条支离之感,以为不过所谓心灵鸡汤之远祖,并无义理之精妙,未免惜哉。

【言】语人之正也,多指"约"或"诺"也。语言通人我而能成众,成众则能大胜天下禽兽木石万类,终可得卓尔并列于天地,故现代人类学研究多视语言为文明根本。语言之多用,莫过于所谓正言者,犹今之条约、承诺也,虽用字不同、发音迥异,而有必当共守同行之义;譬如齐桓葵丘之盟有约有诺,即正言也,或虽夷狄异域,亦可以正言约之。是故君子重信者必慎言者也,约之必行,诺之必践,以君子所言实皆非细小易事尔。

【耻躬之不逮】躬,身行也;逮,及也,获也,得也。倘若无约,不出正言,凡力所能及者,人皆可行之,力所不能及者,不行也罢;若加以正言再行,则事关信誉名声,失之违之必招耻辱也;譬如诸夏会盟葵丘,尝立无故不得更立细君之约,原本无约,新娶即可,然已有约在先,之后诸侯换妻遂不能任意,君主深自折磨为难矣。故孔教重儆君子言而有信,乃求加一轨道于其"行",以免人伦世间各说各话、相分不合之患。

子曰:"以约失之者鲜矣。"

释 读

斯章论重信守约之义。言语之事固不求每言必行,自言自语,语之而已,戏言亦趣,聊以一乐,凡终日所出之语皆多是类,犹所谓"风过耳"之转瞬即逝,勿庸劳神挂怀;言及于信义,则谓约言也,而当言出必行,非关好恶利害,若无足够理由,不可反悔而毁。故凡有信者,首重守约,有约必践,绝不相违,乃天经地义者也,譬如细民借债,君子课采,依约而行,方合正道。若不明信义之道,空口无凭,行事无约,倘生纷争各从己说,是非善恶殊难公断,旁人无以救其冤枉。故信义不失者,凡事必立约也,犹今所谓按契约办事。盖本章夫子言守信之道,教人当重契约之义。后儒有解本章之"约"为无奢之义,主从克己之德而训,若依此解,其所言"失之者"为何耶?必又归之于"失德"之说,循环唠叨以迂,不惜穷究微言,牵强而饰,傍生大义,孔子教义支离而呈零丁教条,是说当为一例。

【约】契约也;若不立文字,可称"诺"也。古史王官专设"约剂"之器,集天下重约以典藏,犹今所谓档案馆;后儒史纪据此而作《表》或《志》。

【失】失信也。信誉不当系于他人,尤不能系于当事人之口,当以"约"作定论;盖重约者具文可查,时无文之约如"诺",即从旁证,若只凭当事人口语行事,不当称约或诺。分争不明而无奈于无约,固非君子守信之道。

再读论语

子曰:"君子欲讷于言而敏于行。"

释读

斯章论君子重信之义。以孝取信于君父,君子可继位掌权;以约取信于众民,君子可临下治事。君子重信守约,故其言也必不轻出,其行也驷马难追。譬如今之法人首长,盖言其可言者,行其必行者,二三子以为照本宣科皆陈词滥调耳,了无新义,正所谓以小人之心度君子之腹者也。权高任重,不当哗众取宠,惟求实行以信,本章夫子所教,通古今四方君子之义也。

【讷于言】讷,口不便给也,拙于言语也。天生而讷言者,其拙近愚也,修者求讷言,非效其凿枘不通之笨也,乃耻其言之未能行也,故慎言也,无轻言也,君子重信故"讷"也。参以当代君子主权者,鲜有好发新辞之士,概不敢逞口舌之快,唯恐失信于人,其义一本也。

【敏于行】敏,迅也,速也。敏于行者,犹今俗语所谓说到做到,重实行者也;又其当行则行,事先虽并无契约,亦无承诺,然见义勇为,则勿庸多言。譬如祭礼若可奢可简,则当从简而行之。君子敏行之义,直通"贤"义。君子之贤,贵在行也,以言为次,虽强欲其言,亦言必多中。

子曰:"德不孤,必有邻。"

释读

斯章论仁德广大之义。学者克己复礼,进修成德之次序,由学而知,由知而行,由行而言,由信而义,由义而终成其大仁至德,当可谓之脱胎换骨之教也。学修之道,所损者人人可见,所益者惟己自知,旁门外道或以为走火入魔、古怪不灵者也。盖圣教学修,由人我之世而入神我之境,若无世俗牺牲,难得再造新我之妙。或有学者为难,故本章夫子发论喻之。

【德不孤】孤,独有也,唯一也;君子天命,孤悬于世,无可匹敌,后世君王引以自称,同"寡人"一指也。修身进德之道,愈深愈净,四顾几无同随,及至大成,犹水滴入海,纤丝成衣,必神我一体者也。形上固有神眷,形下自有人依,斯可谓"不孤"之至义;圆满至德者反身再入世间,一无所求,惟予之而已,何来所谓"孤"之说哉?盖德修不足,本于求取,方忧其"孤",故惟浅修少德者好张罗同党,以免势孤。

【必有邻】数户为邻,时或五户或十户称"一邻";邻者实非其亲,然朝夕相处往来,亦有近亲守望之情也,乡或党或里所指之义皆然,而不如"邻"之为近也。前言"不孤"已含其"邻",再以"邻"而喻"不孤"之义,乃重申仁德广大,其犹天之能生万物,仁德固可和百姓为之近亲;又"不孤"之势只断其"有邻",而不及其余,如"有名",或"有位",或"有友",盖主喻至德者之道,最能贯通上下远近,惟"邻"之义方配其"和而不同"之美耶。

子游曰:"事君数,斯辱矣。朋友数,斯疏矣。"

释　读

斯章论无德有害之义。盖本章门人弟子反证"德不孤"之义。克己进德者似乎有损,无利可图;不仁者无知,自远仁道,尽意而求利禄势力,以为风光无限,实皆过眼浮云,不过造次也已矣。

【事君数】数,多次也,屡易也;可读如"事数君"也。无德者不义,惟求禄利,必不能"忠"也;屡易其主而事,犹俚语"有奶便是娘"之流,君臣之礼无以加身,必多自取其辱者也。有解本句为"数谏"其君之义,同"朋友数"一指,谓屡劝屡谏定有所失,近乎望文而下达者,兹不采。

【辱】人贱之也;言"耻"主指自恶,言"辱"则指人恶也。君子无德,虽有其位,而人恶之视其下等,故曰有辱;人辱而不以为耻,谓之无耻,无耻者盖为礼教所大不容,可视同禽兽。

【朋友数】数,众多也;朋友数者,当指朋友数次交而又离也。又畔仁者无义,见利而交,无利则离,全无信义也。有解"朋友数"为无信之义,浮滥交往,结党营私,有利则聚,无利则散,徒呼朋唤友,必无挚友也,亦可参。

【疏】远也,避也。若无信义而求友,如缘木求鱼者也。

再 按

论语开篇至此,孔儒新教经纬纲目要义悉出,以后各篇多为深论细品。揽其铺陈,孔教之开创革新主为若干所指:

一、孔子与周公比也。周公制礼,底定封建,天下之道,相续不绝;及至春秋,周礼渐驰,天子不出,诸侯自立,若非孔子,不知伊于胡底。

二、仁义与天命比也。周礼本于天命,继统主立嫡长,严明宗法服丧之制,及其临下而治,放利而行者众;孔教新礼本于仁义,并齐天命之尊,发乎诚而修其德,以人伦纲常为归,及其为政牧民,务求天下能和也。

三、新君子与旧君子比也。旧君子浅学不修,党而不群,多谓之小人也;新君子克己复礼,道行中庸,多称为仁德也。同为君子位者,新君子可施行仁政德政,旧君子则难有指望矣,是以孔教主驯君子成德,力求其道根本处不败。

四、新学与旧学比也。诸夏当时学问,应皆无外乎《易》,而老氏为旧,孔子新起者也;新学与旧学同源而异流,从《易》道而取中庸之智,主有为而行克己复礼,知行合一,学思兼运,必能再造学者新人,而远别怪力之泥陷焉。

上述纲要所列,乃《论语》全篇往复诲人之由也,亦孔教流传不舍之本也。为补文字表意之不逮,便于读者深味趣览,兹简制下列两表,图形诸义供参:

表4-1 孔教宏旨

	天				仁	
神我之际	敬天(天理)		旧君子	新君子	敬人(人心)	
	周礼	宗法			人伦	仁德
	立嫡立长	明继统之序			明纲常之序	和天下
	尊尊亲亲				孝弟	

续表

	命运(系于血缘)				知行(系于为学)	
人我之际	祭祀	征伐	周礼封建	仁礼封建	仁礼	美善
	求名位	争利益			贵廉耻	行"信""义"
	道之以政(重威刑)				道之以德(重教化)	
	一姓之家天下(曰王霸)				百姓之共天下(曰大同)	

表4-2 孔教学道

学修之道	中庸之道(主"知")			克己复礼(主"行")		
	志胜欲	生廉耻	通善恶	成仁德	正心意	制言行	从信义	安于仁
	学/省	慎/谨	明/诚	圣明	志/择	实/笃	敬/忠	圣贤
	下知	中知	上知		下知	中知	上知

又及，孔子与老氏同本《易》而学修，安得分辨两道哉？曰：必于学修成德之先，笃信仁政礼治之固所当有也。是以学《易》而止修其德者，定非孔门后生，盖归老氏之流。

公冶长第五

子谓公冶长,"可妻也。虽在缧绁之中,非其罪也"。以其子妻之。子谓南容,"邦有道,不废;邦无道,免于刑戮"。以其兄之子妻之。

释 读

斯章论仁德存身之义。君子之仁德,无关其名位,亦非取决于环境,惟凭存身与否。譬如公冶长无罪而囚,君子落难而已;又如南容用之则行,舍之则藏,进退裕如一无挂虑,亦有道君子。盖所举二人皆仁德君子,公冶长之德胜,而南容之道长,故夫子愿与配亲。

【妻之】犹言"为之妻"也。礼制婚配之事非可自主,而定于父母尊长,周礼又严同姓不婚之制。所谓婚姻之礼,其旨皆出天子诸侯和亲强族之意,及后流下成俗,而援为士民人家择贤兴族之道;由是诸夏男女先结婚后恋爱,百世不得易之,或有反抗、违犯者屡起不绝,激起家族社会之大防,终以牺牲女性意欲为代价,造成严守男女有别、男尊女卑之文化。近世新人深恶旧礼,婚姻首当其冲,转而极求男女恋爱至上,兴所谓爱情主义婚姻,完全自主其事;现代婚姻实行已历经年,然相较旧礼婚姻,男女之防悉委之于爱情,不如意处未必就少,新式悲剧酝祸亦不遑多让,故凡除旧布新之际当不灭中庸之道,男女婚姻改制利弊亦可为之一证。

【缧绁】缧者黑色索也,绁者捆束也,二者合指囚束也。人之有难,若因己过,罪有应得;若非有过,而强加之,其实无罪,乃称"冤"也。公冶长虽冤囚,孔子竟许之以婚,遥合苏格拉底不以有德获罪为耻之义,亦怀后世所谓侠义之风,近乎敢为叛徒抚哭之吊客。

【邦有道】邦,国邑之大者,指诸夏家国也。有道无道论人,主指学修;若言及于邦、国、天下之类,必关乎为政;为政有道,礼治兴隆,贤者辈出,大有作为,有道君子之盛世也。

【废】弃也,不用也。邦有道,固不废贤能;邦无道,隐怀其道,独善其身,贤士自废以就道也。

【刑戮】杀身之祸也;官杀曰刑,人杀曰戮。盖南容自持勤谨,夫子以为贤者,亦与之配亲;或谓南容贤而贵,以其侄妻之,而以其子妻公冶长,可见夫子厚人薄己之义,亦可参。

子谓子贱,"君子哉若人!鲁无君子者,斯焉取斯?"

释 读

斯章论君子道广之义。服天命而立之旧君子多有,奉仁义而行之新君子几希,亦仁教初兴,风起于青萍之末,尚未成其气候,难免门可罗雀之荒也。传教者造势之法,以标新立异最为常用,犹今所谓树典型之术,现身说法,示之于众,颇能收效。或有疑孔教所谓仁德君子论者,以为虽鲁国亦无斯类,盖本章夫子顺手而举门人子贱辟之。

【君子哉若人】犹言"斯人真君子哉"而称子贱。子贱姓宓,名不齐。夫"子"姓,上古之姓也,乃殷商之国姓;孔子"子"姓,其全称为"子丘孔氏字仲尼",成周称大夫士,以"子"置其姓后,转为敬称。后世匹夫有功名者亦沿俗而称,如程子、朱子。

【鲁无君子者,斯焉取斯】"斯焉"同"何以"也,"取斯"之"斯"指子贱,全句犹言"谁说鲁无君子人,这里怎么就有一个呢?"鲁国为周公之封,礼制高等,而以

 读论语

仁德君子之说为异者亦众。

子贡问曰:"赐也何如?"子曰:"女器也。"曰:"何器也?"曰:"瑚琏也。"

释读

斯章论德修无穷之义。以"瑚琏之器"而喻修德妙用,与"君子不器"之义既通亦别:其相通处,同指器体也,至德未成,仍须上进;其相别处,一指专用,一指通用,瑚琏之器有通神之妙也。专用之器若加其尊义贵义,如竹木草器,或可进用至祭礼,而成豆、成筵、成束,以为通神之"器";人之修德亦然,自加仁义存乎己身,虽未圆满不器,而亦可称其美善,容为世间之大宝。君子修德,体用双运,进益不息,以器鉴成,勿以"小器"自满,当以"大器"为求,方可谓正道。盖上章夫子以"从之亦易"而论仁德广大义,本章则以"行之不易"而论修道实艰义,以子贡之贤而止够瑚琏之器,虽称美有嘉,然学海无涯,尤须自勉尔。

【瑚琏】礼器也,镶以玉石,华贵之器也。盖子贡闻夫子赞子贱真君子,亦欲凑趣,夫子转取瑚琏誉而教之,勉其再进。仁德君子固然美善,通人通神其实不易也。

或曰:"雍也仁而不佞。"子曰:"焉用佞?御人以口给,屡憎于人。不知其仁,焉用佞?"

释读

斯章论德与行之辨。若不明《易》道,夫"德"与"行"二义,读之亦多纠缠矣:由神我视野观之,一为形上一为形下,一为本一为末;由人我视野观之,一为独存一为处众,或一为虚玄一为实有。世人多从人我视野作分断,盖以修德为闲

事，务求善行而见其功；时所谓行之有功者，或俗称之为"佞"也，获利之道也；有德者轻之以神我视野，非明义而不行，必以道而得之，自谓之"贤"，正义之道也。或有讽孔教重德无所用益，举其门人仲弓（雍）而说，盖本章夫子斥之而论。

【仁而不佞】仁指善德，佞指才能。称善作善成之能者为"佞"，或为时俗之语，并无后世贬意，及孔教取"贤"字称善行，方始明分褒贬，后儒言"佞"专指善谋私利，而"贤"字自有善谋众利之义。孔子当时仁而不佞者，犹今所谓无用好人，近有废物一枚之嫌也。

【焉用佞？御人以口给，屡憎于人】"焉"同"何以"也；"御人"之"御"，同"御车"之"御"，使也；口给，口才佳也；憎，恨恶也，仇视也。佞者善利己，或聚敛成富，或沽名钓誉，必多取而少予所致也。御人之道，口惠而实不至，虽屡有所得，而亦失人望，岂可称善者乎？

【不知其仁，焉用佞？】"焉"同"何必"也；本句似应读如"不知其仁焉用佞"，犹言"仁德者何必行所谓佞焉"也，不当断分而读。佞行之徒虽能积名利于己身，而亦垒憎恶于仇人，得逞一时，遗患无穷，何善之有也？有德者之善行，固有其贤，既不屑于佞，亦不必用佞。孔子新教求仁德君子，初以子贱例举德行广大之义，再以子贡例论求道无穷之义，本章又以仲弓例而斥"仁德无用"之谬，传教之法因人因时因事而异，可见夫子之善教也。

子使漆雕开仕。对曰："吾斯之未能信。"子说。

释 读

斯章论诚信之义。信及于人曰信，信及于己曰诚；己若未信，而从人之所信而信者，无诚也；举例门内弟子漆雕开，孔子察其所学足矣，信可为仕从政，漆雕开自信未至，惶恐不从，乃尽诚者也。诚信之修，通乎人我世间合得所谓忠信，通乎神我之际则称虔信，虔信者或达"举世虽加不能重之，举世虽去不能轻之"境地，大可从容赴义，万死不辞。孔教人文宗，止于人我之世而修诚信，至上之义即"忠"而已，似不及虔信之能，利诱动摇之患未保尽去也。

【漆雕开】孔子门弟子也,盖为漆户与雕户之子弟。诸夏或早行编户齐民之术,官司以其业而分其类,又名其氏,或有氏人自以其业为姓,如桑户之姓桑,沐户之姓沐,漆雕户似同今语之木工户也。漆雕开有自知之明,合乎诚信之义,夫子大感欣慰而悦。

【仕】同"事""侍""司"诸字,指官职也。仕乃世行诸业之一者,与农、工、商并列为大业;诸业凭自食,惟仕食禄,根本采自别业而食,禄实为所谓民脂民膏也。受人之食,忠人之事,无能为之,固当辞也。奉此义而禄者,通入诸业之本,仕亦当归为自食一道,惜乎后儒甚少是类。

子曰:"道不行,乘桴浮于海,从我者其由与?"子路闻之喜。子曰:"由也好勇过我,无所取材。"

释 读

斯章论义勇之义。道之常为安,道之变生乱,若可应变平乱复安,必为勇者也。勇也一分为二,其一敢趁乱逆起以谋私,另一能替天行道以复辟,皆乃所谓好勇者也;本义而分,一为勇而无义,止称好勇,一为勇且义者,谓之义勇;是又可知仁德君子,其诚信适用于道之经常,其义勇适用于道之济变。义勇济变,主指卫道,孔教立为大德至要,有仁、智、勇三义并立之说。好勇而少义,或可称为直勇,虽急公好义,然率性而为,今所谓凭直觉行事,失于少智,有欠周详,不足以卫道;好勇而无义,不修其德,务求私利,是类勇行近盗,盗于外称盗,盗于内称究,为世道之大贼,义勇之劲敌。盖子路之勇,因好大喜功,欲谋众利而未入正道,似尚未进至义勇,仍为好勇耳,故本章夫子哂之以诲。

【桴】筏也。乘筏以渡,适于小水细流,以之浮海而喻险事,非勇者不能为之;盖夫子举例夸其有勇,子路闻而自喜,可见其直勇无饰。

【无所取材】犹言一无可取也。好勇固然可贵,而义勇尤其难得,直勇者少智浅修,若不反躬自省,倘若遇变,或亦一无用处。夫子固爱子路之勇,而责之深切焉。

孟武伯问："子路仁乎？"子曰："不知也。"又问。子曰："由也，千乘之国，可使治其赋也，不知其仁也。""求也何如？"子曰："求也，千室之邑，百乘之家，可使为之宰也，不知其仁也。""赤也何如？"子曰："赤也，束带立于朝，可使与宾客言也，不知其仁也。"

释 读

斯章论仁德有别于贤能之义。仁德微妙独存，无以尚之，殊难轻断示众，当验之以行，方能得之论之。从《易》而推，德与道可形之为体与用，犹火为光之体，光为火之用，虽曰合而不分，毕竟两指也。由是君子为政贤贤之义，当以用而任，主求人尽其才，才尽其用；倘若不明体用有别之义，极攻贤者仁德，易生所谓求全责备之弊，或竟有"世无可用之士"之忧。盖孟氏求贤无方，为政与修身两道相混不辨，故本章夫子诲之。

【千乘之国】大国也。又说周制二十八户出一乘兵车之制，则千乘之国不下三万户。相较八百户出一车之说，"二十八户"盖属古制也，或与编户齐民之制推及广众有关。

【赋】兵也，军也。夫"赋"之说流传久远，主指君主赋田于民，民负偿报之责，家国或使民力，或采民脂皆称"赋"也。有论夏时称"贡"，殷周渐谓之"赋"，孔子时"赋"盖指兵役，后世则主统指租、税、费之类。斯谓子路（由）擅治兵事也。

【宰】祭礼主司之职也，列百官之首。天子设太宰，位列三公，总百官事，犹今所谓总理大臣、首席大臣。百乘之国，犹所谓弹丸之地，所设之"宰"位，当主治民事也。斯谓冉有（求）长于治理，行政管事一流也。

【束带立于朝】束带，礼制衣冠之配也，礼官也。周室行章纹等级之制，天子十二章纹，以下九、七、五逐次递减，绣章纹于束带，最次等称黼黻，故言"束带"

即指朝臣也。所谓"朝"之说,又与"五服"之制相联,有一日一朝,有数年一朝,依五服之远近而定,含献天子之源义。后泛指君主问政之所,衍生所谓"朝堂""朝庭"之说,立于朝堂能面君共议之官称"朝臣"。诸夏又以"朝"指君主所立之国,一姓之内大位相继谓之"代",若为别姓取走,则谓之"改朝"。斯谓公西华(赤)能充任使节也。

子谓子贡曰:"女与回也孰愈?"对曰:"赐也何敢望回。回也闻一以知十,赐也闻一以知二。"子曰:"弗如也!吾与女弗如也。"

释 读

斯章论知分高下之义。人以礼位分贵贱,学以其知成高下;知之高者虽贱亦贵,学之浅者虽贵犹贱;故谓从学孔教者,非反人人平等之义,诚执中庸之道而求平等之志士者也。学者求知,浅学者知其然,善学者尤能知其所以然;知其然者一是一,二是二;知其所以然者能一分为二,合二为一。譬如贫富乃世之常情,浅学者只见贫恶富善,不知贫富何以生成,贫富若加乎己身,仍难免为贫而谄富而骄者也;善学者不然,能克己之好恶,不唯贫富而定善恶,贫而善者可从之,富而恶者可远之,其犹不凭相貌而辨忠奸者也。人文宗有违中庸之道者,攻乎异端,以为世间贫富全出于他人无义,不肯反求诸己,几同怨天尤人,亦属囿于知其然之浅学,闻一知一耳,亦多谬论。盖本章子贡以知不及而自谦,夫子深许之。

【愈】优胜之义也。学者求知,一倚道行之良,一凭天资之高。学道殆属后天己修可得,天资当指所谓绝学,可遇不可求。盖子贡(赐)富贵,颜回贫贱,以富贵之身而让贫贱之知,可见孔门平等风尚。

【闻一知十】善学之极也,近乎圣贤上知者也。闻一而能知十,已迈越分合之常,亦出乎时势之变,直赴太一之真然也,譬如观虫兽而竟知猿猴或为吾人先祖,即属是类。下知者仅闻一知一,虽有知亦多为惑也,譬如所谓贫富之辨,惟凭数钱而已。闻一知二或可谓之中知,初通正反、内外、先后之辨,所知多成所谓"器识"也,犹今所谓理性知识,譬如言钱,既通衣食开销之义,亦知其含货殖生息之用,"钱"又可称"资本"矣。颜回善学之极,富贵近乎浮云,夫子自谦,叹曰不如。

宰予昼寝。子曰:"朽木不可雕也,粪土之墙不可杇也,于予与何诛。"子曰:"始吾于人也,听其言而信其行;今吾于人也,听其言而观其行。于予与改是。"

释 读

斯章论"诚"与"实"之义。夫"信"之义,存乎内谓之"诚",及于外谓之"实";由是"诚"与"实"一体两分,"诚"为"实"之本,"实"为"诚"之用。本于"诚"者,固当以"诚"度人为先,尽"信"其言于未行之际,再以"实"验之为证。然人心叵测,诚者尽信或不免受欺,必当听其言而观其行,诚与实兼备,方可全人我世间之"信"义,亦免今所谓天真幼稚之误。又就修身成德而言,人非圣贤,孰能无过,若知过即改亦可称道;本乎斯义,知过曰诚,能改曰实,两者相合,必为有德者也。本章举宰予知过即改之例,夫子主指修德而论,其义亦可及于为人行事。

【昼寝】晏起也,或曰眠也,以贪睡而喻其怠懒也。宰予昼寝之事何以令夫子勃然大怒而极言其否哉?盖孔教主张有为,门风严守一"勤"字,以杜绝一"怠"字,故立为弟子从学戒律,犹今所谓底线,不得丝毫触犯。又凡外人,视圣教所设戒律,胥区区细事,如饮食衣服、举手投足,无不小题大作,莫名其妙,是所以称其为"外人"者也。

【杇】抹子也,砌抹之具也。夫"雕"为制器之工,而"杇"为筑室之工,犹今所谓泥瓦工。盖守戒之于修德,当与作工一理,工欲善其事,必先利其器,否则巧妇难为无米之炊也。

【于予与何诛】诛,杀也;口诛,极言其恶,形似杀人也。本句依今语犹言"对宰予还能骂他什么呢?"朽木与粪土俱为厌物,比之于人,乃欲弃之也。

【于予与改是】犹言"改过当如宰予也",即称宰予能痛改前非。夫子所谓"惟仁者能好人,能恶人"之义,本章亦见之矣。

子曰:"吾未见刚者。"或对曰:"申枨。"子曰:"枨也欲,焉得刚?"

释 读

斯章论胜欲之义。立志称坚,胜欲曰刚。夫"坚"不移者谓之"恒"也,夫"刚"不懈者谓之"笃"也。立志可服义命,义命生其"勇",以济变乱;胜欲能从信实,信实固为"刚",以敌急难。若乃无"义"与"信"在上,而奉"利"与"欲"行之,夫"勇"也实"凶",夫"刚"也实"猛",其表虽或同形,其义亦别如霄壤;盖有举申枨为刚者,不知其贪,逞勇斗狠而已,故本章夫子不以为然。

【刚】坚硬也。无欲则刚,盖采《易》之经说也。所谓有无相生,高下相成,志若胜欲,其犹刚之克柔,而喻临急之际不怯让。行道不易,变时当"勇",难时须"刚";放利逐欲,称"猛"而必不谓之"刚",譬如君子尚武好战,无义则非刚,人以之为"暴"也。

子贡曰:"我不欲人之加诸我也,吾亦欲无加诸人。"子曰:"赐也,非尔所及也。"

释 读

斯章论有所不为之义。克己复礼而修其行,从一分为二观之,乃有所为也,又有所不为也,两者相合方可成其义,但止一面则为不全,并非至当者也。世行之本乃"我欲"也,修行实修"我欲",务求"我欲"服义。神我之际"我欲"修成,可谓之良心,其惟神明可鉴者也;人我之际"我欲"修成,盖称所谓良知,其能及于众，人皆以为然者也。良心与良知二者亦有分合：(1)由己及人，主凭良心，而定"我"之"行之所止"，我之行也必至当而近乎尽善尽美；(2)良知主行，行其当行，不足以"止行"也，似有径行无止之患，或难免从众施暴，未可轻言其善，譬如得理不饶人，或求以眼还眼，以牙还牙者；(3)故善学好修者，既知"行"其所当行，又明其"行"之所当止，行止皆合正义，方入"从心所欲不逾矩"之境。本章"有所为亦有所不为"之义，本乃天下共奉之至理，而行之维艰，端赖宗教士与君子仁人，薪火相续于四方文化邦域，此一大同价值方成可行之法，终未止于悬望欤。盖以今世衡平法与普通法所共之，普通法系尤为得力：判"行止"之正，普通法主从众口条例之良知，衡平法则主从法官近神之良心。志士仁人求有为，修德明道有成或悟及无为之义，故本章师生相论，夫子心里复杂，未便深说。

【我】【吾】两字于此，可旁证"我"主对众之意，而"吾"主言己私之意也。夫"我不欲"乃示众之良知，夫"吾亦欲"则出于良心之谓。盖子贡(赐)所言之义至深，夫子虽闻而欲赞，又恐其知易行难，故云"非尔所及"以勉。

子贡曰："夫子之文章，可得而闻也；夫子之言性与天道，不可得而闻也。"

释 读

斯章论仁教从人之义。神明宗早兴，人文宗后有。孔子新教，不反神明宗，惟敬而远之，其所谓上知之说，盖亦近神，可称今所谓保守人文宗；人文宗之极端者，可称之为激进人文宗，譬如稍后之法家，及近世泰西断言"上帝已经死亡"之流。孔子居现世人生而论义，孔教之道广通世俗，利益日常，邀其本意，其旨始求建立人伦道德，故而贵重实行，以"行"为"知"之常，以"知"为"行"之济，不许就"知"言"知"而极攻形上奥义，恐怕若非上知，易误其"行"，沦为好高骛远或坐而论道，则无所用益焉。盖时教各门多从《易》道，老氏之说亦兴，或来问孔门形上至义，本门子贡明告非其所学。

【文章】文者，经文也，儒家所传典籍也，主指《易》《书》《诗》《礼》《乐》《春秋》诸经，后儒名之为"五经""六艺"之类；章者，章句也，旁于古文之注释，分所谓"训""考""疏""赞"之类，如孔子所论《关雎》"思无邪"之语即章句也。

【性与天道】夫"性与天道"殆指《易》也。阴阳之化即天道，天道所成万物之动静曰性。依《易》之经说，盖人之"性"为阳，其动胜静，人之"情"为阴，其静胜动，所谓万物之性即指性情两造，乃内外动静之源起，如"好恶""趋避""行止"之诸意诸行。老氏一道从《易》而归自然，人生固当无为顺守；孔子不反其论之本，而斥其无为似逃之谬，加"道亦有为"于人生，谓之仁道。是故孔子仁教，不言"性"而言"克己复礼"，不言"天命"而言"中庸之道"，慎采《易》说，以免学者误入歧途耶。

子路有闻，未之能行，唯恐有闻。

释读

斯章论名节之义。学修所成大者，存乎己身曰德，系于众口曰名；又大道之行有常有变，每变生所谓节，节之于德称大节，节之于名称名节，应变无失则有贤名。由是"德"为"名"之实，亦犹"行"为"言"之实，若其"名"不合其"德"之实，或谓之虚名，沽名钓誉即如是者也，有德者必耻之。明此，君子则当修德为本，求名为末。然世间本与末一视同仁者居众，最好修德重名可以兼得，实不肯弃名之饰辞耳，犹所谓爱惜羽毛之流，譬如本章所形子路，直勇之性，好大喜功，亦偏重名节一类。

【有闻】本章可读如"子路倘有闻，而未能行之，则唯恐人有闻之矣"也。前一"有闻"，指子路得闻义所当行之事，惜未能当场"行"之，或有失节之过也；后一"有闻"，指失节之"名"也，自知有耻而恐他人以恶名加身。由是观之，虽以子路之贤之德，若重名过甚，患得患失亦不输逐利者也。

子贡问曰:"孔文子何以谓之文也?"子曰:"敏而好学,不耻下问,是以谓之文也。"

释 读

斯章论成名之义。盖棺定论,配以谥法,垂诸后世,谓之"君子成名"也,成名之法,主以其"实"配其"名",人无所疑,实至名归,方可期代代相传。所谓实者,或取其"知"也,或重其"行"也,或总其"知行"之"德"也;以"知"成名者多以"文"统其类,以"行"成名者多以"武"统其类,故虽名称繁多,而君子谥法,亦不脱或"文"或"武"或"德"三道之文。君子以"文"成名者,必出于终生能学,智德见长,即所谓"敏而好学,不耻下问"也。盖卫国大夫孔文子事迹有足可议者,得谥为文,子贡疑其名或不当,本章夫子释之。

【文】礼制之谥法也;君子生有其位,死有其谥而入庙。谥号名"文"者,曰有知,博闻天地,曰能学,勤问好学,曰宽厚,慈爱怀惠。

【敏而好学,不耻下问】其含"志学""敏学""好学""善学"诸义,君子毕生克己求学,若乃诸节略合,未必圣明,亦足配享"文"名矣。

子谓子产:"有君子之道四焉:其行己也恭,其事上也敬,其养民也惠,其使民也义。"

释 读

斯章论君子实行之义。孔子新教,方立仁德君子之说,而先孔之世成名古贤又何可论焉?其难也。圣教立其纪元,亦认先世固有先知先觉,其知也明,其行也贤,惟教化后知后觉之义颇不如己,由是从我起始可代为掠过矣;譬如齐之管仲,郑之子产,皆先世之贤大夫,沿俗当负圣德君子之名,盖仁教不准此称,止可择善例举一示耳。故读者当明孔教品贤之划界:君子之道专属仁德君子,必呼之于孔教行世之后,先贤但称先贤,或称善人而已,纪元后方称君子仁人。圣教自重之举，外人或觉不通可笑，门人则以为理所当然尔。盖本章夫子行此法而论先贤，举君子实行之善，或如子产之为政务民，或如孔文子之谥文，主诲善行之义古今一贯也。

【行己也恭】恭，约己之行也，谦己之形也；近"敬"义，与"骄"义相对。修"行"而成其貌之"恭"，乃克己有功者也。

【事上也敬】敬，正意而行之也。夫"敬"主从心，夫"恭"主表行。严明上下之礼，言行无所逾越，不生觊觎之心，乃恪守本份者也。

【养民也惠】惠，益也、利也。家国天下养民，主求食之，为政者多取少予亦属常情，若能少取薄采则谓之"宽"也、"惠"也。古来君子惠民罕有，故若得遇子产一类，人必称颂，感恩戴德。

【使民也义】义，理也，至当也。为政使民或以力服，或以义命，全凭君上定夺，以义使民实非其常，天下侥幸方可得之矣。

子曰："晏平仲善与人交，久而敬之。"

释 读

斯章继上章义，续论先贤实行之义。盖晏平仲同孔子世而为长辈，并非孔教所可网罗者，亦只配称先贤之善，而不当归类君子仁人。

【晏平仲】晏子，齐国贤大夫也。时楚国势力强大，齐国已衰，诸夏盟主让位于晋国，齐国周旋于两强，颇多为难，晏子以使臣得其善名。

【善与人交，久而敬之】久交而生敬，必有道者也。交友时久，常生怨或不逊，相敬之义难守，匹夫如是，君子亦然。度其所谓先贤之道，盖晏平仲不违君子无私交之义，虽曰朋友，亦各为其主，言行重诺从约，久而仍获人之敬，诚难能可贵者也。

子曰:"臧文仲居蔡,山节藻棁,何如其知也?"

释 读

斯章论先贤惜乎少知之义。可参前两章之义。先贤固有其贤,毕竟仁教当时未出,其贤亦多不足道哉,譬如臧文仲谥号曰文,略通《易》道,而盲从方士之术,未可言其有所谓知者也。本章夫子居高临下,以新品旧,其托古改制之志强,拨乱反正之力大,犹绵里藏针,若隐若现矣。

【臧文仲居蔡】臧文仲,鲁国大夫,谥号曰"文",先贤也;蔡,养龟也,方术之瑞行也。君子养龟,盖时方技术士教人求生长寿之法。

【山节藻棁】指文仲于其龟祭之所,刻绘山藻之形于其斗拱(节),梁柱(棁)。盖时人多从《易》道方术,占龟壳之形曰卜,计蓍草之数曰筮,明堂居室山节藻棁以趋吉避凶,乃畏天命而谋心安尔。文仲好行方术,孔子不以为然,后儒遂改以对联匾额文饰居屋之节棁,亦含镇宅安身之意。

子张问曰:"令尹子文三仕为令尹,无喜色;三已之,无愠色。旧令尹之政,必以告新令尹。何如?"子曰:"忠矣。"曰:"仁矣乎?"曰:"未知,焉得仁?""崔子弑齐君,陈文子有马十乘,弃而违之。至于他邦,则曰:'犹吾大夫崔子也。'违之。之一邦,则又曰:'犹吾大夫崔子也。'违之。何如?"子曰:"清矣。"曰:"仁矣乎?"曰:"未知。焉得仁?"

释 读

斯章论先贤惜乎少仁之义。先世有畏天命,亦以忠、敬、知、清为德,惜乎当时孔教未立,其贤其善非本仁义,多少有所遗憾,终究有别于所谓仁德君子。盖先贤实行之事,止于成名,无关德修,是亦暗微孔门今学,虽可以史为鉴,明其道之损益,然不当数典忘祖,另尊他支贤善,东张西望而误入歧途。不去先贤之善而自高,乃圣贤诸教通行之道,迎新辞旧之际,新人之于旧人,固有其"旧行之善可及,新知之妙不可及也"之自信。

【令尹】楚国官职。楚国雄居诸夏南边,自成天下,与姬周天子并称为王,及孔子时已凌诸夏。楚制袭取周制封建,亦行贵种共和,而其国姓众多,不似诸夏主服于周室一姓。楚王渐少裂土封爵,新地归王室派官自理,"尹"之职即为所派王官,王室设"令尹"总其事。楚之"尹"盖同周之"宰",而"令尹"近乎"太宰"也。设官而不封爵当为所谓郡县制之源起,后由秦国效行天下,后人不称楚制而称秦制,似亦同先贤不称仁人一趣。

【焉】同"何可"之义也。令尹子文尊君服命,先贤之忠也,未知仁义,仅属"不违"之"忠"而已;陈文子同。两君子成名于孔教行世之先,虽善亦不获称仁,皆先贤无可奈何之事欤。

【清】洁也,净也,多指名声名节。礼制名声谓之"清"者,其行不染污秽,弑君篡位必不肯为其同党者也。所谓陈文子之清名,起于崔子(崔杼)杀齐庄公之事,另生太史舍命直书、南史赴义一节,为后儒津津乐道。

季文子三思而后行。子闻之,曰:"再,斯可矣。"

释 读

斯章论知行相合之义。斯所谓思者,慎断也,既从"学而思"之运思法,亦含"思无邪"之善学义。运思有道,善学合义,其"知"成矣,以其"知"而"行"者,称之为慎行;若行之有难,由"行"返"知"再思,以明其所以然,若知其变,则当行其勇。是故谨言慎行乃知行相合于常之义,义勇无畏为应其变之义;若不能应变以行,思之往复,借口不知而无所作为,则非"慎"也,近乎"畏"也,不免多伤"义"也。盖季文子为鲁国先贤,以"慎行"成名,本章夫子新教不以为然。

【三思而后行】极言"行"之"慎"也。运思能择,而"三思"则谓其举棋不定,犹豫无决,过思近乎无知,不利于"行"也。先贤虽知所谓"慎",而不知何以为"慎",同"忠""敬"诸义新旧之别一失也。盖夫子教人知行相合之所谓"究竟",当求其知行必合之于"仁"也。

子曰:"宁武子邦有道则知,邦无道则愚。其知可及也,其愚不可及也。"

释 读

斯章续上章义。先贤不明知行合一之义,知行相合之际难免有失矣,譬如上章季文子之知过其行,或如本章宁武子之行过其知。

【邦有道则知】指先贤如卫国宁武子能明道之"常"也;中知者皆多是类,今所谓"常人""世人"者也,故谓其知可及。

【邦无道则愚】指先贤不明道之变也,于道变之世仍行其常,不知进退,则近愚也。譬如宁武子忠君,不辨有道无道而忠,是所谓愚忠,君子仁人不为也。后儒不敢贬"忠",多曲解本章"愚不可及"近于"忍辱负重"之义,或曰竭诚,或曰沉晦,亦势所由以故也。

子在陈曰:"归与!归与!吾党之小子狂简,斐然成章,不知所以裁之。"

释 读

斯章论"闻"与"知"有别之义。闻一知一者,迹近无知,是类固少,而闻一知十者,近乎上知,尤希也。中知下知,人多势众,适其所闻所知,虽未必遽可谓之有知,亦各以其知为知,主张繁兴,好起争执,遂世说纷纭,莫衷一是。盖孔子周游列国,本门子弟,见闻既多,或生自疑,甚或欲改初心而趋王霸论者;故夫子计归务教，以图本门薪火不熄，以免仁教惜败于滔滔雄辩。

【归】去而返也。表义指欲回乡，实叹天下无道，而求怀之而归也。新教初立不遇时势，孔子一行既徒劳无益，不如归藏，亦合其取舍之道。

【党】或三或五乡为一党，此指本门也。孔子出游，门人随从亦广见博闻，或议或论或争于途，恐有随波逐流者欲从富强之说。有解本章义指孔门在鲁弟子之事，情境甚显突兀，当时交通文章诚非易事，于理难通，故不采。

【狂简】以言凌人谓之狂，以力凌人谓之暴；简，文之所载，原多刻于竹片而成简，此处当喻"文"或"言"也。狂简者，雄辩也，闻一知二知三者好发言论，据所闻而以为知，犹俗语所谓半瓶子水最响。

【斐然成章】斐，兽纹也，时长可生变之纹也；章，亦纹形，不变之纹也。盖以"斐"而喻"闻"，以"章"而喻"知"，故尔斐然成章当谓徒有其表，拾人牙慧，近俗语花里胡哨、花拳绣腿之类也。盖夫子以之而讽随游弟子，恃见闻而求更张，实知其然而不知其所以然，当非今时夸文之褒义。

【裁】截而修之也，喻教也，正也。本门弟子有狂简倾向，惑于一时而以为求新，亦陋学浅知所致，故夫子欲归其本再教。

子曰："伯夷、叔齐不念旧恶，怨是用希。"

释读

斯章论少念无怨之义。从《易》而解有难，莫过于"性情"者也。盖所谓性情，化自天而及于人，成"意欲"而存身；"意欲"生"好恶"，而有"动静"之发；夫"动静"者，运于外谓之"行"也，藏于内谓之"怀"也；若"行"之必有得失，若"怀"之定成喜怒。孔教本《易》，以"志"而代"意欲"，别行其道，兹略述之：第一，从《易》之说，性情之分合惟在于"辨"，夫"辨"之于"行"曰"择"，之于"怀"曰"念"；得失之择主由"欲"断，喜怒之辨主由"意"念；欲而得之称"利"，欲而失之称"害"；喜之念称"乐"或"善"，怒之念称"怨"或"恶"。第二，转从仁教而言，以

"志"胜"欲"者,其"择"可不顾得失而求利害,即"义"之本也;以"志"胜"意"者,其"念"可不怀喜怒而定善恶,即"德"之由也。第三,自然性情与仁义道德之别遂显矣,前者本"意欲"而求通人我之私情,固有其难;后者凭"胜志"而求融内外一体,实亦不易。第四,志士修念之至难,当于"有所念有所不念"之关节;意本有所念者,若能不念其乐谓之"让"也,若能不念其恶谓之"恕"也。盖本章若不从《易》详读,孔子是语之因果奥妙,今人欲明则颇为不易矣。

【伯夷、叔齐】先贤成名者也,传二人相让辞国,后以不食周粟而死。夫子举二人不念旧恶,所指何事已无可考矣。

【怨是用希】当读如"是(故)希(少)用(生)怨"也。怨,不乐人也,与"嗔"义相近,重之则谓"恨"或"怒"也,与"乐"义相对。本句指先贤有不念旧恶之善,而免有恨人之失。盖夫子以为夷齐二贤不念旧恶,称恕而已,未必及于仁教忠恕之义。可并参前篇"唯仁者能好人,能恶人"之句义。

子曰:"孰谓微生高直,或乞醯焉,乞诸其邻而与之。"

释　读

斯章论直伪之辨。孔教从《易》而执中庸,见万物一体多面而两两相对,凡知行总归于其"常"其"变"两造。譬如,就"知"而言,其"常"曰"经",应"变"曰"权";就"行"而言,其"常"谓之"道",应"变"谓之"节"。知行此际化生相对诸义,若为相生相济者,如"恭"与"敬"、"信"与"义"、"刚"与"勇","实"与"直"云云,异辞而同类,一为其常一为应变而已。倘若相生而不济,则为相背或相克者也,譬如"刚"为"勇"之常,"勇"为"刚"之变,"刚"者遇变应之以"乘桴浮于海"或"暴虎冯河"者,遽背离义勇,可转称"逃"也、"蛮"也、"悍"也。是以学者若察一辞之应变义,必同时究其经常义,方得有明焉。本章所举微生高其人,盖主从"实"与"直"之辨义,"实"为"直"之常,"直"为"实"之变;"直"所应变者,乃于行"实"有难之际,如遇欠债、交货之事无法履约,"直"者不逃,必负其责也;微生高借花献佛,有沽名钓誉之"不实"嫌疑,故本章夫子不以为可称"直"也。

【直】行实也。细民行实多谓之直,君子行实多谓之刚,盖两者利害关系大为不同,亦宜作分别。

【醯】醋也。有人尝求食醋于微生高,盖以直名而羞于拒也,转而乞邻与之,其犹俚语所谓死要面子,打肿脸充胖子,夫子以为非直,乃虚伪者也。

子曰:"巧言、令色、足恭,左丘明耻之,丘亦耻之。匿怨而友其人,左丘明耻之,丘亦耻之。"

释 读

斯章论同志为友之义。朋友乃伦常之最可论道者,其美善别于他伦,一谓自主,一谓平交,皆属"知之在我,行之在我"之得也。择而为友,大分两类,或为利交,或为义结;利交者友其利,利尽则散,多佞行也,党徒多是类;义结者友其义,肝胆相照,可托孤寄命,必同其志者也。盖夫子相友左丘明共著《春秋》,臧否人物所见一也,不违大义,故发此论而成本章。

【足恭】足,过也。足恭者谓之曲意卑形,其顺也过,亦有失敬义;同"巧言""令色"一类也,皆谄媚佞行之指,言无义,行无礼,虽获功名利禄,史纪必断其非。

【匿怨而友其人】匿,隐也、蔽也。匿怨者口是心非,隐怀其怨,固非"恕"也,近"奸"也。本句有通贯古今之义,且可于公私诸面作解;全本章之语而味之,盖夫子主指史笔评断先人之事。匿怨而友其人者,犹行所谓韬光养晦之奸雄,譬如乱周之三监,当世之勾践,是类君子固有其志,不当卑视同于前指三类,然其志乃本于怨也,亦非合仁义,故曰耻之。

颜渊、季路侍。子曰："盍各言尔志?"子路曰："愿车马、衣轻裘,与朋友共。敝之而无憾。"颜渊曰："愿无伐善,无施劳。"子路曰："愿闻子之志。"子曰："老者安之,朋友信之,少者怀之。"

释　读

斯章论志分高下之义。天道成性情,仁道贵有志;率性顺情谓之无为,志求高下谓之有为。所谓高下之至高者,乃行仁政也;至下者则从利欲,求位谋私也;高下之间中,或求功也,或求名也,义利兼顾者也。本章孔门师徒修志,递次往上,各个不同,高下宛然显矣。

【敝之而无憾】敝,败坏也;子路之志举交友而言,愿与朋友通财共利,车马、衣裘用坏也一无所惜。中知能轻利重友,克欲赴义,其志虽有所上进,尚去以利相交未远矣。

【无伐善,无施劳】伐,夸口也,自许之言也;劳,力行难事也。颜回举言行而明志,愿克己不夸,无凌人之言,复礼而行,不为难人也。盖"伐善"之言与"施劳"之行,不合克己复礼之义,持志恒坚方能去之。先贤人物,近乎"无伐善"之能让者,不肯居功争位,有泰伯仲雍之类;近乎"无施劳"之能止者,使民以时,有伊尹子产之类。

【老者安之】主言其德也。盖老者多求安,仁者爱人,能合所谓"老吾老以及人之老"之义,故可安天下长老。

【朋友信之】主言其行也。朋友平交求信,无信不立也。"信"为"义"之常,"义"为"信"之变,遇变或难免应之以"欺",惟贤者能恒守其"信"焉。

【少者怀之】主言其名也。少者或只闻其名,亦能仰怀其德,假设令我之于后生,犹先贤之于我者,能垂之不朽,其惟圣贤至德可矣。夫子通广及众所论,乃求天下人各得所宜,老者朋友少者并说相合,盖主指仁政当行之义,亦天下大同之类说。

再读论语

子曰:"已矣乎!吾未见能见其过而内自讼者也。"

释读

斯章论知过重省之义。知过能改称善,自来即如是,先贤亦莫能外;然知过而能根本自省,知其何以有过且明道者,绝不再犯,尽去所谓"贰过"之患,诚为古今鲜有。或有论及先贤改过者,欲比之于仁德君子,夫子似闻而不许。盖亦以仁教未出,改过不及于仁道,终不肯称其至善。各教自立纪元,义本严明前后,故尔同一事不肯同一名,譬如天主教称圣工曰神父,反抗宗则自名牧师;又或者同一名不肯同一义,譬如商之代夏、周之代商同为革命,必又断汤武多因袭,而周之文武主维新。孔教亦如是之也。本章夫子或主指改过归仁之义。

【内自讼】讼,民事也,诉于公堂以求直也。以"内自讼"而喻"内省",当主指明归仁道之义;所谓知己有过,或多为浅知耳,若不明仁道,虽改恐仍不免贰过也。仁教未出之先,世无明灯,善人先贤但于暗中摸索,纵一时得志亦必不久,俱未善次贤耳,其犹今所谓革命之义必不能加诸历代英雄之身。

子曰:"十室之邑,必有忠信如丘者焉,不如丘之好学也。"

释读

斯章论行易知难之义。本篇诸章开辟孔教纪元之义,时人或为之不信,盖夫子以自道之语再论。先贤之善,人皆有之,不足以为异者也。随举乡党邻人而辨,依其天生性情,言行亦足似可称为忠信,是类善者所在多有。知仁则为至难,若非立志向仁,好学不怠,明达上义,殊难称仁。旧善易行,而新仁难知,或为本章夫子所谓行易知难之义。知易行难哉?抑或知难行易?诸夏读古文者各从各说,相攻相诘终难断其所以,无奈多从语境而定辞义,遂任歧义丛出流传迄今,若本《易》而知,当可迎刃而解:常道之时主言知易而行难,遇变之际则改论知难而行易。孔子新教,乃为大变世道之举,必一时之人问津,故本章主发知难行易之叹。

【邑】封地之小者也。邑似为定居社会最小秩序单位,远不及百乘,盖可对应游牧社会之所谓"部";封邑似应主供封主采食之用,邑政当受制于国政,并无礼乐、征伐之专权,可领民讼、捕盗、耕读等事以治。夫子所言十室之邑,其喻当可任指一域也。

再 按

自古以来,凡君子者,从心所欲,予取予求,无可无不可,全凭天命而任己享也;及孔子出,高立仁义,义命齐天,君子行世,其命维新,方始战战兢兢;君子所为,再不能无所顾虑,遂别诸夏以往一切政治,而兴仁政德政之望,犹今所谓责任政治之滥觞。故孔子主训君子人格,本于知行合一,倡导克己复礼,欲求天下大同,虽初啼不免喑哑,鸣晨之功则至矣。兹略述孔子施行其仁政构想之要点,供读者一参。

一、仁政德政之可行,但系于天命君子也。天命君子乃无可替代之行为主体,故必先建立君子人格,即转天命君子为仁德君子,方可托付仁政德政。

二、仁德君子之教化,但系于学也。仁德君子靠学,非可凭命。学道之要,求诸在己,立志有恒,谓之好学者也;又当学思并运,举一返三,谓之善学者也。好学又善学,至少能成之于克己复礼,而远造次及颠沛之患;若有大成,其仁德或可令后人感念不忘。

三、仁政德政之略要,但系之于礼也。仁政即礼治之政也,内待宗亲主以和为贵,外治下民则以教为先。天下礼乐,以德为本,以礼为用,譬如北辰居其所,而众星共之者也;变礼制天下为天下礼治,新政不动声色,翻覆旧政威服刑迫之道矣。

四、仁义之能敌天命,但系于择也。君子负义而择,全其有为之德,居循常能笃行,处应变可权济,既呈主干之壮,更有大节之烈。此际善择之君子,必所谓知者也、仁者也、勇者也,能托孤寄命者也。

再读论语

如是四者,君子、学道、奉礼、善择,合可谓孔子托古改制之大宝,亦孔教诸义之本旨也。孔教贵重实行,《论语》所及有如箴言,语义随时迁移隐现,学者若不能返其洞处,明乎全旨,必多闻声逐色、捕风捉影,得一或遗十,甚至此亦一是也彼亦一是非,大惑其说。后儒无知,以其昏昏,使人昭昭,个中乖谬之误,遂罄竹难书:譬如所谓"忠"义,因不分君子细民,直认"忠"义为常德,挑拨"忠孝不能两全"而愚民;又所谓"礼"之义,本训大人之行,竟搬为政之事而教百姓之业,转训下人主修"克己",以致诸夏文化痴恋顺服,苛索无厌焉。后儒迂腐浅陋,不肖肇祸,固非孔子原文之过也。

扫码查看
- 听·儒音雅集
- 悟·论语智慧
- 读·先贤名句
- 观·圣人故事

雍也第六

子曰:"雍也可使南面。"仲弓问子桑伯子,子曰:"可也简。"仲弓曰:"居敬而行简,以临其民,不亦可乎?居简而行简,无乃大简乎?"子曰:"雍之言然。"

释 读

斯章论简行之义。君子之道,以简养德,而又两分,一曰为政,一曰守礼:为政以简在于惠民,是谓先予后取、多予少取之行也;守礼以简在于有度,简用而礼至,合天人同乐之义也。盖子桑伯子过简伤礼,犹子贡欲去告朔之饩羊,本章夫子以为亦不当为之。

【南面】君主听政坐北朝南之位也。以南面而喻士人大任之能,后儒绝不敢效法,德配其位之义止于至尊座前,不逾位极人臣之望,一人之下万人之上足矣。

【子桑伯子】鲁人,"子"盖为其姓,"桑"为其氏,"伯子"为其名,或为仲弓(雍)友人。参"漆雕开"姓氏,从编户齐民之法推测,子桑伯子或为采食桑户之君子。

【居敬而行简】居,家用也,私行也;行,为政也,公务也。君子合公私于一身,居敬为礼之当然,固有堂皇气派,是所谓居敬也;又其为政以德,行简于民,宽厚不扰,是所谓行简也。恩威并重,古今君子通行之政道,管仲、子产当皆是类者也。

【居简而行简】家国公私两利系于一家,家用若简约太过,或有损天命,尤害礼制,君子不威不重,临民而治恐不行焉;故仲弓(雍)疑伯子"大(太)简",夫子以为然。简行有度,要在不废,当简则简,不当简则不必简,子桑伯子不明中庸之道,简行似过矣。

哀公问:"弟子孰为好学?"孔子对曰:"有颜回者好学,不迁怒,不贰过。不幸短命死矣!今也则亡,未闻好学者也。"

释读

斯章论君子好德之义。孔子与主君问对,必依礼婉言而劝,不敢直教,以示诚敬。君子好学成德,当首推克己修身之两功,一曰不迁怒,一曰不贰过。不迁怒,不伤无辜者也,然君子制怒已非易事,有怒不迁尤其为难;不贰过,知过即改者也,君子有过若不诿于他人已为幸事,知过即改而不再犯,岂易得之邪?两事并非细民操行之重,然就君子大人为政牧民而言,则为天下无所可逃之至害:迁怒令无辜者沉冤难洗,贰过必祸乱不休。君子好学修德,厚其"诚"以克其"怒"之"迁"生,务其"实"以绝其"过"之"贰"见,庶几可与论仁政德政之义。盖鲁哀公或有迁怒、贰过之失,适其贤贤,来问门人好学之事,故本章孔子明举颜回或隐谏之。

【迁怒】怒,恨恶也。其"怒"加诸无辜者,谓之迁怒也。细民迁怒,结怨而已,人可远之;君主迁怒,或误伤或误杀,关乎枉死;尤甚者若与甲邦不睦,而迁怒乙邦,天下必大乱矣。

【贰过】犯有一错而再犯之,所谓贰过者也。贰过者并非不肯知过改过,知过即改虽可称幸,以其不能自讼反省,不明过由,故有一错再错之患。细民贰过,多为愚蠢之徒,自食其果罢;家国君主贰过,祸及广远,其邦危殆,若非君子好学者不能远其罪。

子华使于齐，冉子为其母请粟。子曰："与之釜。"请益。曰："与之庾。"冉子与之粟五秉。子曰："赤之适齐也，乘肥马，衣轻裘。吾闻之也，君子周急不继富。"原思为之宰，与之粟九百，辞。子曰："毋！以与尔邻里乡党乎！"

释 读

斯章论经常权变之义。贫富为人世常情，缓急当有应变之方。经常权变之道，若乃君子行之于利，则谓之周急不继富，其义略详如下：(1)世行及于"利"者，主为"予""取""用"三节，本章言"予"之节义；(2)所谓"予"者，主指禄俸补费，由君子行之于臣属，犹今所谓薪酬津贴，非关"有无"，必断乎"当否"也；(3)所"予"之经常当本于"量"，犹"用"之经常当从其"简"，而"量"之度在位及功，无关其所求，譬如原思以宰位得禄虽厚，欲自减而不准；(4)遇有所求，则生"予"之权变，即"量"法改以缓急、先后、轻重而定，所"予"之方不凭有无、多少而应承，譬如冉子为子华母请粟过甚，失之于权济所量不当，有损"予"之正义。公西子华(赤)家富并非急难，冉子多予有滥予之嫌；原思之禄利乃出于常制，擅自辞让有违命之嫌。弟子二人本意虽善，一权变不当，一有违经常，行利之事俱有误耶。君子爱财，"取"之有道，"用"之有道，"予"之固亦有道焉。盖本章夫子教人理财要义。

【釜】计量之具，有谓六斗四升。

【庾】较"釜"为大，有谓十六斗。

【秉】较"庾"尤大，有谓十六斛，或十斗或五斗为一斛。冉子所予或近八百斗，远倍于夫子所许六七斗焉。

【周急】周者援补也，急者急难也。周急，亦所谓雪中送炭之义，救难也。

【继富】继，同"济"也，财不足而补也。继富，亦所谓锦上添花之义，滥施也。

【邻里乡党】四者乃皆指聚居地之规模，由小及大依次为：邻有伍或什家，里有伍邻或什邻，党或有什里或倍之，乡或有什党或倍之(亦有三乡或五乡为一党之说)。夫子不许原思自减其禄，劝其宁受而转助邻里，迹近今上市公司股东会

之不许高管自愿降薪。

子谓仲弓曰："犁牛之子骍且角,虽欲勿用,山川其舍诸?"

释 读

斯章论贤者自贤之义。夫"德"与"贤"之妙,乃为根本不可得之于天命者也,求诸在我,无关出身,不能世传,贤者固当深明是义。君子主"德"义而成其所谓新君子,士人主"贤"义而成其所谓新士人,新君子搭配新士人,盖孔子新政亟求之所谓大器哉。仲弓(雍)之贤德前篇已赞,观其出身不佳,恐难遇任,故本章夫子力荐。

【犁牛】毛色不纯之牛。仲弓之父或名节有亏,故以"犁牛"而形之。父不才而子贤,以舜为著:传其父妻后母,生昆弟,三人合而欲害,舜则应之以周全,欲杀不可得,随侍常在侧,保命之余仍不失孝亲,近乎不可思议之奇闻,终为尧所识而继天下。

【骍】马之赤色也。周尚赤色,故以"骍"而喻仲弓(雍)之德正也。

【角】牛角所制礼器也。盖主祭执角献酒,兴礼乐之举也,当喻仲弓(雍)之贤能也。

【虽欲勿用,山川其舍诸】犹俗语所言"是金子总会发光"之义。周礼之贤贤,先宗室再贵胄,主依天命出身而任,盖孔子时任用士人之风气虽起,仍多拘泥保守,士子阶级必有所不满。夫子本句似儆不善进贤者,切勿追悔莫及,几类"此处不留爷,自有留爷处"之俚语狠话。

雍也第六

子曰："回也，其心三月不违仁，其余则日月至焉而已矣。"

释 读

斯章论士人自强不息之义。为政任贤之一端，既可不论天命出身；士人学修之另一端，则尤须用力精进焉。或有闻夫子广进贤德之说，自信天生我才必有用，或有世道不公之恨，身怀知己难遇之憾。本章夫子犹兜头浇一盆冷水，重做而诲士人学修至难之义。

【其心三月不违仁】表意似指颜回善学，能久处仁而安居不迁，实喻修仁成德之不易也：以颜回之好学，不过三月不违而已，遑论其余哉？若本句从《易》深说，亦可一探孔教修仁常法之脉络，兹略析之：(1)心为神（魂）之所，内容所谓意、欲、思、志诸私之"微"，动静隐没概不示人；(2)及至分好恶，生喜怒，断取舍，发乎外而见其性，遂出所谓是非善恶；(3)唯好学者又能自外而内，怀是非善恶之知而反入其心，潜移默化己私之动静，转其性之"微"而成其"德"，取舍之际诚可尽从善恶之辨矣；(4)学者修德如是内外往复，成于外称德性或德行，世人可得一品高下而论，犹今所谓人格之指，存乎内则谓之仁德，深处心所而总制其意其欲其思其志焉，此际之"心"可谓之"仁心"，至仁所指者也；(5)孔子本《易》而立仁义，虽甚少言性与天理，然亦不避直取其"心"而论修仁，惟讳言方术所谓"机心""会心""洗心"之类玄义罢。凭颜回好学上知，尚且不过能保三月之仁心耳，他人可想而知，学者岂可以之为易乎？

【日月至焉】至，达也，得也；焉，斯处斯地也。日月至焉，盖谓学者小成德行，而心所天生之私未全化于仁，若反躬自省或一日或数日能安，尚待深修精进也。后儒有解本句乃称成德者日日用功不懈之意，难洽"其余"与"而已矣"之不屑，大违前后辞气，故不从。

季康子问:"仲由可使从政也与?"子曰:"由也果,于从政乎何有?"曰:"赐也,可使从政也与?"曰:"赐也达,于从政乎何有?"曰:"求也,可使从政也与?"曰:"求也艺,于从政乎何有?"

释读

斯章论贤贤当量才而用之义。孔子新政不反天命,而反旧政之极攻天命,主求人尽其才、才尽其用,以广君子贤贤之道。盖季康子僭礼鲁君,乃反天命者也,孔子亦恶是类焉。故本章夫子量弟子之才,而又不甘荐任,任由其自择耳。

【从政】士人为仕之互文也。
【由也果】果,敢决断也。临事不决谓之犹豫,当断则断谓之果决。夫子言子路(仲由)勇行敢决,临阵不怯。
【赐也达】达,至也,通也。夫子言子贡(赐)善明事理,通晓诸业,亦能和众。
【求也艺】艺,善才技也;多指绘、筑、织等工艺,而别农耕之事。夫子言冉有(求)多技。

季氏使闵子骞为费宰。闵子骞曰:"善为我辞焉。如有复我者,则吾必在汶上矣。"

释读

斯章论德重于贤之义。贤贤获遇,固为士人所盼,然又当于广贤之世,进退用藏,知所取舍,方显其德,合后儒所谓"良禽择木而栖,良臣择主而仕"之义。盖季氏僭礼而主政鲁国,欲招闵子骞出仕,闵子骞辞而不就。

【使】令使者传命也。本章闵子骞所言乃托使者转复之辞。
【费宰】传"费"为季氏采邑地名。季氏欲任闵子骞为治费邑之宰,当为重任,而竟辞不受,其志坚矣,其德亦昭焉。

【复】往而还也,再也,再请之义也。盖孔子时或已有士人受命有三谢之礼,再请再辞,三请而后拜受,以示主君尽诚而贤士谦己,虽合礼义,实多虚让也。故闵子骞为明坚辞之志,以去他邦相俟,绝其使者复来再召。

【汶】齐鲁两国相接之边地,原属鲁,时已归齐。盖以"汶"而喻远避之志。

伯牛有疾,子问之,自牖执其手,曰:"亡之,命矣夫!斯人也而有斯疾也!斯人也而有斯疾也!"

释读

斯章论行礼终生之义。志士贤德,存乎己身,行之以礼,一息尚存,固当无时或忘。盖伯牛有善德而早逝,本章夫子痛惜不已。

【牖】有文史研究关于明堂之制,指"牖"为室之窗,设于室之南壁。夫子探视不入其室,而自壁窗穿而执手,甚可奇哉。有推测曰,礼制上临下、尊临卑当立北位而可南面,伯牛家行礼,或专移伯牛卧榻于室南,孔子入室可以得居尊位,此情此境夫子有所不忍,或不敢当,故简视不入,执手永诀。又说,或伯牛所染为疫疾,固不当入室。

子曰:"贤哉,回也!一箪食,一瓢饮,在陋巷。人不堪其忧,回也不改其乐。贤哉,回也!"

释读

斯章论贤德之义。德凭己安,贤从人说,故所谓"贤"者,主指其德之行也。美善行及于他人,固可谓之贤矣,不涉他人利害,惟行己之事,亦称其为贤,实泛指君子位阶以下士人之德。夫子以贤而论德,似贤亦可分高下等次:盖小贤殆归于乐命安分一类,中贤则近似安贫乐道之谓,大贤无以尚之,强名之曰或可谓之圣贤。颜回之德或已近大成，物我两忘，里仁独乐，故本章夫子极誉称之。

【贤】其义甚广，可参前章相关释义，本章主指成德之义，以贤而形德，当主喻学修之能也。贤乃士人之命，犹天为君子之命，先天之君共后天之臣同赴仁道，仁政德政者之本望也。孔教广开贤路，求禄者如过江之鲫，以能为贤，各展长才。而本章夫子以贤形德，盖喻贤者主德而非尽逞其能，若贤而无德，其能或当谓之"奸"也、"佞"也。

【箪】竹制盛器。贫户用以盛饭。

【瓢】葫芦壳。贫户用以舀水。

【巷】沿路聚居而成之道，大者称街，小者为巷。陋巷车乘多无以通行，喻贫户聚居之地。

【忧】患也，不乐也，与"悦"之义相对。贫贱生忧，人之常情；胜欲之志，稍减其忧；若再进德，盖添其乐；若进德无已，则尽忘其忧，安乐不去矣。又，深味本句，或可通乎"君子居之，何陋之有"之义：衣食不周，日居陋巷，诸夏亦有不及夷狄之处，然无挡诸夏之贱视夷狄，何以故？曰：君子之道也！犹今时品论一国制度，当亦勿以乞讨浪人为证。

冉求曰："非不说子之道，力不足也。"子曰："力不足者，中道而废。今女画。"

释 读

斯章论半途而废之义。孔子所主"有为"本乎《易》道，取意天道无穷，而明有为固亦无穷，无可限量者也。兹从《易》匡列其要：(1)大道主分合，分合之际亦称"能"，俗谓之"力"，老氏以为人无其能力，固当无为顺受；(2)孔子以为大道行世化成仁道，人虽无能生之，然凭为学知之明之，可得其所谓"义"，若从义而行，亦有其能，譬如先圣造车筑室，创设文字，世本无之，有志竟成，故诚不许无为；(3)是以所谓"能"，可从其"志"生，有志方有能，无志则无能，天生之"力"遂受制于其"志"矣;(4)夫"力"与"志"皆存乎己身,适冉求相浑两义在先,夫子顺从其说,借"力"而喻"志",谓有为之力,亦求诸在己,不当托辞以逃。故尔所谓"志""能""力"三者,就修道而言,其"力"为末,无足轻重,而其"志"当属根本;动辄归咎力不足而不为,实丧志之借口,必多半途而废。盖士人学风时多轻浮,有以"日月至焉"而自足者,冉求或染,本章夫子斥以画地自限而诲自强之义。

【说】悦也。盖冉求闻夫子举称颜回贤德,或生畏难之意,强辩非不悦也,乃不能也,有以无为欲敌有为之嫌。

【力】以之与"能"相浑并论者,盖沿俗或从老氏之说,主"能"由"力"出,冉求当时是类也;孔子则视"能"与"性"一类天生者,无非存身而已,不当加重其义,而主"能"由"志"出。

【中道而废】道者,行于途也;废者,弃也。志学修仁,不免遇难,至难莫过于克欲将胜之际,或别开生面,或前功尽弃,端赖其志之坚否;夫坚久又可称"刚",则"能"由以聚生,可敌私欲之攻;攻破则丧志,即谓之中道而废者也。

【今女画】画,同"划"也,以喻其求也。画地自限者,多本于"无为"而论"有为"也,好适可而止,有志亦不愿强求,惟恐有违天道。孔子以其志不坚,自限其能而伤有为,故非之而勉再进。或解"画"之义为"是类形状"也,意谓冉求形同中道而废一类,姑存以参。后儒有浅识"今女画"之训者,竟从激进人文宗,混"志"同"道",发"天命不足畏"之狂言,默认恣意妄为或亦可称有为,以致助纣为虐而不知止,诚亦可悲。

子谓子夏曰:"女为君子儒,无为小人儒。"

释 读

斯章论士人新旧有别之义。士人贤德,则同君子,可别小人,殆其义一也;君子儒,自强者也,小人儒,顺世者也,殆其义二也。盖子夏闻夫子教士人上进之道,与论之际,夫子诲之而成本章。

【儒】盖"儒"从"史"来,犹"史"之从"巫"来。据文史研究,夫"史"殆起于夏殷,至周而分其职司,个中称"儒"者或司任贤之事,或主民政力役之事;及家国兴起,王官凋零,诸史化形为诸子,渐以"儒"名统称泛指从政之文士。孔子采诸史之典而重编,订定为本教之五部经典,天下之儒遂为一家,称所谓儒家,隐有剥夺诸子职权之志,儒家所依五经虽通诸子,自认乃"史"之大宗,其余诸子则为小宗。故所谓"君子儒""小人儒"云者,盖小人儒乃因袭旧儒小宗,不明大宗之义,无天下志而唯求禄利耳;而君子儒当指从其教义,以天下为己任,自强有为之志士也。

子游为武城宰。子曰:"女得人焉尔乎?"曰:"有澹台灭明者,行不由径。非公事,未尝至于偃之室也。"

释 读

斯章论贤臣重贤之义。君子贤贤,以治其事,任贤固为其天职;而士人贤德,治事亦当以任贤为要,务求人事并举,不可偏废。贤能广进之道,前已有述:不论出生者,如仲弓(雍)之类;量才而用者,如季康子所问三弟子之类。本章借子游又举私德谨严者,如澹台灭明之慎微慎独。

【行不由径】径,小道也,然可速至,犹所谓捷径也。径行之失,为其道非正,循常不当行之,否则天下必无正道可言矣;行不由径者,恪守诚信也,无义之利虽唾手可得,亦必不取,可称之为慎独者也。未学者不明诚信之义,多好径行,而讥"行不由径"谓之"迂",正出于此节。

【偃之室】偃,掩闭也。明堂之制,室为本始,家之正寝,私之极所,乃外人之禁地,非请勿入。室既偃之,即表未请,不至偃室者,合乎敬信之义,亦可称慎微也。慎独慎微诚亦非"迂",若遇急务难事之"变",亦能应之以非常,或由径行,或至偃室,可称所谓"敏于行"者也。或有解子游斯语乃谓澹台公私分明,合君子不谋私交之义,亦可参。

子曰:"孟之反不伐,奔而殿。将入门,策其马曰:'非敢后也,马不进也。'"

释 读

斯章论贤而谦之义。贤者多能,广有功业,若恃才凌人,或不免居傲易骄之气,夸耀张扬,目空一切;贤者修德,则可去弊,不数当行之功,不计无义之利,不求不实之名。盖贤而谦者之近道,犹学而思者之近义也;贤而不谦,才华横溢,或即谓之器小者也,恐亦难望瑚琏之向背。盖贤士风尚虽可喜于有为,或易滋生浮夸逞能之陋习,故本章夫子举孟之反之例而教贤士重谦之义。

【孟之反不伐】伐,自夸也,盖属"巧言"之一种。伐者,或以其功、或以其劳示众,不肯默默无闻者也。之所以有"伐",殆亦士人既无天命,全凭功名随身焉;贤士善谋立功,固多可夸之资,浅学少修自谦不易,邀名逐利之意难挡,遂为士人风气欤。孟之反不伐之德,贤士可往择邻也。

【奔而殿】奔,阵战之败退也;殿,后军也,以护前军之退。时军阵之制,若遇战败,后军临敌护卫,而称殿后。孟之反负命殿后,实义勇者也,而又以叱马怯而不居其功,亦能谦者也。

子曰:"不有祝鲍之佞而有宋朝之美,难乎免于今之世矣!"

释 读

斯章论贤德不遇之义。贤士或虽已兴起,而贤德则未必兴焉;盖孔教新学,乍起初啼,当世士人新不如旧,新士人难免微薄,不敌旧士人之风光,故发此叹。有解本章或谓之伤世,或谓之勉励,均可参味。

【祝鲍】传其为卫国大夫,以辩才闻名。有文史研究以为祝氏乃古传职业,主兴于东夷部落,拜日祀火之祭师,或与卜、巫、史一伙也。

【宋朝】宋国公子朝,以美色闻名。

【不有……而有……难乎……】盖本句型当从"不有……而亦不有……难乎"全览,读如"不有祝鮀之佞而亦不有宋朝之美,难乎免于今之世矣"也。夫"佞"与"美"当表两选,犹言"若不佞或者不美,贤士求遇当世实难矣",可合"巧言"与"令色"时兴难去之义。古文修辞之法多所谓"从一而省"者,如言"无有"实多指"无"义,非谓之"有"也,又如"利害"则多偏指其"害"义,少关其"利"也,故若求本章句形与句义相通,当从此解最洽。若呆依表字作解,犹言"无佞者而欲求美,今世休想也",似专贬巧言而可褒令色,则必大违经义;或牵强释之,谓斯句主责"佞",令色转指善果,或亦可,然似过迂,不及从一而省之读法为宜。

子曰:"谁能出不由户?何莫由斯道也?"

释读

斯章论正道自在之义。孔教仁道,其名虽新,其道固有,惜行而未知,譬如出入门户勿庸逾窗穿窬,时久不觉耳。故谓仁道亦犹门户,别无他途亦无需他途,视而不见而已,并非其道无存。大道至易,今世新知者虽一时寥寥,终必细流汇海,累土成山。盖孔教新传于士人,所主仁道贤德之义,或疑过迂,故本章夫子辟之,亦示其道固有理所当然之自信。

【户】此指屋门也。盖诸夏之"户"为公家登记之科目名,一户必有一主,余者从之,户内之人称"口",合称"户口",用以公家计采赋役;一户之主从殆属血亲,自称其"户"则曰"家"。

子曰:"质胜文则野,文胜质则史。文质彬彬,然后君子。"

释读

斯章极论君子之义。周礼,君子之家本于继统之制,总分为质家与文家。

所谓质家,侧重"亲亲"之义者也,父所生诸兄弟概有承位之质,可兄终弟及,未必父传其子,故尔质家相继既服天命,亦任其命之运也。夏殷原多质家,夷狄恒行此制,以为天经地义,宗室多纷争扰攘。所谓文家,侧重"尊尊"之义者也,力行继祢传子,周室代殷即归文家,周公底定诸夏立嫡立长之制;文家子弟嗣位全凭天定,不由人意,以弥家人相争之患。君子命运,无外乎质家文家两道,孔教行世非反天命,乃顺天命以求承命者也。天命君子固多,惜仁德君子几希,即所谓"多乎哉?不多也!"之憾义也。由是孔子从其本源,另辟其流,而立仁道,取质家之"质"喻天性,取文家之"文"喻道德,天道仁道合成共造之君子,方为孔教理想君子,亦后儒正统论所奉之君。或闻夫子品论贤士,有请教君子之义者,盖本章夫子取守中道而相告理想,未偏指两道任何一方。后儒不明其本,浮于"质"与"文"之表意,牵"文质彬彬"泛行于"温、良、恭、俭、让"之域,当为逐末之得耳。

【质】天生之义也。此处当指君位继立之事,贵重其亲义,未必立嫡立长。质家亲亲而立其弟,其亲有命有运,人皆有望,或凭功勋,或凭贤能,惜易有争,以今语形之似为"家族共和制"类。夫子所言"质"者,本于"亲亲"之义也,喻其能合宗室之众望。

【文】文典也。此处当指周礼所定君位继立之制,立嫡长子也。文家尊尊而立其子,继立听天由命,不从人意,一家之亲遂有命无运,难免意有不平,故严宗法,明尊卑,别男女,以杜绝野望,今可形之为"家长专制"类。由是文家少亲亲之义,父子、夫妇、兄弟诸伦皆伏于君臣之礼,所谓"天家无父子""君子无私交"多系于斯焉。夫子所言"文"者,本于"尊尊"之义,喻其能治天下于一统。

【野】邦国之远域也;国之都为大城,邑之城为小城;去大城百里为"郊",小城之"郊"里数减之不等;"郊"外之域称"野","野"外之域又称"鄙"。居大小城内可统谓之"人",得享礼制之遇;群栖于"野"者殆无可自主,属礼制最贱等,常谓之隶或奴。野人惟图自存,其情乃私之极也;盖夫子喻之以"野",而形"质胜文"之偏私甚过,务求君子自抑其情,若其"情"能不去"理",则可无偏私之弊。

【史】儒之先辈也,此处当指家臣职司者也。史之职专掌文书,知往通例,陈说依理;盖夫子引之而喻"文胜质"有墨守之弊,劝君子合"理"亦当容"情",则能治寡恩之病。

【文质彬彬】彬彬,盖同班班或斑斑,草木参杂有序之形貌也。通明质家文家之义,则当知本章之"文"主指"理"也,言"质"主指"情"也;夫子所谓文质彬彬者,情与理如经纬成织,又似阴阳化合万物,相分而不相离,相合而不相胜,则尽善尽美矣,斯可谓仁德君子,亦真君子者也。后儒穿凿字表,浅见附会,多解"文"为"学"义,以"质"为"身"义,以为士人学子有成亦可称文质彬彬,再肢离其义或谓"文雅",或指"温婉",或言"如沐春风",多以言谈举止为归。呜呼!离题阔远有甚此乎?

子曰:"人之生也直,罔之生也幸而免。"

释 读

斯章论天道仁道相合之义。天道平等而自在,所谓"不为尧存,不为纣亡"者也,其于人"生"之际化为仁道,亦如天命,顺之则昌,逆之则亡。君子庶人出生由天,盖"直生""罔生"之一义也;及其行世亦必奉仁,当为"直生""罔生"之又一义也。人之初生,本为仁人,行之无违则称"直"者也,若违则称"罔"者也;夫"直罔"之别在于己学人教,君子本性虽仁,倘若学教无方,幸者或可保其善终,不幸者或难免桀纣下场。盖本章续上章而主诲君子,若求文质彬彬,天道仁道一体相合于己身,必也从学孔教,端行仁道。

【直】合其道也。人之初生,其"直"乃合于天道而生者,顺生之义也;人生在世,其"直"亦犹出生之"直生",当合于仁道,不可违义而行。

【罔】不合其道也。人之初生,若其"罔"生,今谓之难产也,犹死里逃生之幸免者;人生在世,若其"罔"生,或谓不明,或谓无行,皆不仁而乖道,果可善终亦犹难产之幸存,岂不惹人后怕邪?

【幸】侥幸也。天道有常亦有变,其常如"罔生"难产之多亡,其变则犹难产未亡而存,出乎意外,称"幸"也,仁道之义亦然。夫子以初生之直罔而喻君子之道,亦可知文质彬彬何其不易也。

【免】脱其责也。凡人行事,不免其责,乃道之常;若有幸得逃,则为非常之变,故称"幸免"也;幸免者,非无责也,若不能改,常道临之,必终归于无幸焉。盖夫子以"免"而徼君子学仁明德,切莫心存侥幸。

子曰:"知之者不如好之者,好之者不如乐之者。"

释 读

斯章论求道次第之义。君子之道关乎生死,固当趋之如求性命,本章遂告求法,循序渐进而大略分为:(1)初学者,学而知之,能识能辨于外亦能行有所择;(2)又善学者,深信其学,反躬自省,怀之于内,志常胜其欲,意能有所止;(3)至于学成,则生乐者也,内外相通无别,人我和合一体,神我天人相应,即入所谓"从心所欲不逾矩"之境矣。或闻文质彬彬之道大,君子急切者来问欲学,本章夫子告以学修次第而诲反求诸己之义。

【知之者】盖指知易行难之类之"知"者也。是类有知未必有行,得过且过,非大难临头不能省悟,譬如成周之诸王。

【好之者】当指无厌之"好"者也。修身通义犹如食髓知味,欲罢不能,择善而从,不亦乐乎,譬如宗周之文武周公。

【乐之者】其"乐"必无以尚之者也,通乎"安"义,乃大道至成所独有,非常之悦,妙不可言,譬如三代之先王。凡世间圣教传其形上高深知识,皆谓可至极乐之境,其乐亦属证悟得道之命相,孔子之极乐或可谓之安也。乐法不同,乐盖一也,其犹得鱼未必以筌,得兔未必以蹄,孔教固非浅薄者所能轻损。

再读论语

子曰："中人以上，可以语上也；中人以下，不可以语上也。"

释读

斯章论知者分等之义。孔子以知而分高下之学道，可敌以命而别贵贱之俗礼，志士上进，舍此岂有别途哉！本章所立教学相传之规制，既明为学累积成功之道要，亦合圣教绝学秘诀之通例，究其深旨，乃求上知之恒正。所谓上知亦即形上神我之知，孔子盖指中庸之道也，中庸之道本《易》而出，若学者不了中庸正义，或一去不归而入老氏之流，或居高临下而比古圣先贤，恐陷于误己害人之异端。故所谓可以传上知于中人，若非闭门授徒或衣钵相传，必亦不肯轻语也。中人以下初学仁道，形下人我之知尚不明所以，属举一知一之浅学，尤不可跃等相告上知，以免对牛弹琴、鸡同鸭讲。跃等而教之流弊，乃方技术士乐于为之者也：人我之际求神，神我之际拜人，无诚于己，无信于人，无敬于神，虽曰为学，实行欺也。

【中人以上】举一能知三以上者，盖指能明善恶之义者，犹今所谓价值观无大失者也。中人之说，殆指人我之际所谓仁人，知行相合，能辨能择，可为一教门徒之中坚，所不足者仍未全领神我本旨，尚且留恋人生利益，譬如子贡、子路。

【语上】语，与之言也，此为告知之义也；上者，上知也，至仁之义也。上知不轻语之于人，圣贤诸教大率皆立此训，非独孔子如是说，亦相契现代分析哲学之见：语言之"能指"合其"所指"实属万难，人我之际如是，神我之际尤甚也。孔子所谓"无以尚之"或有同感，盖以为上知之语乃先知先觉所传，若后知后觉径直误读曲解，恐致辱没圣贤之罪。

【中人以下】举一而知一二者，或主从好恶而逐利者，犹所谓升斗小民或今之乌合之众。庸众不当直语相告以上知，征之古今莫非信然，盖人我之世凡欲成其事者，必先行假言以为方便，似欺实诚者也。譬如武王牧原誓师伐纣，齐桓晋文奉周室而称霸，《诗》用譬喻隐说大义，佛陀更立譬喻谓之比量，皆属尽诚合义之事。从《易》亦解上述诸例之美善：遇知者尽诚相语谓之常，遇无知者尽义不告谓之变；不善应变则其诚同蠢，可陷正义于无救，实亦同欺也，圣贤先王必不为之。

樊迟问知。子曰:"务民之义,敬鬼神而远之,可谓知矣。"问仁。曰:"仁者先难而后获,可谓仁矣。"

释 读

斯章论常人中知之义。常人中知,运于人我之世,犹今所谓理性者也。中知之要,不求神我极知,亦非全系于人生功利,是类行世,主凭实证之知,能行和群之事。樊迟或将从政,前来求问,夫子以其中知,而诲志士中人之德。

【务民之义】从政之事也。先周之世,盖所谓从政多指主战主祭之事,务民或为次要;及近孔子世,方兴务民为本之说,或猜儒士长于民政,欲谋自重其权故也。

【敬鬼神而远之】祭祀、占卜、阴阳之事,并非士人从政之要,当远其末而近其本。本句似主政教分离,颇不合孔教理想,故尤当明其所谓"中人以下不可语上"之义,读者或可味本句正指:圣贤之治道,固当政教合一,犹今所谓顶层设计之宪政;而从政务民乃人伦俗事,则不必尽从教义而司职。后儒不明孔子教法有别,遂浑义一说,以致上知者不敢敬鬼神,中知者不能远鬼神,神我之道不明,人我之道亦误,先圣上义多为之辱没矣。樊迟或敬神甚笃,恐有泥教轻事之弊,夫子针对而诲。

【先难而后获】犹言先付出后收获,盖教中知之士恪守求己之道。若参上章之源义,或可通明其说之脉理:(1)神我之际,至仁者终归于"安";(2)人我之世,中知者无逃乎"争";(3)相争之道,主明"义与利"而择,知其义先利后之序,则可作《射礼》所形君子之争,反之若无道以争,必丛出侵夺盗窃之贼害矣。世人不肯从"先难后获"之训者,多昧于不解其深含"争"义:老氏之流虽主无为以求无争,倘非尽弃其世,实亦难逃有争;无耻之徒为争而争,逐利害义,任其得逞则天下必分,以邻为壑相互仇视,犹今泰西哲人所谓他人即地狱之见;孔教中庸,勉励有为者不逃勿乱,相争于道,而为世间中流砥柱。保守人文宗直面人生,固有其铮铮铁骨耶。

子曰:"知者乐水,仁者乐山;知者动,仁者静;知者乐,仁者寿。"

释 读

斯章论圣贤上知之义。圣贤上知近乎神我一体,其境妙不可言,强欲言之,从《易》或可分"智"与"仁"之两端:相合于大道之常者曰仁,相应于大道之变者曰智。故所谓圣贤上知乃仁与智具备者也,惟于大道常变之际方略有侧偏,而分刚柔、动静、阴阳之两仪:仁者善守其常,其道显刚、喜静、能保其阴者也;智者能应其变,其道似柔、好动、能趣其阳者也。孔教仁道中庸,人外无道,道外无人,雅言驯人,取人生常语而代性理玄妙之说;本章夫子盖以山水之乐喻刚柔,动静之体喻动静,乐寿之命喻阴阳。

【知者乐水】知,音"智"也,至成之知曰智。智(知)者乐水犹所谓随遇而安也。夫子所言智者实亦仁者,之所以并立分称,盖时语所谓智者或主指奉《易》者也,如老氏之流,孔儒不肯让其专美,遂采引以誉仁者上知,乃运其名而新其义之术也。智者仁人随遇而安,并非老氏无为顺服之放逸,乃无惧变易、大勇无畏者也,敢于入世有为,利益人我。

【仁者乐山】至成之德曰仁。仁者乐山喻其德之恒安也。仁德者并非不知变通,乃于变易之际能容其新者,轻其异者;新异出世,革命运起,若求其勿伤根本,无违大道,舍仁德之力又谁能为之邪?譬如孔教之革老氏,未去天道之乐,而又通乎人道之义。仁德恒安者不屑新旧之形辨,而恒守中道之庸常,以所谓"变"未必能生美善,或可沦入灾变也。

【知者动,仁者静】乐水之道善动,乐山之德好静,盖本句主表圣贤之体用也。故而凡说动静者,切莫就动静而论动静,必从仁道方能明动静之宜,否则其动也或不如静,其静也或不如动。譬如孔子当世人人皆欲变革,天子之权已归诸侯,诸侯之权又渐归大夫,诸侯之政若无齐桓晋文之贤德,大夫之政若非管仲子产之贤能,动静或皆乱矣。

【知者乐,仁者寿】智者乐主喻当前,仁者寿主喻永世。本句犹今所谓"功在当代,利在千秋"之说也。以乐寿之命而喻圣贤之政,可谓动静皆宜,用之无穷矣。

子曰:"齐一变,至于鲁;鲁一变,至于道。"

释 读

斯章论善变之义。凡求所谓除旧迎新之变革,明道为其本,渐变为其法,合可称今所谓改良者也。举齐鲁之政而说变法:下知者不明仁道,多以为齐强鲁弱,欲变法必当效从齐政;中知者不明仁道之体用,亦以齐强或有可取之处,不能义无反顾直赴正道,名为变革,实动静彷徨;惟上知者能判齐不及鲁,其政远仁,虽强一时而其衰已至,必不久于世。孔子扬鲁抑齐之论,料固大跌时人眼镜,然远见卓识自来不孤,稍后之伯利克利遥立泰西演讲,亦自信雅典强于斯巴达,自由城邦必胜尚武分子,可见从道之士殆无分古今地域,其义多能相投。盖当世诸夏家国求变已盛,多从兴利图霸之论,而能克己复礼者几希。鲁政已差强人意,而夫子竟视齐政尤为不堪,新教之行可谓任重道远。

【变】易也,革也,新也,此指为政变法也。所谓仁政德政,行其常者曰道,应其变者曰法,故有称"变法"者,而绝无"变道"之说。善变法者合智者之义,能守道者合仁者之义。盖下知变法放于利而行者也,如齐国之政;中知变法仍有本末体用之惑,夫"先难而后获"不能贯彻也,如鲁国之政。探本章深义,盖夫子以为善变法者当以形上不变为归,形下循序改良为宜,犹今世欲行改革,亦主适时更动普通法律,而应少改宪法,其义近一也。

子曰："觚不觚，觚哉！觚哉！"

释读

斯章论明辨名实之义。名与实两造，夫"名"未必合其"实"，而"实"亦未必有其"名"，故名实之辨为常人中知所当必明。就语言而论，形上大道之"实"无以名之，强加其名，则多有名无实者也，譬如鬼、神、灵、魂，人若无敬，空呼其名，虽祭亦欺；形下之事亦然，或如"醉"之醺悦，或如"诚"之不迁，或如"乐"之满溢，皆自证自得之"实"，殆无名可表之，即若有名，亦多为强欲示人，闻者不能领会其中八九。由是人我之际欲求名实相合而周知，不在"名"之本身，亦不在各人之"实"，必根本系之于义理，同知而同名，同征而同实。就变法而论，名实之辨若不本乎义理，畔道者浑杂其间，其名其实皆似"变"，亦大可自诩所谓变法，任其作乱，则必陷危殆矣。或当时名家裹赞变法，名实之辨不顾义理，有助纣为虐之嫌，盖本章夫子痛斥。

【觚不觚】觚，礼器也，具棱角形制者。夫子当以"觚"而喻义理，非指名实也，兹略析其要：（1）以义理而攻名实相离之谬失，主斥名之虚悬，亦可辟实之伪情。（2）斥名之乱用理所当然，如以"觚"指瓠，或"轮"已无辐仍名之为"轮"，义理不许则不难正其名，譬如今所谓挂羊头卖狗肉或皇帝新装之类。（3）以义辟实则尤属可贵，以其见地不易通乎中人以下，譬如：贫贱者无礼，好作奸犯科，名家为之诡辩，立"仓廪实则知礼仪"之说，以其"实"之不堪援作无义之借口；又如为政变法，诡辩者惯用此计，放言南橘北枳之论，假所谓"实"以敌仁义之变，可称之为地情论者也。（4）如地情论之辩，实乃欺下知之诈术，依逻辑法一驳便倒，其混相关关系为因果关系而误导无知，犹谓守礼当决于人之贫富贵贱而得无所咎责，仁政囿于国之大小强弱而方可施行。从《易》亦可辟之：太一及阴阳岂为齐国存而为鲁国亡乎？故而变法之乱盖出两途，一为指鹿为马之明欺，一为自甘堕落之暗骗。或言及变法乱局，本章孔子痛心疾首，遂以"觚不觚"而斥名家之谬。

雍也第六

宰我问曰:"仁者,虽告之曰'井有仁焉',其从之也?"子曰:"何为其然也?君子可逝也,不可陷也;可欺也,不可罔也。"

释 读

斯章续论名实之辨。盖奉义理而定名实之辨,其道虽中人亦有所不明,故门弟子宰我设问,世若真有不实之"义"乎,莫非井中犹有仁哉?兹深详孔子诸说而略解:(1)名与实之相合,固当以实为归,然所谓实者,亦有不可知之困也;(2)譬如日日自讼反省,尽得知己之明尚难,知人知世又岂易得全哉?以不全之"实"而定其"名"者,当为器识而非上知,犹食鸦片可止痛,若名其为止痛丸则至误矣;(3)而上知者能明大道自在,惟其所知无以尚之,少可言表,强名之为"义"耳;(4)上知之"义"既从大道,述而不作,安之乐之,又不以人我之世所加之名、所证之实为其知,何可证其实有于世焉?曰:可也,譬如富贵浮云能一视同仁之士,非是类必无以实行;(5)形下之事不可尽得其实,虽名实相合亦未必正当,非上知则不能明此要,君子多好战、奢祭之事,劝谏甚难,当胥出此节焉;(6)形上之义能化天形地,导之以正,所谓人情地情之实固有其难,志士仁人从"先难而后获"之道,勉为其难而亦可无悔。本乎斯义,或能助读者同情本章夫子答语所含之愠意。

【井有仁焉,其从之也】犹言"井中有仁,吾等亦当从之?"宰我所设之问,盖属中知诘难上知,名家尤好此道,其犹屎里寻道之讥者也。上知语神我,中知怀人我,同言一字而义分两行,相质对问亦如骑士大战风车,局中人孜孜不倦,旁观者莫名其妙,圣贤诸教流传是类画面固无穷耶;譬如佛陀近神我而说法性,谓之"色即是空",又临人我而说法相,谓之"空即是色",中知不明则以为真如乃即色即空,好辩者就此设问,佛陀或同一盆荤食邪?宰我以为,仁义既称遍在,井中自当有之,何不投井就仁焉?宰我设疑盖与佛门俱舍弟子近一路,现代科学最能明解其惑:神我之际其知类似数学,人我之际其知凡用数学者盖称物理学,是故井中虽有数学,然于井中之事当觅物理学者,不可勒令数学家下井处置。宰我不明而轻薄之意显矣,故招夫子愠责。

【君子可逝也，不可陷也】逝，灭也，亡也，此指与道偕亡之义，近"殉"义也；陷，困也，四围而不能通也。所谓君子可逝不可陷，犹言"尔等肖小欲不利上知仁人，取其性命固可，然欲坠其道则休想"也。君子上知言井中有仁，不肖无知者勿庸多论，中知常人固多疑其耸人听闻，混淆经伦，若遇诛恶其说者，或逼下井，或饲豺狼，或绑同罪，盖亦乐见。庸众或无歹毒之心，而以无知浅学作恶殆亦不让奸恶，譬如言井有仁，则顺谓请君下井以作成全，几似残杀教徒而称送其归回天堂之话术。

【可欺也，不可罔也】以名而夺其实者曰欺，以实而蔽其义者曰罔。盖"欺"为欺之小者，而"罔"为欺之大者。君子仁人可欺而不可罔，犹今语"骗得了一时，骗不了一世"之义。人我之世，常有以名为实之欺，譬如救瓶谓之救觚，逐利名之行义，有德者诚信，闻而必往，见其非实自可避之矣。然尤可恶者，好以实违义，诿过于家贫、力弱、知不及而甘居下流，肆行非礼，反以所谓"井中有仁""瓠可代觚"而求援手，视上知者皆为蠢人矣。通乎变法之论：上章"觚不觚"之义主指万变当不离其宗；本章夫子假宰我之问，又以"井"例而喻道虽遇变，亦不可自欺欺人，尤不可欺天也。

子曰："君子博学于文，约之以礼，亦可以弗畔矣夫！"

释读

斯章论君子守常之道。形上至义既得之惟艰，喋喋不休而教所谓仁道又有何益？圣贤诸教莫不遇此大哉问，行世以来成佛成道成圣者屈指可数，孔教自亦不能例外。盖人我之世根本苦难，虽人人求去，亦犹困兽挣扎，圣贤大德悯心难忍，不肯自了，反身来援，孔子切世乱而主仁礼，苦心孤诣皆似涓滴旱地，各领一域播种育苗，冀望能救凡俗世人。如是诸教传道授法从天道自然，无中生有，积土成山，其始也简，其毕也巨，至成上达者虽或略无，世道终趋向欢喜和乐焉。孔子兴教，衣钵相托者固严加督学，如痛斥门人宰予昼寝，及于君子广教则攻其主要，未尝求全责备，本章所诲之义盖如是而已。

【博学于文】博,广也,众也。博学必成之于好学,善知者也。君子本尚武之士,若无知而好勇,必为世乱之源;君子好学崇文,奉义明理,上马能战,下马能治,必众望所归之栋梁。

【约之以礼】约,正也,制也。君子天命,可率性任意而为者也。万幸天道化礼,周公制礼,付于君家,事关兴替存亡,无奈受此惟一束缚,由是天下凭礼而可盼君子仁德,得望其行善焉。若乃君子仁德难成,退而求其次,守礼勿远,少有作恶亦足也已。

【弗畔】弗,不也;畔,倍(背)也,叛也。仁道之常,遇变而生所谓忠者与畔者之两分;君子倘若学仁守礼为其常,违礼畔道以应其变则鲜矣。善变法者虽能维新其政,近悦远来,然是类君子自古及今,亦所谓"多乎哉?不多也",可遇而不可求者也。由是不如务本以求,主于崇文守礼,或可求乎中而得乎下,不至于大逆而伤天害理。盖本章夫子或劝锐意变法改礼者,不当为变而变,以免好高骛远,欲速不达,反成灾变。

子见南子,子路不说。夫子矢之曰:"予所否者,天厌之!天厌之!"

释 读

斯章论礼勿轻废之义。孔子见南子之事,为圣贤文教之经典例证,或可辨善恶、或能悟上义,俱切男女之防而教者也。见南子之事,盖子路严别好德与好色之义,而孔子则主礼约也先于众口,师徒之隙由然而生。譬如管仲虽小器,有失检点,众口也;而诸夏听其命,不敢稍违,礼约也;众口或出于一时之见,而世行之"义"主系之于"礼",违礼而行义,若非商之汤武、周之文武,必多为欺天奸邪所乘。或南子色美而有淫声,子路欲孔子废礼勿往,而孔子不顾非议行礼,忍辱负重之余,指天发誓自证清白,盖本章又含嘉许同道中知守常之志。

【矢】箭也,以之而喻其言之重也,通"誓言"之义。君子应变所行似违其常,中人以下或多不明,疑其不义,众声喧哗而一时无以分辩,发"矢言"可有暂止人疑之效。盖子路不乐夫子见南子,或疑其有好色之实,更忧其徒惹失德之名,误会至此,夫子不得已发矢言而暂慰同道。

【予所否者,天厌之】否,非也,言不由衷也,此当指夫子辩白无效而子路存疑之辞;厌,好恶之"恶"义也,人厌尚可活,天厌则罪大恶极,必不可活也。全句犹今所谓"若非实言,天打五雷轰"之誓也。盖夫子忍辱负重行礼南子,辩白再三而子路不谅,无奈之下对天起誓作罢。夫子受此委屈,殆所谓"事君以礼,人皆以为谄"之同遇也。本章师徒学问相攻之景栩栩如生,子路迫力之强、夫子爱惜之情咸至矣。

子曰:"中庸之为德也,其至矣乎!民鲜久矣。"

释 读

斯章论为政中庸之义。中庸之道,日常日长,不求标新立异,惟圣德君子能知之行之。中人以下君子为政,无明少知,闻变则喜,各逞其能,虽天下尚未至亡,而民困不遇久矣,莫知所终,徒以相望上古三代之治而念先王而已。盖当时变法已成风尚,势不可挡,本章夫子或深患无道之变,献说中庸,不肯附和崇变之论。

【中庸】不偏谓之中,即常也;不易谓之庸,即长也。中庸之深说虽出于《易》之天道,而主运于人我之世道:若非中庸,既难求苦难现世之安,亦无生进取改善之志,万千人生或遂陷于无望,尽随老氏之流径直无为远遁而去矣;倘失中庸,为政变法,任凭好恶行事,爱之欲生,恶之欲死,君若好细腰,宫中多饿死,凡所谓"变"者,必以祸乱告终焉。中庸之道乃圣贤诸教共奉之正道,盖旨求匡扶现世人生,其用也各有所侧重:譬如琐罗亚斯德以中道反偶像,苏格拉底以中道反暴民,老氏以中道反圣贤,而孔子以中道反时政"变法"之乱也。

【民鲜久矣】民,为政务民也;鲜,少也。君子为政不行中道,极攻求变一端,无德而求变,犹抱薪救火,愈变愈难;盖其时君子好说变法,之所以弊害横行,多不明中庸之道,徒以"变法"之名扰民害世,故夫子叹而非之。又,"民鲜"之"鲜"义,一指为政务民者甚少仁德君子,一指民穷,乃古文两义揉合之修辞法,即虽用一字而自带因果两训;犹"天厌之"之"厌"字,以"天厌"为表而蕴"自绝"之里,或如"民免而无耻"之"免"字,当含"求免"及"得免"相续之两义。故本句似应读如"民鲜(遇)久矣"为宜。有解本句指"民德有失久矣"之义,孤采表字,文意凋零,不采。

子贡曰:"如有博施于民而能济众,何如?可谓仁乎?"子曰:"何事于仁,必也圣乎!尧舜其犹病诸!夫仁者,己欲立而立人,己欲达而达人。能近取譬,可谓仁之方也已。"

释 读

斯章论为政中庸之道。上章既明为政当合中庸之理,本章殆深论何以致之之道,而诫以三要:一曰为政之常当系之于务民,而非他务,俾令老有所养,少有所教,困有所救,凡误以"战与祭"之事为本者,乖谬甚矣,易趋极端,好战杀生,奢祭肥己,是为天下大患之由也;二曰为政之长当反求诸己,明理奉义,以德服人,凡行及于他人,必怀同理共情之心,犹今所谓力求双赢者也;三曰若必要变法,亦当善择近取而变,所言"近"者之义,或近其地、或近其俗、或近其事,择其善者而从之,即所谓三人行必有我师,勿庸搜肠刮肚、凭空发明,亦不需远行求贤、偏觅古方。

【博施于民而能济众】喻天命君子以务民为本之仁政也。博施当谓之多予或少取,盖指简课省采之事;济众当谓之兴举公用设施,盖指辟雍庠序或康功田功兴修水利之事。取之于民而又用之于民,亦犹近世所谓"民有、民治、民享"之治,若非圣德,君子岂可为之哉?

【何事于仁】犹言"此等美事岂止于称仁"也。君子为政,以利民为本,上古虽传其说,诸夏自来未尝实遇,圣明如夫子亦感叹不已。

【圣】仁者之极也。夫"圣"者,知行俱合乎天道仁道者也,行民利为本之政,闻其有而见其无,夫子或亦不敢真信其有,故立呼乃圣者也。盖诸夏政道之常,待民宽厚即可称仁,君子竟能以民为本,尽弃天命之享,必恍如做梦之事,自非可求而得之者也。孔儒之尊圣,亦犹老氏之流敬天师,佛陀弟子之拜佛祖,自悬旨义而别异端之招牌也。又,孔门所谓"圣"者,盖主训君子为政,未可独立用称,常人修行惟求"贤德"耳,细民从学若执意成"圣",不免自欺欺人,贻笑大方。

【病】虑也,忧也,此当指不及之义。以民为本而立其政道之常,举尧舜之"圣"而论,或亦有所不及,盖如颜回三月不违仁而已,大率日月至焉。天下我有而不享,实非其常也。

【己欲立而立人】礼制名位之封曰立,进阶之正途也,同下句"己欲达而达人"之"达"义并喻所求也。人之所求固有久渐公私之别,君子仁人明道行择必以轻重定先后,其政虽非声言以民为本,若能克己复礼,让分享,和众乐,知共赢,则可望得其不绝之"长"也。故而仁政常道之义虽不易至,而求为政之长则可也。夫子本于天下有君有民,力主所谓中庸政道,乃务求君民一体者也,亦近萌今所谓君主立宪之美意也。

【能近取譬】所谓近者,相近也,相似也;所谓譬者,比也,似也,取一物而喻别一物之法,而明事物人情相通之理。中庸之道行以简易,能近取譬四字可也。为政亲仁,自明何为"常"或"长"之道恐亦为难,择善而从,就有道而问,犹今所谓保持开放心态,点滴效之,累积成功。近取其譬之义主诲君子善学之方,所谓往圣之义,远方之理,若乃善学,近在咫尺,目力可见,不必好高骛远,望而兴叹。善学之方运乎为政变法,则谓切其近情而变,从其善者而变,而不当为变而强行。又"能近取譬"亦教学之良方,说理通义可令人豁然开朗,否则或迂或阔,不得要领,譬如以"觚已不觚"而喻变法之乱,以"瑚琏"而喻学者大器,俱为佳例。

【仁之方】守常谓之道,应变谓之法。法之大者曰方,法之小者曰术。仁道中庸,本包有其道、其法、其方、其术者也,绝无墨守成规、坐以待毙之陋,惟上知如夫子不屑阔谈变术罢,应变得宜必仍归之于道,故尔学者常言及道固足矣。譬如本章所论君子为政立志向仁,设若其知不及,而能好学守礼,心态开放,虽无"变法"之名，必也不中亦不远焉。

再 按

学者今人或非或疑孔教，多不明中庸之道而讽其因循守旧、泥古不化，误以为孔子反动拒变。《易》虽出诸夏，亦广行天下，而中庸之义最适其通理。孔子中庸上义亦以"前定"之"常"为贵，而不以"变"为求。仁政德政，勿庸求变，行之固足以应变；若君子不仁无德，为政求变或可得逞一时，而终不免尽亡于其变；当世已兴变法，孔子力主君子行守中庸乃为政之道，而何者为其常，何可应其变。知之不易，行之尤难。兹举本篇所论而略述其教义，列表试示如下：

表6-1 论"知"与"行"

仁义		上知	中知	下知	未知
一分为二（主"知"）	常	仁—德	义	实	/
	易	知—智	利	名	求
二合为一（主"行"）	仁道	中庸（道）	中庸（法）	效法	异端
为政（变法）示例		尧舜	周公	鲁	齐

诸夏盖承《易》教化，故凡论"知行"当不出"一分为二"又"合二为一"之本由，孔子仁教亦然，从大道而可辨君子为政变法之高下：第一，不及下知者，既未知仁义亦未立志向学，谓之未知者也，虽见世易之象而不明常道之存，惟喜新好变，多生祸患，故尔孔子一力于教，以少天下是类君子，亦不乏所谓"革命"之义也；第二，有志好学之下知者，已具分辨"名实"之能，若引其就有道之"名"者，择其善之"实"而行之，能近取譬，镜鉴以变，则近乎所谓"改良"之义也；第三，君子仁人之中知者，能明义利之辨，虽欲求利图强，而知"利"有本末、久渐之分，故能先难而后获，简节奉己，宽厚予人，其所谓变者既恰其情亦合常理，迹近所谓"进步"之义；第四，若乃政治臻于尽善尽美，上知者也，其行不违"常"道，而"易"自在其中，如人之生长，时变而不改，日新而不觉，无以尚之，姑且名之以"中庸之道"也。盖孔子中庸之道，犹俗语所言太阳底下无新鲜事，守常理轻新奇，崇仁德斥任性，犹今所谓重理性求和平之义，圣贤诸教论及为政变法莫不奉此。学

者今人若以其道未行而毁其道,不求诸己而怪孔子,犹涉水者之怨桥,亦如烹猫者之恨鼠,孔子泉下有知必不值一哂也。

扫码查看
- 听·儒音雅集
- 悟·论语智慧
- 读·先贤名句
- 观·圣人故事

述而第七

子曰:"述而不作,信而好古,窃比于我老彭。"

释 读

斯章论中庸守常之义。中庸之道必本于常,方可运之于变,是故守常乃学者第一功夫,而何可得之耶?一曰不作,一曰能信。知而不作者,以为常理至义非我所造,我言之而已,凭此一根本无惑,知者成德如山,虽新不能易其旧,虽变不能夺其常;好古之信者,以为常道其来有自,早已前定,奉行不违即可,必一无挂虑,自能安之乐之矣。盖本章夫子乃切从教之事而论中庸之道。

【述而不作】述者传其旧也,作者创其始也;上知者合其道也,非道之作者也,故谓之述者。孔子圣明,同他教之先知、使徒、摩尼、世尊一道,俱自比述者而不敢自称作者。

【信而好古】古者,久往也。信古者,取"古"之"久而不易"之义而信之也;好古者,以"古"所"告之往而能知来者"而好之也。孔子中庸主言"知"而罕言"信",斯所谓信义亦值深味:(1)依前定而信之"信",皆属形上神我之际之"信",非由"实"所生之"信",乃可造"实"之"信"也,譬如未见明天而信明天必有,又如未见父母生我而信为我父母,凭其"信"则安乐不去;(2)日常所言之"信",寄生于形下之"实",如可食之物、可往之地、可友之人,唯计利害而定趋避,或朝思暮想,或出尔反尔,是类之"信"未可"不作",安乐尤难;(3)故若"知"之而未"信"之,"常"时或能安能乐,一旦"变"起,则安乐殆亡,或杞人忧天,或叶公好龙,中庸亦亡也;(4)由是中庸之道所谓智者,必亦当归于形上至义之"信"而可毕其功,即依虔信者之智,方可敝精劳身而无怨,赴汤蹈火亦不辞;(5)孔子少言至上"信"义,盖其教仁厚,主求学者"知"而"信"之,恐"信"或有夺"知"之患,其从人文宗之情,避而讳论,固无轻视意也。盖本章夫子自道中庸存身之美。后儒不达,多攻"礼"而少悟"信",既不能守"常",亦无以应"变",中庸之道屡成泡影,终为异教信仰洞开诸夏大门。

【老彭】老为其姓,传为殷商大夫,以善养生及寿长闻名,亦称老彭祖,其教或传至老子。夫子自比老彭,当取其乐寿之义而喻中庸之道,所谓智仁兼备,有为及无为双运一体,实指平凡无奇之日常罢,勿庸挖空心思,穷究极索,唾手可得尔。

子曰:"默而识之,学而不厌,诲人不倦,何有于我哉?"

释 读

斯章论仁教自信之义。可并参上章之义。学者求仁,世变失常,异教他说环绕四围,不免诸多辩论挑战;身处其间,前路漫漫,孔教亦犹诸水之一脉,森林之一片耳,从者信之不牢,何日有望出头亦未可知。或有疑者直问,盖本章夫子举重若轻,指示明之、存之、传之三道,自信本门远胜他教尔。

【默而识之】默,无言也,口似静而心动之也;识,辨也,知也;默而识之当谓明道于己也。形上神我之知,必"默而识之"方得其"明"也,即所谓"省"或"自讼"者。夫子少言上知之道,并非己无,唯恐学者奥义不逮自误误人,而入今所谓龙种跳蚤之陷井,故祇以"默而识之"而喻自明之义。

【学而不厌】厌,足也,饱也,与"贪得无厌"之"厌"义大同,稍含"厌恶"之义;学而不厌当谓存道于身也。学问存身之常道谓之"益"也,愈得愈多,乐之无足;又其变道谓之"难"也,必求克之,初时或虽有"厌恶"之"厌"而终亦无之;是故学而不厌者,要在"克难",而所谓"克难"实指"胜己"之能也;学问存身既能胜己,则学道必可无坚不摧,行世罕遇匹敌矣。本章夫子所谓学而不厌者,近合佛陀之"精进"说也,亦遥契回教苏菲派"圣战士"之义。

【诲人不倦】诲,教也,晓之于人也;倦,怠也,无乐也;诲人不倦当谓传道于人也。仁义至上,得之者近乎神我相合,可谓之无我者也;仁道广大,行之者已近人我一体,人若有失亦同我之有失;故学仁有成,所行之大必无过于传道,使人亦得有知。传道者有乐为其"常",即所谓"德不孤必有邻"之义,故无倦怠;传道者善诲为其"变",诲人如救命,故无倦焉。后世僧侣、宣教士所行"诲人不倦"之极,竟能唾面自干或以身饲虎,已非"不倦"而可理喻,若不能通诸形上"信"义,人必瞪目而怪焉。

子曰:"德之不修,学之不讲,闻义不能徙,不善不能改,是吾忧也。"

释 读

斯章论善教之义。盖世兴变法,需才孔亟,立教授徒之风日盛;教者师也,导人以学,有道者可至教学相长,无道者未免两者皆误。盖本章夫子言忧而做教学之道。

【德之不修】德,仁德之"德"也;修,裁切以正也,主行于内,同"正己"之义也。不修仁德不能正己,以己之不正而正人,夫"欺"之大者莫此为甚。盖本句明立从教为师之资格。

【学之不讲】讲,言也,深言也。立教而不讲学,殊可奇怪哉也,故本句所言之"学"当指仁学;不讲立志胜欲之义理,而教纵欲放任之艺技,名曰讲学,实误人子弟也。盖本句明断学问之根本。

【闻义不能徙】义,当行之道也;徙,往也,迁也。当行或不当行,皆从"义"断,亦所谓有德者所受之"命"也;闻义命而不往从,无德好利之徒也。移至为师从教而论,人非圣贤,孰能尽知,无知而教或尚可恕之,若已明知而不往,仍执旧知而教则缺德矣。本句义当上接"德之不修"句而来。

【不善不能改】过与不及皆"不善"者也,若能改之,虽不中亦不远矣,故"改"则能"善"之,亦教学当有之功;若不本于"仁道"而教,则所谓善与不善亦各是其是,各非其非,故难有"改"也。本句义当承"学之不讲"句而来。本章句型殆属布其因于先、列其果于后一类,前两句各管后两句也。

子之燕居,申申如也,夭夭如也。

释 读

斯章颂赞师德师道。可续上章义。教学门派众多,何可辨师而称其为德者?无外乎二者,或为自诩之也,如前章夫子所谓"何有于我哉"之类,或为弟子好学者旁证之也。本章盖弟子颂赞夫子师德师道之辞。

【燕居】燕,古通"宴""偃"字,均表家室合乐之行也;燕居,指主宴乐之位也。师门上下宴饮合乐,夫子主之以"和"义。或解燕居乃私处义,弟子窥而所见,兹不从。

【申申如也】申申,身直长之形也,盖与"缩缩"之义相对。其类"申申"之貌者,以树木形之最当,虽见其静,亦知其内动,虽见其摇,亦不疑其正直。主礼者有德,当如斯也。

【夭夭如也】夭夭,柔而美也,亲而顺也;《诗》之《桃夭》有"桃之夭夭"之喻,其"和亲"之义甚契本章。至德者其道贵乎能"和",以花草形之尤当,不逆不暴,顺柔亲之。主乐者有道,当如斯也。

子曰:"甚矣吾衰也!久矣吾不复梦见周公。"

释 读

斯章讽而伤世。可并参上两章之义而读。世变而教乱,孔子导之以正,求身体力行于仁,立师德师道于世。或有称其质美气和,盖夫子有闻,本章故尔自谦而叹,以"吾衰"而喻仁教之行难,以"不复梦见周公"而喻心忧。语虽活泼俏皮,感世伤怀亦呼之欲出。

【周公】姬旦,文王之第四子,武王之弟也。周代殷商,文武之功也;而天下底定,周公所成之也。武王早逝成王年幼,周公摄政重行封建,亲定礼制,天下大安,自封于鲁,还政而退;奄有圣名,与王并祀,后史遂多以"文武周公"三王并列而论周室开创。鲁人之奉周公,礼也名也位也;孔子之从周公,德也道也义也。

子曰:"志于道,据于德,依于仁,游于艺。"

释 读

斯章论教学之道。古文书写先画后刻,金石坚硬,竹简用刀,每字不易,其文用省固合常情,遂多莫名其妙之箴言;后人读之失其语境,不逮所指,牢记而成格言、成语之类,无奈泛指广义,虽不远固亦有所不中,同师一文者其贤愚亦判若云泥。譬如本章,后儒尽从广义主说教人修身,仁义道德徒然往复告诫,不能切中理由,中人以下尤其初学者,欲"无厌"其啰唆之解,诚亦属难事。故本章当统前后各章义而读,盖可明其乃论为师之正义,师道学道虽多相通,亦当各从其道。

【志于道】所谓道者,当指中庸之道也。为师从教之志当本乎传道,艺技、逸闻虽亦可传,然并非其本其重其先之事;师教若从中庸之道,必也多所雅言,少语乱性骇情之辞,使学者受益于常道。

【据于德】所谓德者,当指仁德也。师者传道、授业、解惑也,传道为本而成于立德;由是教人之道主求立德,若门生弟子少德而多能,技高而无道,名曰教人,实贻害天下者也,则不当称其为师。

【依于仁】依,归也;所谓仁,当指仁义也。凡人皆可言道也德也,倘不能归仁而论,道或为邪道,德或多奸佞;故师道执教必高举仁义,又当归之于仁义,学者方有望能辨能择,虽其道德分千万之名,而终可不远仁道仁德矣。譬如老氏之教不奉仁义,泛论其道其德,或引人叛礼轻伦,自弃其命,学之恐无益有损焉。

子曰:"自行束脩以上,吾未尝无诲焉。"

释 读

斯章论广教有责之义。所谓责任,时无其辞,殆由"义""当""命""使"所指,加以"服""从""咎""畏"之诸则,有前之一由必承后之一则,合成其责任之义;故诸行莫不有其责,神我之际以安为责,人我之际以信为责,物我之际以用为责,吾我之际以省为责。师教之责乃志于道,据于德,依于仁,而教学之责即广教仁义道德也。开门纳学,行教诲人,固其责所当行者也,何劳夫子自夸邀功?盖本章当联上章义而深说教师之责,凡在门子弟必晓以仁义道德;又或夫子自道一一亲教之义,主指执教尽责,如是举为师表,亦含警斥时教多有立学图利之弊。

【束脩】束,捆也,或言十根为一"束";脩,肉脯也。束脩,学费也,料为简薄之资,庶人亦可轻担;以束脩而喻全体学子,一旦入门必教仁义道德,犹今所谓大学通识教育,同为文、理、工、医、农必学之课目。孔儒兴教而诸夏获益良久,其一大功乃行私教收费以传,民间方便从学,广及于庶人,儒士亦可凭执教得其正业,象形文字终至不灭。

子曰:"不愤不启,不悱不发,举一隅不以三隅反,则不复也。"

释 读

斯章论善教之法。前章诸论或言义,或论道,本章则传善教之"法"也,兹概略详之:(1)学问乃存身之事,教者不可越俎代庖,亦不当拔苗助长;(2)然师教之责又非可轻置无为,当犹老农老圃耕锄之田功,不懈于耳闻之、目睹之、意会之,弟子长进之情必了然于胸,适时点拨启发以助;(3)尤于求学遇难、相攻不下之际,当听其自悟,未验得义理浑然圆通,则不令过关;(4)教以常理,而能得其至义,则可谓之善学者也,教学相长互益之乐不亦无穷矣。

【不愤不启】愤,理之不通而急切于内也;启,开户门也。心求通而不得,如人至门而不能入,急而"愤"之,前汹后涌,及至善教者闻而"启"之,则茅塞顿开。

【不悱不发】悱,言之不通而急切于内也。腹有言而不能名之语之,急而"悱"之,如涡流之水,不得向前,愈流愈回,及至善教者助而"发"之,则决堤畅泻也。

【举一隅不以三隅反】隅,房之四角也。知一事一物而能知其"理"者,谓之"举一反三"也;譬如见鲁国桃花开,应知齐国桃花亦开,此齐鲁地相邻之"理"也;倘又知当下必不为仲秋,因秋月当无桃花,为时令之"理"也,则近"举一反三"矣。举一隅仅知一隅,未知其"理"故也。

【不复】复,行也;不复,当指勿行其教之谓也。学者未明其"理",当从"不愤不启,不悱不发"之法而教,问之、比之、由之可也,而不可直告死记。本章前言两句义当主明教法,而后言两句义当为教法所运之举例;盖夫子教法心得已富,知举一隅不以三隅反者多为中人以下,克难之功尚且浅薄,直告正义必亦无所益哉,犹所谓"中人以下不可以语上"之义,语之无非流于口诀,徒添困扰耳。

子食于有丧者之侧,未尝饱也。子于是日哭,则不歌。

释 读

斯章论身教重于言教之义。圣贤诸教皆重行而修,盖视言语为襄赞辅助者,是以言行及人之道,善为师者固当言传,尤须身教,欲人立德则先己立,欲人达义则先己达,教学之两端方可闻义则徙,不善而能改之。教君子与立师表或有所异，君子为政主利之分享共赢，故告当先立人达人而后己；为师执教则重义之明示高举，故诲当先正己立德而传人。本章弟子记夫子恪守丧礼之行，或与他教之师表相比而出。

【有丧者】服丧者也。周礼服丧之制，自君子人家渐通乎百姓庶民，及孔子新教化民，首重丧礼之行，以期所谓民德归厚。丧制有五服之说，五服之外其远者疏者则无服，称之为"杀"也，所"杀"之"亲"盖转称为"戚"也，哀而无服，可以缀食，即今所谓吃丧饭者也。夫子食于服丧者之侧，当为"杀"亲之"戚"也，丧食不饱以尽其哀。

【哭】此言吊哭之礼。由本章两句推测：盖吊哭礼似为近交之礼，不能歌乐；而食丧饭似为远交之礼，或不必哭；然不可考矣，姑且猜说一想尔。

子谓颜渊曰："用之则行，舍之则藏，唯我与尔有是夫！"子路曰："子行三军，则谁与？"子曰："暴虎冯河，死而无悔者，吾不与也。必也临事而惧，好谋而成者也。"

释 读

斯章论德智勇并运之义。夫德者，无求于外而能顺道行世也；夫智者，善应其变而能复归其常也；夫勇者，行之无畏而不坠克难之志也。德出乎神我，智运乎人我，勇行乎物我，三界之功成乎仁人之谓也；若止得其一，必以德为先，次为智，末为勇。本章师徒一席所论，盖仁义之运，要道尽呈矣。

【用之则行，舍之则藏】有德者之象，顺道而求，进退行藏皆安而乐者也。夫子称颜回之德已近己矣。

【子行三军】天子有六军，诸侯大国有三军；又一军有三师，一师有三旅，一旅有千二百人。子路闻夫子称赞颜回，亦欲一试夫子心意，设三军而喻大国之任；子路欠周，见其任而不明其事，好大喜功时显矣。

【暴虎冯河】暴，赤身也；冯，同"凭"也，徒步涉水之义也。赤身搏虎，徒步过河,俱为"变"所生之险事,而以"常"之呆形应之,非义勇者也,乃无知之蠢行耳。盖闻称颜回有德,子路凑趣讨赞,不料夫子以"暴虎冯河"喻之,醒诫其"勇"有余而"智"不足也。

【临事而惧,好谋而成】当指智者之象;敏其变而善应之,谋而后动,每发必中。临事之说,主指物我之际应变之行,智者深谋以对,或可不避勾心斗角、阳谋阴谋,成功即美善矣;此运犹今所谓理性科学之态度,殆未可浑用于人我之际,恐蔓延无情、教唆残杀而丧尽伦理,是以智者用谋必当止于仁礼也。

子曰:"富而可求也,虽执鞭之士,吾亦为之。如不可求,从吾所好。"

释 读

斯章论正道而求之义。仁者之智并非孤悬,其勇力更未可任用;夫"勇"当从于"智",而"智"又必服于"德",则其行也方称有道;譬如欲求富贵,任勇则可为盗,凭智或亦行欺,惟居德者能择手段,有所为而有所不为,务必取之以道焉。盖仁者虽有大能,未必可遇"立"或通"达",譬如颜回身居陋巷,出入近丧家之犬,不免令人见疑仁者近乎无能。本章夫子或为之辩,所论犹言"非不能也,乃不为也",主诲今所谓目的与手段之关系。

【执鞭】御车也,贱业也。百业皆正业,之所以谓分贵贱,其沿礼制上下有别之俗也,非关乎道义也;道义面前,上下贵贱则一律平等无分,故夫子以"执鞭之士"而喻仁道广及之义。

【从吾所好】仁者统行三界之道,终必归形上安乐。形下人我之世倘若无道,行而不得亦可由之,即所谓心安理得,或所谓问心无愧,威逼利诱亦不改其志。仁者"从吾所好"之士即怀者、藏者也,虽无以领行三军,退作山中宰相,执鞭挑柴亦好乐不去焉。

再读论语

子之所慎：齐，战，疾。

释读

斯章论仁者慎行之义。仁者勇行而又服于德智，遂生其"慎"义，惟恐丧德伤智；勇者无畏而有"慎"，固为义勇别于他勇之本也。故仁者虽勇，必也慎行其道，本章弟子记夫子于三界之事，各拈其大者而慎之。

【齐】同"斋"，祭礼之自净仪也。以"齐"事而喻慎行于神我之际。夫"齐"与"祭"皆敬天拜神之行，盖"齐"为私行之礼，而"祭"为众行之礼；行"齐"之事全凭我主，净心尽诚惟天知地晓而已，乃验德之极事。

【战】征伐也，以"战"而喻慎行于人我之际。天生众人固当以和为贵，无奈人又好争；人我相争失和为敌，相敌不让难免一战；由是可知人我之世，相争尚不能为害，而好战方为祸患之源。故义勇者善争，能以德制勇，如射礼之争，亦凭智驭勇，譬如好谋知兵，是类之勇非为好战，必远相残互杀之战也；义勇者不得已方战，战亦有能，或曰替天行道，即卫道之战，或曰忍无可忍，即自卫之战，此外多不战也。

【疾】身恙也，病也；一身之疾曰病，众人之疾曰疫。以"疾"事而喻慎行于物我之际。物我之际主指器用之享，必求其益生，而益生之极莫过于乐寿也；若行者无知，逞意无节，未蒙其利，反受其害，譬如暴饮暴食之伤身，或秽恶相传之染疫，皆贪享图便于一时一处而害病折寿，当非所宜。

子在齐闻《韶》，三月不知肉味。曰："不图为乐之至于斯也！"

释读

斯章论教化和乐之义。仁义道广，固相通人我，亦及于为政，而生重教之义；盖为政重教，自古已有其说，然世行其术者多，深明其道者少，纵设辟雍庠序，徒具形式而已。重教之所以罕见，盖为政者未领教化仁义之神髓，不明仁政能保其平安,尤可得其和乐;言平安而欲重教化,君子或以为不及刑治,不敢尽托教化,至多刑教并施而已;言和乐而求其信赖仁义天道之威力,君子或可断然以设刑治狱为轻,主务重教行礼之政也。或有疑仁教礼教可行之方,本章门人弟子以夫子自道而喻当行之义,所行之妙。另有抄本言本章"三月"之上传有"学之"二字,可参之。

【三月不知肉味】夫子闻舜时之《韶》乐,自谓三月不知肉味,盖属"能近取譬"之佳例也。得意而忘形,见良马而略其色,并非无知误见,境界不同故也,亦犹登泰山方能小齐鲁之一趣也。闻圣乐而极乐,竟能忘乎肉食,若取以比诸仁政德政教化之功,敝处陋居亦不加其耻,美衣美食亦不足其乐,又何患天下争乱乎?

【不图为乐之至于斯也】图,料也;盖本句"不图"之赞可从两解,一主指圣乐之美善,一或指圣乐在齐之事。夫子好乐,或《韶》乐闻所未闻,竟可令其物我两忘,美善至于不知肉味,未料遽有如是之功;而圣乐传世,又未料在齐而不在鲁,夫子亦乐之无碍,正合所谓"书不必起于仲尼之门,药不必出于扁鹊之方"之义。依本章劝喻教化所指,读之似当偏重后解,乃诲重教化民之道,无远弗届,无所不能,君子为政切勿多疑。

冉有曰:"夫子为卫君乎?"子贡曰:"诺,吾将问之。"入,曰:"伯夷、叔齐何人也?"曰:"古之贤人也。"曰:"怨乎?"曰:"求仁而得仁,又何怨。"出,曰:"夫子不为也。"

释读

斯章论求仁得仁之义。正道而求者,必取之以道,犹今所谓"手段当合乎目的"之义,譬如不可夺位而立,不能偷盗而富;行世取舍,当服义命,有所为而有所不为,方称仁者;仁者所求,安乐于不违仁道,必不以利害得失为归,固无恶于人亦无所怨尤。或时卫国之君不仁无道,然欲召孔子,门人弟子不明其志,子贡相问"贤人怨乎"以试,本章夫子言"求仁得仁"之坦荡义,弟子贤者故可断疑矣。

【卫君】盖指卫国之君辄,得罪其父蒯聩,时人多有非议,以为卫君失礼;此类事件今人或不值一提,而当时诸夏国君礼节有亏,非可等闲视之者也。或卫君辄礼贤,欲待孔子,从游弟子忐忑不知何从,故劳子贡婉转就问而成本章;若不了史传,读者今人难免一头雾水。

【求仁而得仁】仁者自足,本无所求,行世惟就有道而已;譬如伯夷、叔齐二贤者,史传相让辞国,隐而自放于山林,又不食周粟,饿死于首阳,名利得失固勿论矣,而生死竟亦置之度外,可谓大义随身、安乐不去之极也。本章举"卫君、伯夷、叔齐"而论理,乃孔儒以"史"证"经"通行之法,凭此经史相混之结构,诸夏古史相传遂少生疑,盖百史既已通经,疑之不当邪。

子曰:"饭疏食饮水,曲肱而枕之,乐亦在其中矣。不义而富且贵,于我如浮云。"

释 读

斯章论求仁得仁者安乐不去之义。仁德上知从其所"好"而行之乐之,不以"利"之损益而稍变,故又称能"安";仁者安乐于形上至义,及于行世之际,虽非刻意取舍,恒以刚强坚忍、超凡脱俗示人,近似释家修行有成所喻之金刚罗汉,或犹从老氏之道返朴归真之逸士;圣贤诸教说法有别,然至道归一,均主无念少欲于下,务求精进不舍于上。惟仁教所异于释老者,为仁道不出所谓世间法也:仁人不肯撒手不顾,仍执世间"义利"之辨,不灭人生"富贵"之趣,甘立形下之功而证形上之道。后儒不明至义,偏求烟火气之燎人,而鄙释老两道形上之空无,亦犹夏虫不可语冰矣。

【疏食饮水】疏食,无荤之食也;穷者食简,荤既少之,酒尤难得,仁者亦津津有味。

【曲肱而枕之】肱,臂弯也;穷者居陋,卧无枕具,只得曲肱代枕,而仁者其眠也安。

【浮云】谓至轻义也;以浮云而喻无义之富贵,所形至当,甚合中庸之道:指其"轻"而未言其"无",故仁者行"义"之举不算徒劳白忙;若一时无药可救则可复其富贵之"重",持盈保泰,以所谓"好汉不吃眼前亏","留得青山在、不怕没柴烧"自解,固亦无妨。佛祖观世间不过似"六如"之幻无,皆系"空"也,而菩萨竟返"空"营救,虽发慈悲,其"智"或嫌不足,未及孔子中庸恰理。

子曰:"加我数年,五十以学《易》,可以无大过矣。"

释 读

斯章论仁道《易》道相合之义。盖《易》为诸夏首经,当为诸子百家形上知识同本之祖源。孔子兴儒,编定教材,承"史"而修,文典成之于《易》《诗》《书》《礼》《乐》,即所谓五经,以《易》为归而讳说,另外四经则直名谓之仁道。盖《易》存乎仁教者有三:(1)大道自在,无始无终。强名之而谓太一,犹日月之恒不易,所谓"易"之本义即指"不易"者也;夫"易"究竟为何,殊难得之,然可知其无始无终、不分不变、非有非无,形下宏观无可比拟者。仁道从"易",亦仅冠名而不深述其详。(2)大道化物,生生不息。夫"易"可察者惟其"运",即所谓"易"及"渐易",不易之"易"为本为体,运所成之"易"与"渐易"为末为用;何以然?俱由太一之"生"阴阳二者所起,形之云"天地",名之云"阴阳",拟之云"乾坤",运之云"动静",触之云"刚柔",而斯所谓"生"者,或即"易"也。盖仁道由此切入始发,名可名之"易"而称中庸之道,乃继《易》道而说世间人伦也。(3)一分为二,不易之道。阴阳既一分为二再生,又二合为一复归太一,分分合合动静无穷,而成世间万物;分合起始源于"动"之极"微",不可感、不可见、不可言,须有形下之"机"迎之、成之、发之,夫"易"方能出离而示于形下,世间遂分有"渐易"与"变易"两道;夫"渐易"当为中庸之"常",夫"变易"当为中庸之"变"也,盖"渐易"虽变亦如旧,如草木之长,山川不动,而"变易"则变之如新,可至截然不同,如禽飞兽走之时异,瓜熟蒂落之骤新。由是中庸之道承《易》而论人伦世道:夫"一分为二"为其"知"之道,得微妙所以于上;夫"合二为一"为其"行"之道,求发机有为于下;故尔人生在世,可凭知行复归大道焉。上述由《易》而入仁之三要义,孔儒仁教之础柱也,论道析理之常伦也,其余经典之哲学也,乃读者通明《论语》之由径焉;或《易》时多流入方术,孔子初不屑而旁置未读,归教深研方知己误,盖出本章之叹惜。

【五十以学《易》】夫子尝以五十而喻知命之年,本章又以知命之年而喻悟道,籍发其晚学之憾,着力明示《易》乃孔教学问之本。盖学仁者极求所谓中庸之道,轻学《易》而阔论中庸,或可昧于"至仁"亦为"恒不易"之义,恐其所学仁义或仅为"变"中求"常"之中义,抑近乎"常"中应"变"之下义,成德惜乎止于有限耳。夫《易》所恒不易者惟太一也,不复中庸之道,非"微"能"动"之,无"机"可"变"之,"动"也自然,"变"也自在,其德可至"从心所欲不逾矩"之境。学修若能明《易》,中庸不中必不远矣,故夫子曰"可以无大过"。

【可以无大过】盖夫子学《易》,体味极深,自讼反省己过,深感其教尝止于中庸之道,似未尽善尽美。中庸之道主运于渐易之世,由阴阳二道而入于"三维"之世道,如空间之宇分有纵横竖三向,时间之宙名谓往今来三世,人以其知别称上中下三等;若早从《易》道,二三为六各成一卦,对应一德,而可全明六十四德矣;然中庸之德在先,夫子后学方醒,追悔有失,遂弥缝补苴,编定《易传》十翼,或即其自责所谓"大过"之指也。

子所雅言,诗、书、执礼,皆雅言也。

释 读

斯章论言行中庸之义。盖续上章之义而读本章为当。夫子论《易》而咎己,门弟子释而缓之;若非如此而独立作解,本章则多莫名其妙哉。仁者中庸,言行本当守常如素,莫施怪乱,故门弟子以为夫子举常论常,虽未从《易》之异说,而绝非道浅学薄者也。

【雅言】雅，通乌鸦之"鸦"，后引义为正也，常也，多指善文之事。前一"雅言"应主指寻常用语，后一"雅言"盖指通顺及众之义。文士多字，择其生僻则难通乎于人，故善言者取其常用而能示其高义，如言"里仁而居"固含"信仰"一义，又如"君子不器"亦指德才两辨，字字常用而可味之不尽。言语文字又有"俗"别于"雅"，所谓俗者，当指其少"义"无"味"，只可言于一地，不能入字而远传，譬如"的、了、吗、呀"之俗，不如"之、乎、者、也"之雅；古时书文甚难，择"俗"字为文，费力劳身必生俗不可耐之感，或即所谓"不雅"之原由也；以雅言而统四方之语义，语言文字虽可不失之于传，然"雅言"过者，指义歧多，亦未免故弄玄虚，如方士腐儒好炫言"微""机""性""敦伦"之辞。

【诗】指夫子吟诗，当非指《诗》也。礼制君子常需吟诗作颂，或庙祭郊祀，或乡宴合族，或登山临川必当为之；其验君子之一文才也，时儒有所谓"九能"之说。

【书】书文也，指夫子作文之事，当非指《尚书》也。夫子之书，传有五经，皆雅言也，纵作《易传》，亦尽雅言正语而论，惟系人伦道德而说，以补中庸之不足；后世有好《易》者取以非孔，以为雅言毁《易》，阻绝诸夏天人相通之道，正不知是焉非焉。

【执礼】往来于人之礼也。行礼必相与言语交接，若用俗语盖为下等庶民，而用雅言予之，方谓君子士人之正言。由是可知，所谓雅言乃以字驭言而成之专门语言，即文言文也，执礼时虽可雅俗并运，终必以雅言为归；喜怒好恶不当直露，相沿成俗，诸夏遂蔓生仅可意会不可言传之语义，并以为高明。

叶公问孔子于子路，子路不对。子曰："女奚不曰，其为人也，发愤忘食，乐以忘忧，不知老之将至云尔。"

再读论语

释读

斯章论仁者好学之义。盖时人好鬼神之说,近有方术占卜,旁有南楚信巫,边鄙夷蛮兴傩,仁者中庸似乏善可陈,形盛或有所不及也;孔教新立,相传未广,虽一时难以相抗旧势力,然夫子自怀信心,不惮厌烦,乐劝好教,亦欲门人弟子以身作则,扬义弘道。传教所及若非本门学者,必以本教之妙要相告,即先引进门再徐图教化,此一传法能贯通无知下知,主求闻名大众,博取向往。盖本章夫子所诲子路之义亦然,重喻外人仁教之极乐。

【叶公】传其人为楚国县尹;时楚国势强而凌诸夏,楚王几与周天子并立,县尹或可并尊于鲁公。仁道广大,适普天下,非止鲁国,远人问道,亦当倾盖如故,尽诚以告。盖子路以叶公为外人,不屑语之,夫子责言亦有代回之义。

【发愤忘食】晓喻外人而形仁教学者之志坚也。志坚而忘食,初学者好德不好色之形也;及至学成,好德如好色,则可有"三月不知肉味"之乐也。

【乐以忘忧】形仁教学者之常乐也。有难而能不觉,有忧亦可忘怀,外人岂不羡煞哉?

【不知老之将至】形仁教学者之妙乐也。乐寿长生能如彭祖,人人求之不得,而为仁教固有之方,外人岂不挈妇将雏而来乎?盖本章夫子明示好学之效,实求推广我教于外人,而三句自道之辞,以本句尤为有力,易收心驰神往之效。

子曰:"我非生而知之者,好古,敏以求之者也。"

释读

斯章论后知好学之义。孔子尝以"述而不作"一义而喻,谓世分先知先觉之至圣、后知后觉之好学两类,前者罕有,后者可求;盖本章续上章义,深明外人为学之道。所谓后知后觉,既指门内学者弟子,亦指门外未学之众人,传教之际当主指后者;仁义大道高悬似难,好学则能得之,后学勿庸自惭形秽、望而却步;好学之道入门亦易,从惯例、行其善即可,未必先知先觉之质。传道最忌倨傲态度,拒人千里,自设樊篱;及于外邦远人,必当入乡随俗、切实中情,故凡圣贤诸教远传他乡,不出三事之外:设教、行医、乐施。孔教新立始传,不便开门见山,深明大义,以免凌迫外人;晓以平常可行之法,方合循循善诱之道。参上章子路不对叶公之失,本章夫子自道或以身作则而诲弟子。

【好古】"好"者,亲之喜之乐之也;古者,往也,惯例也;夫"好古"犹言乐从惯例也。盖世所奉之义者,若为天定神创,当归之于神明宗,依世人自定则称人文宗;人文宗所奉之义,若尽从现世我人而说,即今所谓激进派,若主从往世惯例而服,即今所谓保守派。孔子自承好古,可谓之保守人文宗;好古者以循例为常,乃从众守常之中坚,亦今世政治法律恒安之基石;好事者难逞其变志,多不乐好古保守,以所谓"墨守成规"卑之。

【敏以求之】敏,善察之能也;敏者,能察于细微,即今所谓"灵敏"也,而"钝"或"鲁"则无此能,事到临头方见之。好古者从惯例,服常理,随众俗,固可称也;然或亦有弊,譬如易生懈怠,不思进取;故又当能"敏",既好古亦明义,知古之所以然而运之于现前。盖敏求之士能去泥古之弊,以杜卑古者悠悠之口。

子不语怪,力,乱,神。

释 读

斯章论孔教雅言之义。孔子雅言,即合中庸之言语文章也。盖时之他教异说,以特异引人,以惊怖逼人,多欺也,诳也,误人弟子,诚非教化之正道。本章似亦宜作传教之论而解,或以为仁教平淡无奇,本章弟子举夫子常行中庸而驳外人。

【怪】意外也。常情谓之不怪,怪者不正,奇闻奇观是也;盖指方士占卜筮技之类。

【力】超常之力也。夫"力"者,行之于常谓之"强",行之于异可称"厉",盖指教人呼风唤雨之术者。

【乱】惑人心者也。或凭异兆而乱常知,或以诡辩而传异说。盖指变法求富强论者,以至于众凌寡,强欺弱。

【神】天神也。自古以降,人皆畏天,又"天"之威力可化为"神主"之教。天神既主世界,则人不能自主,由是无道德之必要。诸夏自文王演《易》,虽远别夷狄,相分南楚,盖拜神风俗未去,老氏之流或转以"天理"或"性"另尊,独孔儒中庸,敬而远之。

子曰:"三人行,必有我师焉。择其善者而从之,其不善者而改之。"

释读

斯章论好学易行之义。本章有解为教学相长之义,或作善学之论,皆读如孤立教条,传为成语格言;若比诸前后各篇章句相类之说,譬如"绘事后素",或"如切如磋,如琢如磨",或"告诸往而知来者",或"举一反三"者,本章所论善学或教学相长之义,似近小学家言耳;盖可断其殆出于传教之际,语与外人者也。孔教传远,外道旁人慕名请教,告以向仁好学,敏而求之;或仍有惑,故本章夫子举常例而教,无论身处行在,随时自修即可就道焉。

【三人行,必有我师】圣贤诸教传道随缘,不拘刻意,锅碗瓢盆、花枝月影随时可拈为喻。孔子传道弘法亦如是,以"三人行"而喻日常所行,其谓好古敏求不必追远,以常遇为师即可,并非难事尔。

【择其善者而从之】夫子教人于常行处自修明择也。仁道自在广大,不必尽投孔门,自修亦能成德。好古敏求,求诸在己,能明善恶即有知,择善而从即为德,门外门里皆同道者也;倘又为好古敏求者,好学如是,道从中庸,自可远怪、力、乱、神之诱。

述而第七

子曰:"天生德于予,桓魋其如予何?"

释读

斯章论仁德能胜之义。怪力乱神之说,夸胜而自得,以盛其教;孔教仁德中庸,若言其胜,殊少可夸者,必也"温、良、恭、俭、让"而已。或论及传教有难,似有不敌他教之处,夫子不得已辟异端,亦举其遇而夸德;盖本章夫子自举克难之例以壮门人信心,所言或可读如"吾教虽雅言中庸,亦自有天命也"。

【桓魋】宋司马向魋也,宋公之弟,出于桓氏,故称桓魋;传其高大威猛,谋夺君位,时孔子在宋,桓魋欲对其不利,后遇险得脱。

子曰:"二三子以我为隐乎?吾无隐乎尔。吾无行而不与二三子者,是丘也。"

释读

斯章论尽诚以教之义。师道中庸,似无高深学问,闻者或以为孔子有隐,不肯尽教,是故夫子近乎矢言示诚。本章亦可采两解,略述供参:一谓乃及于外人之言,因传教简要朴素,闻者疑其怀藏不显,夫子遂重言而发自辩,若深味全句辞气,盖所谓"二三子"者,似指门外近交之士为当;一谓语关门人弟子,有二三子疑师藏知未教,以致本门不及异教,欲激夫子秀宝,盖诸子时发勃兴,教学活跃,诸说相竞,孔门尚非独大,故有争胜者着急以逼。盖两解合参于传教之事,颇能会意夫子何以矢言申辩,夫明道不分门内门外,若倍中庸而争胜,皆无知末学之小子耳,即所谓"二三子"者也;虽为"二三子"之类浅陋小子,若生妄测之疑,竟不避矢言自辩,亦可见夫子为师执教传道之至诚。

【隐】藏也,不示人也。盖夫子自信本教胜义,品议褒贬他学颇多,二三子闻而疑师有"隐",激之欲窥;浅学小子实不知行道中庸,亦犹"三人行"一般,语从

 读论语

雅言、好古敏求而已，诬之不当邪。

子以四教：文，行，忠，信。

释 读

斯章论仁教纲要之义。传教之际相敌于他教，方能彰显纲要所在，门弟子后记传世，罗列夫子仁教四义，普适天下。凡圣教流传，通乎门内门外之广教，未必可视为本教至义，譬如老氏有三教：柔顺、无为、自然，闻者易从，而"太一"之奥义则难传矣。盖门人弟子合传教所遇匹敌者，针锋相对而立孔教广义纲要，传而欲胜"怪力乱神"之志颇盛。

【文】字也。文以成典，通古于今，学之可明常道；故学"文"盖能敌"怪"，终不惑于奇闻异说也。

【行】修其行也。学者修行，则能正己，方可直道，守常应变，取舍必当矣；修"行"殆可敌"力"，而远舍本逐末之失焉。

【忠】礼制之尊，细民主敬，君子主忠。上下之道，能合不分，和乐一体，必系之于"忠"也。盖"忠"主敌"乱"，天下可安。

【信】守言也，践约也。一姓之亲和于孝弟，天下百姓惟合于信也；凡从信义者，若为细民必"笃"，若为君子必"诚"，行己尽责，不诿过，不迁怒，人可以寄命者也。或"信"当亦可敌"神"，能免假天神而轻人伦之患。本章所列四纲要，盖通教世人之说，"文"与"行"重喻学修明道之义，"忠"与"信"主劝身体力行之义。

子曰："圣人，吾不得而见之矣；得见君子者，斯可矣。"子曰："善人，吾不得而见之矣；得见有恒者，斯可矣。亡而为有，虚而为盈，约而为泰，难乎有恒矣。"

释读

　　斯章论学修贵乎有恒之义。仁教上义高远,大成至德可遇不可求,譬如圣人至善,即非中庸之道所可必望者也;本门弟子教人学修,主于文行忠信,斯可已矣;若欲多求,唯训持之以恒,有恒虽难,毕竟可为。恒之初阶,有恒志者也,务求克难,先难而后获,是类亦堪称宝贵;恒之上阶,有恒德者也,不懈克己,唯义是从,能视富贵如浮云,自来无多,迹近所谓善人者也;至若由"恒"而入常道者,恒常一也,已出离人世物我,安乐不去,即所谓圣人,殆非中庸可及者也。盖本章夫子主劝门人弟子,传教学修不当跃等以求,重其有恒亦足矣。

　　【善人】无能成圣者称君子,非君子而成德者称善人。成圣成善,亦分高下,譬如颜回"三月不违"之德可谓难能可贵,其余止于"日月至焉"者,至多得成"瑚琏"之器,虽差强人意,亦可称善。中庸之道不求至善,惟求恒以向善,乃后知后学之善道也。

　　【有恒】恒,不易也,常也。世事物形变易不居,性情欲念亦然,犹泰西所谓"人不可能踏入同一河流"之瞬息无定,惟形上之知能见"有恒"之实,如仁德、大道,乃所谓圣人之明也;退而次之,能见仁德大道所化之义理,循守奉行而不违,即所谓善人者也;中人以下之庸众,能辨义理与好恶,择善而从,有所为有所不为,即可称"有恒"者也。

　　【亡而为有,虚而为盈,约而为泰】取《易》之经说而喻有所不为者也。阴阳恒易而化生万物,动在其中;中庸顺道而不执一端,静在其中;恒以静制动,以不变应万变者,必中人以上者也;庸众难为,不肯轻舍富贵显达,遂多举棋不定之"择"也。庸众之择不免从权,虽未可称善,而亦未必称恶,故夫子所谓"难乎有恒",实中庸怀众而见谅之语也:以无为有,以虚为盈,以约为泰,所喻安贫乐道之义,盖止于"好古""择善而从"之方耳;若再能恒守"我不欲人加乎吾身者,吾亦不欲加诸人"之诫,而有所不为,则足可称善矣,传道者不必强求至圣至善。

再读论语

子钓而不纲,弋不射宿。

释读

斯章论庸众有所不为之义。众人行世,无奈必当从权而为,然并非不仁无道之藉口,其中大有能辨能择之处;门人弟子举夫子游嬉之事而论,钓鱼不用密网以尽获,捕猎不击眠物以偷取,诚有所为有所不为者也。有解本章指夫子钓弋,为其年少家贫往事,为谋生计不得已而行之;然考诸当时君子之学,骑射田猎乃其本份,夫子兴教虽曰重文,必不能尽去强健之术,常作钓弋游嬉固当有也;断言夫子少贫方行,或为后儒崇文太过之解,故不采。

【钓】捕河也。
【纲】密网也。网密则无可逃生,绝其子孙,钓者所不当为也。
【弋】狩猎也;有谓乃以绳系石而射击之也。
【宿】鸟兽之巢窠也,此处代指眠宿之禽兽。弋者射宿,亦非合礼,不当为之。

子曰:"盖有不知而作之者,我无是也。多闻择其善者而从之,多见而识之,知之次也。"

释读

斯章论常人务实求知之义。传道而广教众人,大抵先当和之,徐图导之,入门再教之诲之;盖本章为门外教众之论,亦属小学家说,似不宜相混于门内所教大学之义,譬如所谓知者,大学言有"学而思","知之不如好之,好之不如乐之","吾日三省吾身"之类,既不可语与中人以下,尤不当直告门外常人。多闻明择,多见有识,乃求知普适之道,门外之徒虽曰未学,若从此道,不中亦可不远矣;或有门外仰慕者请教知法,盖本章夫子自谦而喻务实为学之义。

【不知而作之者,我无是也】犹言我非先知先觉者也。本句所谓不知,并非"知之为知之,不知为不知"之"不知"也,而似取自《易》说所谓天道无言之知,唯圣贤先知先觉之"知"者也,喻指大道;故本句或可读如"盖有不(学而)知而作之者"也。夫子自谦"我无是也",即归己为"述而不作"之学者,不敢当圣贤之名。有解此句乃指不知而有所妄作,颇难通洽下文辞气,兹不采。

【识】辨也。学有所成,始成于"识",能辨一"实"而"名"之,夫"名""实"相符多所不惑者,可称有识也;故"识"主"分",尔后再学,及于义理,又可通也,则谓之"知"也。

【知之次也】次,后也;夫"知之次"当作"后知"之谓,相对于"不知而作"之"先知"义也;由是延伸其义,犹言常人多闻多见则知在其中矣,未必非入教门,正襟危坐问师求知。又,本句不应读如"当以多闻多见为先,次以知之"作解,否则全章句义俱零散矣。

互乡难与言,童子见,门人惑。子曰:"与其进也,不与其退也,唯何甚!人洁己以进,与其洁也,不保其往也。"

释 读

斯章论广教立人之义。传道广及于人,固有"己欲立而立人、己欲达而达人"之义;又仁者无恶,能好人能恶人,即所谓对事不对人,若人向善以求,虽夷狄亦必往援之助之,不当袖手旁观,传道广教方可有期矣。盖有名为"互乡"之地,以风俗不善著称,互乡之后生小子慕名求见,夫子待之,出乎门人意外,遂于本章释而诲之。

【与其进也,不与其退也】与,予也,勉也。化外之地并非无道,乃其人不知也,仁者固当传道相助,不忍弃之不顾;化外之徒既欲择善而从,吾人善者唯有不念旧恶,不计前嫌;后句"与其洁也,不保其往也"之义亦然,两句所诲皆怀所谓"浪子回头金不换"之深爱,盖明传道之功德不惟交友,而更重化敌也。

再读论语

【唯何甚】盖读如"唯(此)何甚"为宜,犹言"又有何胜于斯哉者也"之语。传道救人之功,岂有能胜教化愚顽者耶?

子曰:"仁远乎哉?我欲仁,斯仁至矣。"

释读

斯章论众修称仁之义。可并参前三章句义。仁道广行天下,不当限于门内称仁;门人传道若欲广众,切勿严苛求全,有遇亲仁向仁,未必里仁而居之求门者,亦便可称为仁者也。圣教奥妙,贵在平实,凡贤与不肖,一体能化。后儒多从孤立教条而解本章,极究"欲"及"欲仁"之微言大义,引为门内高深玄学,或几近泰西哲人"我思故我在"之义,深文周纳,迂阔无边矣。

【我欲仁,斯仁至矣】我,日常之我也,代指个个常人之身也;众人修道之事,不同门内教学,亲仁向善则可一体称仁也。庸众之徒,欲中有仁,择善而从即可矣;传道者无需强人专投门下,改以学仁,以免画地自限。后儒好深文周纳者,极攻"我欲"之"欲",巴望"从心所欲"之至境,必使一意一欲于收放之际无不合道归仁,或可形之称儒家之禅宗,甚或能比之谓存在主义之仁人,而自诩所谓"心学"。

陈司败问昭公知礼乎?孔子曰:"知礼。"孔子退,揖巫马期而进之,曰:"吾闻君子不党,君子亦党乎?君取于吴为同姓,谓之吴孟子。君而知礼,孰不知礼?"巫马期以告。子曰:"丘也幸,苟有过,人必知之。"

释读

斯章论公道自在人心之义。传道者或疑门外之徒未学,不仁无德者众,岂可遽称为仁者焉？本章纪陈司败之例而可辟其惑矣。所谓仁者，盖有广义与至义之分：广义者谓天生众人，自亦生其德，何独我有哉！至义者指天资不同，凭知分高下，而有贤与不肖。传道则主及于广义，当先信其必有，而教学主及于至义，故可求之无厌。举陈国之司败（同司寇）而论，虽为门外之徒，亦能知礼明义，分辨是非，即可称仁也；惟门外之徒只知其一，不知其二，仍当徐图教之：所谓礼者，当本乎尊尊之义，无尊而行礼，忠敬则全亡矣，虽行亦非礼；孔子避其君恶，为尊者讳，而陈司败责其佞行，实不知孔子合乎中庸，忠其义而恕其情，旧事不遂，既往不咎也。参前章"我欲仁斯仁至矣"之说，可明本章夫子何以闻人责己，仍能从流自乐之故也。

【君子不党】党，庇荫也，掩护也；君子有德，不当昧于良知而混淆是非，善恶之辨方可不坠焉；陈司败并非孔教中人，而能如是守礼明义，可证天生仁德，不漏一人，固为传道者所乐观者也。然中庸之道行于常变之际，又有"为亲者隐，为尊者讳"之礼义，个中道理并非小学浅学能通，故尔夫子谅之。若尽如陈司败不明中庸，以夫子之"讳"为"党"，轻去上下亲疏之别，或将假善恶之名而毁礼矣。

【取】同"娶"。礼制同姓不娶；鲁国与吴国皆姬姓，鲁君不当娶吴国同姓女子，而鲁昭公竟娶，转氏为姓而文过饰非，非礼也。

子与人歌而善，必使反之，而后和之。

释　读

斯章论礼乐重和之义。礼之成在于乐，所成者莫贵乎"和"也；能明善恶固可称道，而能和善恶方近中庸，譬如"不念旧恶"之恕，或"既往不咎"之谅，或"无道则隐"之忍，若非中庸则必难为之。以中庸之德而小善恶，方契"礼之用，和为贵"之美，深切"和而不同"之义。盖本章弟子所纪夫子所好贵重"和"义，或再喻门外之徒寻常教义，礼乐之制虽有苛繁之嫌，其实乃"和"义之体，故不得轻蔑，若运乎善恶之辨,亦当合礼勿违,譬如夫子为昭公而讳之事例。

【歌】人声之乐,与鼓、管、笙、钟、鼎之乐并谓之"乐"也。盖作"乐"之事起始于君子所用祭礼,礼毕行乐,略分大概:(1)纯以奏乐,如《大夏》《大武》之"乐",奏乐而已,全乐无歌;(2)间或和之以"歌",有所谓"升歌清庙"之说,奏乐者兼歌;(3)及后"乐"事通行于众,又兴和之以"舞",如八佾、四佾之舞,而"歌"亦变"乐"为"曲",乐者、舞者、歌者渐分工不兼;(4)夫"歌"称所谓"曲"者,则主指专从"歌"而配奏之"乐"也。诗作吟诵,曲兴歌唱,礼乐之事遂融乐、诗、歌、舞、曲于一体也。

子曰:"文,莫吾犹人也。躬行君子,则吾未之有得。"

释 读

斯章论知易行难之义。盖知易行难或知难行易,当从中庸之常变而可定论,常时知易行难,而变时知难行易。夫子善于门外门内分行教诲,本章或主及于门内所发之论,盖明仁道务求实行之义;或有闻称其圣贤学者,夫子自谦而道为学重行之常义。

【文,莫吾犹人也】文,治文也,代指"有知"也。为学成知,各分高下,亦无止境,夫子自谦有所不及,不如圣人善人之贤于治文,故本句可读如"吾莫犹人也",犹谓"夸夸其谈,文过我者众也"之语。

【躬行君子,则吾未之有得】躬,身行之形也,代指"力行"也。本句犹言"埋首实行,历久不悔者则我未遇",而喻仁道之要在于"行"也。全句乃谓"文章好过我者众,身体力行者我未见之矣",而叹言过其行之世风也。

子曰:"若圣与仁,则吾岂敢?抑为之不厌,诲人不倦,则可谓云尔已矣。"公西华曰:"正唯弟子不能学也。"

释读

斯章论传道务恒之义。凡传道化人，必当无时不念兹在兹，行之为之，方能有望竟收其功；而愚者可通，不肖能改，冥顽有悔，何其难求哉！盖有知难而退者，或籍口"圣与仁"非己所可及，推卸传道之责，本章夫子自道而诲，或欲缓释之。

【若圣与仁】圣即仁之大成，仁乃圣之常德，二者犹"仁与善"，或"道与义"之说，本为一指而有所侧重，盖"圣与仁"当言与门人之语，而"仁与善"常通乎门内门外，至若"道与义"之语，当主及于外人之论。故本章可归同门传道相论所语。

【为之不厌】传道不厌烦难，中庸之德可为之矣，未必求诸圣贤至仁；若凭"何有可胜于我"之自信，怀"仁道不远"之乐观，以"躬行君子"为楷模，从"贵乎有恒"之教训，教化广众传道之事固可乐之无厌。

【诲人不倦】传道之不倦于诲人，亦中庸之道所可为之者也。庸众智分高下，性有缓急，传道之法因人而宜，敏以求之，不拘一格，或引以学文，或导以行礼，或和以作乐，授受两端必可无倦矣。

子疾病，子路请祷。子曰："有诸？"子路对曰："有之。《诔》曰：'祷尔于上下神祇。'"子曰："丘之祷久矣。"

释读

斯章论问心无愧之义。神明宗敬拜神祇，以为人生由神祇应许，彼可佑护万全，而主修祈祷谓之尽人事焉；人文宗后起力敌神明宗，又派分两道，激进者疑神祇，保守者疑修事，盖孔子循从保守，行中庸之道而远怪力，教人修德而免祈祷，安乐自在于仁义，适其问己即求所谓问心无愧。子路不明宗义，旁求于祷，故本章夫子深叹亦含责诲之意。

【神祇】主天曰神,主地曰祇;两者并指神明,犹"圣与仁"俱至德者。

【祷】通神明而告佑庇也,多行之于求问吉凶预卜未来。盖祷神源起甚古,一统天下,诸夏以殷最兴,至周转重敬鬼;孔子新教偏人文宗,自信有我,求诸在己,遂张仁德,而相抗神明宗;孔子当时两宗强弱立判,神明宗流远积厚,文物势力如祭礼仪礼广行世间,人文宗只得勉力设防,多采孔子所谓"敬而远之"之道,两宗大略尚可相安;及后自强者迭出,拾级而上宏大其势,以人伦敌天理,以技艺斥信仰,以现世为见证,力逼神明宗而相争不休,遂互指欺人,各是其是,各非其非,迄今难合,亦世乱不休之一大由也。

【《诔》】一指生平纪文,犹今所谓讣告之语也;一指方术请祷所得之辞也。本处当指子路请祷方术所获之辞。祷诔属怪力,夫子病笃,子路情急从权以求有慰。门人如此作为,夫子虽恕而亦婉责,嫌子路多此一举耳。

子曰:"奢则不孙,俭则固。与其不孙也,宁固。"

释 读

斯章论仁礼行道中庸之义。盖传道之事主传仁礼,譬如乡宴、祭礼、封赏、服丧、冠冕、明堂、坐车诸礼,必耗费用,直截通众,势成负担,虽合观瞻之美,亦难实行推广;有鉴于此,传道者当两害相权取其轻,择俭而容恕其固,弃奢而驯其不孙。简易其仪,节省其费,仁礼方能出君子而及百姓,民德归厚亦可有凭,盖本章夫子言义之主指也;又或正当变法之世,时风尚奢,富强论始作俑而为害,夫子宁取俭而弃奢,矫枉过正、以毒攻毒,虽无奈而敢壮士断腕,亦中庸之道固有之方,或亦可成一解。二义合解并参,或同归孔教传道变法之志焉。

【不孙】同"不逊"也;孙,顺良义也;不逊,易犯而不让者也。由传道而言,礼奢则不能担之,固难行于广众;由变法而言,礼奢则君用无度,逐利之徒云集,伤义多乱,民必多怨。

【固】自有也,引指清寡,近"陋"之义也。就传道而论,节礼简仪,约费减支,亦不当节用太过,敬从者恐少和乐,亦不甚美焉;就变法而论,精简礼仪,以省用度,薄取于民,亦不当简省近废,尽去其告朔之"饩羊",否则君子不威不重,亦难免乱患。

子曰:"君子坦荡荡,小人长戚戚。"

释 读

斯章论中庸临变不乱之义。从仁道中庸亦可分别君子小人之德:守常应变,君子之德也;逐新好变,小人之德也。邦有道,君子有为于渐变改良也;邦无道,小人造次于妄行乱变也。盖教门人弟子传道及于君子,察颜观色而可辨其德,施以针对教法:譬如君子德者,已归正道,可与语先王上知之道;小人德者尚属门外未学之徒,喻之以常情,诲之以常理,能近取譬或亦可称善。盖本章夫子教人辨识君子一法。

【坦荡荡】坦,平地也,四无围掩也,引指开明义也;荡,大水也;荡荡,大水之波形,动而安之貌也。中庸之德安居乐常,天下无以为敌,遇变亦有新交之乐,待之如宾,而尽地主之谊,犹风行大水,荡荡而已。君子有此德者,其行变法必治之如烹小鲜,能化相敌相离而为相生相成,终归之于"常"也。

【长戚戚】戚戚,忧患沉郁之貌,同凄凄,如所谓坐困愁城;夫"戚"之说,盖源自服丧"杀"亲之制,指无服而哀者,取其"哀"义而形无乐之貌。盖不明仁道中庸者,无安乐之常德,至多从祷于上下神祇,浮浅不定而无主见;如是君子,其行变法必犹小人细民,喜新好奇,放利而争,无事生非,难免乱终耳。

子温而厉,威而不猛,恭而安。

释 读

斯章论德行中庸之义。《易》道入世即谓之中庸,其"中"必蕴有两端,发乎于常变之际,莫不合体适用,始终得正焉:(1)夫"温、不猛、安"三者主指"仁德"之容,而所谓"厉、威、恭"三者殆属"仁礼"之相;(2)仁为礼之"常",礼为仁之"易",有德者常情固安仁乐义,温良让人,兼行其礼;(3)一旦仁道变趋漠然,则又当厉行其礼以救,或威之,或恭之,以儆不肖;(4)德主内,礼主外,内外并运相辅相成而终可归"仁"矣。中庸之德行于为政,自尧舜至周公,其道一以贯之,即礼之所去,刑之所加,恩威并施者也;道行常变如是之义,亦通今所谓法治时代,譬如和平法律,遇危急亦许戒严,中止公民权利,故中庸之道,礼治刑治皆不可违之焉。盖本章门人弟子举夫子而示君子德行之正义。

【温而厉】"温",亲也,和也;"厉",严也,迫人也;当指近亲之德也。近亲以温,亲亲也,和人也;若遇变,不失尊尊之义,必正之以礼,约之以礼,则转温为厉也。

【威而不猛】"威",大势而无可挡者也,庄重义;"猛",凶兽也,凶暴而无可避之者也;当指临下为政之德。君子庄重而令,势不可当,有威乃其常;倘若有令不行,有禁不止,遇变能反躬自省,有过则改,故亦不猛。

【恭而安】敬人谓之恭,乐己谓之安;当指行己之德也。君子明德守礼,重义轻利,夫"安"为其德之常;遇变难逞其志,劝也谏也怀也藏也,必不奸佞暴慢,即转为恭也。

再 按

考诸世界各大文明源流情状,因人种差异、语系隔膜及地理分布,而致生活面貌极大差异,天下全体似呈分散不通之势,至今犹存;若乃质诸形上哲思,世间知识学问无非关乎神我、人我、物我三界,相通实亦不难。神我知识教人信仰,或一神或多神,襄赞灵魂精神独对举世冥然之能;人我知识主教群居相处之道,或伦理或法律,渐远无序相争而趋协力互助之善;物我知识教人科学,奉因果逻辑而证实,可得造物制具无中生有之美。诸夏自孔儒鸣世,本《易》道而攻人我一界,少入神我一界,物我一界几无涉猎;后学广闻博见,遂疑孔教形上学术不能服人,似不足充任文明根本,此说甚嚣尘上,而殆非公允之论。兹举古希腊奥义,比较参读。

表7-1　孔儒《易》道与古希腊哲思之比较

奥义	《易》道		古希腊哲思	
	孔儒		亚里士多德	
神我	太一	天命/仁义	理念	第一推动
	阴阳		运动	
人我	分别	权威/礼义	理性	平等/选举
	和合		感性	
物我	名	二分/明辨	前提	形式逻辑
	实		必然	

诸夏之"太一"及希腊之"理念"均具形上之"实"义,恒常不易,能造万物而非万物之任一;学修达至神我一体之境者,雅典称哲人,孔儒称圣贤,名虽有别,实可一视也。下及于人我之世,二者始行分道:(1)孔子不敢直告形上至义,以为世间中知以下居众,当须谨慎,而传周礼之制,立天命君子至高权威为民德之本;(2)亚氏信人之理性平等,直引上义而入世间,力主哲思精英凭选举当权,最合乎公共福祉。两道政治各从其俗而主和顺,亚氏曰顺智,孔子曰顺德,均以弊轻为利之取法,并不求可尽善尽美于人世者也。第三,及于物我之际,两教知法亦各分高下:亚氏逻辑法唯理性是从,能降感官之扰,深入物理,贡献科学最力;孔子从《易》而行推演大法,所谓中庸之道运乎知法,几犹泰西哲人后世所创"正、反、合"之辩证术,融理性于感性而成其知,主攻人我之世,格物之事并非宗旨,物理之见"差不多"固足也已,浅学不免疑其似是而非。

由是可鉴,圣贤诸教奥义各成一体,固无优劣之分,大同小异,伯仲之间耳;所谓高下有别,盖系于适用得当与否,强运其短,自生难通之弊。

泰伯第八

子曰:"泰伯,其可谓至德也已矣!三以天下让,民无得而称焉。"

释读

斯章论君子贵让之义。君子成德主及于能让,虽临大位之诱而不争夺。自古君位继立,相争成仇之例屡见不鲜,天下不安之患率由此出,礼制虽在而君子无德,不能平息祸乱焉。故君子为学修仁,克己复礼,必以能让而显其至德。盖本章夫子劝君子之让德,征之于古贤。

【泰伯】上古文史相传有不足征者,泰伯奔吴为一例。盖周原处草原牧族,久浸夷狄选贤任能之俗,例行合族公议之制,泰伯之所以"让",究属自退抑为不能,或可存疑,是为一问也。又自西方周原远奔东方吴邑,迈越殷都,擅徙藩邦,泰伯私奔竟能轻易为之,岂无怪乎?是为另一问也。若佐《竹书纪年》以参,尧并非禅让舜,而为舜夺之于尧子丹朱,继立之事虽尧舜亦不免争夺,尤合乎常理。再观后世夷狄雄主成吉思汗,长子远封而幼子守土,三子以贤继立,次子则监国,所行分封继法,未必大汗独出心裁而无渊源之举。由是溯源古公亶父,似当推测泰伯身为长子,所负之责或犹蒙古术赤,所谓"奔吴"即远征吴邑之转说,虽文献不足征,循理似可猜测。孔儒以史传经,不免附会教义而造史,如本章欲立"让"为至德,而美泰伯奔吴之事。

【三以天下让】三为虚指,盖美泰伯之多让也。史传泰伯之让有二,一让季历及昌(文王),周室终取商而王天下;二让仲雍于吴,兄终弟及。或曰当太王欲传其位时,泰伯有不领代商之志,故又多一让于殷商,凑成三让天下之说。

【民无得而称焉】民虽有未得其治之憾,仍感念称道不已。君子服义而不争,天下得望太平;让者已逝,其德恒存,后世所念念不忘者,非其让也,乃其德也;是类君子泰伯以后几希矣,故孔子论教已无可取例于当世。

子曰:"恭而无礼则劳,慎而无礼则葸,勇而无礼则乱,直而无礼则绞。君子笃于亲,则民兴于仁;故旧不遗,则民不偷。"

释 读

斯章论仁礼善约之义。盖学仁修德之常道,君子当守礼,细民重奉义,不可相混而论焉。譬如细民求富可为执御之事,君子则断然不许;细民或可暴虎冯河以逞勇,而君子必不能为之;能守礼者,虽如管仲私德有亏,亦无伤大雅。或有疑者,以为仁教崇礼太过,有德君子未必汲汲于礼教,盖本章夫子辟之。又,或以为本章错简,后节似当与上节断分,应另成一章。兹不从其说,因前后节义并非相离,固能贯通:孔教主德为礼本,而教君子则反,主以礼约德,出于君子所负之命非比寻常。观本章全义,前节主指无礼而德失之害,后节主指有约则德广之利,诚可不必断读。

【恭而无礼则劳】劳,累身也。本句指亲力亲为,徒劳无益。是类君子事必躬亲,犹今所谓不善管理者也。

【慎而无礼则葸】葸,草之衰貌也,引指无勇、胆怯也。本句指一味怕事,安于苟且。是类君子忍让无边,得过且过,犹今所谓混日子者也。

【勇而无礼则乱】指好事者也。是类君子无惧于争,四处树敌,强逞己志,似惟恐天下不乱者也。

【直而无礼则绞】绞,截切也,引指急切义也;直者善恶分明,然若不周无审,行事多不克喜怒,好求立杆见影之效。是类君子或好心办坏事,或欲速则不达,犹今所谓无谋略者也。

【君子笃于亲,则民兴于仁】君子行礼之德莫过于行孝,以笃亲而喻礼为君德之本。君子之德运乎为政，施行礼治，即所谓"道之以德，齐之以礼"者也，民德归厚自可期矣。

【故旧不遗，则民不偷】所谓故旧者，多为统属之近人，礼制之亲人；君子无私交，所多者故旧而已，上下尊卑一体同心，有难同当，有福同享，不做所谓过河拆桥之事。取"故旧不遗"而形为政宽厚，天下亦犹一家，民又何必偷耶？盖上句主指君子守礼即为天下归德之本，本句主指君子礼厚即为民德归厚之道，两句合参则可明君子之德主成于礼治之义，不当与细民同教，否则难免前述四德之失。

曾子有疾，召门生弟子曰："启予足！启予手！《诗》云：'战战兢兢，如临深渊，如履薄冰。'而今而后，吾知免夫！小子！"

释 读

斯章论守礼有恒之义。君子守礼，务必有恒，譬如手足，死而后已。人我之世，无礼而行，其犹临深履薄之危殆，曾子识见如是，几近今所谓悲观论者：以为人生顺利不过侥幸获得，心存畏惧，克己复礼，方能得活。后世有非孔教者，只怪其礼烦害人，未尝深味世况，实浅薄图乐之议，多不值一哂。圣贤诸教立说救人，全以现世悲哀为起始，而求诸永恒之境；孔门不言来世，亦同见世间苦难之真相，本章曾子所语诚可为证：行此险恶无趣之世，教人守礼如命，或许乐在其中矣。

【战战兢兢】形人之畏惧貌也；畏惧而自持不倒，谓之"战战兢兢"，若倒下则谓之"崩溃"。世道险恶犹如深渊，又似薄冰，人生岂能不战兢惶恐？君子克己复礼，自缚手足而博施于人，虽现世不美，亦自有其无以尚之之乐也。

泰伯第八

曾子有疾，孟敬子问之。曾子言曰："鸟之将死，其鸣也哀；人之将死，其言也善。君子所贵乎道者三：动容貌，斯远暴慢矣；正颜色，斯近信矣；出辞气，斯远鄙倍矣。笾豆之事，则有司存。"

释 读

斯章论善行礼治之义。君子为政当奉礼治，而礼治之道要或无外乎三指：一曰正己，二曰正人，三曰正位。盖孟敬子为政不得要领，临朝或甚嬉荒，曾子直言衷告。

【动容貌】容貌，身行也，如举止进退者也；动容貌，即正己之事也，主指尊严勿失之义。君子不威则不重，臣下自大轻之，视若无主，则政恐归无主也。今人或以为民主政治可勿庸理会此义，其实不然：礼制之政决于君主，民主之政决于规则，或君主或规则，必当示其威重，虽时情有变，而政理一也。

【远暴慢】暴，性烈也，好任意凭力而犯或违也；慢，性散也，怠慢无礼也。君子正己，可加威重，臣下必少暴慢无礼；移之于今时，或示威或罢工，务求得逞，即属暴慢，为政者当依法处置，以理服人，即合所谓"动容貌"之义而尊严加身，可免"会哭的小儿有奶吃"之弊。

【正颜色】正，更正也；颜色，犹今所谓情绪也；正颜色，亦正己之事，主指好恶不形于色之义也。君子不可喜怒无常，必示人以恒德之貌，奉义从理，言而有信。

【出辞气】出，"令"之发也；辞气，文也，雅言也；出辞气，主指正人之事，谓君子发令出命，当求每字明晰通顺，义理分明。君子政命若不雅难通，臣下必无所措足，不能施行，或贻笑大方，置之不理，皆难以正人焉。

【鄙倍】鄙，远域僻地也，较"野"尤远，引指贱视义也；倍，同"背"也。政令措辞无当不雅，招人鄙视不从，固在所难免矣。

【笾豆之事，则有司存】笾，竹制盛物礼器；豆，木制盛物礼器；祭礼放置笾豆之事，归有司负责，并非行祭主人所当为。以笾豆之事而喻正位之义，为政之道当各司其职，不在其位，不谋其政，不可越俎代庖，科层制管理法也。

再 读论语

曾子曰:"以能问于不能,以多问于寡,有若无,实若虚,犯而不校,昔者吾友尝从事于斯矣。"

释 读

斯章论礼近乎有德之义。从孔教之常义,贵乎仁德,而以礼仪为次,由是多辨善恶而少宽容,相分敌我,不共戴天,殆为世人学修小成之通弊。孔子于互乡童子一章所言"与其进也,不与其退也;与其洁也,不保其往也"之义,即儆门人是类小德自狂之妄行。反观曾子当时,诸夏根本在于周礼,若乃明善恶而不容情,必借口狂狷小德而欲毁礼。是故大德君子,当一视同仁而行礼,平等施及于善者恶者,而不能轻从己德径自变废常礼,譬如今时舆论,虽以尊重妇女权利为德,亦不可强迫全职太太从业。常礼近乎仁德,学修者必修德如斯,方近至德者也;盖曾子重礼,以行礼为修德之要,或于暮年怀念颜回,借以发其世道失礼之叹。

【以能问于不能】指贤者就教于不贤者。仁教分人重知不重礼,然成大德者行礼如仪,虽知其不能,而不昧请教,后句"以多问于寡"亦然。德存于己身,礼行及众人,两事明别不浑,是为大知者也。

【犯而不校】校,古之枷械也,延伸则指正责之义也,此处当犹今所谓计较。不能者、寡知者反好逞能强说,固不免冒犯之处,有德者亦必自谦能容,以为当然之事,即前句"有若无,实若虚"之义,可谓克己复礼之莫大功德。颜回守礼如是之功德,迹近有今所谓"我不同意你的观点,但捍卫你说话的权利"之美。

曾子曰:"可以托六尺之孤,可以寄百里之命,临大节而不可夺也。君子人与?君子人也。"

释 读

斯章论仁礼忠信必同大德之义。君子修德倘若轻礼,或近似无源之水,无本之末,本章可见,盖孔子仁教传至曾子已趣礼教矣。仁礼贵在实行,方可维其不坠,古有管仲所立四维,后有曾子忠信之义,皆主"行"以成其德。变乱之世,夫"知"难而"行"实亦不易,故曾子继孔而侧重于"行",从"智、仁、勇"转说德行之义:行礼不违亦大成至德也。

【托六尺之孤】举足一步而为六尺;丧父母者谓之孤;六尺之孤即指年幼孤儿。托孤之事,莫甚于辅佐年幼继立之君,所托者实天下社稷,而竟愿相托付与,世所罕遇之忠信者也,非德才兼备不能为之,自古无非伯益、伊尹、周公廖廖几人而已。盖曾子以此而喻"智、仁、勇"三德俱全者也。

【寄百里之命】百里为都,当指天子诸侯社稷之所在。以百里之命而喻国之根本,所负重责大任之极者也。承命者佐君卫国,必忠信之至矣,"智、仁、勇"三德若失其一,殊难寄所望;寄命或略逊托孤,以君仍在故,尚有监管,忠信未必出于至德;是类君子或管仲、子产可当也。

【临大节而不可夺】所谓大节,盖指常道遇变,犹竹所生之"节"形,以此而喻相应之德;夺,外力强取而失之者也,或为力弱,或因志堕,形以德行之貌,主指其志恒坚。有德者临大节而呈刚勇,所谓高风亮节,轻易不能摧折;忠信之德行于应变,所遇渐变或多生小节,而克大难之变则生大节,屈服不守则谓之失节;忠信成节固为常德之义,尤以大节为贵,是类君子虽不比托孤寄命之德,亦足当寻常意外之任,譬如子路。

曾子曰:"士不可以不弘毅,任重而道远。仁以为己任,不亦重乎?死而后已,不亦远乎?"

释 读

斯章论仁道即德之义。仁道及众,行之成德;孔子以中庸而代称《易》道,主"人外无道,道外无人"兴立仁教,或曾子深运其说而复尊礼教,近乎以礼为德,犹言"礼外无德,德外无礼"以求实行。盖孔子仁教仍贵私德,已身亦可保有安乐，而曾子益进，似欲去公私之别，唯公德而可称仁德矣；故主说"弘毅"而去"用藏"之择，已不许德行逃出礼网之外。由是曾子礼教所谓仁道归仁礼矣，能全仁礼者即成仁德者也。孔教传承相因经曾子一变，引道入礼，成德于礼，更远《易》理，仁义再难出世望天，只得局促周旋于现世人生，是为后来加重所致。

【弘毅】弘，光大也；毅，强韧也。弘毅者，其志有为也，其重实行也，其求及众也，合可名之曰传道；传道之大又莫过于仁政德政，即政教合一之礼治也。后儒承曾子教诲，纷以"弘毅"为求仕进身之勉，不得已而以教学为次。

【任重而道远】弘毅者既远《易》道，唯人生现世而求，则一己之身宛若扁舟浮海，自生任重道远之谦卑矣。由弘毅而生谦卑，由谦卑再务求弘毅，有为者之逻辑闭环往复，仁德演化或难免近亲繁殖，虽种下龙种而终收获跳蚤。譬如弘毅论者起初信奉"虽千万人吾往矣"而已，后世光大至极竟放言"宁可我负天下，不可天下负我"之邪说，则属"弘毅"过甚；深究其由，盖因后句"仁以为己任"所致：学者误运神我之际所成之德而直入人我之世，一旦神明漠然不见，所谓谦卑殆为隐忍之倨傲，所谓有为，实亦功名之贪婪；自诩弘毅之任意妄行，遂可不知伊于胡底。

子曰："兴于《诗》，立于礼。成于乐。"

释 读

斯章论仁礼本源之义。孔子新兴仁教，立教义源起自《诗》始，从而挥别旧义种种，诸如《易》之天命论，《三坟》之帝制论，卜筮之方术论。或当时诸子已各说礼治之义，盖本章夫子正本清源而论仁礼。

【兴于《诗》】《诗》主记人事世情，故以《诗》可喻仁道即人道之义也。人道行世分有善恶，《诗》以文而明之，教人能识能辨能择，世间根本归于无邪，可期天下兴仁而邦亦有道矣。然若知从《诗》得，则《易》可安于何处哉？盖孔子以为

《诗》为《易》之已成,《易》为《诗》之未成,人道本于《诗》即可,不必极求《易》道,而坏中庸之知。

【立于礼】仁道行世,不能无礼;道之于礼,犹用之于器,器用相合不背称善,道存乎礼方可称仁。礼为道之体,道为礼之用,则仁道礼教犹今所谓乐观面对现实者,满怀信心务求有为于改良,不屑虚掷光阴之消极无为。盖夫子此说为曾子崇礼之由也。

【成于乐】夫"礼"犹今所谓现实,而"乐"犹今所谓理想;现实者,听天由命不从人,人道无奈而必受;理想者,虽羡求而至为难得,亦人道有望之慰藉。人道所望之众归无过于"乐",而独乐非礼,不合仁道正义,故孔教所谓"乐"必指"众乐"之义;而"众乐"之难,以"和而不同"最难,而"和而不同"之所以难,又在克己复礼之难为,推及根本乃不明中庸。弘毅者务本以求,自《诗》始知,从礼而行,积善成仁而造众乐之境,方可不中亦不远耶。

子曰:"民可使由之,不可使知之。"

释　读

斯章论礼治无疑之义。礼治牧民,其妙用可使民众盲从无疑,无令不行,无禁不止,盖礼治重信守义,固勿庸细民置喙,此为邀其美义之一解也。礼治不使民有知,乃出于"中等以下不可语之"之至诚,君子仁德有信,役使下民即可,不当无事生非,徒添扰攘。盖政事与教化毕竟两道,夫"行"与"知"虽同归而殊途,若欲同心协力非"知"可至,惟"信"能成,每临大事可从权不告,此为附会应变义之二解也。从本语之表义而读,为政之礼可不避愚民,合乎"惟上知与下愚不移"之常见。后世非孔者极恨是语,以为诸夏礼治虚伪、愚民误事之渊薮,而无视其义或亦合理,譬如两国交恶,可不论是非而令民必效忠于己邦,从表义而斥孔教愚民可为本章之第三解,亦后世常解之义。后儒不信孔子立愚民之说,多端缓频而抚学者今人,指全句当读如"民可使,由之;不可使,知之"而解,亦甚精当,可为本章之四解也。

【由之】若依常行之句读法，则主指使民信服也，顺从也。若依"民可使，由之"之句读法，则指顺使之义，循例勿扰；盖教为政者使民以时，不当强凌以役。

【知之】常用句读之义，当主指知其所以然之"知"也，以求下知能明上知之义，非合教化循序之理，故礼治之政不当为之。若断句读如"不可使，知之"作解，其义当为"何以故"之"知"也；若民不可使，为政者当反躬自省，体察民意，则尽去愚民之味矣。

子曰："好勇疾贫，乱也。人而不仁，疾之已甚，乱也。"

释读

斯章论世乱当分表里之义。世人所见之乱，无非好争不让，贪逐私利之行，止于表面之乱相耳；之所以世乱，深探其本其源，乃为人不修仁德，为政不从礼治所由以也。或论及世论，人忧好勇疾贫之乱，而本章夫子则忧其乱之本，终归礼治方能釜底抽薪，长治久安。

【好勇疾贫】好勇者，尚武好斗也；疾贫者，唯利是从也。其形个人之德，下知者也；其形为政之道，亦小人之流。仁道不张，及于细民则多好争利，及于为政则小人图强，天下固难太平和乐。

【人而不仁，疾之已甚】疾，恨恶也。本句犹言"非但不仁，反尤恶仁人"，似指不仁之徒不知检点，变本加厉，或排挤或陷害仁教门人。好勇疾贫之表征，实由不仁害仁造成；盖恶攻仁教礼治之说，时或以富强论为甚，夫子以为乱源之大者也。

子曰："如有周公之才之美，使骄且吝，其余不足观也已。"

泰伯 第八

释 读

斯章论礼治重德之义。礼制天命，人虽无奈而能见其弊端；依孔门之见，若非克己复礼而成德，难以成全礼制之美善。天命贵种，易生骄吝，只顾独享其乐，不理他人疾苦，势成孤家寡人而无以和众。为政者固当德才兼备，倘以先后轻重而论，礼治之政当先取德贤，尔后再论才美。或以为治乱世当取才美者，盖本章夫子辟之而求克己复礼之仁德也。

【使骄且吝】犹言假使又骄又吝。高人之姿曰骄，口惠而实不至曰吝；骄吝者，礼制君子之通弊也，必克己复礼而修德，方能伏之于亡。

【其余不足观也已】居君子之位，而无君子之德，虽才华横溢如周公，必不能期其一饭三吐哺，甚或反而推波助澜，好勇疾贫无已。盖夫子以为当时世乱之源乃仁德不足，非才美不够，而主以德为先，后儒墨守成说，固执礼制之德，而刻意屈才疑贤，亦甚不足观也。

子曰："三年学，不至于谷，不易得也。"

释 读

斯章论从学而仕之义。孔子直言其教主旨，教士人以从仕为业。有文史研究推测，周室设官分掌六经，及至春秋，诸夏家国简易其制，儒者多主司徒选贤任能之职，为吏部之祖源；孔子承儒为业，其教亦可称为儒教，犹今所谓实务培训体系，甚少形上知识，而主训实行之义；子夏领会师教至深，故以"学而优则仕"相续传人。本章因无前后事理相托，文义分歧多解：(1)或谓夫子称人好学难得，学有三年而未尝起意求仕；(2)或猜夫子告人仁教之妙，夸口入学三年盖可从政矣；(3)或断夫子叹责某门人学无长进，三年无所成就。若从本篇似曾子门人所记之说，参前数章主论礼治之义，兹推测本章或由"人而不仁，疾之已甚"之患起，再及于"骄吝"之失德无修，而示本门扶危救乱之能，故采上述之第(2)

解为正义可也,即孔子自信入本门三年可有从政之德。

【谷】禄也,仕职也,此当指从政之德,犹今所谓任职资格。凡入学三年者,经克己复礼之教,必仁德略成,所谓好勇、疾恶、骄吝之类通弊已伏难张矣,诚可充公职之任,亦足济礼治之用。世乱情急,夸口自诩,而鼓本门志气,亦君子从权宜为之举,似又合"民可使由之,不可使知之"之道,有德者固有劝学之良心权术。

子曰:"笃信好学,守死善道。危邦不入,乱邦不居。天下有道则见,无道则隐。邦有道,贫且贱焉,耻也;邦无道,富且贵焉,耻也。"

释 读

斯章论学礼成德之义。学礼成德,常人之道,所成之德,虽难及先圣,亦近乎仁德,天下归仁可期焉。或论及学礼成德之修,盖本章夫子或劝学本门而陈礼德之妙要。

【笃信好学,守死善道】笃信古之前定,好学中庸之义,知者之相也;守死善道,从善如流,里仁而居,德者之相也。盖学修由知成德,及于常人中知,乃成其"立于礼"之知也,如《诗》《礼》《乐》诸文;又其所成之德,乃"成于乐"之德也,不惰无违而守,如"智、仁、勇"所化之忠信、有恒、弘毅、谦让诸义。中人之德广,天下则仁厚,礼德之美虽不比圣德,亦不远矣。

【危邦不入,乱邦不居】善察大势之义,有德者运其"知"也。礼德存身,适之求禄,能辨能择,不图现前而谋长远,以免蠢鸟觅食,自投罗网。当时诸夏家国,良莠殊分,求贤若渴,夫子深海士人当凭学礼之见识,辨地利,审其道,无礼为危,废礼为乱,切勿错踏从政大业第一步。

【天下有道则见,无道则隐】善择进退之义,有德者运其"德"也。礼德主求弘毅有为于天下,亦当知有所止,有所为而有所不为。诸夏各邦其情尚可,志士固当行以取舍,若已俱归无道废礼,则近往乎亡天下矣,譬如身处桀纣之世也。此际之志士,凡有为者实助为虐之凶顽,学礼之士良心未泯,必不肯为天下敌,定当怀而隐去也。

【邦有道,贫且贱焉,耻也】善成其志之义,有德者运其"能"也。从有道者,而又无所作为,近乎下知愚者也,固当有耻也;学礼不降其志,自强不息,力求上进于贤,可免耻辱也。德才兼备之说,盖夫子常义当指重德而勿轻才,于世变之际方主德义,恐以才害德而转生奸佞,本句可为一证。后儒少才,好赚口角之利,沽名钓誉,不以为耻,亦有违祖训。

【邦无道,富且贵焉,耻也】善全其德之义,有德者运其"道"也。事于邦国,其治变趋无道,士人或难力挽,亦非可轻易退出,若欲保身与存德之两全,局外旁观定不知其"无耻"之苦衷;然学礼明礼者可得其道,乃隐怀舍藏也,不肯沉滢一气、同流合污,大可安于无名无利。盖孔子以为学礼者于危乱之邦,似亦可不避黄老无为放逸之道。

子曰:"不在其位,不谋其政。"

释　读

斯章论礼治设序之义。盖本章仍为劝学仁礼之说,而立此礼治之广义于后世。孔子学礼从政之通义,诸夏无论有道无道,不特可行于百世之长治,抑为历代择贤任能之首选,何以故?曰:以其乃合政府机构设置之常理也。盖孔教之所以常盛不衰,于其义理、修身之道妙外,亦根本得益从礼制而化成之政府组织形式,为秩序与效率两者兼顾最优者。差等设级于人,理事设司于政。天子诸侯所谓有道无道之分,士人若退而保其食禄,大可中立于本职,而远政争之患。由是或可深味上章"邦有道邦无道"之旨义:学礼用广,邦若有道则许其从政争位,邦若无道亦可中立无涉,保身存德庶几可两全矣。本章夫子乃通诲安分本分之义也。

【不在其位，不谋其政】狭义而解甚难，因语境已不可考。或作当时如季氏者流欲问政于孔子，其婉言推辞而解；后儒奉为教条而解本句，主指安分守己之私德，其义亦难服当今世人矣；若运广于今之所谓法人机构，则本章训义犹活，适该机构以上临下，亦不可逾越授权治事，尤不当自赋其权。

子曰："师挚之始，《关雎》之乱，洋洋乎！盈耳哉。"

释 读

斯章论礼治和乐之义。君子主礼乐，礼治通和乐，故本章以礼乐而喻为政之义也。盖时鲁君为政之道已失，言议纷纷，而孔子似充耳未闻，反高论师挚之乐，乃依礼为尊者讳也，不直斥而旁击之；后儒常用此法隐刺政治，亦承礼祖传焉。

【师挚】鲁国乐师名挚，盖其乐非正音也。
【乱】乐之终章，或辞赋之末节。明言乐之终章，实指鲁君乱礼，夫子盈耳充闻，忍无可忍，讳以赏乐之论而讽君政之失。后儒有解本章之义，谓指夫子游历归鲁教礼正乐之事，故其所言纯为赏乐之论，"洋洋乎盈耳"乃形得享其成之貌，以史证经又以经传史，甚为相混牵强，今不采。

子曰："狂而不直，侗而不愿，悾悾而不信，吾不知之矣。"

释 读

斯章论礼治先求礼德之义。君子以礼约德而成礼德，礼治方可有望；若不从礼约德，自以为是，礼治则无所寄托矣。盖可参上章义并解，或谓鲁君有失，夫子先以乐之不正讳言，尔后再另起他由而径议君德，婉转一圈，颇似难忍而直斥鲁君之非。

【狂而不直】狂,凶兽也,似另一名"猛"之兽,代形凶暴凌人也。狂者尽逞己意,目中无人,自高天下,当为"骄"者之极,君主天生之性盖多是类也。若以礼约之,正其志,直其道,则可为天下众望,譬如齐桓晋文;若无礼约,由性成德,暴慢无疆,则可为天下公敌,譬如夏桀殷纣。鲁为小国,鲁君若狂而不直,或止令人侧目耳。

【侗而不愿】侗,未开化者,无知也;愿,求也,喻志也。侗者孤陋寡闻,从礼好学方能救之;若不肯明礼志学,自骄自傲,以其昏昏使人昭昭,则无可救药矣。侗而不愿,迹近边鄙夷狄之性;鲁君倘如是类,则斯文扫地矣。

【悾悾而不信】悾,少知也,或比"侗"稍优。悾悾者虽略知一二,然玩弄词藻,自欺欺人,亦今所谓耍小聪明者也。盖悾悾者之知不从中庸,嫌仁道迂阔乏味,而喜新逐异,好方术小技,无事生非,若真指鲁君有此弊,则邦乱或不远矣。

子曰:"学如不及,犹恐失之。"

释 读

斯章论礼教好学之义。从礼而学,幼童入小学,成人入大学,自古设学办教之成例;礼教兴学,其义如命,而为求诸在己之道,已非应付父母他人之差事,所谓好学者,必也能战战兢兢,唯恐学无所成。或言及劝学,而问礼教学法,盖本章夫子告以好学之义。又,本句型若另取一字代"学"而试,如言"食如不及,犹恐失之",或"取如不及,犹恐失之"等等急求之义,当知"学"义最美,夫子劝学善诱之道至矣。

【学如不及】犹言来不及学也,以表迫切之情;学者可参"朝闻道,夕死可矣"之义。礼教中人,学如饮食,攸关其命,故好学者当犹饥渴加身,迫不急待;若似悾悾者、侗者、狂者之类,则虽在学,难免得过且过,三天打鱼两天晒网,或见异思迁,不屑于学。

【犹恐失之】犹言惟恐有失也;可参"学而时习之,不亦说乎"之义。学从礼教，固有妙善，如人食髓，其味自知，故好学者可食无求饱、居无求安而无已，甚或有三月不知肉味之乐；不得其乐而自外于礼教者，深陷"不直、不愿、不信"之愚，正不知其可也乎。

子曰："巍巍乎！舜禹之有天下也，而不与焉。"

释读

斯章论礼德近乎仁德之义。君子常人成于礼德，若能学修不懈，盖可比诸圣贤之仁德；仁德厚蓄而隐乎内，惟圣人发之能显其大，而有巍巍高山小天下之极形，君子修成礼德可得远望。盖本章孔子举舜禹而勉好学者，若恒从礼教而修，必有近乎圣贤之大成。

【巍巍】近天之高也。以山高而喻至德之盛，常人或无以显之，而君王如舜禹，其位亦巍巍之高，德配其位，至德由是大见于天下。

【不与】不与己也，让也。有天下而不传己，即不视天下为己有，若非所谓"天下为公"之德，岂肯让天下乎？孔子传史证经之道，或图理想政治行世，故多隐讳其实。遍观当时天下君子，争夺不休、成王败寇为之常，几无相让不取、全身而退之特例。孔教信古而奉《春秋》，不疑前定之史说，虽一厢情愿而亦当领其美意；后世读了《竹书纪年》，虽以经史有别为宜，史归史，经归经，然亦须明其苦心，史或不美亦无伤其经义耶。

子曰："大哉尧之为君也！巍巍乎！唯天为大，唯尧则之。荡荡乎！民无能名焉。巍巍乎！其有成功也；焕乎，其有文章！"

释读

斯章论圣德尽善尽美之义。传道之法或通今所谓推销术，劝学常人明言大利即可,若遇行家反复质证,逼不得已方引至堂奥深处,现镇宅之宝而令对手心悦诚服。礼德成于人道,圣德臻于天道,孔子仁教罕言天道,并非无有焉,乃行中庸故也。礼德之极能让天下,圣贤至德则能正天下;或有疑者以其说平淡不愿敬服,盖本章孔子举尧之例而示,尽呈圣德齐天之盛容。

【唯尧则之】则,削齐也,归正之义也。则之,即立法定制,开天辟地之事也。盖尧所"则"者,作礼制也,故尧之于诸夏,天下生民之初祖也;因其所"则",得明天理,底定世间人伦福祉,天下始可传焉。孔子时尧为祖源,三皇五帝之说或尚未问世。

【民无能名焉】圣德作礼,譬如天水浩荡,周流不息,润而无声,得之不觉其有,失之万事皆休,圣德无名,乃无以尚之故由也。盖夫子以荡荡之水而喻圣德流深,释人罕言圣德之所以。

【其有成功乎】礼制既成,保传世代,繁衍四方,天下功德无越乎此矣。以巍巍高山而喻圣德功大,喻圣德可望不可及,好学者当千里之行,始于足下,恒修礼德为上。

【焕乎,其有文章】焕,日光也;文章即经典也,喻教化也。以日焕之光而喻先贤经典教化之功,则文章之于人道犹如日月之光照天地,亦恒久不易者也。圣德无言如水,自在如山,光耀如日,非上知岂可明乎?又岂容背乎?圣德化成礼德而献常人,行之足矣,故不当再疑。

舜有臣五人而天下治。武王曰:"予有乱臣十人。"孔子曰:"才难,不其然乎?唐虞之际,于斯为盛。有妇人焉,九人而已。三分天下有其二,以服事殷。周之德,其可谓至德也已矣。"

释 读

斯章论圣德任贤之义。本章又以史论经,读经者由以传史,孔儒经史相混不分再无可疑矣。治世之贤臣,治乱之能臣,皆当才美卓越,而又必以圣主有德为前提。圣主无德,虽臣子有周公之才之美,亦难免"造次必于斯,颠沛必于斯"也。盖德才兼备之义,孔子不限于一己之修,尤求君王成德为先,大臣则以贤能为先,天下方可称德才兼备;或当世君主德衰,天下贤贤求全责备,欲大臣士人德才兼备于一身,已远先王之道,盖本章夫子怀旧而讽今也。

【舜有臣五人】传舜时五大贤臣有名:禹治水,稷稼穑,契历法,皋陶制狱,伯益作井。察诸成功之事,并无征伐武功,天下有道之世也,即所谓太平世或治世。

【予有乱臣十人】予,武王自称"予",而不称"朕"之类,若考诸内亚文字或可一证,此"予"字乃原始自称,抑为周史官后纪加名所为。乱臣,所谓乱臣当指治乱之臣,夫"乱"同"治"也,武王克殷,以臣夺位,君臣实乃殷商之乱臣,武王从礼自谦而称,而天下人不以为然,殆周自太王及文王累有至德故也。传周武王时有以周公为首十大贤臣,武王夫人邑姜贤于内,孔子只计其九人。武王之臣含文治亦包武功,以属国讨伐主君,虽有德而无礼,固逊于舜治。武王相因非礼,而失礼之治则需多添人手帮忙,盖亦孔儒常惜其美中不足之大端也。(【妇人】盖指武王夫人邑姜,太公姜尚之女。周公制礼已别男女,妇德主内,从夫从子,不当显名于外。孔子从周公之礼,不从武王之说,亦隐刺武王失礼。)

【三分天下有其二】太王居于周原,自季历至文王,潜移默化而扩大,殷之天下三分有其二;殷纣屡难而文王不反,是谓圣德之能忍让者也。扬舜而抑武之论亦不合周礼,孔子遽入讳饰,转称武王先祖之德厚。

子曰:"禹,吾无间然矣。菲饮食,而致孝乎鬼神;恶衣服,而致美乎黻冕;卑宫室,而尽力乎沟洫。禹,吾无间然矣。"

释读

斯章论圣德为治之义。先王圣德之治,殆无以尚之,子贡所谓"博施于民而能济众"或可喻其善美之一二;极尽称颂之能而广传于世者,当以本章所语最

泰伯第八

胜。孔子举禹之饮食、衣服、居室等寻常诸事而论,以小见大、见微知著,众志遂神往焉。

【无间然】间,隙缝也,引指或有可议之处也;无间然,亦今所谓无可挑剔者也。人非圣贤,孰能无过,虽管仲亦有器小不检之失,何况君子常人;人或以为借口,自甘无为,不思进取,故夫子举禹而证圣德实有,亦非虚幻,不离日常所行之事。

【菲饮食,而致孝乎鬼神】菲,少也,薄也。君子享美食,礼德所容而圣德弃之,甘愿移之而行祭礼,敬鬼神而去己欲,深合惟天为大之义。

【恶衣服,而致美乎黻冕】黻,黼黻也,周礼朝堂官阶最次等所服者;冕,冠冕也,礼制官帽之最次等者。黻冕指臣官也。君王圣德无我,敝衣而省以美官服,乃贤贤济众之义也。

【卑宫室,而尽力乎沟洫】卑,下也,次也;田间水道,排水曰"沟",引水曰"洫"("洫"或同"蓄")。先康功农功而不兴宫室,用度俭约,省以公益,亦所谓"有天下者而不与己"者也。圣德之治如舜,不取而予,或取之于民用之于民,几似有今所谓"未经许可之纳税即为暴政"之自觉。

再 按

《论语》纪文不易,每篇各章为一句或数句,皆日用之常字,而为俗语之雅言,其简流传历代固有损益,若非归入宗旨主题,殊难明各章何以成篇,各句又岂可入章邪?后儒尊孔而传微言大义,迭加考证训诂,不敢梳理分析,犹恐亵渎圣典,固多教条自缚,止足于搜书觅佚,求全一句之疑阙,今人尤难得其要领,误以为不过尔尔。幸遇今时哲学发达,通辨之见能助学者运思理解,可略其斤斤之分,得其大略之合,而会其章句之同因共指。兹略汇总前八篇,概述孔子教义之分要,融通各篇编纂之提纲,读者或可免孤赏章句之陷。

学而第一篇:主为劝学也。立志向学,开化文明,当时或非主流,今世远域部落居民之情状或可类比。故孔教切小学所服之义,譬如民德归厚,以和为贵,而劝学有余力之家庭子弟续入大学,虽耗岁月财力,凭为学行世者,终可获根本之美善。

为政第二篇:通论大学之义也。大学之美善,务本之功德,人生诸伦从此绵延久存,十世可知而百代不绝。譬如修身明德能至于"思无邪",齐家守礼必敬服孝弟,为政道之以德,犹居北辰焉。铺陈如是之义,舍大学何可得之耶?志士有为岂能不学乎?

八佾第三篇:主为崇礼之论也。诸夏之本在于礼,故可别于夷狄。周礼承夏殷两代损益,复兴完备,乃天下理所当然之序,虽管仲之盛亦相形见绌,不过小器耳。不从周礼,天下既不能美,亦无以为善。

里仁第四篇:主为立德之论也。德为礼之本,礼为德之用。仁德主克己,及于修身可制私欲好恶,行及于人可辨义利,至于为政则可让国,由是周礼可安,利益天下。

公冶长第五篇:主为道行之论也。志士有为,其行必当合乎中庸之道;中庸之道所成之知,明辨两端而执其"中",无惑于贤与佞、欲与刚、名与实、我与人诸义;中庸之道所成之德,乃仁德也,别于《易》道之老氏方术,而求验证于世人,即以"老者安之,朋友信之,少者怀之"为归。

雍也第六篇:主为贤贤之论也。德与道既明,周礼贤贤之义亦作翻新,务求为政别开生面,拓广贤路。君子一端,当从中庸之道而治,文质彬彬,守礼通情,任贤莫限于出身;士人一端,奉义而择,有为尽求,当为君子儒,勿为小人儒。君子士人共修仁德,同赴仁道,仁政德政之治也,虽尧舜或亦有所不及。

述而第七篇:主论善教也。师者,以传道为尚也;所传之道,又当以文武周公为本,兼从《易》道,有教无类,不语怪力。教法当重启发,善琢磨,言传与身教并举,必令学者自得方罢。为师述而不作,温故知新,善教如是,岂远天下之"木铎"哉?

泰伯第八篇:主论善学也。学问得之于后天者,笃信先知曰学,守礼不违曰学,为仕从政曰学;善学者勤学不惰,知仁勇三义并修,若至大成,可辨有道无道,诚能弘道死守,人愿托孤寄命。学者弘毅守道,精进无已,善学如是,岂非治世之能臣欤?

泰 伯 第 八

前十篇之编纂至此呈现系统,后两篇之"子罕第九"盖与当时他教分证,主述成德以卫道,而"乡党第十"诚为"三礼"之经说,假孔子名而言君子礼仪。全语各篇纲要既出,各章之论可得所归,前后相近之句义遂免循环重复,读者今人或可不嫌孔子啰嗦唠叨矣。由是概述孔教之旨要亦甚通焉:(1)本《易》而入人道,仁道也,主张人生当有所作为。(2)有为之道,乃所谓中庸之道,合之则久且安,不合则危且殆。(3)得道之路无他,惟求诸在己尔,是故有为人生当好学、修己、成德。(4)得道之人负有义命,当弘道于天下,故尔高悬"智、仁、勇"之至义,广教君子士人,务期克己复礼,守常应变,共赴大同之仁政德政。(5)有为之道既为《易》之新说,必受异端质疑,由是发生激辩,孔子以有恒及自信,执用中庸智慧,照见无为与妄为之不当,衍生论中辩、辩中论之诸义,譬如"吾从周""君子不器""敬而远之""使命以时"云云,俱出于当时所需之针对性,未可拘泥为教条。本此纲要而读《论语》,今人岂不亦说乎?

扫码查看

- 听·儒音雅集
- 悟·论语智慧
- 读·先贤名句
- 观·圣人故事

子罕第九

子罕言利与命与仁。

> **释读**

斯章论仁教主用雅言之义。仁教中庸，传道用雅，必以合情合理、名实相符为归，及于上知不语怪力乱神，及于中知以下亦然，不正之辞，纵有勿举，以尽其诚。或当时诸教泛行，言利图强者有之，言命而效无为者有之，言仁而轻礼者有之，杂说不当而乱行，盖夫子守常而论，以示明别。

【利】教人重利，志求富强，盖时多从趋者，如管子之徒，后儒极攻而成所谓法家，功利为上，不择手段。放利而行，实非正道，犹今所谓零和游戏，终究一无所得。

【命】教人惜命，盖为彭祖老氏之流，柔顺苟且，不求有为，以存身延寿为尚，后世极攻而出所谓道家，集方术旁技而远世，伤礼也。

【仁】教人从仁，岂有不妥哉？盖当时他教亦多主仁，而有过与不及之失，譬如墨家太简废礼，兼爱失礼，孔子或以为过矣；又如名家之徒，好坐而论道，罗织文字，牵强诡辩，亦犹今所谓高谈阔论，不能实行。夫子之罕言仁，即圣人至诚，无以尚之者当不言为妙，以免欺世。

子罕第九

达巷党人曰:"大哉孔子！博学而无所成名。"子闻之,谓门弟子曰:"吾何执？执御乎？执射乎？吾执御矣。"

释 读

斯章论仁德自安之义。孔子卓尔自立其教,然不遇于当世,似无所作为,罕有相惜者,如仪封人,而多有讥讽者,如老氏高人。盖"达巷"乃富贵聚居之处,达巷党人亦讽孔子不遇,其犹蓬雀之笑鲲鹏耳。本章夫子闻而自解其嘲,尽有"富贵于我如浮云"之趣。

【博学而无所成名】犹言孔子学了一堆垃圾,联上句而读,所谓"大哉孔子"实讽指也,犹今所谓孔子有啥了不起。盖达巷党人个个成名有为,富贵风气志得意满,不输今世高尚社区之成功人士。

【执御乎？执射乎？】执御,驾乘也;执射,射手也。周礼君子从军,主行兵车之战,御射之技时为公家六艺,而"射"之位高于"御"也。盖夫子以御射之技而喻达巷党人功利短视亦犹御射之卑,又以舍"射"择"御"而喻仁德随遇而安之能。

子曰:"麻冕,礼也;今也纯,俭。吾从众。拜下,礼也;今拜乎上,泰也。虽远众,吾从下。"

释 读

斯章论仁礼简而不废之义。世易时移,仁礼相传有变,礼仪可变而不当废也,譬如简行省费,亦不许子贡去其告朔之饩羊。盖本章教君子守礼于变世,当明有所为有所不为之义。

【麻冕】麻织之冠冕,甚贵,朝堂士人正装之服也,主用于祭礼、待宾之事。

【纯】丝也,不及麻贵。士冕由麻改丝,省工节用,众已为此,故夫子虽崇旧礼，而以"俭"义欣然受之。

【拜下】拜，下行礼于上、卑行礼于尊。盖拜礼之行原有明制规定，依所拜而定礼位、身形、方向、数量。拜下之礼盖指拜别之礼，居下者依礼当于堂下行礼而拜别，其时已变至行礼于堂上即可拜别，似有违敬尊之义，故夫子不从众变，坚执拜于堂下之礼。

【泰】安也。此指堂上拜别有简废之嫌，行礼者心安理得，时久易生不敬之弊。

子绝四：毋意，毋必，毋固，毋我。

释 读

斯章论大成至德之义。大成至德，存乎君王则谓之圣德，无以尚之，唯巍巍荡荡而可形其大略；存乎学者常人，谓之仁德，殆亦无以言表，所可语人者，或惟本章四论之至要。有深沉好悟者可参释家"受、想、行、识"四蕴而味之。

【绝】灭无也。克己成德之极，其所"有"不可知，其所"绝"可望见也；然既能言"绝"，当已知成德应灭之"有"于先。故本章之四有，当为天下学仁修德主攻之砥石，必求切磋琢磨至于了无。

【毋意】毋，毫无也，禁止之义为次。因前有"绝"字，"绝"成于内，"毋"示于外，自然无之矣，下同。"意"，臆也，无凭而自以为是者也。修"意"之功，孔子惟重坚志以克，后世学佛方明其何以为难。盖人我之际"意"固难通，而观一意之本身，亦生生不息，时时不同；人若任意，存乎己身，徒增烦恼，加乎行外，则多袭扰患乱。后儒自道谓之"实事求是"，禅师则说"吃饭时吃饭，砍柴时砍柴"。盖胜意者能正人之"想"也。

【毋必】必，标定以求也。期"必"而求，即所谓攻乎异端，斯害也已。人我之世无"必是"之择，因各有好恶之欲，贵在和而不同，先"毋必"而后方可"由之"，若尽己好恶，求之以"必"，爱之欲生，恶之欲死，亦佛陀所指"贪、嗔、痴"

三毒之渊薮。故学者克己制欲,能成之于"毋必",定当已历天人交战,为自讼得胜者也。无此胜功者易有"刻薄""勉强"之陋形。盖胜欲者能正人之"行"也。

【毋固】固,循守而不化也。由"毋固"可生"通达",如举一隅可返三隅,甚或举一知十,告诸往而知来者,主喻知其然又知其所以然,既能守常亦可通变。之所以有"固",或出于三者:一为立志不坚,如其所责冉求自画设限之不能及广;二为学无恒心,如其所叹少见有恒者;三为道违中庸,如其所斥"觚不觚""井有仁"之自欺欺人。盖所谓"固"者所指,或坐井观天,或刻舟求剑,或缘木求鱼,虽曰有知,不如无知,不可与论也。佛教称"固"者为"无明",是类之知实为障碍,其知颠倒,固执者自生无穷烦恼,非见空性不能破之。孔子与希腊先哲皆从人文宗,主以好学破之。盖通达明见者能正人之"识"也。

【毋我】我,私之极也。天生万物本共和于道,然因"我"而坏,各各分离,相争相害,故为世道之大敌也。圣贤诸教均有以"我"为贼之说,欲去之而后快,故教人严督克己。顾孔子"毋我"之境,盖"不知肉味"为初步,能"于我如浮云"为中阶,至"从心所欲不逾矩"则为大成。凡能灭"我"之德,方可称为圆满,即孔教之所谓圣人,而至德之名无以言表,强名之曰"大我"耳。夫"大我"之行已非寻常之"我"所可理喻,譬如舍身取义,无怨无悔,诚未可轻语引人犯险,或孔子正虑及于此,故尔"罕言仁"。

子畏于匡。曰:"文王既没,文不在兹乎?天之将丧斯文也,后死者不得与于斯文也;天之未丧斯文也,匡人其如予何?"

释读

斯章论仁道恒存之义。仁道即天道,自在永续,不以文王存,不因匡国灭;虽他教多有刁难,当世亦似冷落不待,而仁教所传之道也必永恒不灭。夫子"罕言命"而亦言命,譬如前篇"桓魋其如予何"之章义;盖至德者或情急或临危,此际诚可焕然而发"大我"之无畏矣,以彰仁道无敌之胜,本章即如是也。

【子畏于匡】畏，有戒心，引指有恐之义，而门人事后纪之曰"畏"，或仍不免后怕。史传孔子途经匡国遇难，殆由匡人误会，或一行脱困后怕之际，夫子勉励随从而成本章。

【文不在兹】周文王以有道而谥"文"号，孔子以文而喻仁道。文王有道，而道不在文王，后来者亦得享其道，可征仁道行世乃为恒常，荡荡乎充盈时间之"宙"而无缺也。本句连后句之义，几似俚语所谓"死了张屠夫，不吃浑毛猪"之说。

【匡人其如予何】犹言能奈我何也。世行仁道，亦遍充俱满空间之"宇"者也，匡国虽无道，而道亦不去匡国；匡人既无可奈何于道，岂能奈何我等承道之斯文哉！夫子是语情急而发，以勉慰门徒随从，盖不当奉若常理，否则恐染骄夸风气；又，若非圣贤大我，而好自居为法身，必多类江湖骗子之欺也，亦有违"毋我"之义。

大宰问于子贡曰："夫子圣者与？何其多能也？"子贡曰："固天纵之将圣，又多能也。"子闻之，曰："大宰知我乎！吾少也贱，故多能鄙事。君子多乎哉？不多也。"牢曰："子云'吾不试，故艺'。"

释 读

斯章论克难进学之义。艰难困苦，玉汝于成，学修之道所固有者也。内修之难，譬如有如切如磋，如琢如磨；外修之难，则见于本章，内外并运，相辅相成，学者方可进益不止。先知先觉乃天生圣贤，纵有亦必罕见，世道中庸，当以学为常，虽后知后觉，好学善学定有所成；是故志士仁人不当妄意希天，尤不可自暴自弃。先天后天之贤，实皆由后天所成，而门人弟子以为或本有先天者，如子贡但认孔子之天命，是类乃出自信徒敬师之心理。孔子本人兴教，铺张古圣先王天生盛德，自奉从周而梦周公，以壮声势，隐合传道一贯之术耳。故尔门人弟子如子贡者，敬仰其师，崇若神明，传道卫道之际，亦属在所难免。盖本章夫子自谦之辞，或可稍挽上章情急自夸之窘迫。

子罕第九

【大宰】太宰,或非鲁国官名,当为外国上卿,慕名问孔子于子贡。

【天纵之将圣】纵,发也,放也。本句犹仪封人所谓"天将以夫子为木铎"者也。

【鄙事】贱业也,如执御、司门、荷担之类。礼制社会多以采食为贵,故称自食其力者为贱业或边鄙之事;盖夫子少时贫贱,事贱业以供衣食,自证匹夫如己亦可进取,喻示为学之利莫大焉。

【君子多乎哉?不多也】以天命君子而喻先知先觉,实指世人俱为后知后觉,孔子称己亦莫能外;故孔子罕言"利""命""仁",雅言而诲"志""学""求己",实教世人上进之常道也。为学之道不可自命高明,当立志向学,发愤忘食,持之以恒,求诸在己;贤德非由天生,多能亦不由天生,世人惟凭自力而求罢。

【吾不试,故艺】"试",指"用"也,或亦同"世""事"也;"艺",指"才能"也,才美也。夫子所谓不试乃自比常人之语,谓其先天后天皆未遇运,才美德修皆从学道而来。弟子名"牢"者,闻本章所纪之言,忆及昔日夫子尝诲是类,而以该句佐证自强以学之论,亦闻一知多之善学门人,颇能融汇贯通。

子曰:"吾有知乎哉?无知也。有鄙夫问于我,空空如也,我叩其两端而竭焉。"

释 读

斯章论真知难知之义。天下各教之风,盖执无知之说,犹今所谓不可知论者,或侧重"能知"固为有限,或侧重"所知"不真似伪;古印度尝取譬盲人摸象,乃重傲"所知"一端之义;古希腊苏格拉底氏求问神庙,深悟"认识你自己"之谕,恍然证得"能知"一端并不成立。知与不知,盖于人我之世恒为纠缠,必入神我之际,方生智慧如炬,其犹明火照暗,暗世中摸索所得零碎之知,光照之下自归于无矣。圣贤所谓无知可见并非自谦之辞。孔子上知,亦生无知之见,谓之"空空如也"而喻世人常知,英雄所见略同者也;常人中知难领奥义,孔教又罕言"不可知"之说,惟不住教人"谦虚""谨慎"或"毋固"而已矣。

【我叩其两端而竭焉】犹言知无不言,诲人不倦。圣贤诸教,训人无知,又立知法,遂各成其道:老氏主无为顺守,寄望乘风而行;孔子则死守中庸,弘毅有为,尽诚而教。故尔孔儒实行远较黄老辛苦。

子曰:"凤鸟不至,河不出图,吾已矣夫!"

释 读

斯章论仁教亦通天性之义。孔子雅言主"德",罕言"性"之怪力乱神,而非不知"性"义,唯恐常言"性"而混入老氏一流耳;每遇挑战之极,盖亦不避举仁德之胜况,譬如颂赞尧舜巍巍荡荡之德,或有凤来仪于《韶》乐。所谓天性,殆《易》出阴阳之"行"也,时或泛见于老氏者说,相生相克相容而成万物之性,天生之,物承之,所谓江山易改,本性难移之指也,性同则物属一类,性异则显见有别——如以母性论,羊跪乳亦同人育儿一似;如以凶性论,猫与虎同科而两类。孔子谓仁教之成"德",实不啻天道之成"性",若达至德,亦应天感地,必有祥征。本章夫子或借《易》说神龟驮经献图于河洛之象,而喻仁教之胜义。

【凤鸟】传舜时作《韶》乐,有凤鸟来仪,久而不去,乃盛治之征。

【河图】传伏羲时大河(当指黄河)有龙马献图而画八卦,又传大禹时洛水有神龟献书而定九州,并为古圣所遇祥瑞,以征天下之治。

【吾已矣夫】犹言吾休矣乎。以"凤鸟不至,河不出图"而喻当世之衰,言天理而说仁教,明似自谦而实为自信者也,志士仁人岂有自我放弃之理?夫子正话反说以警世人,亦勉门徒随从勿去。本章句义同"文王既没,文不在兹乎"一义,虽天灭当世,而吾道犹存。

子见齐衰者、冕衣裳者与瞽者,见之,虽少必作;过之,必趋。

子罕第九

> ### 释 读

斯章论礼行有节之义。仁礼主诚敬之义而广行,行之于丧,行之于尊,行之于师,乃仁礼之三大重节。本章纪孔子之身教也。

【齐衰者】"齐"读如"资","衰"读如"崔";礼制服丧依亲属之远近,由重至轻而分"斩衰、齐衰、大功、小功、缌麻"五服术,齐衰为次重者,丧期一年,加重者可同斩衰,丧期三年,期间衣粗布,卧柴薪,执哭丧杖。齐衰虽非至重之丧,亦属失至亲之哀,多因嫡庶长幼之制而不许斩衰之服。继立之事乃礼制基石,丧服所在即礼之所归。

【冕衣裳】冕,官帽也;衣,上衣也;裳,下衣也;服之全也,时之贵者。礼制上下分等以衣,上等人起居出行一望便知,即冕、衣、裳俱全者也,以之而喻尊贵者。礼制常行尊尊之义,始得日常有序,继立无争之礼方固。

【瞽者】盲人也。殷周之际以"瞽"为"智"者,盖原卜巫之后,周室设辟雍蓄以为师,设"瞽宗"一堂,与国老同养;又有所谓"瞽献曲,史献书"之说,盖为教乐司乐职官之称。兹依文字初运时情推测,凡代际知识相传,当先凭口述,及有文字,而称口述者为所谓瞽者,犹今所谓文盲之指,或并非真盲人,譬如古希腊之荷马,晋国之师旷,所称为瞽者即口述类智者,或非实指其眼盲。故可猜《论语》全篇所指之瞽者或当皆是类,以"瞽者"而喻师尊,而论仁礼尊师之义;否则岂止行礼于盲人,而可不顾他疾之理哉?

【虽少必作】少,时不足用也;作,行礼也。遇上述人等,虽无暇亦必行之以礼。有言"作"当为"坐"解,即三种人来求见,百忙中亦必引座以待,以示诚敬,亦可参之。

【趋】疾步也。不及行礼,三种人已过之于前,而亦疾步追上补礼,不敢有失。

再 读 论 语

颜渊喟然叹曰:"仰之弥高,钻之弥坚;瞻之在前,忽焉在后。夫子循循然善诱人,博我以文,约我以礼。欲罢不能,既竭吾才,如有所立卓尔。虽欲从之,末由也已。"

释 读

斯章论学仁无穷之义。从圣教而发礼赞,孔门中子贡所语最力,而颜回本章之义最深。凡高深知识,得之在悟,无以言表,譬如我食珍馐,美味自知,以语通人,难比登天。颜回已近上知至德,非善学者无以晓其何指,后儒或绕佛道禅悟之径窥遇,豁然而得"自广大而至精微,极高明而道中庸"之语,差可与之比肩。纵观前述论知论空论譬,盖小成靠知而大成凭悟,先知后悟,学仁或可拾级而上达高明,又广照而下行中庸;知识与智慧遂亦有分,惜乎中庸雅言未及,个中奥妙历来孔教不详,惟本章颜渊似掀一角邀赏:(1)夫"悟"当出乎大我,大我已"无我",故"悟"而所见者,远非身触肉眼之能得;(2)譬如"知之不如好之,好之不如乐之"递进,必凭心领神会之"悟"而非广闻博见之"知"也;(3)大我"悟"而所行,亦非躬行体力所能为之,几可颠倒乾坤,再造玄黄;(4)譬如"富贵于我如浮云"之安乐,若非"悟"之大能,岂"知"之小力所可至哉。盖本章颜回乃"悟"而颂师,远胜"知"而赞师者也。

【仰之弥高,钻之弥坚】形其知似巍巍高山。圣教如高山壮阔,学者谦立山下而知己渺小,必近"无我"方获此识。凡成大我者,好取登高之文舒怀,颜回虽自谦未及,硁硁细碎了无,惟见有山于前,料亦不远矣。

【瞻之在前,忽焉在后】形其道似荡荡流水。"忽",瞬息也,疾速也,同梵文"刹那"之译也。以所"知"而喻所"悟",不可思议,几不可测,其犹"逝者如斯夫,不舍昼夜"之言,玄幽难明;学者至于斯境,若非得意忘形之大我,浅修小我必也无所措其手足,惶恐战兢,或以为天将丧予矣。

【博我以文,约我以礼】犹言以文典充我知,以礼义正我行。学修悟见胜境,孔教谓之"德"也,成"德"有"三月不违"之大功,或"日月至焉"之小功,并非一劳永逸。孔教进益成德之道,不过复归日常中庸,学文守礼而已。

子罕第九

【欲罢不能,既竭吾才,如有所立卓尔】卓,升高也。所谓"欲罢不能"应即"学如不及"或"发愤忘食"之转说;所谓"既竭吾才"当为"不愤不启,不悱不发"之深指;所谓"所立卓尔"或类"申申如也,夭夭如也"之怡然。盖由知入悟,其犹切磋琢磨,九死一生,而由悟成德,犹自天而降之重生,俟其反观世相,似有凌云之姿,或高山流水,或不舍昼夜,亦仅举手之劳,绝不费力矣。颜回得圣教道妙若斯,无怪乎一箪食一壶浆居陋巷而不改其乐焉。本句成德犹重生之义,诚可为"朝闻道,夕死可矣"作注耶。

【虽欲从之,末由也已】犹自谦"弟子实在跟不上"也。所谓孔门"七十子",虽亲炙教诲,而无敢并肩师尊者,何以故?或曰"悟"之有恒,学者果欲大成,殆力不从心尔。孔教道从中庸,囿于人生现世而悟,弟子成德尤难,由是反观圣贤诸师开创擘画,岂容后生"知识"之轻狂哉?如所谓"吾爱吾师,吾更爱真理"之志者,好凭"知"而敌"悟"以背"德",狂欲自立其道,不啻蚍蜉撼树,智仁者必不为之。

子疾病,子路使门人为臣。病间,曰:"久矣哉!由之行诈也,无臣而为有臣。吾谁欺?欺天乎?且予与其死于臣之手也,无宁死于二三子之手乎?且予纵不得大葬,予死于道路乎?"

释 读

斯章论尽诚无欺之义。无欺曰诚,又分两指:一不自欺,自欺同欺天;一不欺人,欺人又称为偷。盖"诚"者,既明其"知",能救"意"与"必"之失,加善其"行",能除"谄"与"奸"之恶;知行合一于礼,诚者固无弊焉,尽灭过与不及矣。又诚者未必上知能悟,然其行世问心无愧,自讼而无咎,亦可告天,即所谓君子固穷之义,亦乃天道不灭之征。本章所言之事,礼制不许而子路自为之,故夫子予以深责。

【子路使门人为臣】盖周礼有制,大夫士沉疴不起,可委臣专司治丧事。夫子时或已无位,而子路为士,强使门人为臣,预治其丧,违礼私行。

【病间】间,中有隙也。指病势转好之时。

【诈】欺也,骗也。夫子本不得使臣治丧,而子路或以行孝为名强使,违礼而饰非,故谓其诈。人若有知,谓之欺人或偷;人若不知,谓之欺天或自欺。

【二三子】指门徒、近侍、随从之类私人也。以"二三子之手"代指薄葬之事也。与其违礼治丧,莫如守礼而自治薄葬。子路行孝而夫子尽诚,一从私意,一本礼义,二者高下自见分明。

子贡曰:"有美玉于斯,韫椟而藏诸?求善贾而沽诸?"子曰:"沽之哉!沽之哉!我待贾者也。"

释 读

斯章论仁者有为之义。孔子仁教,固求学以致用,利益人我。若乃至德贤明,随遇而安,亦并非无为,实不辞机缘而蓄势待发者也。由是孔儒恪守经世致用,底定诸夏"有为"深厚旨趣:凡学问知识主求有用于人,无用终归不美,后儒拾级而上,以"不做自了汉"自许。所谓"有为"倾向,而可泛指狂热有为之学者,自信其道能及于他人,以为己之所欲当施之于人。如是之"有为",虽多出仗义之士,亦丛生欺人骗子,盖第三方与当事人相浑不分,常凭感同身受,名为第三方而实代当事人,假借公义而大开私欲之门,方便奸小以"天降大任于斯人"饰其猛志。另类保守者,可形以"无为"之名,不肯担当第三方角色,惟奉"己所不欲,勿施于人",好就事论事,举证说理,相抗"有为"欺逼。"有为""无为"一体存教,原可互补共益人我,犹阴阳之运成自然,无奈世道常单运一支,滋生无穷流弊,有为无为遂皆有失。明此再味本章夫子待价而沽之义,其有为之志显矣,而慎为之训亦至;又夫子所谓学以致用,或主有志者"己欲立而立人,已欲达而达人"足矣,而不必再多强求也。

【贾】市易也,同"价"也;从业者称"贾",或称商人;殷商之族善贾,故又以

子罕第九

"商人"称"贾"。本章以善贾者而喻贤贤之君子也。

子欲居九夷。或曰:"陋,如之何!"子曰:"君子居之,何陋之有?"

释 读

斯章论仁道无疆之义。仁道广大,不为诸夏存,不为夷狄亡,犹今所谓放之四海而皆准之义。庸众浅学无知,好凭己我而意断,私分人群而不觉,相沿成俗而积偏见,譬如贱呼四围谓之夷狄,信从"夷狄之有君,不如诸夏之无也"之澜言。"有为"骗子由以寄生,自承仁道而觊觎化外,假命王师而不惜轻启战端。恪守中庸者,不舍"无为"之义,不敢暴慢天生自然,入乡随俗,和乐不同,无意、无必、无固、无我,明有为亦当知止,是类君子美善行世。盖本章乃传道远人之论,或嫌九夷有边鄙之陋,夫子辟之。

【九夷】夷,传其祖先蚩尤,率之而与黄帝战,败而别迁,居南越而称苗(盖为"蛮"字转音);其族勇武,有以刀剺面之俗,亦称黎人,故又有九黎之称;其东方故地殆为当时化外之邦,诸夏卑之同北狄、西戎。又有言"夷"出自"殷"之转声,与殷商同源,属东北亚渤海文化圈,姑存此论。

【君子居之,何陋之有】颜回安居陋巷而以为德,夫子移居九夷则以为怪,庸众心理一般如此,何以故?曰:不学无知。仁德君子明道广大,固不同愚者之见,能有"山不在高,有仙则名;水不在深,有龙则灵"之悟,或"人道岭南应不好,吾心安处是吾乡"之得;正可谓上知近道、中知近义,而下知愚者惟深陷一身之己耳。

子曰:"吾自卫反鲁,然后乐正,《雅》《颂》各得其所。"

释读

斯章论礼乐必正之义。天道化仁,仁形礼乐,礼乐又为天下公器,其犹阴阳化生之万物,亦当各行其道,是所谓正义也。礼乐之事,犹今所谓法律规范,倘若运之不正,几同亡天下矣。故本章夫子自得之辞非同小可,不当视作戏言。

【乐正】正乐之义,或以"乐而不淫,哀而不伤"为准,主正"位"及"情"也;君子行乐当"发乎情,止乎礼"也。盖礼制君子犹今时法人代表,不可任性率情而为,所谓"约之以礼""死而后已",乃为塑造君子有别于自然人之人格,恐好恶喜怒之私能秽乱天下。

【《雅》《颂》】《诗》之两部;礼乐行于天子用《颂》,行于诸侯用《大雅》,大夫人家则用《小雅》。盖孔子以为当世礼乐多坏,莫过于僭位而用,乐舞歌任人摆布,譬如八佾舞于季氏之庭,《清庙》奏于大夫人家。今人不明礼制之妙,颇嫌孔教所说礼乐烦琐无聊,若告以科层管理之制,定恍然错愕焉:譬如一众董事开会,董事长挤坐于室内角落,则该机构殆无可观瞻矣。

子曰:"出则事公卿,入则事父兄,丧事不敢不勉,不为酒困,何有于我哉?"

释读

斯章论仁礼形塑君子之义。天生君子者,居礼位,掌大权,判生死,其人格即所谓德者,若无训练约束,何可有望焉?礼制繁严,织如密网,原主训君子,以和美政治。后儒不明,主教细民,固非孔教初衷。本章或为夫子劝诲士人,盖士人时已多自视君子矣,两类相通可一教也。

【出则事公卿】公卿,周室天子设公卿,诸侯设大夫,公卿尊贵仅次天子,此处当主喻诸侯也。周室三公六卿皆天子之叔伯兄弟,及至春秋诸侯崛起,公卿与诸侯殆可互指。事于公卿、诸侯称大夫,大夫原亦多为贵种族人,如小宗亲人或姻亲甥舅,及后士人崛起,凭贤才入仕;而进于大夫位者,堪为人生莫大成就。孔儒主求入仕,未谋另择他业,后儒遂奉为无上正途,亦墨守不通所致。

【入则事父兄】谓当合族以孝弟也。在家奉孝尊长,以厚己德,既全亲情和乐,又尽仁礼之责,私行无亏矣。事业有成,而私礼不废,能助士人广其清誉,古今一也,譬如若沾"人一阔脸就变"之风言,大可毁人于无形。

【丧事不敢不勉】主指传礼以服丧也。服丧之事,君子主继立,士人主传礼。士人操办丧事,不免有财产、族位、析宗诸节,明礼而教,私事公办,必得众望焉。

【不为酒困】盖无酒不成宴,古已有之,以"酒困"而喻财力不足,实指士人"不为财困"之义。士人未必富足,好办乡宴乐众,易多背债务,犹今所谓打肿脸充胖子,盖夫子劝诫"有多少钱办多少事"也。夫子"酒困"之喻,神似今时机构财力不足,不肯直言开支削减,美其名曰"低调""务实"者也。

【何有于我哉】当读如"何有患于我哉"为宜。本章全句之义,夫子盖告知学仁明礼者,一从正业,二善齐家,三愿教礼,四能节用,人生行世固当无忧矣。若仅从表义读来,或只得知足常乐之诲也。

子在川上,曰:"逝者如斯夫!不舍昼夜。"

释 读

斯章论仁道永恒之义。人之生也有涯,逝者恒逝;道之存也无涯,往复未舍。古人多怀敬天礼义,升高涉河皆畏若神明,拜山拜水以诗献咏,君子当为之事,故本章夫子也不免于川上作诗。

【逝者如斯】乃咏水伤时而待兴仁也。吾生亦有涯,逝而不返,如水如流,其义含伤者也。

【不舍昼夜】乃怀德求道而勉学者也。既知时不我待,当昼夜不舍于道,行之于天地,其义归兴者也。后儒只见其伤时,而不见其奋兴,则易流入所谓

犬儒一类。

> 子曰:"吾未见好德如好色者也。"

释读

斯章论好仁之"好"义。夫"好"之能胜"知"之,然不及"乐"之,三字义若明,尔后可通焉:(1)夫知之者未必能行之,以知驭行实难,故"独善其身"者罕见;(2)而好之者则多自为,外人止之亦难,尤以好色之"好"为最,譬如君子好逑,求之不得,竟可至于"寤寐思服,辗转反侧"地步,故以好驭行实易,惟好之者方能"不舍昼夜";(3)以好色之"好"移之于德,好德如好色,则"发愤忘食"或"既竭吾才"亦轻而易举,克己胜欲之征至矣;(4)然好之者究为自求,好德虽美而未可称尽善,不及乐之者由己达人,遇"色难"亦能乐此不疲,或如夫子般诲人不倦。是故本章可并参"知之不如好之,好之不如乐之"之句义,盖孔教求仁成德进阶有分大略:以"知之"为初步,以"好之"为宝贵,以"乐之"为上乘。若果好德如好色,学者似可得不远仁者之乐矣。

【未见好德如好色】一义当为忧叹世风,夫子有"未见"之恨;一义或明学修之道,不学多好色,为学方好德,概无例外,故曰"未见",以儆人切勿轻弃其学。两指皆可,后义尤堪深味焉。

> 子曰:"譬如为山,未成一篑,止,吾止也;譬如平地,虽覆一篑,进,吾往也。"

释读

斯章论求仁之"求"义。若承"知""好""乐"三义,则明志士之"求"也分上中下三道:(1)庸常不学,见利求利,山巅之利必也争往,举手之劳譬如一篑可平之地,无利则未必愿为;(2)有学中人所求,兼顾义利两者,义如为山平地之事,有利无利均愿为之,然于终篑取利之际,恐或亦相争不让;(3)大成上人所求,唯义是从,安之乐之,视富贵如浮云,终篑之利虽比山高,义当不为则止,一篑平地虽无利,亦能义不容辞。盖本章所喻乃劝君子仁人当明进退取舍之"求"道,或承"未见好德如好色"之义而转深说。或引《尚书》"为山九仞,功亏一篑"之语作解,谓本章主述为学之道,如行百里者半九十,似不甚通。

【篑】土笼也。前所言为山之"一篑"者,功业全竟之最后一步,唾手可得,然若义不可为则当止,譬如"泰伯三以天下让",亦合"无必""无我"之义。后所言平地之"一篑"者,当指日常细微之事,行之无名无利,然若义所当行则必为之,犹后儒所谓莫以善小而不为。

【覆】以土平地也。平地有凹,一篑而可覆之,虽举手之劳,人得无陷于途,亦归义焉。

子曰:"语之而不惰者,其回也与!"

释 读

斯章论学修之"韧"义。学修之道固然不易,先有难通之"愤",莫名之"悱",略有小成又遇"切磋琢磨"之削,再进则"仰之弥高,钻之弥坚",学者之知、之思、之悟,其道形以颠沛流离亦不为过。夫"不惰"者,自有其志、其好、其乐深蕴于内,示于外观亦可谓之"韧"也,犹竹临风弯而不折,如刃入物坚而能切。庸常无知者,唯见"不惰"者似竹弯刃细,恐怕将亡,而不敢好其"韧",少肯效从,故不惰者罕有矣。或有畏难于学者,盖夫子举颜回之例而勉之。

【不惰】惰,倦怠也;不惰,无倦也,韧也。人有好恶之性,学有难易之理,恶难而好易,故多生其"惰"也。盖夫子举颜回不惰之例,一谓有惰乃人之常情,勿庸自责太过;二谓克己能胜,有志自强可去其惰。

再读论语

子谓颜渊,曰:"惜乎!吾见其进也,未见其止也。"

释读

斯章续论学修之"韧"义。盖克己之惰而成强韧,固可无所难亦无所恶矣:无所难者发奋忘食,无所恶者乐以忘忧,学修既入无难无恶之道,必定有进无止,不舍昼夜焉。孔子所谓不惰、有韧、有恒之义,主及于学修进德之道。

【惜乎】盖本章颜回已死,夫子忆及而叹。颜回早孔子三年死,《论语》多章所记出于此际。

子曰:"苗而不秀者有矣夫!秀而不实者有矣夫!"

释读

斯章论先天后天并运之义。学修进止,成于何处,一由天生,一因人为,天生者"苗而不秀"居多,人为者"秀而不实"居多。是故学修不可单运一支,必当两支并运,既凭先天所予,又能自强以求,则前景未可限量。盖本章夫子主诲善用可资,勤学不辍。

【苗而不秀】苗,种之幼生为苗,而喻先天之质也;秀,花籽也,由苗长成之小者,而喻后天之小成也。先天之质或草本或木本,或有花或无花,皆已前定,非可强求,固当一视同仁。然若先天为花而不结籽,一无所成,乃后天不修之故也。

【秀而不实】实,果也,长大而成者也。以果树之实而喻后天之大成也。天赋已足,后天已长出花籽,最终结果全靠己修,而竟只开花不结果,必当自咎所为,而不得怨天尤人。是类之失,多中道而废者也,犹所谓"小时了了,大未必佳"之义。

子罕第九

子曰:"后生可畏,焉知来者之不如今也?四十、五十而无闻焉,斯亦不足畏也已。"

释 读

斯章论学修无分先后长幼之义。学不分长幼,道无论先后。以长幼而判知之高下,则泰伯不足以让文王;凭先后而定德之厚薄,则周礼不能盛于夏商。所谓后生可畏,盖笃信道之生生不息,方能寄望来者之无可限量。蹉跎岁月而不学,多所谓苗而不秀者;浑浑噩噩而无闻,尽可称秀而不实者;壮年君子若如是类,亦无可救药,无以指望矣。

【后生可畏】畏,恐不及也,此指寄望也。昔有古公亶父,望其孙而欲立其父,遂有泰伯、仲雍之让,终传至于文王,乃后生可畏之例;后有文王遇姜尚,称其负祖望之贤能,姜尚遂名太公望,斯乃耆宿可畏之例。故仁者贤明取人,所"畏"者当本于道而作寄望,非凭貌也、年也。

子曰:"法语之言,能无从乎?改之为贵。巽与之言,能无说乎?绎之为贵。说而不绎,从而不改,吾末如之何也已矣。"

释 读

斯章论闻思修之义。博闻广采而为学,声闻目见皆多言语,而孔子以为言语大分两类,一为法语之言,一为巽与之言。从见闻而入运思,凭《易》道之"一分为二而合二为一"可得中正之知,即所谓学而思;由正知而再反躬自省,成之以德,存乎己身,行及于人,必称贤称善;闻思修如是循环往复,人我相通,内外无碍,即孔子所谓学修之道,中庸之为德也。盖本章夫子主教人后天成德之道也。

【法语】正言也。盖指圣贤经典之言,亦可指为政命令法条之言,或载以文字,或出于师口,或发自君子。圣贤诸教皆重"法语之言"者,以之为知识正义来源:孔教"法语之言"集于"五经"或"六经"之典。是故孔子所谓"能无从乎?"主指法语近乎为令,庸众不得已而从,不免相杂阳奉阴违者,惟善学者能从之如命,学如不及,犹恐失之,对照而修,即所谓"改"也,故云"改之为贵"。盖法语之言乃"闻"之正道也。

【巽与】巽,顺让也;与,予也。巽与之言,盖以譬喻、类举、寓言而论者也,多发乎一事一时,旁征博引,婉转言义,以免伤人,《易》与《诗》之文即是类。发"巽与之言"者或有畏,或慎,或诣,而不直谏、不明劝、不正告,犹俗语多好话之甘言,庸常喜闻乐见,一笑了之,惟善学者闻一而知多,能明究属何指,所谓话中有话,听声听音,得辨其本意,故云"绎之为贵"。盖巽与之言乃"思"之正源也。

【说而不绎,从而不改】"说"同"悦";绎,抽丝也,条分缕析也,引指追本溯源之义也。说而不绎,从而不改,主指无明者之为,盖失之于修。无明于闻思修者,必多法语与巽与两言相浑不分,亦生其患:譬如误以"夷狄之有君,不如诸夏之亡也"为法语之言,或以为诸夏无君竟可行也,或残杀夷狄固无咎也;又如倘视"乐而不淫,哀而不伤"为巽与之言,或以为乃顺劝无位不壮者而已,不碍君子体健者淫之伤之。

子曰:"三军可夺帅也,匹夫不可夺志也。"

释　读

斯章论志坚者胜之义。以我驭己而修,必当坚志如缰,方能往复于闻思修,卓尔成之于智仁勇,否则,或苗而不秀,或秀而不实,殆归"中道而亡"者也。本章以三军夺帅而喻世行之极,以匹夫不夺其志而喻学修之本,两不相干而并论,巽与之言在前,法语之言在后,夫子善诲之例也。

【三军】周之诸国,大国有三军,中国有二军,小国有一军,其规模殆出自役赋之制,屡有变迁,例为:每军分五师,师分五旅,旅分五卒,卒分四两,两分五伍,每五人为一伍。三军为大国军备,帅威固然重极。形以世情极端而论理,乃圣贤巽与教人之道,譬如"富贵于我如浮云""虽千万人吾往矣""粪土之墙不可杇也",皆巽与而教之语。

【夺志】丧志也;近所谓"有志者事竟成"之"志"也。有志者居高临下而择,其"志"亦称"求"也;若志堕落,陷入功利泥沼,或随波逐流,则其"求"非"志"也,而谓之"欲"也,不值一观矣。

子曰:"衣敝缊袍,与衣狐貉者立,而不耻者,其由也与?'不忮不求,何用不臧?'"子路终身诵之。子曰:"是道也,何足以臧?"

释 读

斯章论志士善行之义。志士行世,夺三军统帅之大事少遇,择贫富贵贱之常节多有。欲试其志,可察衣食起居、立身交往、宠辱得失之际,若不妄求、不自卑、不怨尤,诚亦可称胜者也。由是志士驯我成德,克己复礼,行世必无往而不胜,迹近仁者无敌之义。故本章夫子赞恒坚之志为道,道以下之器用已不足以形表矣。

【敝缊袍】敝者,旧破也;缊者,绉而不平之织品;袍者,上下一体之衣。喻贫贱者也。

【狐貉】皆兽也,指兽皮制衣。兽皮者之衣喻富贵人也。

【忮】忿恨也,同"怨"或"尤"。立志不坚,克己难成,故多怨尤。

【何足以臧】器用之美曰臧,喻贤能也,称善也,与"否"相对。本句似当读如"臧何足以(称之)"而解。立志恒坚者近道矣,贤能善行,无用不利,虽形之以美器已不足称,犹"善"之不足以称"仁","仁"之不足以称"圣"。

子曰:"岁寒,然后知松柏之后凋也。"

再读论语

释读

斯章续论仁者无敌之义。本句当为巽与之言而论志士仁人，后儒附会自娱而造"岁寒三友"之说。松柏之喻，一同玉汝于成之义，犹神明信徒之所谓"试炼"，内外交攻之际如寒风摧折，学修者当不屈不挠也；一含德不孤必有邻之义，能近取譬，见松柏互依，豁然开朗，通理达观，固可求仁得仁、自得其乐矣。夫子勉学坚志而发本章之论，盖所诲当为近攻上知者，身处"仰之弥高、钻之弥坚"关头，一无依托之际，恍然而悟松柏来援之义；个中奥妙譬如佛陀讲经，于至深处无言而默，良久只拈一花而笑，大同其趣也。

【凋】岁寒之季后凋者以松、竹、梅为胜，松柏尤其形胜，故多喻君子，竹与梅形次，似多喻士人。后学深契况味，别生"有为""无为"之义：松柏进喻而为栋梁，用之成所谓中流砥柱；竹梅喻隐退而冶游，怀之称所谓闲云野鹤。

子曰："知者不惑，仁者不忧，勇者不惧。"

释读

斯章论学修大成之义。凡圣贤诸教可称智慧知识者，无论神明宗或人文宗，必有令人内心平静之能也，"无风之处一支火苗"形之最为精当。夫"知、仁、勇"激发代代孔儒，不舍昼夜、死而后已，生动追逐，似无止境，不得其门而入者难以平静；后世智辨之士张狂，略嫌三字之义浅薄凋蔽，盖中庸之道，主述人生现世，只立三字为世道柱石，拘泥者急难而运，或多抱薪救火、卧冰取暖之迂腐。本章夫子所赞大成之义，或可敌异端之诬焉。

【知者不惑】犹言上知者不惑于世也。上知者，一能知，二能好，三能乐，因善学而成之也；善学者，一能闻，二能思，三能修，往复无已而累积，先知善，次好德，终乐仁；夫"乐仁"者达至神我，惟天可作见证，即所谓无以尚之者也，从心所欲不逾矩者也,孔子所罕言者也。夫"好德"及"知善"存乎人我,及于世相,乃好德如好色者也,有耻且格者也,世人若成是类之知,多多少少可望去惑焉。由是反证返身入世之上知乐仁者,岂有惑哉?故可谓孔子以"知"为救世之基石。

【仁者不忧】犹言仁德者不忧于亡也。上知成德,存乎己身,安乐自在,神我一体不分,即仁即我,此境无以言表,是所谓至德之仁德,或可通乎吠檀多不二论所谓"即梵即我"一味。仁德者垂范于人我之世,博施而让如尧舜,不取一介如夷齐,益及广众,启发天良,而破无明愚昧,遂立君子之贤德,庸常之民德;又其所见人伦世相,虽有上下远近之分,而无道德天良之别,笃信仁德必能胜残去杀,固可和而不同,天理良心恒在,不为人存,不为我亡。尽依自信所见,随遇而安,坐地教化,即仁者"不忧"之义也。

【勇者不惧】犹言大勇者不惧于行也。行己谓之修,行世谓之求,行修行求,皆非易事,克难称勇,其勇何来?曰:修也!闻思修往复不已,即为勇行之本。成德存身谓之德,德见于世谓之我,德之高下而分呈神我之我、大我之我、人我之我三者:神我之我不限人世,出离生死,于世间事无可无不可,神圣之勇也;大我之我奉天理良心而行世,能舍身取义,置生死于度外,无我之勇也;人我之我或称小我,义利未泯,争其当争,取其当取,有为之勇也。又,本章孔子所谓"勇"义当出于"知"与"仁"之行,盖不可单运;是以学修大成之境,亦指"知、仁、勇"合成一体,不可分说,近似"三位一体"之妙。

子曰:"可与共学,未可与适道;可与适道,未可与立;可与立,未可与权。"

释 读

斯章论行世同伴之义。行世固有同伴,或为同学,或为同修,或为同朝,或为同命,俱相依相邻一时者,亦随事业而际遇多变,未必可从一而终。譬如同学不同道,犹所谓"勿友不如己者"之义;同道不同朝,殆因"好德如好色者"罕有;同朝不共命者,或奉"道之以德,齐之以礼"者几希。大凡仁者行世,从道不从人,不免同伴次第减少,既能同学,又为同志,再可同侪,甚至同掌为政大权,实属可遇不可求。由是观之,所谓"德不孤必有邻"或亦仅口头经说,圣贤大德难免当世孤家寡人者也。

【适道】适,行至意。适道者,同行于道,同修也,同业也,同志也,或犹今所谓第一份职业。志不同则道不合,故学师出门,未可同择一业也,譬如虽为同学,子贡善经商,子路好军阵,二子固不同道。

【立】立位也,当指从政为仕也;礼制社会所谓"立"者,必指公家名位以得采食,自食者如商工农圃之类则多称"业"也。虽初为同行,亦未必可一同转行,同侪或同朝从政;人世常义,古今一也,犹今时同为工程师职称,或从政或不从政,并无稀奇。

【未可与权】权,掌政事也。古之"权"或同"杖",巫师主祭所用之"杖"称"权",持之令众,后为政事引用而专指权力。权力与秩序,犹"薪不离火,火不离薪"之薪火关系,无权则无序,无序则无权,二者不可分说,乃为自然封建法则所前定。若不明而强违,或以为世有无序之权,则生桀纣之祸,后世淫暴之君即是类;或以为世有无权之序,则入老氏之流。同朝为政本当"己欲立而立人",然道不同不相为谋,故谓未必可同立,盖指政事大权不当曲意迎合私相授受。夫子有此一说,后儒官场勾心斗角亦可心安理得。又解,"权"相对于"经",而指"权变""谋策",指同僚间未必可以同谋其事,因常礼"不在其位,不谋其政"之义,亦通,姑存以参。

"唐棣之华,偏其反而。岂不尔思?室是远而。"子曰:"未之思也,夫何远之有?"

释 读

斯章论求贤以诚之义。以唐棣而喻贤能,以室远而喻难求,譬如君子好逑日思夜想,然佳人宛在水中央,个中滋味如人食髓,非当事者无以理会。君子求贤不得,坐困愁城,发本章逸诗而叹,而夫子一盆冷水浇来,讽其无诚妄想,犹今所谓癞蛤蟆想吃天鹅肉也。美人有,恨己无,非"思"也,乃"欲"也,以"欲"而求者获其党,以"思"而求者广其群。所谓"思"者,明道而善求,主喻尽诚也,若知天道恒常,虽世易时移,定不改贤才辈出,故君子尽诚纳贤,就地取材,当取之不尽。所谓善治水者未必大禹,能植桑者未必后稷,君子何必非望远方唐棣不可耶?盖本章夫子乃诲君子贤贤之道。

【唐棣之华】"唐棣",高大乔木,其叶常青,其形华美;木本之茂盛谓之"华",草本之茂盛谓之"荣"。

【偏其反而】"偏"同"翩",飘也;"反"同"翻"。形拟玉树临风摇曳之姿,而喻贤才之美,观者有羡鱼之恨,若不知退而结网,徒然忧思难忘。

【室是远而】犹言离我太远。室,明堂主室,引喻而指朝堂也。有文史研究之室说已可定论:盖先民由穴居转入屋居,当先筑室,为明堂之本;及后筑堂于室南,再扩大规模,四围室与堂再筑房,房之于室之边称"夹",之于室之四角称"个",以"室"为尊合建之"堂、房、夹、个"统称"明堂";"明堂"之高称"阿",一"阿"或犹今之一层;四室合围,当即今所谓四合院;诸夏正式建筑之形制由是大定,如太庙、朝堂、公府之类,后世亦略变不多。

【何远之有】尽诚以求,贤贤有道,即所谓"思"之义也;人尽其用,用尽其才,自当近悦远来。或闻人才难得之说,盖本章夫子教君子反躬自省。

再 按

孔子教学时代,正值自然封建法则两分其道,而百家诸说纷流活跃,各执己见,隐有对垒之势,兹列表浅略其形:

表9-1 自然封建法之两分

分封	← （无为）			自然封建法则		（有为） →			众建
天命	道家	阴阳家	杂家	墨家	孔儒	纵横家	名家	法家	礼义
	所源王官职守								
	史官	羲和	议官	清庙	司徒	行人之官	礼官	刑官	

所谓王官职守,盖殷周之际由"巫"转称为"史"者,而于先周泛指治事之臣;王室史官以文字记载所治之事而成所谓典,各有所据,自相传承;及封建盛世变易,周室天子不能令,弱邦小国不能守,王官渐流入民间,以传授文典为业,得名所谓百家诸子,其中尤以"六艺""九流"为著。第一,道家应出于王室史官,向天子述"前言往事"以为鉴,最具天子视野,以老氏为代表,时或称黄老,战国始名道家。第二,阴阳家承职"羲和""卜筮",观天象占吉凶,重玄义轻人事,直通古之巫者。第三,杂家无经,容取各家之典说,主从史官言义,兼从司徒言事,顺世而论者也。第四,墨家主司太庙社稷存建之职,犹后世所设工部,重实行、倡兼爱、求太平,盖尊道家,或亦服阴阳家与名家。第五,纵横家出自行人之官,今所谓外交官也;大行人原由王室所设,尝行传令之职,及诸侯自强多专任邦国使者,以国为本而行天下;纵横家犹杂家之无经顺世,然不值道家而服法家。第六,名家盖出自礼官,有定名论位而断争执之能,诸侯称霸若生名实之辩,可援之以伪饰混淆,其好玩弄礼义者,多入无为一道,或亦径从极端有为,轻礼义之"名"而重功利之"实",趣似法家。第七,法家盖承士师之职而来,掌刑名出身,视人性本恶,好凌人威服之术,尊贵贱卑,不择手段,反百家而杂用之,为诸侯国君称霸之利器。第八,夫"儒"亦承"史"而来,主治民事,职称司徒,类后世所谓相国、宰相者也;及于春秋,"儒"或由专司之官渐主统领众官之职,隐为从政官员之代称,而"史"官反退指专职。孔子教儒本于自然封建法则,追求理想秩序,借复古而论主张,容百家而守中庸,自天命礼义而立仁义道德,务劝君子士人有所为又有所不为。盖当时礼乱失序,无为之弊、有为之害俱起,孔子所论颇似王室遗老遗少之清谈,并无切急能治之速效,终以其"迂阔"而不遇于当世。后世有为之士或采名家,雄辩滔滔,或入法家,外儒内法,均舍本而求末者,诸夏治乱循环无已,不少拜是类儒者之赐。

乡党第十

孔子于乡党,恂恂如也,似不能言者。

释读

本篇多述孔子礼行,而为后世礼纪范本。孔教重礼,当主训君子,约束其行,而造就礼制人格,犹今时之法人人格,亦非自然人人格可以代行。本章述夫子所行乡亲之礼,在庙堂以尊君为大,于乡党以孝亲为贵。本纪直呼"孔子",殆非曾子或有子亲述之"经",当取自后学所记之"传"也。

【乡党】邻、里、党、乡,皆宗族所居之地也,后人多取"乡"统指,后世流迁者多称"祖望""郡望"。

【恂恂】其行也通达而笃实,盖指"温、良、恭、俭、让"合成之貌。君有社稷,民归乡党,孔子在宗族老家,恪守赤子之礼。

其在宗庙朝廷,便便言,唯谨尔。

释读

斯章述行于庙堂之礼。事君于庙堂之上,正言无妄,宏论雄辩,而不逾矩出格。

【便便】口才便给,雄辩之貌。雄辩唯谨,非巧言也,合忠直义也。礼制人格近似今时法人，不得以常人之言而言，当以法语正言为贵，巽与之言为美，即所谓君前奏对之礼也，其犹今世上市董事，对外发言必再三斟酌，亦不可知会亲友公司内情，而并非矫情或不直。

朝，与下大夫言，侃侃如也；与上大夫言，訚訚如也。君在，踧踖如也，与与如也。

释 读

斯章述同朝为官之礼。君主若未临朝，相谈于下位者当从容不迫，相谈于上者当正容恭听；君主若已就位，朝臣必当屏息心往，身不由己，随时待发。御下以理，事上以礼，奉君以忠，夫子之朝容宛若现前也。有解"上大夫""下大夫"为实指。周制诸侯设大夫，盖分上、中、下三等，上大夫亦可称"卿"，主侍于君，卿以下有中大夫、下大夫辅助治政事，亦可参。

【侃侃】条分缕析而周详其理。盖下大夫之职主听事，侃侃者献言也，知无不言，言无不尽，以益其事。

【訚訚】迎合貌，以其然者而然之，而不失中正。訚訚者犹紧锁牙关，倾耳以闻，所发之言无外乎"惟惟""诺诺"。以上大夫之尊，临下固侃侃而谈，而居下者收颈缩脖，屏息以听，怕漏一字，诚敬之极或可有"不知其然而然者"之惶恐。夫子訚訚之状，或主形其虽巽与附合，而能无谄，似今所谓有理不在声高而绵里藏针者也。

【踧踖】足无安措之貌。临朝面君，恭敬不安而忘己身，随时听命调遣，至诚之义也。

【与与】尽己以奉之貌。君若有命，虽难而不辞，至忠之义也。

乡党第十

君召使摈,色勃如也,足躩如也。揖所与立,左右手。衣前后,襜如也。趋进,翼如也。宾退,必复命曰:"宾不顾矣。"

释读

斯章述领命与迎宾之礼。奉君之命迎宾,正色起容,足步生风,揖同左右,整衣完毕,翼形而进,事毕,必恭谨复命。夫子领命敬事之貌,生动传神毕矣。

【摈】迎宾也,亦为职称。君国之宾,国宾也,礼宾也,所任使者必当知礼而能行周全者也。

【勃】兴起之貌。色勃,谓其兴奋庄严也。

【躩】同"决"音,疾步意。足躩,大步如轻也。

【揖所与立】揖,行礼于平交者。迎宾之礼,若迎公侯者用命九人,等而下者料当递减用数。本章夫子同命为摈,出任主使,左右辅之,衔命同进。

【襜】衣之风飘貌,此指衣之周身整束完妥,而显摈者之飘逸。

【翼】单指为摈者如鸟飞张翅之形,若众指则形数人同趋之状,如雁群翼行。两意均可采。

【顾】视也。不顾,去而不能见也,指宾已归也。礼宾事毕已归,主使必复命,以安君望。

入公门,鞠躬如也,如不容。立不中门,行不履阈。过位,色勃如也,足躩如也,其言似不足者。摄齐升堂,鞠躬如也,屏气似不息者。出,降一等,逞颜色,怡怡如也。没阶趋,翼如也。复其位,踧踖如也。

释读

斯章述大夫士为官之行仪。入公门之际,门虽高大,敬若不容,必曲身鞠躬而行,不立中门,又不踏足门槛;过君位之际,必庄敬疾行而入己坐,言而自谦,似知之不足；临入朝堂，当提衣正行于阶，平台之上躬身曲体，屏声息气；堂事已毕，出而下一台阶，方能稍展容色，略松神情，以表尽忠喜悦之怀；及行于平地，如鸟之张飞，身形轻快，敬事敏行不敢怠慢；回归办公之地，战战兢兢似局促难安，乃慎行本职，临事而惧也。朝堂公门古礼甚繁，夫子如此周密行之，今多哂笑而少赏味，盖无同情也——倘无苛礼束行日常，无竣法施行非常，家天下岂可得安宁乎？

【鞠躬】曲身之礼。公门自必高大，人直过之原本无碍，然亦曲身，似门矮不容直过，敬公家义也。

【阈】门槛也。过门不踏槛，礼也。

【摄齐升堂】提衣离地齐阶而上，进至堂上，端行也。此"摄"作"提"解，"齐"为"齐于阶"。

【逞】放纵也。颜色绷紧于堂，出而放松也。

【怡怡】和悦也。堂事完毕，已尽其责，示以心悦气和也。

【没阶趋】降级至于平地，谓之"没阶"也；趋，疾步而行也。盖没阶离朝以归，领命之事方始，疾步而趋，时不我待，勤政之义也。

执圭，鞠躬如也，如不胜。上如揖，下如授。勃如战色，足缩缩，如有循。享礼，有容色。私觌，愉愉如也。

释读

斯章述出使之礼。受命出使，执君命之圭，当如负沉甸，而合凝身之力。外邦之君或使臣相迎，怀圭使者拜上则行平交之揖礼，临下则行授受之礼。至于堂上，凝神正肃，足走小步，节奏规矩。迎宾使臣敬其礼用之享，每用必回之以表情。主宾私人相会，则当皆大欢喜。

【圭】瑞玉也，上圆下方，古礼君命之征也，如封爵、使臣之事用之。使臣聘问邻邦,执圭以信,后又有持节以信之礼。

【上如揖,下如授】夫子执圭使于邻国,回礼上不过揖礼之高,下不过授礼之低,而保持圭平衡不失。盖执圭者尊似国君,非可以使者本身名位等视。

【勃如战色】颈项伸前,兢兢而敏,惟恐闪失。

【缩缩】小也,足步缩小,犹捧心而行,以示敬谨。

【享礼】使者可享邻国庭礼之用,或乐宴,或起居,或仆佣,或饮食。代国君而享,不忘邦国通好之本,必每用而谢,每用而赞,不当无动于衷,故称其"有容色"。

【私觌】觌,见也,睇也,会也。私人相见,私交义也。君子无私交,使臣固当守之,然不免私人相处及交流,使者于此际务求愉快融洽而已。

君子不以绀緅饰。红紫不以为亵服。当暑,袗絺绤,必表而出之。缁衣羔裘,素衣麑裘,黄衣狐裘。亵裘长。短右袂。必有寝衣,长一身有半。狐貉之厚以居。去丧,无所不佩。非帷裳,必杀之。羔裘玄冠不以吊。吉月,必朝服而朝。

释 读

斯章述衣服之礼。今人读之,略知当时之俗可矣。(1)当令之季所服有分,居家出行亦应各服其衣;(2)礼事不同所服有分,或丧或祭当专服其衣;(3)丝棉织品盖已流行,而兽皮制衣或亦广泛矣;(4)君子佩玉成俗矣。

【亵服】私服也,尤指与妇人私居之服;若贴身所衣,则称寝衣。禹夏尚黑,殷商尚白,而周室尚赤,孔子时红紫均正色,礼不当作内衣休闲服色。

【狐貉】冬季保暖,居家衣狐貉,出而衣狐裘。"貉"为小熊兽,出产于古肃慎之地,亦东北亚先民与诸夏时已往来之证。

【无所不佩】佩,佩玉也;若非服丧,君子必佩玉而服,盖可辨明身份而不失礼也。玉之为贵,源于古久,多出自中亚,或由古粟特人贸易,经中亚东北亚而流入东亚；殷商以玉为瑞信，奉作礼之贵器，周承之而延为诸夏俗。有言西域邻诸夏部族有专治玉者，或为后史所称之"大月氏""小月氏"之祖，以"月"为"玉"之转指，故诸夏史纪所谓"胡"者，似意指古之玉人，容即粟特人也。由是可测古人迁徙交融规模当不啻今时，惟其速率缓慢，置身其间不易察觉罢。

齐，必有明衣，布。齐，必变食，居必迁坐。

释　读

斯章述行斋之礼。临行斋事，必沐浴更衣，洁其一身。斋事期间，必依律饮食，亦当迁于斋舍而居。斋事之律，为天下神明宗所通设，大同小异，以清净身心为共戒。

【齐】同"斋"。
【明衣】净洁之服，沐浴后更衣，一尘不染也。
【变食】变其日常饮食，依制而食，如不饮酒，不食荤，或先祭而后飨。
【迁坐】迁其常居之所。此指迁至斋事专用之舍。

食不厌精，脍不厌细。食饐而餲，鱼馁而肉败，不食。色恶，不食。臭恶，不食。失饪，不食。不时，不食。割不正，不食。不得其酱，不食。肉虽多，不使胜食气。惟酒无量，不及乱。沽酒市脯不食。不撤姜食。不多食。祭于公，不宿肉。祭肉不出三日。出三日，不食之矣。食不语，寝不言。虽疏食菜羹，瓜祭，必齐如也。

释　读

斯章述饮食养生之礼。饮食道理古今一也，所谓养生健康，严防病从口入，当为不移之义，读者今人俱可参矣。本章所含史迹足可观者，一可知孔子时代酿造食品发达,酒能随意得饮,尤其酱料普及,可证当时用盐之技不逊于今,食材加工储存如风干肉、腌制菜当已具备;二可知香料已成食材,佐餐必备,诸夏香料贸易盛矣。

【不时不食】非当令之食;盖指时疏果瓜,若非当季,或食之伤人。

【割不正不食】割不正之食;盖指切肉肥瘦不匀,庖厨有失也。

【不撤姜食】姜,生姜也。筮祭之祀,用香气可降神娱之,用酒灌可通神敬之,用管钟可祷神拜之。生姜之类香料,能去荤腥,开胃口,佐提神,游牧民族土邦酋长多好之,视为奇货,今人已不足为奇矣。近世尝有香料战争,诸夏古时或亦不免,惜无可考矣。

席不正,不坐。

释 读

斯章述正坐之礼。坐之礼,自席之正与不正始,即修慎始慎微之义也。

【席】古时少家具,多席地而坐,凭几而食。家具多低矮配席,如几、榻、柜、垫。席不正犹如斜坐歪倚,非礼也。

乡人饮酒,杖者出,斯出矣。乡人傩,朝服而立于阼阶。

释 读

斯章述乡宴之礼。乡宴于明堂,君臣合族之乐也;乡宴于乡党,百姓合族之乐也。乡宴饮酒之节,老者离席则当随之离席;乡宴作乐之节,君子当正衣朝服,立于东阶,以礼和之。

【杖者】老者也。乡有六十而杖之俗,乡老有贤者之义,故敬之。

【傩】古以面具行祭祀之礼,行之消灾驱疫。传"傩"原为夷人之礼,传九黎败于黄帝,傩礼大多随之转入百越,由苗人续之。周鲁之乡人能演傩戏,时人视为当然,或"傩"之旧称加诸新礼之故也。

【阼阶】主人所立之台阶,古礼设东之方位为阼阶。阼音"祚",代指君主之位运。又后人以此代指主宾之位,主人东位,宾客西位,故有所谓"作东""西宾"之说。

问人于他邦,再拜而送之。康子馈药,拜而受之。曰:"丘未达,不敢尝。"

释 读

斯章述君子授受之礼。出使他邦,于辞别他邦摈者之际,当再拜以谢。遇上厚爱,恭敬不如从命,然必以诚敬而谢。盖受人恩惠,必当惶恐,而不能受之坦然。

【问人于他邦】指受命聘问(出使)他邦,并非于他乡问人之谓。他邦之使者(摈)出,夫子行再拜之礼乃拜其君也。

【不敢尝】尝,人赠食先尝而后受,时礼也。今西洋亦存此礼,赠物多当场拆封而受。盖康子指季康子,位列鲁国三家之首,礼至尊者也,其赐药孔子,而孔子回以"丘未达,不敢尝"之语,当犹所谓"受之有愧,不敢当也"之谦辞,似不当如后儒从言而解,谓孔子谨慎,不知药性不敢乱尝而竟当面以告。此解于礼不通,亦难合上句拜送摈者之辞义。

厩焚。子退朝,曰:"伤人乎?"不问马。

释 读

斯章言人外无道之义。仁道中庸,总归之于"道外无人,人外无道"之义。仁道即主以人为贵,孔教乃人文宗之一例也。

【厩焚】盖孔子时为鲁国大夫之事。诸夏少马,而鲁国尤为希罕,有马厩者必属君子人家。

君赐食,必正席先尝之;君赐腥,必熟而荐之;君赐生,必畜之。侍食于君,君祭,先饭。疾,君视之,东首,加朝服,拖绅。君命召,不俟驾行矣。

释 读

斯章述君臣授受之礼。读者今人由是亦可一览礼制之世态情状。君主若赐熟食于臣子,臣子当正席先尝后受,以示敬谢,再可分与家人共享;若所赐为生食,加工令熟,必先行祭以敬谢,方可与家人同食之;若所赐为活物,必畜之而养以报君恩。侍食于君,君主祭毕,臣子当先用饭,或以示君主食之可安。臣子有病,君主来视,必先移于室之东首,以朝服蔽身,又束一大带,以全君臣之礼。君主有命召见,必立往,未必等驾备妥。

【绅】缙绅之谓,皆织带也,后代指无官位而富贵之人家,如商贾、行业师尊之家。相对"黼黻"之指官阶最次者,"缙绅"殆最高级之"民"也。君主探病,有病在身,臣子亦不当废君臣之礼,虽不必正衣朝服,家人或帮忙以绅绑服而面君。

朋友死,无所归。曰:"于我殡。"朋友之馈,虽车马,非祭肉,不拜。

释读

斯章述朋友往来之礼。朋友固非其亲,然因义而同生者也,故可胜似兄弟。若朋友死而无所归葬,我自当义不容辞尔。朋友义可通财,故周济帮扶,虽重馈车马亦可不谢。若朋友敬我先祖,虽祭肉之轻,必回拜谢之。

【于我殡】殡,入殓待葬也,亦指殡葬之位,墓也。朋友死,若无所葬处,可葬于我墓,合"不求同生、但求共死"之义。又,君子殡礼:夏设于东阶,取其位犹存之意;殷设于两楹之间,取其往来不息之意;周设于西阶,取其已归为宾之意。

寝不尸,居不容。见齐衰者,虽狎,必变。见冕者与瞽者,虽亵,必以貌。凶服者式之。式负版者。有盛馔,必变色而作。迅雷风烈,必变。升车,必正立执绥。车中,不内顾,不疾言,不亲指。

释读

斯章述起居出行之礼。

【寝不尸,居不容】盖为"寝不有尸,居不无容"之简读也。尸,神主位也,此处取其一动不动之形,而责人怠惰,了无生气也;容,色难也,尤指公私混淆、里外不分之"颜色",归而不能放下外事,居家亦脸色难看,有伤无辜矣。仁礼居家当享天伦之乐。

【见齐衰者,虽狎,必变】遇居丧重服者必表哀敬,虽或一时无备,亦必正容而同哀。狎,亲昵之私行也。虽正行欢愉,意外遇见服重丧者,必端庄收意,行哀丧之礼。

【见冕者与瞽者,虽亵,必以貌】不期而遇贵者、贤者,虽不及更衣,必示之以礼貌。

【凶服者式之】凶服,丧服之衣也;式,车前横木,动词作"敬"也,盖指让其先行。

【负版者】宜指有机构标志之车乘,或犹今之应急车辆或使馆车辆。夫"版"为文字之载体,盖寻常使竹简,法语之文则用大片木板,公家置于车乘或府门,或刻律令而入库保存。

【有盛馔,必变色而作】主人盛情以礼,必隆重以谢,犹今人直呼太客气了。

【迅雷风烈,必变】天象异常,必改其行息行程规划;敬天之义也。

【升车,必正立执绥】绥,升车所挽之索也。大夫士升车,亦必有其堂堂之貌,又当于车中不内顾、不疾言、不亲指,安静自在,合所谓"不在其位,不谋其政"之义也。

色斯举矣,翔而后集。曰:"山梁雌雉,时哉!时哉!"子路共之,三嗅而作。

释　读

斯章泛言时遇之义。鸟飞固为啄食,志士务求功名。大丈夫一世,必当有所作为,有志作为者亦当善为之,须知天时地利人和三者不可或缺,必先审时度势,谋定而后动,其事方可期以善作善成。盖本章夫子携子路共游山间,触景生情而言义。

【色斯举矣,翔而后集】盖取兵家之语而论,善察者观敌,见群鸟翔而不集,盘旋不落,知其下必有埋伏。孔子以"色"喻"欲",观群鸟翔而后集,虽飞禽亦能先行以择,而发其称赞。色斯举矣,若形有志之士,则当指立志往行之义也,若泛形世人之欲,犹所谓"天下攘攘,皆为利往"者也。翔而后集,当谓善择之义也,主指地利也,譬如乱邦不入,危邦不居。

【山梁雌雉,时哉】山梁之上,已落雌雉,斯时已至,雄宜作为。以山梁雌雉而喻天赐良机,犹身处有道之邦,又遇贤贤之君,时运来也,志士仁人当求大有作为。

【子路共之,三嗅而作】共,会意也;三嗅,君子饮啄之礼,三嗅其气而饮,品也,断也。天时地利俱佳,虽惹人弘志,然如举色之哄鸟,其中福祸殊难逆料,犹当效饮啄之三嗅,飞鸟之先翔后集,谨慎而勇往兼喻,则谓人和亦至焉。有解"三嗅而作"之"嗅"乃"菊"音,谓"掬"之义,指子路共游会意而试哄山梁栖鸟,形其闻道乐不可支,亦通。

再 按

诸夏所谓四民亦天下百业四大总类,士、农、工、商之次序略有所异,与政治不同相为表里。纵览史纪为文以来,先民之世,战国实为万国之本性,外来骑士常为立国君主,以殖民者领有诸夏新地,殆行分封众建之法、采役科剥之政。政权虽归武士之君,然共业成治之盟友则异,农工商大业亦各有其运,天下四民遂可轮番当道。兹简表略述其纲。

表10-1 天下四民之业运

兴起	士(武士)		农		工		商		
损益关系	农	−	士	−	士	0	士	0	立国时代
	工	+	工	0	农	−	农	+	
	商	+	商	−	商	+	工	+	
相沿示例	黄帝—成吉思汗		后稷—王莽		大禹—南宋		王亥—蒙元		

第一,初民以战立国,所谓"士"盖指武士,个中胜者又为骑士,欧亚大陆游牧部族盛产是类,纵横四方,威力所至则可画疆自立,夏、商、周三代殆属同源。骑士尚武,信奉昊天神明,重自由轻物权,服命令求赏赐,最听自然封建法则,敦行分封众建。若乃主政,多重工友商而不利于农,譬如黄帝造车而号轩辕,成吉思大汗广设通商欧亚驿站。第二,商人最似武士,盖商业与游牧同兴,原为一体,后渐相分,逐利而迁,开辟交通,易货至远;商人重契约,贵物权,轻伦理,趣

风俗，亲近武士贵种，不值专务农工者，乐居简政轻算之邦。若乃主政，多以工农为本，而以武士为末，譬如殷商之祖王亥善贾，有元一朝止戈重商。第三，定居社会主以农耕为业，工匠为辅。所谓农民，生于斯长于斯，守田以耕，自食其力，别无选择，惟求安定秩序，以全其土地私有。若乃主政，多好文士，墨守成规，厌恶变乱，而抑武商，譬如后稷西迁务农，王莽代汉复古。第四，工匠或为最早技术分子，先以木石制器，进而采冶矿石，武装游牧社会居功至伟，盖定居农民技术需求不多故也，工匠好兴行会，金有自尊，犹坐地商人，亦重契约。若乃主政，多亲近商业之需，而轻贱农利之薄，譬如禹夏之铸九鼎，南宋之治瓷器。

通观为政之道，重农时代或较乏善可陈，重工商时代则受益良多；孔儒倾向重农，似反其道而行之，当时或即不免有议，讽以迂阔，所为何来焉？盖周原骑士入主定居社会相续历代，承平日久内生变革，值此紧要关头，孔子应运而生，务求殖民封建根本转为在地封建，以免铁蹄践踏、民无噍类之灾，而重农尤可贴切在地诉求，最能激发统治道德。隐怀此不能明言之深意，由是孔教仁礼造成诸种政治效应延及后世：(1)明别夷夏，实可以绝其祖源；(2)重义轻利，实可以贵农贱商；(3)崇文重礼，实可以不武简政；(4)宣扬纲常，实可以容情自治。孔子身后诸夏累世迎来骑士殖民，端赖孔教政道未绝，游牧与定居两群相融得以稍减残酷，本土利益不至全夺而绝望焉。学者今人若不能明孔子仁教初衷，纪其千秋之功，反斤斤于罪咎其四业失衡之弊，庶几愧误之至矣。

先进第十一

子曰:"先进于礼乐,野人也;后进于礼乐,君子也。如用之,则吾从先进。"

释读

斯章论仁礼化育之力。义近"子欲居九夷"之章句。天生世人,而后生礼乐,故世人原皆所谓野人。圣人自野人入道而作兴礼乐,亦犹开天辟地之功,泽披万世,善莫大焉。后世君子得享礼乐,若知当时开创之艰,相承以续,虽可称道,毕竟属坐享其成者,略逊而有所不及。本章夫子称怀先进,彰显教化野人之至德,并非不敬后世君子,盖欲勉志士仁人弘道传教之义也。

【先进】创始也。天地玄黄,宇宙洪荒,世人原本野人,生灭浑噩类兽,遂有圣贤怀仁而出,教人筑屋、打井、造车、治水、稼穑,得与兽别,又法天形地,制规则,立人伦,明善恶,兴礼乐,以全生趣。由是后人享其福、得其乐、美其世,而君子可传之,即所谓后进者也。先进者起于野人,后进者坐享其成,故传道者当从先进之志。后世宣教士环球布道,奔走边鄙,亦合孔子本章教义。

【野人】泛指未受礼乐教化者。本章盖指邦内之"野",后世则多指诸夏外围之"野",如狄、戎、羌、苗、闽、巴、荆、越。

子曰:"从我于陈、蔡者,皆不及门也。"德行:颜渊、闵子骞、冉伯牛、仲弓。言语:宰我、子贡。政事:冉有、季路。文学:子游、子夏。

> **释 读**

斯章品论弟子兼分类学科。本章传诸后世,影响教育至深,孔门弟子十贤之说源此,而孔学四科之分亦由此。若参佛学大乘道场、古希腊学院,或可尝当时孔子教学之况味。

【皆不及门也】犹言登堂而未入室者也。随孔子游陈、蔡者,俱七十子之贤者,而仍未得其衣钵真传,奥义深髓,可见欲求其全之困难,诚令人望洋兴叹矣。后句盖后世纪者所加,详表或许能至一二者也。

【德行】盖指修己存身之门也,修法主运深思、冥想及悟,难语诸外,成于自明。

【言语】盖指辩论术,其时有名家善辩,孔子主以《易》道中庸而辟其诡辩。

【政事】当指从政为士,或务民之文治,或军阵之武功,后儒所谓经世致用所指诸大实务也。

【文学】盖指经史典籍也,主攻经、传、纪三部,兼通诗、乐,后儒谓之艺文。

子曰:"回也非助我者也,于吾言无所不说。"

> **释 读**

斯章论教学相长之例。师生之义,形为教学,实乃同道者也。由师生转成同道知音,如孔子与颜回、佛陀与阿难、柏拉图与亚里斯多德,或虽有之,实亦难能可贵,当为圣贤诸教薪火相续不绝之幸事。

【于吾言无所不说】说,悦也;师之所言,弟子无所不悦,已达心领神会之境地。本章亦见夫子风趣活泼,先言"非助我者",似欲责怪颜回,而后竟出"无所不悦"赞语,教学两方如是之默契,盖可谓之"心心相印"者也。夫子之道,正如颜回所叹"瞻之在前,忽焉于后",本章当为一佳例尔。

子曰:"孝哉闵子骞!人不间于其父母昆弟之言。"

释读

斯章论仁道自在人心之义。仁道行世固有损益,虽殷代夏、周代殷,而终悬于不坠,当知人本亲仁由以故也,即后儒所谓"人之初,性本善"之说,犹今所谓"人皆有理性"之义。本章夫子举闵子骞行孝例,盖主喻传道有恒不怠,众口所污,奸小所乘,亦不改其志。

【闵子骞】孔子弟子,传其行孝之德,迹近舜之典故:其父续娶,后母昆弟虐之,默而不告,及事泄,父欲休后母,闵子骞跪求勿为,出语"母在一人单,母去三人孤"。

【人不间】间,疑也。人言可畏,众口铄金,身临其境,枉屈自知。时人不为其后母昆弟毁谤误导,无疑闵子骞至孝之德,人心固仁乃根本之由也。

南容三复白圭,孔子以其兄之子妻之。

释读

斯章论"慎"之义。可参公冶长第五首章句义。君子克己者,必慎行而无悔。南容敬谨,一日三诵白圭之训,以全其慎行。

【白圭】见于《诗·大雅》,原文"白圭之玷,尚可磨也;斯言之玷,不可为也",其义乃喻谨言慎行,方可无忧无悔。

季康子问:"弟子孰为好学?"孔子对曰:"有颜回者好学,不幸短命死矣!今也则亡。"

释读

斯章论"谨"之义。《雍也》篇哀公亦发此问,而孔子所回不同,盖季康子虽为贵种,位非君主,答之以简,非不敬也,诚可也已。夫子谨言而回,或潜从"不在其位,不谋其政"之义,故虽不直季氏无礼僭位,亦不憨谏。

【今也则亡】好学之义,求诸在己,而季氏以大夫僭政,非礼也。明言颜回死于短命,或有刺讽之义也。

颜渊死,颜路请子之车以为之椁。子曰:"才不才,亦各言其子也。鲤也死,有棺而无椁。吾不徒行以为之椁。以吾从大夫之后,不可徒行也。"

释读

斯章论孝与贤有别之义。孝义出于天命,父慈子孝代代相传,人人得而行之;贤义惟从己求,非可传而得之,父子两不相及亦为常见。夫子贤而孔鲤孝,颜回贤而颜路慈,本可称世间美事,然颜路为父慈而不贤,以"慈"之名漫天要价,荒唐无礼,甚可叹也。盖人生能得两全其美者几希,圣贤亦不免有扰。

【椁】礼制之棺,高贵等级之厚葬,于其寝棺外再置一大棺,称椁。诸夏厚葬之风盛,或出古教魂魄说法,主旨略为:(1)人之气曰魂,人之形曰魄;魂为阳,魄为阴;(2)天神初生有魂,后魂入魄而成人形,阳阳相合而为人生;(3)人死阳魂散,剩阴魄,厚葬于地下,可令形魄续享阴间福利,亦能助神魂归天永居。是故诸夏视葬如迁,必置生前用具珍爱同葬。贵种至高者建地宫陵寝,次者筑室,亦称明堂,再次者无室有椁,植佳木为林树其墓上,以引魂上升,均属厚葬。贫贱者仅有棺无椁,称薄葬;若棺亦无,仅席卷土覆,草皮掩之,称埋。

颜渊死。子曰:"噫!天丧予!天丧予!"

> 释　读

斯章论哀情之义。丧亲失友之重哀隆制,盖孔教本于人生一体而力行之。丧亲犹手足分离,丧哀似同归于无,非激进人道主义者不能有此见识矣。孔子中庸,并非不知死亡亦可为轻,而固执丧哀之礼,乃为教化世人以传人道,以免人我不通,任由相争相杀之残忍。

【天丧予】知己如颜渊,可同学,可同道,可同安,可同乐,直至可同立于卓尔者,可遇不可求也。遇而失之,则非死一人,亦犹"天丧予"之大哀伤也。系天道于一人,属情急难忍之言,犹前纪遇难于匡国,夫子发"匡人其如予何"之怒,固非孔教正义。

颜渊死,子哭之恸。从者曰:"子恸矣。"曰:"有恸乎?非夫人之为恸而谁为!"

> 释　读

斯章论丧分轻重之义。人固有一死,或有重于泰山,或有轻于鸿毛,辄哀丧之恸可别以霄壤。慎终追远,本有视死如归之义,而竟至为不舍,悲痛伤身,岂非无明愚者,夫子又何必如此?盖仁道不行于世,仅存几人,非为一命而恸,乃哭世道也。以恸哭而儆世呼道,亦婉转贴合"关雎"鸣警之义也。

【恸】哀之过也。夫子教人,哀而不伤,而哭颜渊死,不避伤恸,门人少学者未免生惑。后句相释之语,究其深意,当似"知我者谓我心忧,不知我者谓我何求"之义也。

颜渊死，门人欲厚葬之，子曰："不可。"门人厚葬之。子曰："回也视予犹父也，予不得视犹子也。非我也，夫二三子也。"

释 读

斯章论礼与情有别之义。发乎情，止乎礼，合于义，人伦之道也，譬如爱妾室而立庶出，则为无行之乱也。同门欲厚葬颜回，即情也；夫子不许，即礼也。门人执意而为厚葬，并非义举，故本章夫子叹责。夫子哭天动地以悼，而不废丧葬之制，可谓临大节而能守者也，亦合"求仁得仁"之义。

【门人厚葬之】礼制随身，天命所定，固当守义不违，葬之以礼。厚葬非礼，依礼或可请命于公家恩赏，私人不当擅为。盖门人强以孔子门生之名厚葬，有从权僭礼似"欺"之嫌，故夫子矢言撇清：非礼之事，无关己意。

季路问事鬼神。子曰："未能事人，焉能事鬼？"敢问死。曰："未知生，焉知死？"

释 读

斯章论生死之义。生死问题古今一也，贪生怕死勿论，疑神疑鬼固亦诚众，纵使假装镇定，实少有心安者，占卜祭祀行其祷佑，遂同家常便饭耳。孔子本章所论，亦人文宗之经说，不欲庸众直面奥义，以免中知学者自寻烦恼，杞人忧天，动摇现世人生有为之志。又，本章合循序教法，盖诲中知者不可跃等以求上知，故当解作"先知生再知死"为宜，而非止于"贵生"之义。否则，若从本章读出夫子断言"上帝死了"，或有不学狂简之失，近所谓不成器之"二三子"也。

【未能事人，焉能事鬼】恪守中庸而求现世人生，避而不及于神我之知，孔教此一常轨，移今可称人道主义。事，伺也，知行两指之义也。祭祀之道不外两本，或以鬼神为德，或以人生为贵。孔子未去鬼神之德，直告中知者敬而远之，先当一意事人,亦尽"不语中人以下"之诫义。后儒不明,以为孔子教人止于济世,遂多唯我独尊者,妄意推己及人,自诩替天行道,强为他人立心立命,实亦世乱之患。

【未知生,焉知死】神我之际,生死同轻,固无疑问,远神而张望,及于人我之际,必执生死利害,重生畏死,以为人命惟一身一世耳,感之乐之不舍昼夜。孔教如是之经说,后世一味归为重现世贵生活,流传诸夏遂厚广人文宗心理,人民"事鬼",多求本身现世福祉;运之于"事人",则好功利计算而谋无穷权变方略。可见仁义道德若远其形上本源,亦犹不觚之觚,徒有虚名而已。

闵子侍侧,訚訚如也;子路,行行如也;冉有、子贡,侃侃如也。子乐。"若由也,不得其死然。"

释 读

斯章论各成其类之义。天生各类于世间,或文或武,或刚或柔,或贤或能,各各不一而又终归仁道。正要聆听人生多样可爱,忽又露生死玄论之獠牙,圣贤上知由生及死,诚多信手挥义之大能欤。盖本章夫子乃谓善其生者可得好死,否则不难想象矣。

【闵子】闵子骞。以下多篇称其为"子",或其门人所记,故以尊称。

【行行如也】行胜之貌也,犹今所谓风风火火。言胜于行多委蕤,行胜于言多直勇。行胜及于下知者或谓暴虎冯河,愚行也;行胜及于中知者殆可称勇,譬如宁武子之愚不可及;行胜及于上知者则谓义勇或大无畏,如商之汤武、周之文武。盖夫子以子路尚处中知,其险甚多,后不幸一语成谶,传子路身陷卫国政变,逞勇救人而横死。

先进第十一

鲁人为长府。闵子骞曰："仍旧贯,如之何？何必改作？"子曰："夫人不言,言必有中。"

释　读

斯章论善劝之义。闵闵者绵里藏针,柔中带刚,从政事君亦犹行孝,劝谏能合"见志不从,又敬不违,劳而不怨"之义。直谏者常以义坏礼,不免强行暴慢,今所谓好心办坏事,难以指望是类能劝；或有劝谏者,沽名钓誉,为劝而劝,止于乡愿,并无可行之策,犹所谓清议,亦徒添扰嚷而已。盖本章夫子举闵子骞而求善劝者也,以其劝"俭"并不蹈高凌人,泛论"节用而爱民"之类,而止于就事论事,未毁长府改作之议,劝以"仍旧贯"之策,闻者欣然,劝者达意,是谓之善劝。

【长府】公家治事之府。或言"长"为"藏"之意,"府"为"府库",似指公家府库,亦可参之。盖本章出于鲁人有新筑公府之议。

【仍旧贯】贯,通例也。仍旧贯,谓勿改前例也。长府改作,当属君权,改作之事,殆系臣职；盖闵子主旧房改新,不当推倒重来,承袭前定规模即可,以免伤财劳民。献策能不夺君权而尽责,夫子称之善谏。

子曰："由之瑟奚为于丘之门？"门人不敬子路。子曰："由也升堂矣,未入于室也。"

释　读

斯章论儆戒之义。为学固有自警自省之任,为师亦负严督惩治之责。在门一日为学,必受一日管教,虽子路不能免矣,倘由此而不敬学者,则非崇学重教当有之门风。圣贤诸教皆设申诫之法,不乏高徒受训之例,盖犹本章之子路,多于登堂而未入室之际。

【瑟】乐器,引指声音也,此处当喻不谐之声。琴瑟为正乐之古器,琴为主,瑟为辅,和之可调阴阳,乐之能至平顺。盖子路一时不谐,固执己见甚矣,夫子严加斥责。

【升堂入室】堂为客人所至之极所,室为主人起居之极所。以"堂"与"室"而喻学修进境,分别生动之极:升堂而未入室,多指中知学者;若具天资,假以时日可进上知大成;故凡入门学者,均可配享敬意。门人不知夫子儆惩为学,非为辱之,以是不敬子路实乖谬无礼矣。

子贡问:"师与商也孰贤?"子曰:"师也过,商也不及。"曰:"然则师愈与?"子曰:"过犹不及。"

释 读

斯章论贤与功之义。夫"贤"系之于道,不可有无道之"贤",其犹世间不存无源之水、无本之木;夫"功"系之于用,世人多行无用之功,而后方能渐明其道,犹所谓吃一堑长一智。故"贤"不当全系之于"功"而论,贤者未必有功,有功未必贤者,所谓不以成败论雄长也。盖本章夫子主诲弟子有为,勿忘中庸之道乃为本也。

【师也过】师,子张字也。盖子张过于自信,似多攻乎异端,不能平衡亲和。中庸之道,诚非易事,自信过者,不知其难,常好捉一个"中"置于现前夸耀,少顾他处他时之"中",不免骄傲之过也。

【商也不及】商,子贡字也。盖子贡自谦通达,宽大好让,非当仁不让者也。尽以他人之"中"为"中"者,亦不合中庸之道,犹所谓人云亦云,滥恕无边,贤者不当为之。

【师愈】盖子贡未得夫子之意,以为夫子所言乃谓子张贤过于己,子张前途功业似胜己一筹。惶恐不及之情跃然纸面。

【过犹不及】大道至广,确凿无疑,然又似薄如肉片,而过与不及之面馈甚厚,以致求道者捧之嗅之,食之尝之,颇有"瞻之在前,忽焉在后"之惑。夫"过"

者,竟信月不常有,奋起燃灯为光,其犹泰西极端人文宗所谓"人为自然立法"者;若乃"不及"者,听凭雨止,静候月归,惟求风平浪静,其犹所谓"清静无为"者。盖中庸行世,单运一支则险,过与不及亦失匪浅。

季氏富于周公,而求也为之聚敛而附益之。子曰:"非吾徒也,小子鸣鼓而攻之,可也。"

释 读

斯章论卫道之义。仁道无敌,首义乃喻无可夺其志者,犹今所谓天下已无对手矣,延伸而同仁者无恶之义,世无仇人矣。是以仁者所攻,当非恶人,必恶行也。孔子新兴仁教,门下不义,本章扬言鸣鼓而攻,乃义勇卫道之行也。

【聚敛】礼制供养君子,行采科之法,本属聚敛,后引申而指为政苛取也。世行采役之事,出于自然封建法则,人皆以为理所当然,天生并无厌恶仇恨;而之所以多所厌恶不从,民人或逃或抗而不服,乃贪占强取甚过由以致也。本章夫子以君子已富而求少敛,不啻虎口夺食,近似改制之举,或亦隐有均贫富之想焉。

柴也愚,参也鲁,师也辟,由也喭。

释 读

斯章论过于不及之义。人非圣贤,孰能无过,观而知过,中庸之始也。悬"过"以为"的",自省自讼,克己无已,正所谓"观过,斯知仁矣"之指。倘非坚志向仁、学修不惰,观本章所言四弟子之"过与不及"者,或只见其过,则属尚未明瑕不掩瑜之义者也。

【愚】死守善道之貌。盖指子羔（柴）应变通达不足，尚未及于"知"义。

【鲁】钝也，不敏之貌。盖指曾子（参）竭诚有余而举轻若重，尚未及于"贤"义。

【辟】同"睥"，睥睨世人之貌。盖指子张（师）弘毅达观，然不免盛气凌人，有过于"能"义。

【喭】俗语也，指粗鄙之辞。盖指子路（由）不掩好恶，虽仗义勇行，而多出口伤人，有过于"直"义。

子曰："回也其庶乎，屡空。赐不受命，而货殖焉，意则屡中。"

释 读

斯章论仁者各安其命之义。仁者无怨无尤，听其命而安其运，固可自得其乐焉；然人生百态，其中亦多异趣，譬如颜渊（回）与子贡（赐），二子皆为庶家子弟，而大相径庭，一者财贫如洗，一者货殖屡得，令人唏嘘见怪。本章当止于仁者乐而观趣之义，不宜深文周纳，若以为夫子重仁德而轻货殖，贵乐贫而贱商贾，恐陷腐儒谬识。

【屡空】无所得也。后儒自承重义轻利，经营财富乏善可陈，而邀名者众，常置"计利当计天下利，求名当求万世名"座右自慰。

【意则屡中】意，谋也。本句犹言百发百中。子贡善经商，后世有尊奉为财神之俗。儒商之类殆为后世经说，营商之道殆非文士所可意会，所谓商场如战场，慈不将兵，义不经商，其间仁义瞬息万化，须臾不离随机应变，略无文房斗室之经常。子贡货殖，意则屡中，必亦有道，而后儒久有不屑，或亦并非"义不容利"，实诸夏得名之"利"尤巨也。

先进第十一

子张问善人之道。子曰:"不践迹,亦不入于室。"

释 读

斯章论善之义。言"善"而不言"仁",盖"仁"乃孔门专用,凡不从仁教者,仅可名"善"。天下诸教义法不一,各有其善,殆可通论者无外两指,一曰不妒,一曰不偷。并孔子世之各大文明导师,均严"不许嗔恨,不可偷盗"两诫,盖先贤所见略同耶。

【践迹】行人所行之道,图行捷径也,引指嫉妒也。践迹者之逐利,不当相混于"择善而从"或"能近取譬"之求义。是类为恶,轻者似偷,抄袭巧取、据为己有;重者或由羡生妒、怨天尤人而生恨意。不践迹者,有所克欲也,虽无以乘人之美,亦乐观其成,譬如见子贡每意必中亦不嫉,见颜回屡无所得亦不辱。

【入室】室为居之极私处,以入室而喻偷也、窃也。践迹以求,夺人之路,心术已属不正;若又私欲膨胀,趁人不备,径行偷盗,则为世之大害矣。不入于室者,其行亦有所止,孺子尚可教耶。

子曰:"论笃是与,君子者乎? 色庄者乎?"

释 读

斯章论名实相符之义。如"笃"一类高义之辞,不当径行加诸君子或权臣,而须听其言,观其行,方可明断;名实相符颇为不易,巧言可搬弄词藻,诡言能颠倒黑白,君子权贵既好虚名,奸佞者必趋逢迎,是以高义之辞虽不可亵渎,而又最易陷于玩弄;譬如神主牌位固然庄严,若利害当前,言不由衷,亦多"非其鬼而敬之"也。盖时风浮夸,夫子切弊而成本章。

【论笃是与】"是与",犹言诸如此类也。夫"笃"之高义当本于仁道而言,主形中正德厚之貌,诸如此类之辞,如"信""刚""直"等等,务求名至而实归。若欲玩弄高辞,美名大可加乎桀纣之身,暴残者或能谓之"刚直""有信",则后世指鹿

为马又有何不可乎?

【色庄者】庄,壮大之貌,有盛饰。色庄者当喻权臣如上大夫等级。礼制,居上而临下者,多有"色庄"之势,犹所谓肃静、回避之布设,或气派堂皇,或不怒自威。

子路问:"闻斯行诸?"子曰:"有父兄在,如之何其闻斯行之?"冉有问:"闻斯行诸?"子曰:"闻斯行之。"公西华曰:"由也问闻斯行诸,子曰'有父兄在';求也问闻斯行诸,子曰'闻斯行之'。赤也惑,敢问。"子曰:"求也退,故进之;由也兼人,故退之。"

释 读

斯章论慎与敏相合不分之义。闻斯行诸,即闻风而动,敏行也;然敏行者必也当慎行,慎而敏方可称正行,不违仁道中庸之义。夫子教人各从其类,虽一义而可作不同解,勉进劝退以求名实相符,甚少一概而论,本章盖如是也。

【求也退】退,少勇也,知难而退之义。冉有过慎,敏行似有不足,恐失之于贻误,故夫子勉其敢为立行。

【兼人】行胜者,今所谓猛人也。盖子路擅行动而欠思量,无惧过勇,说打就冲,故夫子加倍劝慎,勒之以三思而后行。

子畏于匡,颜渊后。子曰:"吾以女为死矣。"曰:"子在,回何敢死?"

释 读

斯章论情之义。夫"情"与"欲"者,殆属仁教克己之标的,不得由之任之,恐若稍纵,或出一发不可收拾之威力,故夫子常傲人未见好德如好色者。然"情"自天生,虽化入仁道,并非乌有,若遇生离死别,难免悲喜交加,或哀哀恸哉,或喜极而泣,尽失常形,亦乃人之常情,古今皆然也。盖孔教中庸仍留方寸余地,以为"情"并非全不合义,故尚许所谓"容情"之说。

【子畏于匡】本章记事谓孔子师生一行,游历至匡国蒙难,及稍安顿,颜渊方归。夫子喜极而怪,以为其早死于乱中,害得虚惊一场。

【回何敢死】颜回后归,不述其逃难之险,而答"回何敢死",不肯以险煽情也。其"不伐"之谦抑,可近似孟之反"奔而殿"所谓"非谓敢也,马不进也"之义。夫子慈之如子,弟子孝之如父,师徒至情毕显。

季子然问:"仲由、冉求可谓大臣与?"子曰:"吾以子为异之问,曾由与求之问。所谓大臣者:以道事君,不可则止。今由与求也,可谓具臣矣。"曰:"然则从之者与?"子曰:"弑父与君,亦不从也。"

释 读

斯章论大臣之义。士人从政,位为大臣,盖所谓上大夫或从大夫者,得之不易,行之尤难:以道事君,不可则谏,进退之际,死难随身。所谓具臣之说,后儒析义而分正邪各六类,大臣六邪列第一者为具臣,以下依次为谀臣、奸臣、谗臣、贼臣、亡国之臣。盖季氏掌政鲁国时有僭君窃位之事,孔子门下子路、冉有两弟子为其家臣,本章问对或有季氏试探共谋之意,而孔子断然否之。

【季子然】季氏子弟,其问孔子之言,盖婉转询问两弟子相从之志。所谓大臣,事君者也,而事于大夫者,多谓之家臣。举大臣之志而试家臣,可察季氏隐图谋逆也。

【曾由与求之问】曾,乃也。本句犹言尔所问者当为子路(仲由)与冉有(求)来问。盖季子然为君,由与求为士,各有其道也,而君问臣道,非合常理,故夫子佯装讶异其问,直告本当由二位弟子来问。本句亦可见夫子不耐烦季氏。

【具臣】尸位素餐,充数之臣也。两弟子仕于季氏,或已有食禄逐利之嫌,季子然又欲试二子共谋之愿,而孔子明断二子必不相从。具臣多顺世为之,然未尽去大义,不敢造次,今所谓有底线者也。后儒将其列为大臣六邪之首,盖不忿天下尽多是类,尤恨其实乃世坏无救之肇因。

子路使子羔为费宰。子曰:"贼夫人之子。"子路曰:"有民人焉,有社稷焉。何必读书,然后为学?"子曰:"是故恶夫佞者。"

释 读

斯章论学与用之义。学以致用,学用互济,固为学道不言而喻者也;而又难免过与不及,异端要在二者,一或偏于学而轻用,一或偏于用而废学。轻用者好高谈阔论,引经据典,不知变通,后世所谓文士清流大多是类;废学者求急用妙方,以事为师,不睬圣贤,只争朝夕于途,虽免于厄运或亦属侥幸。执两端之"中"而能成全者,其犹子贡,可称贤也;不能者即如本章之子路,敏行亦多伤义,而又强辩,故夫子责其有"佞者"之相。

【贼夫人之子】贼,害也。子羔诚笃似愚,盖无如子贡之折中通达,子路举为宰执,非用其长,恐害斯人。子路未解夫子言义,以为乃训子羔读书而勿仕,故抢言后句强辩。

【何必读书,然后为学?】其义可另表作:道义既无定所,则学问不必尽归读书。所谓"有民人焉",喻指从政治事,固可得其善理;所谓"有社稷焉",喻指主掌礼乐,固能成其美义。学道既广,何必死读书方称为学哉?通乎今所谓"实践出真知"之论也。子路疾问斯言,虽未领师尊当时之意,然大称后世浅学之心,好说读万卷书不及行万里路,弃读而去之也。

【恶夫佞者】佞者,有才而无德,不乏敏行善辩之能也。盖子路兼人行胜,闻斯行诸,亦犹佞者,夫子明吃一亏而气噎,只得发其"何以佞者可恶"之叹尔。

子路、曾皙、冉有、公西华侍坐。子曰："以吾一日长乎尔,毋吾以也。居则曰:'不吾知也!'如或知尔,则何以哉？"子路率尔对曰:"千乘之国,摄乎大国之间,加之以师旅,因之以饥馑；由也为之,比及三年,可使有勇,且知方也。"夫子哂之。"求！尔何如？"对曰:"方六七十,如五六十,求也为之,比及三年,可使足民。如其礼乐,以俟君子。""赤！尔何如？"对曰:"非曰能之,愿学焉。宗庙之事,如会同,端章甫,愿为小相焉。""点！尔何如？"鼓瑟希,铿尔,舍瑟而作。对曰:"异乎三子者之撰。"子曰:"何伤乎？亦各言其志也。"曰:"莫春者,春服既成。冠者五六人,童子六七人,浴乎沂,风乎舞雩,咏而归。"夫子喟然叹曰:"吾与点也！"三子者出,曾皙后。曾皙曰:"夫三子者之言何如？"子曰:"亦各言其志也已矣。"曰:"夫子何哂由也？"曰:"为国以礼,其言不让,是故哂之。""唯求则非邦也与？""安见方六七十如五六十而非邦也者？""唯赤则非邦也与？""宗庙会同,非诸侯而何？赤也为之小,孰能为之大？"

释　读

　　斯章论志士仁人之义。志士未必仁人,仁人定为志士。凡世间志士所求者,无外乎或功名,或公义,或安乐,而得之与否则系之于仁道中庸,若违必不免其罔其殆。

　　【不吾知也】有志不遇,未有用也。礼制和平进步之途多靠分封任用,不敢争取,有志者日常隐怀怨尤在所难免,多怪人不知己,故所谓人不知而不愠者,惟区区若干天命君子罢。夫子邀四子言志,一吐胸中块垒,亦含验门人学修之意。

　　【子路率尔对】子路(由)先人而述也。勇行者好立功名,所谓宁鸣而死,不默而生，一旦受命高位，必图复兴大国，兵强马壮，门人强求有为或莫过于子路，立义似稍不足。

【如其礼乐，以俟君子】冉有（求）谨慎从政，笃守本份，顺世而为，念盼仁君。慎行者务实，功名心稍弱，用之则行，舍之则藏，其知近仁，其行少勇，近类"具臣"也。

【如会同，端章甫】诸侯相见称"会"，能同赴诸侯之会，求列朝臣位也。周之朝服称"章甫"，衣朝服谓之"端"。又，"章"为纹章，"甫"为补服，周制有十二章纹之说，天子佩十二章纹，依爵等次第减纹数，最次者黼黻。公西华（赤）欲列朝臣之位而求行礼乐之事，乃志于仁者之"志"，功名心略无，几似所谓好德如好色者矣。

【舍瑟而作】曾皙（点）用力弹几下，推瑟到一旁，起身行礼。但凡尽灭功名心者，所谓有志与无志已无分别，能自外于世俗，与天地悠悠同在；仁者上知本安乐无极，与黄老之道亦大合不差，孔教虽呼入世而未舍其本，此义由曾皙道出，夫子不经意间喟然许之。既已超世，复又返回，不辞劳苦以救世，孔子亦菩萨心肠者也。

【赤也为之小，孰能为之大】以公西华（赤）之问而归本教有为之道，勉可补缝方才上句之言失。观乎仁教本义，功名之大小不能定其志之高低，事礼于宗庙诸侯，远胜于三军千乘之统帅，而执"老者安之、朋友信之、少者怀之"之望者，或已近乎圣贤。

再 按

盖《论语》自本篇始，多由再传弟子及从者编纂，来历颇广，吸收亦杂，而益见其流传损益痕迹。古时典籍书写不易，保存亦难，圣贤立教之言凭门人强记，及后世文本歧出，见解纷争，则有学者所谓结集之必要，《论语》编成亦然。盖门徒弟子第一次"结集"主成前十篇，后又陆续传出齐国、陈国版本，或为再作"结集"之汇编，主成于后十篇。有文史研究推测《论语》后十篇主成于战国，近迄于秦汉，不特迈逾十世，新学旁思亦必潜移默化，其间大抵混入相当数量传纪者本身见识,似不及前十篇可称"经"之正宗。若果了其上义,此际变化固无妨学者博采印证,可见世间知识,虽立义各别,教法殊异,语文悬隔,终能相融互参,所谓他教异端实乃远乡别处之同学耳。明此再探后十篇脉胳,孔子身后百家竞相激荡互为启发,则若隐若现矣。兹略析个中汇干通支之大概,以飨读者:

一、术数方技之发展。其犹今所谓科学逻辑及技术之进步,襄赞哲思运深及于玄奥,证悟性命运程之风遂盛,受染之士借以自重,颇好标新立异,不屑雌伏礼制小节;譬如子张、子思一派,自承天命而特立独行,逆反经义而扬言创见,大震同门学者。

二、神明宗之持续影响。泛神信仰东西南北自古未绝,世人心理随人文人学思,托"经书"而造作"纬书"新学,夫"温故而知新"之"百经注我",嬗变为"象天法地"之"我注百经"。经书知往主表人言,纬书揣来能传神意,当时书文渐揉"经""纬"两道,学修大可经纬互参。凭纬书今文之学,预言亦成知识,经义不过逆料推演之一节耳。

三、书写方式之便利。原由龟甲、铭文、石版之刻画,及至春秋竹简与帛书并用,进而墨写于贝叶、草纸,战国传文效率远非先世可比,众人抄之亦众人作之,记言记事可不定于一家矣。所谓经书亦显错综复杂,一门之内宗派丛生并立之势前所未有。由是思想交流取代经文记诵,成为学习方式之主流,亦辟广知识进步之正途。

学者参之而读后十篇,收获必丰,或可不逊于前十焉。

颜渊第十二

颜渊问仁。子曰:"克己复礼为仁。一日克己复礼,天下归仁焉。为仁由己,而由人乎哉?"颜渊曰:"请问其目。"子曰:"非礼勿视,非礼勿听,非礼勿言,非礼勿动。"颜渊曰:"回虽不敏,请事斯语矣。"

释 读

斯章论守戒修道之法。纲举而目张,当形渔网,而非织架,不举"纲"则渔网之"目"不张,捆网入水必一无所获。反以张"目"而举"纲"之论法,犹本末源流之喻法,谓凡知本末者,未见人之父母亦当知其必有,源流之知亦然,临流定知有其源,未必亲往可也。孔教纲目之论,盖出《易》道之"用(运)"义,即所谓天形之、地成之、人运之,为人者不能运用,则必自绝于天地,及之于学修,固生学道之纲目两辨,仁义为之纲当无疑也,而其余皆为目。圣教传道举"纲"而张"目"者,乃自上而下之正指,常曰必当如是如彼之类,今所谓积极性法则也;而张"目"以索"纲"之道,则属自下及上之反求,多训不当如是如彼之义,今所谓消极性法则也。故孔子先从积极性法则,举仁义之纲当指克己复礼,求诸在己,后依消极性法则张其要目为四,而立不可不能不许之禁,犹圣贤诸教所谓不杀不偷不欺之戒。若乃"纲"之所谓"目"者,不特从其"纲"之大限,又自画其限而成其"目"之小则,人虽不罚其犯,亦当自讼内咎,即今所谓积极性禁则也,盖本章非礼四勿之诫是类也:视听言动乃身之常用,持戒守礼,以其"目"之自张而可证"纲"之在用,天下人伦之大网则几无落空之患矣。延观今世,本章"四勿"之正义犹存焉,如所谓隐私权保护、非法证据排除、毁谤近罪、防卫止于正当,端为环球文明秩序之基石。

【克己复礼为仁】本章断句似有可论,本句以下四段或可读如"克己复礼!为仁一日,克己复礼,天下归仁焉"尤为通顺:世间仁义即谓克己复礼,同为"纲"也,夫"四勿"乃克己复礼之"目",或举大纲或张小目,行之在我,必不由人也!

【请问其目】纲与目之设置,盖出自纬书编者,凡术数推演之法精研完备,定新出以形式与术语也。夫纲与目或承阴阳之说而来,合高下、先后、主次而成判定,因果形式虽同而证法不同:譬如所谓"夫为妻纲"之判,依纲目说则由乾坤推演而来,并不涉及夫妻本身之因果关系,若欲穷究质疑,亦无非天命耳,半点由不得人意。

【非礼勿视】本句以下所言四勿,当作克己自律之戒而解,其义用亦可贯彻广及:若及于修身成德,可慎微慎独;若及于为政,可近乎无为而治;若及于有为志士,可令其行有所止。

仲弓问仁。子曰:"出门如见大宾,使民如承大祭。己所不欲,勿施于人。在邦无怨,在家无怨。"仲弓曰:"雍虽不敏,请事斯语矣。"

释 读

斯章论克己复礼之义。仁义至德为体,克己复礼为用,其"用"也主分三道:(1)君子一道,为政亲民也;(2)士人一道,修身敬人也;(3)细民一道,恪守礼法也。

【仲弓问仁】纲目说主成于知,体用说主成于行,两弟子问仁,夫子所答非一,何也?盖颜回近乎上知,犹所谓三藏弟子,可直达上义而论纲目;仲弓中知略次,主明上义之用足矣,犹今所谓一教理论,一重实践。

【出门如见大宾】形君子自谨之貌也。君子天命高贵,临下而能小心翼翼,如迎贵宾,惟恐有失,其犹庖厨之烹小鲜状。

【使民如承大祭】形为政务民庄敬尽诚之状也。使民之事,循规蹈矩,不敢轻举玩弄,务求皆大欢喜,或亦通今所谓行政法定之义。

【在邦无怨】犹今所谓不违法也。细民本份知耻,出门鲜有为恶作乱,即所谓良民也。

【在家无怨】犹言守礼也。细民居家知礼行孝,邻里和睦相处,乃佳子弟也。

司马牛问仁。子曰:"仁者其言也讱。"曰:"其言也讱,斯谓之仁已乎?"子曰:"为之难,言之得无讱乎?"

释 读

斯章论学修之一细节。同问仁义,所答又不同也,盖司马牛乃所谓举一知一者,尚不足与语《诗》也。

【其言也讱】讱,谨言也。谨言慎行乃学仁初步,盖司马牛初学问仁,遂告之以约束言语。

【其言也讱,斯谓之仁已乎】本句犹逻辑辨疑之例也。大张"仁"之为"纲",而小设"讱"之为"目",常用于中知下知之教法。犹言礼让为国,饩羊爱礼,乃基本之一"目"耳,若为"纲"则必包有其余也。司马牛不解夫子所言,反问实可演绎而读如"若为目,当亦可称纲乎"之语。司马牛之谬在于未审证法,纲目不分故也。

【为之难,言之得无讱乎】司马牛以讱为仁,夫子哂之犹言"哪有那么简单,这样的话岂能胡言呀",取其前言之"讱"而攻其"无讱"之乱说也。知法或证法难明,若学不精,易招人笑话耳,犹今所谓逻辑不通者。故本章谨言之义不特教人克己,抑求"言之必中"之学术矣。

颜渊第十二

司马牛问君子。子曰:"君子不忧不惧。"曰:"不忧不惧,斯谓之君子已乎?"子曰:"内省不疚,夫何忧何惧?"

释 读

斯章再论言理之法。司马牛辨析力弱,已见上章,本章夫子不勉为其难,而直告之。

【君子不忧不惧】本句式于因明学称之为"宗"者,于逻辑学称之为"结论"也。譬如断言"善人不偷",若只知其然,而不知其所以然,闻者或可另得"不偷即善人"之义;而明善人何以不偷,则有赖推理方得,必以"前提"为真,因明学称"因"明也,即"善人不偷"之"因"当谓"善人不损人",而非止于"不偷"。由是善知者能直见桀纣虽不偷,然万恶者矣;愚人不明,常因"不偷"而为恶人所欺,犹狙公饲养之猴,多为朝三暮四之诈术所惑。

【内省不疚】之所以称"君子"者,其"因"乃克己复礼,精进无已,务求内省不疚也。此际之"因"而生诸"果",如"源"之下行而成诸"流",故"不忧不惧"自在其中矣。若不明推理之法而行判断,所知必有失有误。由司马牛之例可知后十篇名家辨析之风时兴焉。

司马牛忧曰:"人皆有兄弟,我独亡。"子夏曰:"商闻之矣:死生有命,富贵在天。君子敬而无失,与人恭而有礼。四海之内,皆兄弟也。君子何患乎无兄弟也?"

释 读

斯章再言论理之一法。司马牛之所谓兄弟,父生母出之手足义也,与子夏之所谓兄弟,其名虽同而义不相属,以其名而赋其新义,逻辑论理谓之偷换概念,诡辩术常用,比比皆是,不胜枚举。然子夏之语非为诡辩欺人之术,其所赋新义与原义大可相通,因手足兄弟固有同命义,同命者却未必手足,故云"四海之内皆兄弟"固无所谬矣。借其名而深用其义,绝不可等视以偷换欺术,譬如以攻玉之琢磨而喻君子之自修,两事虽相远而可共义辉映。

【敬而无失,恭而有礼】乃君子克己复礼之行也。君子之道,德行美善,近悦远来,四海之内可谓皆同命兄弟,孔儒学修之功岂逊信仰驯服之力哉?又,本章司马牛所伤之亡兄乃宋司马桓魋也。

子张问明。子曰:"浸润之谮,肤受之愬,不行焉。可谓明也已矣。浸润之谮、肤受之愬不行焉,可谓远也已矣。"

释 读

斯章论内外之明。内明者可判别诡辩与真知,外明者能兼听而以理服人。

【浸润之谮】指似是而非之说也。学者若不能分辨,久之犹今所谓温水煮青蛙,以为井中或许有仁,或竟信周植栗树于社,欲使民战栗,不免罔也。

【肤受之愬】"愬"同"诉",指一面之辞也。切身所言之事多不可骤通之于人,若闻者偏听则偏信,义理难存也。譬如子畏于匡,所发"天之未丧斯文也,匡人其如予何?"之语,自我抬举,自尊齐天,即其情急之下所谓"肤受之愬"也。

【远】高明也。复言"不行焉"所指者,盖喻内明也。外明转内明,即由"明"进至所谓"远"也,学修之境尤深矣。夫子重语而诲,或有警示子张固执欠明之意。

子贡问政。子曰:"足食。足兵。民信之矣。"子贡曰:"必不得已而去,于斯三者何先?"曰:"去兵。"子贡曰:"必不得已而去,于斯二者何先?"曰:"去食。自古皆有死,民无信不立。"

释读

　　斯章论仁政之择要。盖为政之要无外乎经济、军事、民心三者。仁政德政固当以民心为首,以经济为次,以军事为末,原不足以为怪,本章所论之奥妙端在"去食"而存"民信",流传后世遂歧出多义,颇可与"饿死事小,失节事大"一归。诸夏之邦国系于主君,孔子当时绝难想象无君之邦,如若有之亦为边鄙夷狄。仁教以"民信"为至重,当主喻君子立国之基石,并不轻君,亦非漠视民利,其论法犹课孝子当有"数谏"之责,而不改行孝之为礼制首义。后世暴君昏主因"肤受之愬"而防民叛,任由宵小偏信曲解,引其言而斩其义,视民如草芥,好威逼取信,罗织饥民、弱民、疲民之术,亦"漫润之谮"贻害之恶例。

　　【民无信不立】不得已而去之者,虽可去之实属无奈,即所谓憾事者也;一旦去之则必灭亡者,性命所系,根本所在,惟可恒守而无以为择也。为政难求尽善尽美,而以信义为命者,虽贫弱亦可称道,久之美善可期,如所谓鲁一变而可至于道,否则富强亦鄙,虽成亦难久,如云齐一变方能至于鲁而已。故本句读如"务民者无信不立也"或"民不立于无信之政"似皆可也。

　　棘子成曰:"君子质而已矣,何以文为?"子贡曰:"惜乎!夫子之说,君子也。驷不及舌。文犹质也,质犹文也。虎豹之鞟犹犬羊之鞟。"

释读

　　斯章论疑学之非。先天称之为"质"也,后天喻之以"文"也;君子之位来自先天,汲汲于学文似无必要,其犹子路"何必读书,然后为学"之义。盖君子当以武士为天职,倘不顾纵横建功于社稷,反热衷舞文弄墨、咬文嚼字,棘子成或以为临阵披胄而又抹脂涂粉,未免多此一举。子贡辩疑之法虽明断其非,然推理似浅,其以虎豹与犬羊之异形而喻"文",以两类"鞟"之同料而喻"质",先论凭后天之"文"可辨先天之"质",再证文与质两者互依共存之理,否则无以分辨后天之所见。子贡证法,亦犹问"笾"与"豆"二器,何必两造而不一用? 其先断曰:"必当两造! 因'笾犹豆也,豆犹笾也',若非两造笾与豆不能分也。"闻而令人茫然依旧,或惹名家讥笑,不及孔子所谓"文质彬彬"之能通。盖孔儒推论似亦多所"肤受之愬"之强辩,其弊本章或可得窥一斑。

【驷不及舌】驷,四马之车乘也;本句子贡犹言"尔乃君子人,不得乱讲话",即俗语"君子一言,驷马难追"也,亦所谓"切"也。棘子成,卫国大夫,盖以当时文风过甚而疑君子学文,子贡儆其慎言。

【鞟】去毛之皮,备以制具或衣。虎豹之鞟珍贵,犬羊之鞟有所不及,因其毛纹而可辨识,无纹则莫之能辨。续前言之"文犹质也,质犹文也",两义相依止于能察"鞟"之贵贱耳,其论法亦犹以玉攻石之谬矣;后儒受七十子"浸润之谮"而肆行发挥,又生其新"谮",诬人不学文,殆可视若禽兽。

哀公问于有若曰:"年饥,用不足,如之何?"有若对曰:"盍彻乎?"曰:"二,吾犹不足,如之何其彻也?"对曰:"百姓足,君孰与不足? 百姓不足,君孰与足?"

释 读

斯章论"足"之大义。君与民,利益根本不同,而孔儒勉力调和,主张国用简约,量入为出,采食役使当以承受能力为限,则君民差可一体。立论所本,固以君为国之体,而民为国之使也,主诲君子当善使善用,故当其所谓重信,非为富民,务求安民尔。有若乃鲁哀公之财务官,所语固为孔教本义,后儒所谓民本论,当属弘毅自为之论。

【彻】同北方话"折"也,办法也,此指采法。君主之用称为国用,财力出自封国采邑;夏时为定额之"贡法",周时为比例之"彻法",彻法大率按赋田之数,十取其一。鲁用不足,哀公谋加赋,拟十取其二,有若不从,反劝君主少用,多让百姓。

子张问崇德、辨惑。子曰:"主忠信,徙义,崇德也。爱之欲其生,恶之欲其死。既欲其生,又欲其死,是惑也。'诚不以富,亦只以异'。"

释 读

斯章论安于智德之义。学者克己而修,务求成其内安,内安之体称为德,及于外用则谓之明,体用无碍合成"无惧、无忧、无惑"之大安也。大安之状,不特能远《诗》所讽"诚不以富,亦只以异"之恶劣,尤可安乐于"贫贱不能移、富贵不能淫、威武不能屈"之坦荡。本章又举爱恶极端之形而论"明"义,盖子张易受"肤受之愬"而偏听偏信,故夫子直告再作婉劝。

【徙义】行于义,仗义而行也。求仁修德同"徙"之功,大有积跬步以致远、苟日新日日新之义也。

【诚不以富,亦只以异】句出《诗·小雅》,其义主指嫌贫爱富、见异思迁之不德也。本章引指其义,谓学者仁人内成其德,无惑于外物,固可卓然而立世也。有解本句或为误置,原当位于简之他处,不属本章,姑存以参。

齐景公问政于孔子。孔子对曰:"君君,臣臣,父父,子子。"公曰:"善哉!信如君不君,臣不臣,父不父,子不子,虽有粟,吾得而食诸?"

释 读

斯章论仁政礼治根本之义。天下大分而成人伦,所谓人伦者,制礼所凭之材质、成德所盛之器皿也,犹今所谓身份角色。礼治旨在驯人从伦,各得其所而合天下于一体。以纲目法而形礼治之要，原可谓礼为伦之纲、伦为礼之目，以史为鉴，当知此义亦根本变迁：先王之世四伦自张，当时尚为目耳，为政径从礼约，礼伦之序正，故可礼让为国，质家盖是类也；后世君子继起，倒转四伦为纲而行礼，即宗法之制，伦为礼之纲，礼为伦之目，为政一旦有所损益，直令四伦兴废而天下治乱循环，文家盖是类也。孔教新立，天下伦礼当时差可勉强网罗诸夏，礼与政相合，家与国不分，尚可勿庸界说分明内外、公私、群己诸义，故本章孔子明告景公文家伦礼纲要或亦足矣。

【君君，臣臣，父父，子子】孔教立此四大纲要，析其初衷，盖主劝君主为政施行礼治，成全诸侯宗室人伦四常之美善。后儒事其新君，枉顾变化，死守教条，传颂无已，四伦纲常之说终成诸夏文化显性基因，虽人世代谢无已，亦不因内外渐相对立、公私各争其利、群己分别多求而稍作更变。历代君臣同心同德，以内克外而立"君父"之说，以公欺私而行抑商之策，以群灭己而兴王霸之法，诸夏"举天下而奉一姓一人"之政，遂流传百世而不绝，今人亦可领其"浸润之谮"之余威。然学者今人唏嘘之余，不妨得其遗珠，参其不易之理，另作新解而味：(1)君臣者，共事也，父子者，传承也，二者乃天下古今通有不灭之根本关系；(2)共事必有其主，主权不立则万事无可济之，其犹今世法人治理，亦当先设决策、营运、执行之职，明定相应权责之秩序，大业方得免于空谈；(3)主权传承当得其人，所托非人则不免二代而亡，世间事业相续之道也，譬如股份继承、秘技相传，主权者或可择贤而让，若已委付当育如养子，虽非亲出亦犹义父，殆可望其继业承志；(4)由是可解四伦大纲之妙，凡从人我世间封建法则之自然秩序，譬如由上下、远近、亲疏共成之机构团体，欲求其美善，孔子之道固不当违也。

【吾得而食诸？】犹言我岂可得而食之也？齐景公闻而称许之语，未必得其全义，仅出于"肤受之愬"之诱罢，诚亦可代诸夏后世君主作由衷鸣谢耶。景公为姜齐转衰之君，传其有为而好享乐，既服周礼又图争霸，俨然以上国而待鲁国，大有质家之风。孔子尝使齐，盖从文家视之以为乱，故尝发扬鲁抑齐之论。

颜渊第十二

子曰:"片言可以折狱者,其由也与?"子路无宿诺。

释 读

斯章论"果决"之义。名实相符出于"明"也,言行一致出于"信"也,而"明"与"信"相合成之于所谓"果决"也。夫"明"者若"信"不足,则多三思而少行者也,以其无勇;夫"信"者若"明"不足,恐有愚不可及之患,以其无智。惟果决者智勇双全,当断则断,当行则行。盖子路(由)向似果决,如谓其无宿诺,然以片言断案而不致错判,谅必真果决者方能为之,故本章夫子存疑而儆子路。

【片言可以折狱】折,析也,断也。刑事案曰狱,民事案曰讼。片言折狱,若非高明,殆属鲁莽。又,"片言"之指,犹所谓不由分说、义愤填膺,判之未免多悔。径以"名"或"片言"而断其"实",非"明"之道,浅学者多视为果决,夫子示疑以儆。

【宿诺】宿,过夜,犹"一宿"之"宿"也。无宿诺者,形其言出即行,犹今所谓事不过夜。盖子路雷厉风行,或以为可司断狱刑人,善为士师(法官)之职。有解"宿"为"留",训以"宿怨"之"宿"义,谓本句指子路诺言从未落空,以其守"信"故能折狱服人,但相对"片言"之说,该义解似过迂也,故不采。

子曰:"听讼,吾犹人也,必也使无讼乎!"

释 读

斯章论"服"之义。盖接上章而续论。世所以有争,必关乎当事两方争执不让,激成仇恨而萌生残杀,败固不幸,胜亦可悲哉。洪荒之时,初民身处其间,犹今所谓丛林世界也。圣贤不忍而出有为,或立教传其道,或为政行其治,犹今所谓第三方角色,调解说理,仗威止暴,得建所谓文明秩序。文明行之既久,第三方角色不免自求其利,而失本份,反为各方公敌,秩序之乱莫此为甚。明乎此,孔教礼治所诲仁政德政,实求完善第三方行为之方案,贡献文明至大焉。遇争告讼,三方各居其位,同归于理,决不服于任何一方,共服者即所谓仁义,亦今所谓公平正义。本章夫子乃举息讼而喻仁道和美之义。

【听讼】民事相争告于官,官为第三方,告诉两方平等对质,称"讼"也;刑事案件报于官,官为当事方,搜证呈堂求刑被告,称"狱"也。盖天下之治,少狱而多讼,盛治之世,其讼不多而狱几无。仁政德政,如名医之善治未病,务求盛世之治耶。听讼而求无讼,夫子仁教尽善矣。

【吾犹人也】意谓人同此心,心同此理也。若主审官通乎"己所不欲,勿施于人"之义,恒能以理服人,虽天下有争亦无害;依今语而言,本句当谓"都是人,谁愿无理纠缠呢?"又,诸夏以君临天下为自然,第三方发达,当事人不能自主,故尔以"公平乃正义"为求,悉望于君臣为政之道。

子张问政。子曰:"居之无倦,行之以忠。"

释 读

斯章论士人之本。士人从政之志,固有大小之分,大者怀天下,小者谋利禄。怀天下者恪守仁义,慎行其礼,非礼则止,奉义而行,若乃不遇,亦可无为胜有为;谋利禄者斤斤计较,患得患失,有功则自夸,不达则怨尤,多今所谓"为达目的而不择手段"之徒。孔子兴教,主求士人克己复礼而为天下士。盖子张从政有为之志颇高,而功名心过强,本章夫子严加劝诲。

【居之无倦】居,居家也,喻无任命也。犹言有为者不遇亦不自弃也。士人无位虽类匹夫,偏居一隅亦心怀天下,随遇而安者也,岂有倦乎?本句殆后儒所谓"天下兴亡,匹夫有责"之源典也。

【行之以忠】行,任也,喻得位负命也。犹言志士仁人有遇而出,必不辱使命也。一旦有命,忠其君而守其礼,尽其才而毕其功,故士人求仕从政,当有备而来,不可一日忘本,否则遇任亦难免充作所谓具臣,天下难获其益焉。盖傲子张不懈学修,切勿舍本而求。

子曰:"君子成人之美,不成人之恶。小人反是。"

◆ 释 读 ◆

斯章论君子之广义。君子小人当时固有所指,而本章夫子广其恒义,以明学者,以通万世,亦言下界而指上达之文例也。

【成人之美】犹言"己欲立而立人,己欲达而达人"也,有为者行善于人,即称君子。

【不成人之恶】犹言"己所不欲,勿施于人",孔教所谓无为者,不作恶于人也,知止者也,方可称君子。当行则行,当止则止,合乎中庸之道,乃孔子与黄老全然无为之教,截然分殊之所在焉。

【小人反是】施与受,行与止,小人反君子之道而行:或其施也必强人所难,可见"己所欲者,定施之于人"之暴行;或其止也则袖手旁观,笑无恨有,幸灾乐祸。若不幸任其为仕,难免大违"四勿"之患:无礼而视听,张网罗雀,人无所遁形矣;又无礼而言动,严刑竣法,蛊惑人心,必乱天下焉。

季康子问政于孔子。孔子对曰:"政者,正也。子帅以正,孰敢不正?"

◆ 释 读 ◆

斯章论君子邦国之本。国体近所谓所有权,政体近所谓使用权,所有权分定归属而明主权者,使用权则依信托而立主事者。主权者受命于天,自古多以"无为"为正,称君也;主事者受命于君,古今皆以"忠信"为正,称臣也。主权既为天定,国体则主存之于礼乐,称所谓宗庙之事;事权由君所委,政体则主设定职司,称所谓务民之事。若国体与政体界限分明,主权与事权则各居其位,各得其所,犹北辰居其所而众星拱之,亦"君君、臣臣"之终望也;若国体与政体混而不分,君削臣权或臣夺君权,殆非正道者也。故本章孔子诲季康子,凡位极人臣者,当明为政之正道,否则不免祸国乱政之患。

【子帅以正】帅,总领也,率先也。盖贵族为臣如公卿大夫,通乎国体政体两者,既侍于君侧,又总领百官,若欲不正,借口"有为"而去其"忠信",易如反掌尔。故孔子有的放矢,明劝而隐谏季康子勿失底线。

季康子患盗,问于孔子。孔子对曰:"苟子之不欲,虽赏之不窃。"

释 读

斯章论为政务民之道。为政务民,主求能服,服法殆可分为两道:一谓之仁政,崇礼兴教,以令诚服;一谓之暴政,使民战栗,以利苛索。若明暴政乃天下大盗,则必当复归仁政,以德治人,以理服人,争讼固少,遑论盗偷。盖本章夫子乃诲君子务本以求。

【苟子之不欲,虽赏之不窃】窃,私取也,可引指私欲也。全句当犹今语"你若不希罕,白给也不要,更不用说去偷了"。人心私欲亦甚古怪,好以人之所欲为欲,人之所贵为贵,当所谓"践迹"之由来;若乃君子为政善运,可凭"举直措诸枉则直,举枉措诸直则枉"而见其效,犹今之所谓羊群效应。为政者亦天下之师,上行下效之枢机,人心风俗之渊薮,倘善治者举礼而治,细民则多非礼不动,何有患窃盗之事耶?盖上章所言"子帅以正,孰敢不正"之义主训其从龙之德,而本章以"子之不欲"主诲其牧民之道,同言"帅"义而所指略异。

季康子问政于孔子曰:"如杀无道,以就有道,何如?"孔子对曰:"子为政,焉用杀?子欲善,而民善矣。君子之德风,小人之德草。草上之风,必偃。"

释 读

斯章论仁政德政不杀之义。为政者拥杀器,能掌人生死,不用谓之慈,慎用谓之宽,少用谓之威,多用谓之凶;又为政者主命令,予夺由之,行之以礼谓善,虽予一毛亦乐,行而无礼谓恶,虽取一介亦怨。本章所诲政道之义殆有二指:一义当谓仁政德政行善,众民皆服,固无须用杀;二义则谓人若无道,自取灭亡,为天丧之,亦无须用杀。合此二义,盖孔子主诫季康子仁政德政之道,君子虽拥杀器,而并不以之为用,所用者当为德也、礼也、教也。

【偃】草伏也,民受感化之形也。为政务民,道之以德,犹风之行于草上,无形亦无所不至,不贪骤至之速效,而求根本之渐成。盖当世不学无知之士多以风化为迂缓,然孔子以为君子位者当奉为正道,否则造次必于斯,颠沛必于斯。

子张问:"士何如斯可谓之达矣?"子曰:"何哉,尔所谓达者?"子张对曰:"在邦必闻,在家必闻。"子曰:"是闻也,非达也。夫达也者,质直而好义,察言而观色,虑以下人。在邦必达,在家必达。夫闻也者,色取仁而行违,居之不疑。在邦必闻,在家必闻。"

释 读

斯章论"闻"与"达"之辨。夫"闻"者显之以名,夫"达"者成之于实,若有名实能辨之力,则"闻"与"达"可作分野。一字而多义,合古文论理之常情,殆非好行诡诈戏人之术。虽定义多变,人言言殊,终亦可通及于众,何由也? 曰:一凭逻辑,二由思择。兹略述两者:(1)逻辑所判无关人意好恶,称天理公道,如"二"

之可分为两"一",今所谓科学理性也;(2)思择所判多染好恶,是非取舍可依时由人,或彼是而此非,或此一时非而彼一时是,尽可他取而我舍;(3)诸夏鲜用逻辑,多从《易》之运法,侧重思择而成其知,譬如婚姻之制,诸夏以一夫多妇为理所当然,而戎狄有以一妇多夫为风俗之正,今世又多从一夫一妇说为天经地义。盖子张以"闻"为"达"而求,夫子或嫌其学浅,虑其思择不足而误克己复礼之修,故本章教以分辨。

【何可谓之达】达,成也,高人一等也。孔教有为,入世经营,而又重义轻利,士人从之,有何乐趣焉?盖子张问"达"之义,或亦心下惴惴不安,怕夫子责备误会。

【在邦必闻,在家必闻】闻,名望也。子张所语犹言庙堂立功名、宗祠享尊位也。士人以名望代物欲,亦可不枉此生;后儒多好此道,发愤苦读经书,咸欲一朝有闻,博得名教头衔。若本句相参"居家无倦,行之则忠"之义,可见子张修己尚未大成,功名心实甚强也。

【质直而好义】主指德修也,夫"质直"当喻修德之事,夫"好义"主喻学道之事。修德可善己,从道能利人,内外双修并运,活脱脱似一完人矣。

【察言而观色】主修其行也,察言观色,敏于行也。若无德修之功,察言观色迹近佞也;若本仁德而行察言观色,则谓之贤也。

【虑以下人】犹言"虑以及人"也,由己及人之义也。有仁德,具贤能,存乎己,行于人,在邦在家则皆可谓之"达"耶;夫子之思择远高明于子张,或可譬日光之胜月色也。

【色取仁而行违】色,表面也,名也。名实不符也,阳奉阴违之义也,犹今所谓说一套做一套者也。名与实不可本末倒置,必先实至而后名归。士人贪求名望,不修德行,文过饰非,反自以为得计,视天下人可欺,长此以往若不知反省,终有一日定亦名扬四方,不过乃丑名耳。夫子或以子张德修不稳而重做深海。

樊迟从游于舞雩之下,曰:"敢问崇德、修慝、辨惑。"子曰:"善哉问!先事后得,非崇德与?攻其恶,无攻人之恶,非修慝与?一朝之忿,忘其身,以及其亲,非惑与?"

释 读

斯章论学修三要义。凡治修身克己之教义,初始针对要害大体亦近似,盖妄念与偏见乃人性之本然,圣贤诸教由是大可相通。盖孔教中庸,本于人生现世而论义,雅言淡然似匹夫俗语,惟樊迟本问诚可示孔子洞见人性之深。或樊迟较子张之学尤浅,内修克己方起,故尔全举以问。

【崇德、修慝、辨惑】三事之有功,盖所克者殆相应于贪欲、嗔恨、愚痴之三恶性。

【先事后得】同"先事后获"之义也。当行则行,无虑得失在先,即所谓崇德也。孔子所教崇德,主克贪念,点滴去之则能消灭恐惧,至于大成则生大勇,或可激发如温泉关斯巴达武士之壮举,以寡敌众扬言战至命运降临。然孔教崇德,毕竟未至丝毫不计后果地步,是以后儒敢赴汤蹈火、舍身取义者,实亦寥寥无几。

【无攻人之恶】犹言不恨人也。好恶之恶不及于人,而止于行之善恶,犹今所谓对事不对人,即谓之修慝也。慝,嗔恨也,怨恨也。嗔恨乃杀生之根,内修者必伏之要也。孔教宣仁,最重此节,不准恨人,惜乎未予深说。后儒不肖者好加污名而攻人,亦流弊所致。

【一朝之忿】忿,怒也。一朝之忿,犹今所谓情绪失控之义也。仁者修身之极,无生喜怒情绪,全凭礼义行事,即所谓辨惑也。孔儒所谓辨惑之境,当以"爱之欲生,恶之欲死"全消为佳,似不及释家禅定灭痴法之高见,其实尤合常情:不迁怒、不贰过,不攻乎极端,人生现世用之固足也已。

再读论语

樊迟问仁。子曰:"爱人。"问知。子曰:"知人。"樊迟未达。子曰:"举直错诸枉,能使枉者直。"樊迟退,见子夏。曰:"乡也吾见于夫子而问知,子曰,'举直错诸枉,能使枉者直',何谓也?"子夏曰:"富哉言乎! 舜有天下,选于众,举皋陶,不仁者远矣。汤有天下,选于众,举伊尹,不仁者远矣。"

释 读

斯章论仁义之本。孔子言仁举义似繁,实可归之于一也,即以人为本,无外现世。仁与不仁之别,主凭人生现世为证,欲证至形上固非易事,无奈多采例举或否定,零碎分说而指,亦圣教常运之方,譬如本章例举"爱人"而言仁,即异非礼"四勿"之教法,盖本章教樊迟属小学中学之论,而教颜回乃大学之论。仁者无恨于人,故能爱人;智者无惑于人,故能知人。爱人者未必知人,如不辨善恶之浑噩蠢人;又知人者未必爱人,如为虎作伥之谄佞奸巧。爱人知人循环往复于闻思修,方可渐达仁德。

【爱人】孔教所谓爱,当指胜好恶而成之者也,人伦所限犹存,然亦求其广及,几近所谓"博爱"也。见人即爱,惟神明宗行世方笃行无碍,人文宗本身则殊难全至,何以故? 曰:以人为本者,自诩成人之美,亦好"各美其美,美美与共"之义,然喜中有怒,好中有恶,爱中有恨,诚难尽防好恶,是以人文宗之爱义尚可嗔怪天道,何以既生尧舜,亦容桀纣哉?

【知人】之所以难及博爱,盖可凭"知人"一义而遁,托词不甘愚昧,而主有条件之"爱"也。是故人文宗之流好极攻知人之术,明举善恶,潜行好恶,任意分人施爱,故所谓异端、敌我、种族、职业、科层之争歧出缤纷,了无已时。后儒深陷而不觉,深文周纳,竟至诛心,断言"非我族类,其心必异"而布设严防于夷夏,以"知人"而尽亡"爱人"矣。

【举直错诸枉,能使枉者直】犹言上梁不正下梁歪也。善知人者,君子贤贤亦可谓"爱人"之极者也。孔教中庸,以"举直错诸枉"而为"知人"通乎"爱人"之道,殆足保博爱不坠焉。后儒承教而不明博爱之义,爱人知人遂限于德才两造耳,无德无才似可任由其生灭。

【选于众】选,择也,多中取一也。君位由众人选举,凭贤能而获名。先王凭选任而有天下,乃所谓成人之美之极者也,乃益也;然有为者借口相争,亦不免成人之恶,乃弊也。累世权衡个中利弊,渐以继统安宁为贵,终归于周礼立嫡立长之制,尽从天命不由人意。选举之所以难行,盖封建法则之序本固,天下为公之义难定,易授伪善者托辞而行巧取豪夺,后世遂视为危途。孔教从奉天命君子,勉传爱人知人之道,虽有一厢情愿之嫌,博爱之怀实亦非全无焉。

子贡问友。子曰:"忠告而善道之,不可则止,毋自辱焉。"

释 读

斯章论交友之道。世间无可逃者乃人伦也,而朋友一伦别于他伦,可为后天自主以择,相较有始无终之他伦,固有其始终之道焉:善友者,以义结为始,以道分为终。本于道义为友,不伤他伦之序,彰显孔教悉心伦常之至诚,而大异圣贤他教之道。孔儒不以伦常为空无,本此而救世,务求君臣、父子、夫妇、兄弟、朋友各行其道,自信可无乱矣。盖子贡通达广交,本章夫子乃重诲绝交而喻切勿滥交之义。

【忠告而善道之】夫"忠告"者,喻尽诚而劝也;夫"善道"者,喻言能切理也。本句犹今所谓"推心置腹,先帮理再帮人"之义,喻交友之常道,好广交者或难免违心而从其友,夫子意有所指而诲子贡。

【不可则止】朋友有无欺之义,若非可行即当坦诚相告,勿使深陷不拔。是语当喻交友之变道,犹言"不当行者则勿从之"。相友者,一事不可谓之止,止而不复相友谓之绝,本句之"止"当两义皆指也。

【毋自辱】四海之内皆兄弟,若交友不慎无道,为人利用恐有损无益,多自取其辱也;尤甚者结其私党,狼狈为奸,则无可救药矣。所谓无自辱,当为君子绝

交之准则也。

曾子曰:"君子以文会友,以友辅仁。"

释 读

斯章论君子之交。昔时君子多为武士,风尚固多以武会友,孔教反其道而行,崇文重和,主劝以理服人,乃求化干戈为玉帛之功,以合太平无争之望。前章卫国大夫棘子成忧其说,所言不无道理,若乃君子过于文弱,自卫尚且乏力,何可求行于天下哉?倘切文武两道之深别,盖亦关乎文家与质家之所本:文家或偏于知人,少敢信人而服礼制文典,不甚贴切人情,唯照本宣科,故曰崇文;质家或偏于爱人,从自然封建法则而待人,不恶私欲,优胜劣汰,好以成败论英雄。两道所行侧重不同,犹今所谓重制度与惜人才之分殊。是故理想君子,当以孔子所谓"文质彬彬"为佳,不可攻乎异端。盖本章曾子为文家补说友义。

【以文会友,以友辅仁】辅仁者,文武原本皆可也,曾子所言近乎扬文弃武之论,自伤君子一翼,为后儒宵小所乘,泛行弱民之术,殆亦其始料未及者也。

再 按

礼制为古代政治秩序,本乎自然封建法则,而行之于统治家族;诸夏礼制盖由周公手定,传至孔子之世,初衷既远,原义漠然矣;由是孔教返祖以求,复兴周礼,欲推及全体,以承仁德。依今人所见,多视礼制甚烦无聊,纲常苛束伤人,必欲尽除而后快,然若以"形繁"而嫌之,今世法典之浩如烟海何有所不及哉?若罪之以"复古",今世普通法系之因袭习惯又岂不美乎?盖人情或随世移,而义理恒常不变,是所谓人道也。孔子自承周公而张本礼治,影响诸夏政治深远,是耶非耶,姑置不论,兹采能近取譬之方,假现代交通管制之法,形其仁道礼治之大节,或可助学者今人参味孔教器用一侧之所以然。

表 12-1　礼与现代交通管理之类比

现代交通	礼制范围	礼用之仪	礼义
核发车牌	限氏族同盟	封建爵位及裂土	共所有：贵族功臣世袭
限行管理	以天子亲族为先	天下分五服而治	明远近：责任轻重有别
线列车道	亲族子弟并行不悖	君君臣民父父子子	和为贵：故孝弟曰仁也
路口通行	兄终弟及或父死子继	宗法与服丧之制	定尊卑：周遂立嫡立长
服务区	大宗小宗合族尊祖	庙数与郊祭、庙祭	爱亲人：分封而众建也
交通警	礼乐征伐自天子出	器用民彝以制日常	辨善恶：上下道德一体

礼制犹依自然血缘人情规划设施而成之交通路网，礼义乃全其畅行而可平安之交通规则，天下奉行不违殆可称仁者也。表形用意略详如下：第一，适用礼制者，从自然封建法则而共享同利，必为本族亲人或同盟，他族百姓称民者不得跻身其间。第二，礼制族群既分有天下，当共戴一尊，主由血缘远近而定权力范围，又匡之以责，以防其另尊。第三，天子诸侯皆本父子兄弟甥舅，主凭亲亲稳固尊尊，孝弟遂为政治日常之首要，笃行仁礼可正其意、厚其让、致其和，犹各行其道而并行不悖之有序交通也。第四，继统之际，犹今人行至十字路口，只一道直行，余车必转左右别去。周礼为免昔日争道之祸，采立嫡立长之制，犹今人预先标注惟一直行线于车道，又设惟一绿灯于路口，即服丧之制，决保世子平安直行，而别子他往。第五，礼制族群累世相继，王室绵延悠长，久而旁行宗族如枝条蔓延天下，亲亲及尊尊未免疏淡，故天子诸侯必举祭礼维系合族，定庙数而尊其祖，行祭祀而敬其宗，天子自为天下诸宗之最大宗，礼乐遂通行天下，犹今世交通遍设之服务区及加油站，凡行道者未可稍离。第六，礼制族群咎责息争之权归于天子王室，而天下既已广众，远亲亦似庶民，督责之任渐难以应付，礼乐遂附刑法，而生"民彝"之说，犹今所谓"规矩"者也。非彝者，礼之所去，刑之所加，天下百姓终亦堕入礼网，器用言行之制越布越密，虽一介匹夫无可逃遁，诸夏政治道德与世间人伦浑然相并矣。

自然封建法则决定人伦交通天生之需求，周礼实乃为此敷建之最优路网系统，可兼顾天道之尊，人道之亲，四方之义，故无论本土兴立或外来殖民之家族，若临诸夏而治，必奉行其道，间中固然略有损益，亦多属因时弥缝修补而已，未尝根本动摇。周礼长盛不衰,亦可征之于今,譬如社团理事会或公司董事会,盖主权者事业不奉周制义理,殊难期之以长久耶。纵以现代政治而论:今世民气高涨,盛行所谓契约政府说,民权似可主宰一切,然天下和平之本亦多未予轻许,如上议院之交战权与最高法院之司法权可独立行之,仍与民意一时喧哗之事相对区隔,何以故?曰:合乎自然封建法则之礼制神髓不失也!虽行以众治众之政,若乃尽去以寡治众之道,亦近乎亡天下矣。近世以降批评攻讦周制孔教者,纵属风起云涌,大率止于隔靴搔痒罢。

子路第十三

子路问政。子曰:"先之,劳之。"请益。子曰:"无倦。"

释读

斯章论勤政之义。先事后获,主贤也;劳而无倦,主德也。士人从政,贤德为本,方可谓之勤政。

【先之】君无命,敏其意而谋之在先;君有命,敏其行而不落人后。先之者,敏求而能成事,其义一也;成事之前不计私利,不以行事或要挟或暗示其君,其义二也;合有两义方得正解。是类贤者意虽无求,实可"屡中"也。

【劳之】有事不辞其劳,无事能预其备。职司在身,寝食难安,虽劳亦不觉烦累,必忠敬之德已成。是类德者,固可"无怨无尤"也。

【无倦】从政事君,事之不怠谓其忠,怀之不舍谓其诚,士人忠诚毕至,何倦之有也?盖子路勇直率性,恒心不足,不喜受人节制,多好自行其事,犹今之耍小聪明者,故夫子以"无倦"其君而喻勤政之义。

仲弓为季氏宰,问政。子曰:"先有司,赦小过,举贤才。"曰:"焉知贤才而举之?"曰:"举尔所知。尔所不知,人其舍诸?"

释读

斯章论大臣施政之要道。大臣之职主于任贤,余事皆次者也。

【先有司】有司,今所谓职能部门之义。先有司,一义指大臣当分工明确,编定职责,犹今所谓机构设置之事;另一义则指议事程序,决策必先询之于有司,尔后行行。两义合参,盖谓大臣不当越级指挥,干预下属事务。

【赦小过】咎责之一法,明其小过而赦免之。大臣既不办事,又何所任也?曰:当主督责之任。督责评估,若不赦小过,求全责备,必丧激励,先之劳之而无倦者固难得之耶。

【举贤才】督责之任,非仅论事也,尤当察人,举贤而令人才辈出,乃大臣最要之务,亦其履职极难之事。若无爱才之心,或少识人之能,不足为大臣耶。夫子所教仲弓斯义,流于后世则有"伯乐"之说。

【举尔所知。尔所不知,人其舍诸?】舍,不受而让也;"尔所不知,人其舍诸"犹今语"你若不知,还有谁知"也。察人知人,善举能荐,若非出于大臣所为,人事任免必落入结党小人之手,政行难得不乱矣。因用而举,人岗相适,大臣固知者也。举贤不避私,或亲或属,出于公心当举则举,大臣虽明其理,或多为难犹豫,恐怕众口非议。夫子斯言似有重责仲弓身为大臣,过于避嫌而举贤不力之意。

子路曰:"卫君待子而为政,子将奚先?"子曰:"必也正名乎!"子路曰:"有是哉,子之迂也,奚其正?"子曰:"野哉由也!君子于其所不知,盖阙如也。名不正,则言不顺;言不顺,则事不成;事不成,则礼乐不兴;礼乐不兴,则刑罚不中;刑罚不中,则民无所措手足。故君子名之必可言也,言之必可行也。君子于其言,无所苟而已矣。

释 读

斯章论大臣务本之义。大臣施政,首务所谓正名,盖学者今人亦犹子路当时,多不以为然而嫌孔子为"迂"者也。按常人度之,大臣领命施政,当先行急难之事,择人、理财、谋策恐忙得不亦乐乎,岂有心思务虚于正名之事耶?

殆不明"正名"之义而错怪焉！所谓正名,犹今所谓达成共识也,位居大臣总宰政务职官,若无正名之才,必无总制之能。为政不能正名,则有司各是其是各非其非,出一命令而义解纷纷,抵牾争拗,难以协作,虽辛苦操劳亦犹提篮打水耳。大臣务本之治,固有高屋建瓴之妙,循臣具臣难以领会,本章夫子详述其道而诲子路。

【迂】绕远而行也,与"径"义相对。称"迂"之行,或引小概率事件而以为戒,以求万无一失,如杞人之忧天；或本末主次混淆不辨,犹所谓急惊风遇上慢郎中,当即本章子路所怪夫子之"迂"义也。迂者少可成事,常受"迂腐"之讽,然迂者之理亦非易驳,譬如脱裤子放屁毕竟不无其当,闻者无奈而哂"迂阔"了之也已。

【君子于其所不知,盖阙如也】阙如,确如是也。能明"不知为不知,是知也"之义者几希,不懂装懂者甚众。子路心直口快,不求甚解,虽屡教而难改,故夫子以巽与之言婉责。

【名不正,则言不顺】名者,共识也；正名,立共识也；言者,政命也；顺言,通其义也。譬如欲行"齐之以礼"之政,刑部或以为废己,而礼部以为受命总事,两部易生扞格,必当通顺名义而率其职司,共识于"礼行之于未然,刑施之于已然"方得其正焉。

【言不顺,则事不成】各行其事,为政必乱,诸事不举。譬如欲行重教之政,谋削长府而修庠序,户部或讳言不肯,反以加赋多采而诘难,仁政善意遂消弥殆尽矣。盖本句乃主上下同欲方胜之义也。

【礼乐不兴,则刑罚不中】乍读"礼乐不兴"似难与"刑罚不中"相洽于因果,至多关联耳；然若深究细审,盖"礼乐不兴"当指今所谓社会问题也,而"刑罚不中"应作"宽严皆失"而解,夫子务本之慈悲则焕然跃出焉。譬如穷兵黩武,逃役者罚之无义,或如饥馑之邦,盗饼者受罚又岂能忍心。因社会问题而究责于民,名谓刑罚,实近于贼喊捉贼。

【刑罚不中,则民无所措手足】刑罚了无正义,可谓全然暴政,世人固惶惶不可终日矣。由"名不正"为始,以"民无所措手足"告终,为政务本之大义岂不尽

再读论语

显？由是君子大臣以正名为先，诚不当谓之"迂"也，实天下通行之正道，非可如子路般等闲视之。

樊迟请学稼，子曰："吾不如老农。"请学为圃。曰："吾不如老圃。"樊迟出。子曰："小人哉，樊须也！上好礼，则民莫敢不敬；上好义，则民莫敢不服；上好信，则民莫敢不用情。夫如是，则四方之民襁负其子而至矣，焉用稼？"

释 读

斯章论大道小技之别。供养之说，圣贤诸教不约而同有，人文宗以人为本，又以知识学问为贵，耻言供养，好假风雅之名而代称，如"润""敬""孝"之类。盖人文宗时兴于后，同情怜悯而愿自食其力，主张自修谋生技艺，攻乎极端者如墨子、许行之流，力传"不作不食"之说。孔子不许此流，摒斥谓之"小人"，盖从中庸之道而别大道小技之两分也：大道无利而益人，若无敬奉则难以为继；小技有利而益己，众争趋之终必为害。大道小技本无相克相杀之敌义，原可互补相济，而好事者作祟相攻，先有孔子"焉用稼"，后有许行"亲耕作"，遂隐然成仇矣；平心而论，许行消灭分工之说乖理，孔子之"焉用稼"主张分工则为至当，犹今世"董事长何须懂修车"之义。

【老农】夫"老"者近所谓"养"义也，即一业之休龄耆宿，可为业师教人。老农老圃皆为尊称，同老师之义。盖当时略行编户齐民，稼者曰农户，圃者曰圃户，桑者曰桑户。

【四方之民襁负其子而至】襁，育婴之服也。犹言四方宾服，近悦远来也。大道行则天下邦国必兴，小技从业殖利自在其中矣，犹今所谓宏观发展环境之指。志士入于大学，仍逐蝇头小利之技，为夫子所愠怒，盖当时天下公共服务不足，是类人才匮乏，而求儒士一力当此大任。后儒偏颇，转以治人为尚而卑自食，亦属圣教久传难免之流弊。

子曰:"诵《诗》三百,授之以政,不达;使于四方,不能专对,虽多,亦奚以为?"

> **释 读**

斯章论学以致用之义。质疑读书学文之声不绝于耳,君子如棘子成、子路亦多问辩,孔子退而反省自讼,或亦觉有改正加勉之处,傲学者于探索学问义理外,勿废实行功用一端。各业才艺,习武骑射,农圃稼穑,虽为小技,终可一用;若乃读书学文不求有用,为政不能兴邦,言语不能服人,徒耗敬奉,斯害也已。故本章夫子乃诲为学重在实行立功之义。

【诵《诗》三百】诵,熟记也。上古无书,中古难书,为学多凭口耳相传,善记者当属传人,所谓瞽者似一指也。又,诸夏文字传由仓颉、沮诵二贤共作而成,仓颉乃造字之祖,沮诵或为口授之祖,凡后世之瞽者,近所谓行吟诗人、说书匠、口述大家,当归能诵者一类也。能诵《诗》三百者,举之而喻当时博士,倘授之以政而无能为之,出使四方亦不服众,其犹纸上谈兵之统帅,花拳绣腿之前锋,要不得也。本章亦含尽信书不如无书之义,以警文人莫作书虫。

【专对】专,独自意也,此指独当一面。出使外国者,如主君附身,势必交涉,以理服人,否则有辱使命矣。

子曰:"其身正,不令而行;其身不正,虽令不从。"

> **释 读**

斯章论正人正己之义。横向平齐结构,人我等视,各正其"己"于"约""诺"即可,鲜以本章为异见者,似无此申明重课之必要;然及于纵向塔形之结构,上下殊分焉,上行则下必效,犹一网之纲目,纲举定然目张,故诸夏不得不以本章为至理名言而傲上位者。先明上下有别之当然,再抬举君子正己之崇高,是类上等人士克己为乐虽有自娱之嫌,若乃为政果能率先正己,尔后临下治人,亦差可为众乐之望焉。君子上人若不正己,譬如网之弃纲,驾之无辕,虽发命令,难期必至矣。由是君子上人实亦不易,作纲作辕,骑虎难下,正人务须正己,克己复礼,死而后已,稍形懈怠亦犹作茧自缚,必承后果,终失偷欢之点滴乐趣,若非圣贤至德之质,煎熬抑郁之情诚亦可怜。而有刁蛮者自寻出路,婉转改作伪君子,虽可恨亦可笑者也。及诸夏社会由塔形结构进至三角结构,至高上人定于一尊,大可"纵心所欲而无所逾矩"矣,任意而为,横竖皆为真圣人,伪君子之名号再不能加诸其身,亦后世之所可悲哉。

【其身正,不令而行】居上若能正己,不需烦琐政令可治矣。上下等级秩序,正人必先正己,古今通行之则,譬如机构内设科层,经理层若能奉公,职员定可守其清白。

【其身不正,虽令不从】本句有督责君子之义。上人发号施令,若乃局面糜烂,或当先咎问于上,不失为礼治政治之高见,可通乎今所谓权责并举之义。

子曰:"鲁卫之政,兄弟也。"

释 读

斯章当为品评世风之说。盖心怀天下者,读书学文居多,而技不如人,若非指点江山,高论月旦,恐难成其名立其功。后儒盛产是类,称所谓清流,尤好博取"在家必闻"之声望。平行结构之社会或嫌清流过虚,上下结构之社会则充为基石,殆清流之士督上出力最大,不可或缺。文士清流督上之法,或谮、或劝、或街谈巷议、或编史为文,本章夫子当以闲谈而发针砭。

【鲁卫之政】鲁为周公封国,卫为周公幼弟康叔封国,本为兄弟之邦也。以兄弟之邦作隐喻而叹两国时政同坏,未见丝毫无礼之处,孔儒清流之"春秋笔法"略见一斑。

【兄弟也】以"兄弟"而喻其过失无别,亦"人之有过,各于其党"之发凡举例也。盖俗语效法,贬损是类则有所谓"不是一家人,不进一家门"之说,而溢美喻贤之际常用"伯仲"一辞。

子谓卫公子荆,"善居室。始有,曰:'苟合矣。'少有,曰:'苟完矣。'富有,曰:'苟美矣。'"

释 读

斯章举君子正己之例。君子正己之义既立,又发凡举例详证,孔子教学善诱之道也。盖本章出于夫子居卫时传教所语,以卫大夫公子荆为例,劝诲君子勿纵己欲,私享之事不求尽善完美。

【善居室】善,同"缮",修治也。以"善居室"而喻私欲之事,可与管仲有"三归"之小器呼应并参。

【始有】初有其形。后"少有""富有"皆形缮工之程序,犹今所谓主体完工、软装完工之指。

【苟合】苟,简也,俭也。苟合,差强人意而所差不多。初具形制大略,盖合初衷十之八九,辄言可也。

【苟完】今所谓基本完成。主体落成,或有不足亦不再改,定其可也。

【苟美】装饰摆设完毕,合室众巡或有非议,而以"苟美"力排苛求,以为完工合格,居之可也。

子适卫,冉有仆。子曰:"庶矣哉!"冉有曰:"既庶矣。又何加焉?"曰:"富之。"曰:"既富矣,又何以加焉?"曰:"教之。"

释 读

斯章论君子正人之道。上章正己以"简",本章正人以"加",合参有味也。

再读论语

【仆】盖居卫时冉有尝事于夫子旁,师徒一路相论为政之利。

【庶】人口众多也。一国之治先求休养人民,繁衍不息。

【富之】尔后再行富民之策,少取多予,如轻徭薄赋,通商宽农,相合求"庶"之政而可称"富庶"之邦矣。

【教之】尔后再立辟雍庠序,行教化,明仁义,守礼仪,上下庶几可相融于一道德共同体焉。

子曰:"苟有用我者。期月而已可也,三年有成。"

释 读

斯章为仁教自信之论。盖斯时武士当道,文人无行,或多生微词于读书学文,进而牵及仁教。前章夫子已反躬自省,重申学以致用,而本章直言仁教固有大功用也。或有解本章隐含夫子伤世之情,虽怀才不遇,仍自信洋溢,必已成德,不失"天听自我民听,天视自我民视"之壮烈也,亦可参。

【期月】数月也。期月而可,当喻政务诸事可上轨道之自信也。从前章与语子路"名正言顺"之论,盖夫子于数月达成共识于朝,自料颇有把握也。

【三年有成】一年规划举事,二年显其良效,三年收其全功。夫子说时,如"期月""三年",殆以虚指作解为当,其义未必拘泥其实,急切于用。

子曰:"善人为邦百年,亦可以胜残去杀矣。诚哉是言也!"

释 读

斯章论持之以恒而行仁教之妙效。所谓有用无用,有本于长远而断者,有以一时利害而计者,乃大道小技究竟有别之所在也。仁教大道,其"用"及于长远,若能传人为政百年,不易其道,化育人心之功或可齐天,爱人而无杀,知人而善争,四海之内皆兄弟矣。道之大用,犹《易》之缓易渐变者,静中有动,不动声色,然假以时日,必焕然如新,浅学少知者误以为仁道无用,多热衷小技巧变,亦世所难治之由也。若上章"期月可成"主指功在当代,则本章"为邦百年"当喻利在千秋者也。

【善人】泛指亲仁之君子也。人本亲仁,是为善人,而不称仁人,仁教已自立纪元,而别以往矣,可见夫子本章乃论古谈经。

【胜残去杀】残,害身也;杀,夺命也。盖本句为时之俗语,以形君子为政宅心仁厚,近所谓"以理服人""以德服人"也。知人者当知人性未免残杀,而"胜残去杀"者,举爱人为根本,消残念灭杀意,似天所生之又一新人。是义虽臻美善,人或多讥称之为迂,然若通观往来人世之微妙渐变,可证大道并非无用。

【诚哉是言】君子继立者本仁教而治百年,德披数代必化民俗至于美善。盖本章斯论乃他人之扬言,夫子援用而赞,或以示置身事外,可稍避文武轻重之激辩也。

子曰:"如有王者,必世而后仁。"

释 读

斯章论仁道由人之义。人外无道,道外无人,仁道之名虽晚,然无时无处不有,譬如古之善人未知仁教,而其道亦可归名谓之仁道。仁道又渐易而成,欲速则不达,故尔先王受命,有若常人,初临天下,或以其"知人"之"知"而设防残杀,凭严刑竣法威服人心。由是止观一世,虽周之文武亦未必全合乎仁焉,必当纵览数代,方明周之维新实源起文武焉。盖本章乃接上章,再证"善人为邦百年"之义诚不为欺。

【必世而后仁】一"世"为三十年。先王受命于天,创世而立,个中艰难困苦,难向外人道。及应急济变之功一世而成,再传再继则当本于仁道,以理服人,以德服人,斯可谓王天下者也。后儒阐发本章句义,遂有亡天下之说,喻"世而无仁"者,继统相续尽失仁道,吾人犹处暗无天日之绝境。

子曰:"苟正其身矣,于从政乎何有? 不能正其身,如正人何?"

释 读

斯章论当世道衰之因。先教学以致用,又论仁道妙用,本章再返目下之世,督责君子为政之道,重申正人必先正己,春秋笔法固多绵里藏针者也。本章隐与"鲁卫之政,兄弟也"之句相为表里,夫子先礼而后兵,本章忍无可忍,力陈正义,亦近乎"数谏"矣。

【苟正其身矣,于从政乎何有】犹言士人从政何有正己者也。以严责从政之士而婉指为政之君,无奈从礼制而讳言,只得指桑骂槐,实斥当世主政者,能正己者鲜矣。

【不能正其身,如正人何】不能正己,焉能正人? 故斥礼治衰乱之由也。

冉子退朝。子曰:"何晏也?"对曰:"有政。"子曰:"其事也,如有政,虽不吾以,吾其与闻之。"

释 读

斯章论公私有别之义。政道无私义,君子无私交,君臣之道不得私相授受。盖鲁政时掌于季氏,多以私室代朝堂,夫子亦鲜得闻政事,本章发此愠责。

【何晏也】晏,晚也,迟也。冉有(冉子)上朝归迟,夫子料其私议于季氏,明知故问也。所谓温而厉,威而不迫,夫子之厉之迫尽逞于冉子之"晏"矣。

【有政】政事也。政事当先议于大夫,尔后决于君主,君主倘处之如私事,私相与谋,非合为政之道。夫子以晚归而问冉有,冉有盖已心虚,托辞政事。夫子借题发挥,深责鲁政无道。

定公问:"一言而可以兴邦,有诸?"孔子对曰:"言不可以若是其几也。人之言曰:'为君难,为臣不易。'如知为君之难也,不几乎一言而兴邦乎?"曰:"一言而丧邦,有诸?"孔子对曰:"言不可以若是其几也。人之言曰:'予无乐乎为君,唯其言而莫予违也。'如其善而莫之违也,不亦善乎?如不善而莫之违也,不几乎一言而丧邦乎?"

释 读

斯章论君主当负重责大任之义。三角结构政治秩序,取决于上,成之于下,所谓上者,主指君主,所谓下者,主指邦国之士。权威愈隆,责任益重,克己复礼,谨言慎行,即主训君子大夫者也;及于至尊无上之君主,则非"一言兴邦、一言丧邦"不能形其至重。

【言不可以若是其几也】犹言此话再恰当不过也,或后世所谓"陛下圣明"也。邦君问对,孔子以巽与之言开首,顺也,从也,不另起话头,以免唐突。

【人之言曰】犹所谓"常言道"也。转而再取人言,以"常言道"而不直陈己意,又合"巽与"之论法,孔子或劝或谏,循循善诱也。

【为君难,为臣不易】乍看个中逻辑实莫名其妙,犹道"为父母难,为子女亦不易",何可遽至"几乎一言而兴家"之结论哉?兹从后一句勉强附会其意,孔子推法盖如是也:(1)上者虑百姓,下者惟虑己,世道之常情也;(2)庸众下民竟能换位思考,体谅君臣为政不易,仁政之功德也;(3)君臣仁至义尽于先,其德如风之偃草于后,正人兴邦固可同心同德矣。孔子乃谓上下同欲者胜,此际方可一言兴邦,亦婉劝务本之巽与法也。

【予无乐乎为君,唯其言而莫予违也】犹言"我虽不喜欢,惟不敢违抗君命"也。以民众无奈服从而证"一言可以丧邦",亦同前言论法,似甚迂回,盖谓不能正己之君,已失政道根本,下民不乐其命,表面服从实结深怨。此际之为政,若发善命还则罢了,若出恶令岂非釜底加薪哉?

【如不善而莫之违】犹言如命令不善,强使服从也。君与民若已离心离德,虽行善政,善固善矣,亦难收兴邦之效。倘若政令不善,则一发不可收拾,或竟无可救药,故不免丧邦之虞。孔子谏邦君为政务本之义显矣,犹言多修德少发令,约束君子至极焉。

叶公问政。子曰:"近者说,远者来。"

释 读

斯章论仁政德政之广义。君子为政务本,以德服人,胜残去杀,近悦远来为上,勿庸咸加四海,故尔仁政德政乃普适天下者也。上章定公为本邦主君,孔子竭诚以对,本章叶公盖楚国一县之令尹,外邦君子也,夫子与论普适之道,主求其同而不辨其异,成人之美亦内外有别也。为政兴邦,言至近悦远来固足矣,其道则简略不宣,付于外邦君子自勉省悟,无需吾曹越俎代庖烦诲。

【近者说】如言"朋友信之,老者安之,少者怀之"也。为政五服,当以近畿能悦为至难,因甸服侯服至亲至近,旦夕而朝,日月供奉,君德之容,无所遁形,犹今所谓仆人眼中无圣贤尔。

【远者来】同"四方之民襁负其子而至"之义也。夏邑无君子则野,夷狄有仁政则服,道之所在命之所系,祖宗户籍似亦不足论也;离乡背井,从道赴义,合所谓"君子居之,何陋之有"之"择"义。

子夏为莒父宰,问政。子曰:"无欲速,无见小利。欲速,则不达;见小利,则大事不成。"

释 读

斯章论为政分轻重缓急之义。事有缓急,利分轻重,大臣尤当不可颠倒而行,若急功近利,恐难期善成。夫子同诲并嘱为政之要,本章教子夏偏重明辨,而劝子张则主傲恒心毅力,二子质性相异故也。

【无欲速】速,急也;欲速者,求急功也。不辨本末,不明因果,则易轻举而妄动,譬如闻斯行诸者,告知"仁在井中"即往救,则多自陷,智者不为也。

【无见小利】见,重也,贵也。见小利者,惟利是图,必多伤义之弊。君子喻于义,小人喻于利,两类同列君子大臣,亦有霄壤之殊。

【大事不成】大事者,大臣所任之事也,如正名节,兴礼乐,中刑罚。若乃有奉重课严役之利为大事者,近乎失职矣。

叶公语孔子曰:"吾党有直躬者,其父攘羊,而子证之。"孔子曰:"吾党之直者异于是。父为子隐,子为父隐,直在其中矣。"

释 读

斯章论亲亲相隐之义。古往今来圣教立法,殆无设亲亲相举之责,纵有大义灭亲之事,亦少见张扬传颂之辞,毕竟依自然封建法则,天生亲情乃为人伦根本,若放任攻毁,几同亡天下矣。孔子教人亲亲相隐,出乎天理人伦而行中庸之恕道,尊者设其"讳",亲者容其"隐",所谓"非礼勿视、非礼勿言、非礼勿听、非礼勿动"方不至于虚悬,世间和平终可不失有望焉。后世远教传来,重恕轻罚,视大隐天下之恶行恶状似近天理,孔教后儒"亲亲相隐"亦有所不及;尤甚者,不惟相隐,甚至敢于庇护,索讨与庇护纠缠不休,累阻第三方得逞,逼迫无奈之下渐生"公正"罚则,或今所谓"不得令人自证其罪"即其功德也。盖圣教所立宗旨,莫不本乎求诸在我,严明道德之事不得假手他人,以为一旦仰赖外在,道德恐荡然无存矣。孔子教人相隐止于亲亲之伦,虽广有未逮,初衷美义亦足可称道。

【直躬】盖当时俗称,有德者也,指身正之义也;犹今俗语"直肠子""耿直人"之谓也。

【攘羊】攘,强牵也,此处指偷也。父偷而子证,誉者常称之为"大义灭亲"或"公而无私"也,夫子则不以为然。所谓"直"义,必行于人伦中道,仁德不可以灭亲,不可以无私,有亲有私之"仁"方称大仁。无亲无私而求仁,迹近"妄"或"枉"也。

【父为子隐,子为父隐】亲亲之义无过于父子一伦,父父子子不存,他伦俱亡矣。故仁教之"直"义,父可为子隐,子可为父隐,并非隐其恶,乃先求全其人伦,次可寻改恶之方。为合小节而伤大义,夫子以为并非正义。

樊迟问仁。子曰:"居处恭,执事敬,与人忠。虽之夷狄,不可弃也。"

释　读

斯章论仁德随身之义。仁德成于我身,他人不能代持,非可离身而论;仁道广行天下,无以决其存废,学者不当划地自限。仁德随身之义,亦含凡求诸在我之事,不可强加于人,今有俗语"存身为金,掷人为砖"而形之。后儒泛道德而张礼网,或非孔子本意。

【居处恭】恭于己也,因己有德。恒德者慎独,虽为私居亦有所不怠,譬如不尸躺,不昼寝。

【执事敬】敬其职也,因己奉义。士人一旦使命加身,必全力以赴,譬如先劳后获,敏以求之。

【与人忠】忠于人也,因己守信。君子相委,朋友相交,忠信不二,譬如托六尺孤,寄百里命。

【虽之夷狄,不可弃也】之,至也。天不为夷狄灭,道不为诸夏生,仁德随身自可里仁而居。盖本章夫子所谓夷狄乃喻颠沛流离之困境,身处其间无改其志,不弃其德,求仁得仁足矣。

子贡问曰:"何如斯可谓之士矣?"子曰:"行己有耻,使于四方,不辱君命,可谓士矣。"曰:"敢问其次。"曰:"宗族称孝焉,乡党称弟焉。"曰:"敢问其次。"曰:"言必信,行必果,硁硁然小人哉!抑亦可以为次矣。"曰:"今之从政者何如?"子曰:"噫!斗筲之人,何足算也。"

释 读

斯章论士人品第之别。盖士人之称谓源自贵种而别为庶传,初由天子诸侯收入宗族,属亦沾天命之亲近成员,至亲或近者可任公卿、大夫、士之等位,配享世爵世禄,以大夫士总称之。流传既远,则亲变疏,近变远,及至孔子当世,或已人众位寡,世袭者几希,士人可泛称凭贤而任者,少指沾有天命之种属,殆与庶民相混矣。故孔教之所谓"士"并含广义与狭义,广义可指当代成德有为者,狭义主指远古自负天命者。本章所诲子贡之"士"义亦当细品,或重狭义而论,或就广义而说,方能得其所指。

【不辱君命】盖指"士"之源义、正义也。世袭之士负有天命,惟不辱使命可报君恩。不辱君命者必以建立功勋为上,而又当以不自取其辱为限,即所谓"行己有耻",不可造次,以免袂夺之辱。

【宗族称孝,乡党称弟】盖时人主指之"士"义也,不沾天命之志士仁人也。无位之士,诚修孝弟,若能在家必闻,清名广誉,犹待价而沽,假以天助,有遇必达。

【硁硁然小人哉】硁,坚硬之小石。本句当指广义之"士",全无天命而一体于民者也。仁者既不获于天,又不遇于世,弃之鄙野,若乃守其志服其道,立信果行,宁为砭石而不作泥沙,是类亦可称"士"矣。

【斗筲】斗,度量具,一斗为十升;筲,竹制量具,一筲为五升。以"斗筲"而喻人,犹今讥刺所谓不值一提者也;以之而形当世从政者之衰貌,足证夫子所举"士"义殆远礼位矣,志士仁人大可自度甚或自命以求。

子曰:"不得中行而与之,必也狂狷乎!狂者进取,狷者有所不为也。"

释 读

斯章论士人自命之道。广义之士义时兴,自命之士人蜂起,又多不直中庸之道,狂者狷者遂众矣。盖天下世变浩荡之际,皆不免刮起狂狷风尚,譬如先王之世,有商汤周武鼎革之狂,伯夷叔齐绝食之狷,后世所记尤富。凡狂狷类者,无不发其震骇常情之状,假矫枉之名而过正,攻乎异端而不疲,实一时难论其功罪欤。盖本章乃夫子喜忧参半而论志士之崛起。

【狂者进取】狂,猛兽也。狂者有为之极形也,以之而喻张扬其志者。狂者多艺善文,辞锋犀利,雄辩过人,好以"世人皆醉我独醒"之势而自命不凡。盖孔门之子张、人文宗之乌托邦皆是类。

【狷者有所不为】狷,独行兽也。狷者乃无为之极象,以之而喻离群索居者也。狷者自外于人,甚或自外于世,偏守一隅,不受众口之扰,视万象如浮云。孔门甚少狷者,或闵子骞欲辞往汶上似为一例。盖诸夏后世之狷者尽入佛、道之流,而士人全归有为者一途,后儒固难"狷"矣,勉强可视为"狷"者,或亦多沽名钓誉之佞。不过,狷者好深思穷研之事,譬如术数方技,不乏贡献科学知识者。

子曰:"南人有言曰:'人而无恒,不可以作巫医。'善夫!""不恒其德,或承之羞。"子曰:"不占而已矣。"

释 读

斯章论大道行于四方之义。南人之于诸夏,略优于夷狄,亦属声文教化之鄙野。时楚域广大,盖苗蛮百越诸族皆谓之南人,而不直呼楚人,乃由诸夏尊王贱夷之俗,不认楚王可并齐于周王。楚地苗黎风尚重神,万物皆各归其神,广有魂灵之说,谓魂灵借居形魄而暂处人间,身死而魂灵不灭,复归于天称鬼,亦神之一种。南人广行巫医,巫以通神,医以安魂,故南人之所谓"恒"者,或当指"魂"也。若生而无其"魂",必属天厌神弃,世人惟恐避之不及,固不可以作巫医。孔教从《易》而论"恒"义,主指恒德而教人信从仁道,离"魂"而论恒德,犹去小神而认更大主宰,颇趣一神信仰之道也。

【人而无恒】恒,常也,不灭也。南人或主以"恒"指"魂"也,而取生生不息之义。人文宗说恒,夫"恒"又通"真",所谓"真、善、美"者,必本于"恒"而终可化成,故常以"放之四海而皆准"形之。

【巫医】楚巫也,或与殷周之巫同源而异流,而久盛于南楚。诸夏当时似仅剩占术,其巫不及南楚之能矣。巫医之两分,巫主祭祀,医主驱邪,又可合而统称为巫也。

【不恒其德,或承之羞】本句出自《易》之"恒"卦爻辞。诸夏所谓"恒"义,乃由天道化及人生,主指不易而普适之"德"也。羞,从羊从丑,不妙之意。所谓"未知生,焉知死",生者不修其德,惟妄图安魂,恰似缘木求鱼,终不免"羞"也。

【不占而已】占,视也,识也,所识乃未来吉凶之兆也。其演变略述如下:(1)巫之判法先融入"卜"一道,盖近所谓"契"术,以灼烧龟甲而辨其裂纹;(2)后"卜"又生"筮"术,主以蓍草行古早之数术,盖文王援用而作《易》,当如是也;(3)及《易》道盛行,孔子时"卜"多融"筮",判法之称相通,从"卜"从"口"而皆称之为"占",方士善占者遂与古巫大别。孔教以《易》为首经,从其形上知法而证仁义。

而孔子又以"不占"明别当时方士,其教截然不行怪力。

子曰:"君子和而不同,小人同而不和。"

释读

斯章论无争之义。人我分殊,相争为常,众暴寡,强凌弱,天地人间殆无以逃之者。圣人有好生之德,仰天俯地,制礼则人,立义明序,胜残去杀,然下知冥顽不时造次以争,为害无已。究其根本,多惑于不明"和"与"同"两义之相分也:若欲"和"之无争,必先相"同"于我,遂多唯我独尊之"霸道";必求"和"之以礼,虽不同亦不至于乱争,方共成天下大同之"王道"。盖本章夫子深明君子小人之别。

【君子和而不同】礼制社会结构,君子采食万户,自属和其众而食不同之类,固当各美其美,投其所好而可长久。又,夫"和而不同"并非尽去人世之"争",乃主求止争于和平正义,有为之士固可当仁不让于争,争亦有道,即所谓"王道"者也。

【小人同而不和】礼制社会之所谓小人,多自食其力,或有一技之长,主谋私利,相争也此消彼长,相和也亲近远疏,取之而喻任私之义。同而不和者,惟辨人我,以私为归,相争无义,易生不共戴天之恨,犹今所谓零和游戏,或同行乃天生冤家之说。若及于为政,则称之为"霸道"者也。君临天下,取王道或霸道而行,实皆为有争,故所谓王道,并非后儒所誉"相让不争于天下"之义也。

子贡问曰:"乡人皆好之,何如?"子曰:"未可也。""乡人皆恶之,何如?"子曰:"未可也。不如乡人之善者好之,其不善者恶之。"

释读

斯章论月旦物议之义。所谓舆论,出众人之口而成其名,远近流传,识与不识皆以为识之矣,百口莫辩,毁誉近似生死,故有"人言可畏"之儆。孔子以名实相符而戒人云亦云,反求诸己而劝慎言善恶。若乃欲行"和而不同"之王道,固当为卓尔独立于众口之士,方得济世利人之善,可去急功近利之弊。盖本章夫子乃教志士分辨众口之道。

【善者好之】舆论如风亦如刀,行善者能凭以化育,为恶者可恃以摧折,智者不可不深明详察。善者好之,当谓舆论必出自善人,所誉者方可得称为善;譬如一人之"信"与"孝",当征之于信士及孝子之口,可免不实,若征之于无信不孝之口,则未可判也。

【不善者恶之】本身不善,而假众口谤毁,乃奸人也,譬如尝受义士"以礼约之"而未得逞者,泄恨而毁义士之令名。若明察"善者好之"与"不善者恶之"之两端,夫"皆好之"所指多犹今所谓"老好人"之类,而"皆恶之"所指亦可枉所谓狂狷者也。人云亦云,必定多失,志士仁人行世,固当慎辨众口之言。

子曰:"君子易事而难说也:说之不以道,不说也;及其使人也,器之。小人难事而易说也:说之虽不以道,说也;及其使人也,求备焉。"

释　读

斯章论贤贤高下有别之义。君子无行,沾惹恶名,当时惟称小人而已,尚无后儒利口极攻之所谓昏君暴君,君臣相处情形差可见容,翻脸之际未必恶之欲死。盖诸夏入于春秋,列国自主,君臣互择,主宾相待,迹近今所谓一纸聘约耳。有德君子,惶恐礼贤,故多自诩和而不同,群而不党。若非本章运义具体扼要,士子不察恐难免自投罗网。

【易事而难说】说,同"悦"也。主君英明,其臣下治事易而得欢心难。君臣共治之道,不以君悦为本,而求众乐为归,故所谓难说,实属明君贤臣刻意共成者也。

【说之不以道，不说也】退而求其次，若遇"事"与"悦"并求者，则"悦"之一道当有所止，不可滑入谄也、佞也。世多好色君子者，好德如好色已难能可贵，圣德君子多乎哉？亦不多尔。

【器之】器重也，或转喻量才而用也。君子任人治事，必求人岗相适，信用贤者，不作干预掣肘，此其一义也；若事竟未能成，不怪其器，而咎其用，躬自厚而薄责于人，又其一义也。两义相合，任贤之责始终未去，则君子敬事风范至矣。

【求备】求全责备也，或转喻诿过也。小人为政，好揽功而诿过，任用之道非为举贤，实乃害人，犹俚语所谓做肮脏事、找替罪羊，咎责之际，必多置身事外，刻薄求全，诿过于人。合"器之"并观夫子君臣之道，所好者近似今所谓分包方式，君子总责在己，周全谋划，虽付有司，未敢置身事外；所恶者犹今所谓转包方式，是类君子功利归己，诿责于人。深察夫子用心，当非纠缠分包转包之优劣，盖及于为政而论：无论政事如何委付，政治责任不可推脱，其义庶几可通现代责任政府之考量矣。

子曰："君子泰而不骄，小人骄而不泰。"

释读

斯章续论仁德之容。以志求分别贵贱者，仁教也；以血缘分别尊卑者，世俗也。越世俗所生新君子，尊卑虽从人，贵贱则由我，凭此再造人生之大能，君子仁人怀德行世，固可睥睨群伦，不屑流俗矣。本章夫子或本"和而不同"之义而深说仁德之容，盖主诲沾有天命之士人。

【泰而不骄】泰，太也，大安义也；骄，傲人也，自高凌人义也。君子以德服人，不肯逞强，虽睥睨世人亦出于仁道之自信尔。

【骄而不泰】盖"骄而不泰"者全凭世位，自远仁义，盛气凌人，色厉内荏，多所造次颠沛之患，众皆侧目，静观下场。狂狷者亦多此病，而与小人究有所别：

自命不凡者虽迹近"骄而不泰"之貌,然是类多属学修未至大成,登堂而未入室耳,犹俗语所谓半瓶水晃荡,姑可一恕之尔。

子曰:"刚毅、木讷,近仁。"

释读

斯章论常人之仁德。天生圣贤多乎哉?有为志士多乎哉?故谓传道及众,教人学修,常人若能得其基本,粗通大略亦足矣。盖本章夫子或诲传道之义,主以寻常尺度品学论修,大可不必非巍巍高山、荡荡河水不取,妄求鄙野细民修成圣德盛容。

【刚毅】刚,坚也;毅,恒有力也。夫"刚毅"之谓,其犹"三军可夺帅,匹夫不可夺志""贫贱不能移,威武不能屈"诸说,虽细小民人,若亲仁向善,固亦可为"硁硁然"者也。

【木讷】木,不敏行也;讷,不善言也。谓"木讷"近仁,当喻守常之义也,指于瞬息万变之际而守不易之道,可通乎"笃"义;若从"敏"义作究,夫"木讷"似愚,何来夫子所谓"近仁"之说哉?盖谓无命之士,后天又不获遇,竟能刚毅而守,日常困苦而似木讷无求,喻其有常德也。是类虽处鄙野,一旦有遇,略可"敏而求之",必亦不远贤者也,岂非近仁乎!释家亦称道善男信女内刚毅而形木讷,属"入定"之初功,功名富贵差似过眼烟云耳。

子路问曰:"何如斯可谓之士矣?"子曰:"切切、偲偲、怡怡如也,可谓士矣。朋友切切、偲偲,兄弟怡怡。"

释读

斯章论常人成德之义。士人大分有命无命两种,无命者又以亲疏细划沾与绝两类，沾者或为待命之士，绝者则归鄙野而生。仁道平等广行，不弃一人，无命者成德，亦可近似陋巷君子、茅舍贤能。盖本章承上章义而论，主诲自命不凡者如子路，宜安于常伦本份而修德，不当眼高手低、好大喜功，以免流入狂狷歧路。孔子教无命之士修德，亦通佛说"平常心"者，即该吃饭吃饭，该睡觉睡觉，少生妄念。

【切切】尽诚貌。朋友相交，夫"切切"者可有求必应，不令朋友孤立无援，即今俗语"我总在你背后"之义，乃挚友也。

【偲偲】盖"偲"当读如"思"，相互切磋也，共勉之义也。夫"偲偲"而友者，即上篇教子贡"忠告而善道之，不可则止"之论义，指诤友也。

【怡怡】和悦貌。无命者并非一无所有，天生父母兄弟，后天择友而交四海。朋友相交，由切切、偲偲而为兄弟，虽非父母所生，亦不亚于同享天命之袍泽，孝弟之义自当相及其间，而全同胞之乐。又，朋友与兄弟毕竟两道，倘若兄弟切切、偲偲，而朋友怡怡，恐两道相反而不能相成：盖兄弟同服于父子一伦，本于亲亲之义，故不可太重教训；朋友则从仁义而生，所谓交友不当，多耽于亲亲之惑，无辨者或有"认贼作父""引狼入室"之患。

子曰："善人教民七年，亦可以即戎矣。"

释　读

斯章论内圣外王之义。自古为政者源于三种，贵种、贤士、野人是也。盖野人之政即夷狄，不值多论；贤士之政非合礼义，亦多所不美；故孔教所指主政者当本于贵种而论。先王贵种奄有天下，亦不辞征伐而兴王师，岂合"胜残去杀"之仁义哉？曰：必内圣而可外王，先圣而后可王！圣贤动武，乃忍无可忍之举，以惩顽逆，以儆天下，故谓替天行道或吊民伐罪。征伐既为教化之延续，则动武不可曰"杀"，而当称之为"救"，孔教所称之王天下者，同"卫道士"一也。

【善人教民七年】善人，古贤王也；教民，德政也，为政务民合乎"道之以德，齐之以礼"者也；七年，虚指成事之期年。古贤为政以德，奉行仁道，造福一方，为天下共盼，远人相隔于道，殆为顽逆奸邪所阻；理想国固无边界时限，亦孔儒承自巫、卜、史所奉"天下"之义，由是后世方能念念不忘三代之治。后儒有解"善人"泛指仕人，先熟民政，后攻军阵，其义不雅，兹不从。

【即戎】戎，兵事也。以"教民七年"而喻内圣及身、德修至成者也；以"即戎"而喻外王之事，此际善人必也大勇无惧，犹菩萨行者庄严愤怒相，可破一切障，可断一切恶也。内圣及于为政，所谓三代之治者，犹理想国之说也，内圣者若欲外王，必也悬望四海，所向披靡，赞之以"仁者无敌"，颂之以"救民于水火"，吊民伐罪、近悦远来岂可挡乎？以"即戎"专喻军阵之事，当为后儒浅近误会之解，否则主张民政官员自行充数武将，岂不谬矣。

子曰："以不教民战，是谓弃之。"

释 读

斯章论黩武之义。外王者即戎，战之可也！而黩武者无道好战，使民于政如羊群，驱民于战如炮灰，不可也！所谓暴政莫过于穷兵黩武，可称之为天下公敌，必与桀纣一类下场。

【以不教民战】应可读如"不教民以战"也；以"不教民者"而喻畔道之君也。为政者严役苛索，竣法威刑，上下互视为仇，本已不仁无德；竟又敢驱民为战，已越不教之愚顽，可谓无道之邪恶者也。

【弃之】弃，杀也。礼制天下之世人殆可曰亲，而以服术别其远近，隔五世而可称之为"杀"，盖后人血亲已远，不当继宗而获礼敬，以免缀食难支，言"弃"即谓不当"杀"者亦"杀"之，本为同根生，无辜而被"杀"，非礼也，本处殆取"杀"亲前"逐"亲之义也。无仁德者黩武驱战，弃民也，抑或自弃欤？盖亦终不免自弃耳。

再 按

　　人我之世不免受制于政治,天下古今一也。为政理想蓝图虽多,而终难得以实现,似天不遂人愿所致,实人心不足由以故也。盖政治之目标,无外乎权威、秩序、开放三者,然世人只得其二,无奈必舍其一,动荡波折自在其中矣。初世先民本处自然开放环境,生存繁衍全凭己力,而群居秩序不稳,丛出大小强弱之族,渐以滋生统治权威,秩序虽得有力维护,而开放亦备受威胁;及孔子之世天下思变,周室至尊权威虚悬,开放风气趋盛,礼治秩序动摇,列国之次尊权威多怀异志,大有问鼎诸夏、舍我其谁之势。孔子兴教,主言政治理想,旨求复归秩序而刷新权威,立意之高远,用心之良苦,唯周公制礼或能与之媲美,亦家天下时代顺应自然封建法则之又一巨制也。兹略述孔教流传之政治纲要,综合而窥其堂奥:

　　一、政治当以天下秩序为本。周礼即为天下秩序也,主指天生之人伦,前定之经传,渐易之风俗,人伦终归于三纲五常,经传皆出于五艺之文,风俗当定于孝子贤孙。溯源而成周礼秩序,则天下太平,大功告成,政治堪称尽善尽美,乃所谓大同世界也。

　　二、权威当以仁义道德为本。承天而运之周礼妙用如斯,原可通行无碍,至百世而不绝,惜无尽如人意之事,为政者多任性而自行损益,虽夏殷亦无以久存。故尔欲行礼治,非求道德君子不可,君子为政必当克己复礼,道从中庸,和而不同。由是政治权威不再全决于天命,又当受约而行礼治,而为一崭新权威,即有条件之权威也。

　　三、开放当以教化声文为本。天下归于一家,依血缘宗法而立尊卑贵贱之序,周礼也;天下定于一尊,凭礼义教化而明亲疏远近之服,孔教也。孔教本周礼而求天下一体,委付开放包容仆从于一尊权威,对外曰开放,对内曰包容,此举亦犹投羊饲虎,开放之目的终沦为诸夏政治之附庸,后儒勉强以贤贤一道维系而已。

　　凡世间政治不肯屈服天道,必欲三者全得者即可谓之乌托邦,乌托邦之不可行，一望便知；其余诸多自诩之救世良方，虽主取其二而论，执念所及亦不免蹈高尽求，反而全失之迂阔，孔教政道无奈杂处其间，行世左支右绌，遂多窘迫矣。兹简表政治方略而形相应得失之概要，或可明天下并无理想政治。

表13-1 政治方略与得失概要

主要目标	权威			秩序			开放		
取舍偏好	秩序	+	0	秩序	+	-	权威	-	0
	开放	-	+	开放	0	+	秩序	0	+
	以人治为主			人治法治并运			法治或无政府		
典型示例	征服王朝			殖民政治			共和联邦		

上表之义大略为：(1) 权威与秩序相互偏好，权威趁此而行人治，乃诸夏政道传统，底定于周公制礼；(2) 权威与开放均可损益，而秩序绝不得有求损之者，孔子张本礼治，贵重秩序者也，合乎政道之正义；(3) 秩序若欲摆脱权威，必凭法治方能有成，古代少见而近世方兴，孔子奉周礼求治天下，亦迹近有此趣味；(4) 开放最易受损，以其多害权威而坏秩序，边鄙夷狄以为开放乃天经地义，甘于犯险，或有所不避，诸夏不敢从，视之为野人风俗；(5) 开放而有序，至为不易，必本于自然封建法则而至共天下，方可期之；法治古往今来亦殊难至善，今人以己之大难而苛责孔子献猷，或当自羞尔；(6) 开放而有序，又不去权威者，当为乌托邦之论；或有举日本天皇为例以驳，实反证孔教之义根本不虚：天皇尽弃政治权威，而凭行走之古礼，复归君子道德无上至尊之位，方得成全"道之以德"之治。

由是学者今人回顾孔子之教，领其远见卓识，称颂敬拜犹恐不及，又何德何能而敢造次妄议哉？然近世非孔之议沸腾，究其深由，实攻后儒而牵累孔子，盖孔子学说有两处或为后儒所乘，贻害匪浅：一谓力主内圣外王过甚，明知君子内圣至德无以传代，可遇不可求，而高悬张扬，不免误导后世浅学以为乃政道之经常；二谓强加周礼为常序，及后不惟开放之义长久蒙难，诸夏秩序本当主求天下和平，亦受礼治重压而全为一姓之安宁，以致政治渐丧妥协包容，后世君子遂阳奉阴违，表儒内法，未至玉碎不肯罢休。孔子源头差之毫厘，迭经百代相传，竟谬失千里，可付读者诸贤自裁：是彼之过耶？是彼之子孙不肖耶？

宪问第十四

宪问耻。子曰:"邦有道,谷;邦无道,谷,耻也。"

释读

斯章论士人有为之义。夫"耻"者,感生于自讼反省也,乃学修成德之起点,有之则生德,无之必无德。内生有耻能令有为得止,并非礼教名士独有,近似泰西近世哲人所谓道德律令,谓外境容许可择之际,亦自我放弃而不为之。行于人我之世,凭耻感维系伦常,育成道德,孔教用力至深;佛教主修洞明智慧,无意纠缠而不言"耻"义,反力主忍辱,盖释家归耻感入于烦恼,固可一并灭除;犹太基督教设定原罪,教人所谓"忏悔",信徒课己之深远胜耻感煎熬。诸夏道德之耻感文化,与礼制之赏罚内外并运,大成礼教而为所谓名教,后儒津津有味不肯因"耻"而损其"名",名士攻乎极端近似百无聊赖,譬如尊老莱戏亲尽孝,或辩嫂溺援手奥义,盖孔子本乎礼之存废而论德之成否,成德非为求名,尤不独以无名为耻,后儒浅薄凭耻而私设名教,犹私设标识于马路,害人误入歧途,亦乱礼之一行也。本章乃夫子诲志士有为当止于耻也。

【谷】禄也。邦有道则行,邦无道则藏,士人殆可免受耻辱。有诟病者诘问,若邦无道,何不以"不争"为耻耶?非难孔儒几似犬儒耳;兹试为之一解:居舍怀藏之"不谷"而避藏,实本于胜残去杀之美义,君子相争固有其道,孔儒岂逊于今所谓"非暴力不合作运动"之圣贤欤?仁德不孤,非古今乡愿所可污者也。

宪问第十四

"克、伐、怨、欲不行焉,可以为仁矣?"子曰:"可以为难矣,仁则吾不知也。"

释 读

斯章论难能可贵之义。克己复礼而益人,可谓之难能可贵,而不可与"仁"等量齐观;盖仁德固有益人之功,而益人不能全含仁德之义,譬如水之润物,润虽为水之功,然并非水也;若学修者止于利人,不能贯通仁之上义,则犹无源之水,未去所谓"不可久处约长处乐"之患,恐犹不及"乡人善者善之,不善者恶之"者。盖本章乃原思(宪)续问而成,详举四修而欲名之为仁,夫子以为或皆知耻耳,及于硁硁小人尚可称仁,而不许门人弟子止步于前。

【克、伐、怨、欲】争强好胜谓之"克",大言自夸谓之"伐",易怒生恨谓之"怨",贪得无厌谓之"欲";此四行皆非合礼,亦所谓淫用非彝,乃世人任意妄为之源头,知耻方能远之,然仍属克己复礼之初始罢。

【可以为难矣】难,犹言难能可贵者也。由内省知耻而进至克己复礼,正己以利人,已殊为不易,故谓之"难"也;然有所不及,不可遽称为仁,其犹不及能正人者,如仪封人所谓"天将以夫子为木铎"之"木铎"一类。学问进境常遇斯类之惑,譬如居士问去三毒则成佛焉?和尚告以"去后再说";故尔自来所谓难能可贵,多为勉励后学之辞,闻者不可沾沾自喜。

子曰:"士而怀居,不足以为士矣。"

释 读

斯章论士人立志有为之义。士人沾有天命,学仁修德,其志不当限于己之一身,必求有为于天下,或利人或正人;本章所教之士人盖指从政之士,邦有道不辱使命,邦无道独善其身,申明怀居之义乃里仁而居,并非无为遁世者也。由是孔儒之有志者,奉教义而担世责,上不得领神恩,下不可沾俗乐,唯求成就天下最称完备之礼治，不啻甘居火炉者。

【士而怀居】怀居，念其安处也，而喻不仕也。人之怀居，如食色者，本乃性也，而独士人不许多求；何以孔儒竟能劳苦自甘？若参前章所论"耻"之义，本章或可从"大任"深解：礼制所生之"大任"并生"耻辱"，二义合成于有为人生；大任引有志者成求，知耻令有志者能退；进退之间，并无怀居之余地，实皆为进也；进可有得，退凭有德，乃有道者也。故谓士而怀居，亦当为怀德而居者也，否则虽有天命，必也难称士人矣。

子曰："邦有道，危言危行；邦无道，危行言孙。"

释 读

斯章论有道无道之别。有道之邦，言行大胆而无虞；无道之邦，则说一套做一套可也。前章已教士人知耻，切勿仕于无道之邦，本章再明有道无道之别，合参则士人庶几可免自取其辱之"耻"矣。

【邦有道，危言危行】有道之邦，盖犹今所谓文明之地也。危言，放言也，任言也，近乎今所谓言论自由也；危行，冒险也，闯进也，近乎今所谓革新也。危言危行而无妨，乃世间人和之极征，和而不同之至伦，必为有道之邦。

【邦无道，危行言孙】孙，同"逊"。危行言逊，犹言阳奉阴违也。士人本无怀居之志，而不幸恰好身处无道之邦，无奈表面恭顺不争，然行事不愿暗昧良心，敢为义举，犹今所谓"枪口抬高一寸"者，亦可称"卫道士"矣。无道之世以危行言逊为上策，迹近所谓好汉不吃眼前亏，亦天下通有自保之策。孔子虽怀天下之忧，亦几似神明教宗，对世道人心或不甚有信心耶。

子曰:"有德者必有言,有言者不必有德;仁者必有勇,勇者不必有仁。"

> **释　读**

斯章论仁德之胜义。仁德为本,功用为末,本末关系之当然尔,譬如克伐怨欲之不行,未必可称仁者,而仁者必不行克伐怨欲;仁德之于功用,若明其乃为本末关系,则可免缘木求鱼之惑矣,犹佛法固有神通而不轻示于人,恐怕浅学少知从此舍本逐末,其理一也。盖本篇诸章皆于门内之教,主究义理之论。

【有言者不必有德】犹言"以言胜人者未必能以德胜人"也。以言胜人者或为"克"者、"伐"者,争强于人也,未必以理服人,更非以德服人;夫"有言"而无德,盖指时之辩名术士,犹今所谓诡辩论者,甚或可以指鹿为马。

【勇者不必有仁】犹言"勇行敢为未必有仁"也。仁者无敌,勇也固有,然勇者未必仁者,譬如仁者务求胜残去杀,好勇斗狠则未必能约己以让;又如仁者处无道之邦危行言逊,而勇者虽敢于暴虎冯河,亦未必肯忍辱负重。孔子中庸,少用逻辑,本章殆为逻辑法之鲜例。

南宫适问于孔子曰:"羿善射,奡荡舟,俱不得其死然;禹稷躬稼,而有天下。"夫子不答,南宫适出。子曰:"君子哉若人,尚德哉若人!"

> **释　读**

斯章论功用有失之义。继上章之义,再明学修不可本末倒置而求:若无修仁德,世间器用之功亦终归亡也。南宫适即前篇之南容,学于孔子,其德称谨,孔子以其兄之子妻之;孔子虽为亲尊,而南容(南宫适)之位礼尊,二者并列直呼"孔子"之称,亦合其礼;问后复称"夫子"与"子",又从师生之礼;夫子不当面称道南容,盖合君子有德不受谀辞之义,及出,再语之于人,礼赞也。

【羿善射】羿,传为夏后东夷之有穷国主,天下第一善射,篡位,终死于其佞臣寒浞之手,中箭而亡。善射者无德,死于他人之射,殊可叹也。

【奡荡舟】奡,亦作"浇",寒浞之子,天生力大,能陆地行舟,传夏后少康复国,死于舟覆。能覆舟者亡于舟覆,诚亦可惊也。

【禹】大禹,舜帝之臣也;传其治水平地,负贤德盛名,舜帝禅让之,始立天下称夏。《竹书纪年》另传,舜帝之子伯益为大禹所篡夺,禹传子于启,启为夏后之始。

【稷】后稷,禹夏之名臣也;传其善播种,兴稼穑,受封于西方而徙居边鄙,疑为颠沛流亡;后周原兴起,姬周攀附为始祖,至武王伐纣成功,遂亦配享天下之祧祖。

【君子哉若人,尚德哉若人】南宫适学文,从前定之经传而悟仁德为常为本,功用为异为末,君子若非好仁尚德,必无此见地也;揣当时夫子闻而激赏,又不得当面夸赞,强抑不答,及南宫出,再不有忍,击节赞叹。由本章又征孔门主君子尚德之义,无德碍难可称君子焉。

子曰:"君子而不仁者有矣夫,未有小人而仁者也。"

释 读

斯章论仁德有无之别。世有不共戴天而势不两立者,譬如冰之于碳,光之于暗;义理亦然,仁德与所谓小人即当存此而去彼,绝无相提并论之余地。所谓君子,必本于仁德而可名之,其德固可分多寡厚薄,却断然不能作有无之别,妄称有所谓无德君子。盖本章主指君子位者,欲辨其善与不善,当以仁德为唯一准绳。

【君子而不仁者】犹言君子或亦有可论之处;人无完人,君子有德,固亦有失。尽善尽美者几希,斯所谓"虽尧、舜尚且病诸"之事,智者不当求全责备。武王伐纣,伯夷叔齐相阻于道;管仲尊王攘夷,而兼商取利;武王、管仲之仁德或有不周,犹不失为圣贤君子者也。

【小人而仁者】犹言小人或亦有一二可称道处;若乃名实不辨,或可妄言小人亦可称仁者也。无知者常昧于根本而混淆,以为伪者或有其真,恶者或有其善,竟可生"桀纣或不免有仁"之谬论。谓"小人而仁"者,盖拨弄《易》道中庸之话术,尽去其"一"而凭空分其为"二",出卖"法语"之定义,浑入"巽与"之异说,诡辩论多好此道,其例甚夥:或赏郑卫之声,谓淫声其乐亦美;或赞江洋大盗,则说盗亦有道;或恨伪君子,径直抬举真小人。言小人或亦有仁者,是类今所谓瞎说八道之语,俱属所谓生命中不可承受之轻,粉饰小人而畔君子道,虽为无意或亦可陷仁德于井中焉。

子曰:"爱之,能勿劳乎?忠焉,能勿诲乎?"

释 读

斯章论君子不仁之本义。君子之所谓不仁,并非先天不仁,实出于后天有所不能,或为情势所迫,或因知见不足,智者大可见谅。仕于是类君子之邦,固当劳而无怨,尽忠劝谏。既明君子小人之辨,士人不当求全责备于君子,若见过与不及,必亦不失忠爱;盖本章夫子主诲士人从政,不可轻弃忠爱之义。

【爱之,能勿劳乎】无倦或不厌之情,若能有恒,必出于有爱也。所谓仁者爱人,主爱有道之君也;仁德君子无尽善尽美者,士人不当轻易失望抱怨,甚尔拂袖而去,若非爱意归仁,或亦难以为继,不免多其"事君数"之耻,犹今所谓频繁跳槽也。在邦事君,其犹在家孝亲,所谓先事后获,劳而无怨,皆劝士人爱君也。

【忠焉,能勿诲乎】人无完人,君子亦然;士人犯颜而谏箴,若无忠义断不肯为之也。士人诲君,或巽与之言,或直抒己见,或婉转数谏,总之要君子认错改过,从政之难莫过于此;尽忠以诲者或众,而善诲者不多也,故夫子所谓智者利仁,盖主求善诲君子者也。

子曰:"为命:裨谌草创之,世叔讨论之,行人子羽修饰之,东里子产润色之。"

释 读

斯章论君政共和之义。仁政理想系于圣贤明君,似犹有不足,或当行君子士人共和之道;有道之邦,其政依序,能汇干才之劳,善集贤明之智,忠爱之义方不致于虚张。本章孔子举郑国裨谌、世叔、子羽、子产四贤,深论有道之政,似生共和之直觉矣;后儒亦美君政共和,惜止于所谓"陛下与士大夫共治天下"而已。

【为命】命,政令也。为政以文,出命、令、劝、谕之类,由强制迭次而降为教化;夫"命"近乎所谓通行律法,夫"令"多指专域之法,夫"劝谕"或"训谕"则犹今言之行政条例;盖孔子当世可以"命"统称之。

【行人】周官名也,天子设大行人,诸侯设小行人,司传命四方之职。

【东里】盖为子产之名号;当为地名,而引称指人,可征地名为号之称法由来已久。呼"东里子产"犹后世所谓"袁项城""段合肥"之称,盖为远人所用方合礼仪。

或问子产。子曰:"惠人也。"问子西。曰:"彼哉!彼哉!"问管仲,曰:"人也。夺伯氏骈邑三百,饭疏食,没齿无怨言。"

释 读

斯章论名相之风。周室之上大夫,原必出于贵种,及入成周已多任贤德之士,孔子时世风或轻有种无德之"小人"矣。立仁德为准而品论君子,孔儒之褒贬毁誉威力至大,直似有生死之功,既能敌其天命,亦可剥削功勋。

【子产】即东里子产,郑国公子,上大夫位;其政主宽,又铸刑书,宽严相济,既为国柱,亦获民爱。功绩不如管仲,命贵不如子西,而德行居上,故孔子称之为"惠人"。"惠人"即"善人",主指仁教纪元前有德君子。

【子西】楚国公子,上大夫;初时让国,转为执政,大权独揽,隐有僭王之称。前让而后倨,不能善始善终,其德甚薄,孔子云"彼哉"而惜,犹言"如此也已"。似子西者,正所谓"若是当时身便死,此生真伪有谁知",亦殊可叹之。

【管仲】诸夏有功之臣当居首位,尊王攘夷,会盟诸夏,代掌天下之礼,孔子仅定其中德,曰"人也",犹言一般常人耳,只未见其作恶罢。史传齐桓公夺伯氏之邑予管仲,伯氏自奉不足,诚服管仲,终身无怨;夫子本此而明扬隐抑,盖管仲不怒自威,俨然一大人物,其实颇有克己未至之征;察掌天下大权者,圣教皆求其克己修身之德,犹今所谓战胜内心权力欲;管仲虽非滥权,示人以威而非惠也,惜其德未彰于权位焉。

【没齿】老者无齿,而喻"终其一生"之义也。所谓"没齿无怨"指加身之事极大,受者亦心甘情愿,多形能忍人所不忍者也;伯氏之无怨于夺邑,管仲之德盛哉?抑其威重乎?两者或兼有也,故孔子隐贬管仲德不足尔。

子曰:"贫而无怨难,富而无骄易。"

释读

斯章论仁政遇难之义。仁政德政所以难行,除却君子仁德欠奉,亦由人性使然;世人以食色为天,为政不能足食,君子虽欲立德存信,固多障碍不通焉;是故君子为政惠人,道之以德,齐之以礼,必也当先能治贫富。后儒本此弘发三论,一曰"民以食为天",一曰"仓廪实而知礼仪",一曰"不患寡而患不均",诸夏所谓善政遂往复囿于此三道。盖本章夫子或诲欲行仁政者,用意虽美,然亦不可躁进。

【贫而无怨】以"无怨"而喻"民服"也。智者既不当于井中论仁,德者又何忍与穷人论礼哉?盖上知圣贤之"无怨"要在成"德"也,譬如伯夷叔齐之求仁得仁;中知士人之"无怨"要在能"忍"也,譬如伯氏夺邑之没齿无怨;下知愚民之

"无怨"要在"足食"也,本章即诲斯义,欲求民德归厚,消贫或为根本。

【富而无骄】以"无骄"而喻"民德"也;几近"行有余力,再以学文"之义。富而修德易,为近世泰西发展心理学需求层次论所证,当依逐次之满足而索,诚不可跃等而求者也。

子曰:"孟公绰为赵魏老则优,不可以为滕薛大夫。"

释 读

斯章论德才有别之义。有德者未必有才,反之亦然,盖"用"之一节端赖环境及用意,用之不当则形同废物,犹琏瑚不可裹腹,箧豆不能御寒;故世所谓德才兼备,必出于善察者任用得当之功,而非求全责备所致。盖本章夫子乃诲君子贤贤之道。

【孟公绰】鲁国大夫,夫子举其而喻用人之道。盖孟公绰或无任责之才能,而有为老之贤德。

【赵魏】晋国公室自晋文以降,厉行强干弱枝之法,壮大勋臣卿士,渐至权归赵、魏、范、智、韩及中行氏六家士族,各有世袭封地。孔子时晋已代齐会盟诸夏,六家遂名动天下,号称公卿世家,可代晋公交接诸侯。赵魏之家臣,其长称"老";后日本幕府采之,称所谓"大老""中老"之名。

【滕薛】两小国也,位于鲁国。小国之政,士人称大夫者,亦可谓之重臣,然当时已未必受世袭封地,获立者大多以事功维系食禄耳。

子路问成人。子曰:"若臧武仲之知,公绰之不欲,卞庄子之勇,冉求之艺,文之以礼乐,亦可以为成人矣。"曰:"今之成人者何必然?见利思义,见危授命,久要不忘平生之言,亦可以为成人矣。"

> **释 读**

斯章论成德大小之义。仁德君子尽善尽美,采百家之胜而集一身者也,惜乎不多也;小德小贤则俯首皆拾,无甚希奇。学者修养功夫,固当积微成著,行久致远。以臧武仲喻知,以魏公绰喻无欲,以卞庄子喻勇,以冉有(求)喻才艺,主诲德才兼备虽不易得,恪守本份之事固亦足矣。盖本章前后两"曰"皆夫子所语,后句转明前句平凡之经义,乃劝子路勿庸好高骛远。

【成人】子路所问"成人"之义,主指有为也,礼位也,功名也;而夫子所诲"成人"之义,当指仁德也,贤能也,信义也。道德相传有所损益,即夫子前曰所举之各人差可称德;学修相因亦有得有失,即夫子后一"曰"所诲之道要亦可称道也。盖子路中知,夫子退而求其次喻成人之义。

【冉求之艺】艺,多才能也;夫"艺"略别于"技",指才多而能通,夫"技"之意偏指专才之能。盖冉求与其他三贤各有所长,时有名也。

【久要不忘平生之言】久要,旧约也;平生之言,终身之言也,而喻不忘初衷。顾本句表文似主喻"信"义,深究则又归于"志"也;旧约历久,时过境迁,当时之诺或多可忘,惟其中平生之言不可忘,如"白首偕老""同生共死"之类,终身之志乃为大信也。故本句可读如"久要不忘(其中)平生之言"也。

子问公叔文子于公明贾曰:"信乎夫子不言、不笑、不取乎?"公明贾对曰:"以告者过也。夫子时然后言,人不厌其言;乐然后笑,人不厌其笑;义然后取,人不厌其取。"子曰:"其然,岂其然乎?"

> **释 读**

斯章论至德无痕之义。中庸之道,譬如风之晏草,水之润石,顺乎自然,非刻意造作为之,则人不觉而无厌尔。仁德似亦大通黄老,虽有为而不增减,势相对而求和平,意犹所谓"天空了无痕迹,而鸟儿已经飞过"之境。本章夫子乃明言不信而实疑世也。

【公叔文子】卫国大夫,有贤名,人谓其廉静,不苟言笑,不取一芥。夫子或疑其说,故问于卫国人公明贾。

【时然后言】犹谦让也,多听少言,言亦无争。今所谓作一个好听众是也。

【乐然后笑】形其会心一笑也。乐不可支而乐,不肯强颜欢笑,或皮笑肉不笑,无谄也。

【义然后取】当取则取,当受则受,无惺惺作态之伪也。后儒好言"义取"以瘐君有为,有所谓"当取不取,必受天咎"之语。

【其然,岂其然乎】犹言"果为其然乎"也。盖夫子以为中庸不行于世久矣,闻公叔文子如是之道,恐怕言过其实,故存疑也。

子曰:"臧武仲以防求为后于鲁,虽曰不要君,吾不信也。"

释 读

斯章论图谋不轨之义。采之于下,求之于上,均当明道合礼,否则称乱也,不轨也。史传臧武仲身为鲁国大夫,得罪出奔至其名为"防"之采邑,求立为附庸之君,卑辞以请鲁君之封;盖本章夫子责其所求实为要挟,大逆礼制。

【求为后于鲁】后,次爵等之封也。臧武仲原为鲁大夫,"防"为其采邑,盖仅食其利而不亲治其政;大夫至邑求封,显谋立国,若事能成,则可世袭罔替,转名曰君,位属封君之附庸,是所谓"求为后于鲁"之义也,其犹今时转分公司为子公司之举。

【要君】有挟而求谓之"要"也。封立之权操之在君,下有所挟,恃以求上,非求也,乃作乱也,大不敬也。

子曰:"晋文公谲而不正,齐桓公正而不谲。"

释 读

斯章论王霸之辨。晋文相继齐桓,尊王攘夷,会盟诸侯,二公皆天下之主也。初兴时俱历尽险难,侥幸得位;即位后均任用贤能之臣,改革政事,民富国兴,势力大张;又能匡扶周室,会合诸夏,拒夷狄,抑强楚,得保礼乐之邦相续不绝。孔子扬齐桓而抑晋文,盖究二公尊王名实相符之义,若假尊王之名而行霸业,诡道也。

【谲而不正】谲,阴有所谋,智计之谓也。盖晋文公不及齐桓公忠守周礼,其行强枝弱干之策,大违宗法之制,故谓之不正;又其所谓尊王,亦类"要君"之术,犹后世所谓挟天子以令诸侯者也,故谓之谲。

【正而不谲】盖指齐桓公奉礼维持,不行吞并弱小,当时天下似通今所谓基于规则之国际秩序。王霸之辨系于"正""谲"二义,其犹君子小人两类必本于仁德而可分。

子路曰:"桓公杀公子纠,召忽死之,管仲不死。"曰:"未仁乎?"子曰:"桓公九合诸侯,不以兵车,管仲之力也。如其仁!如其仁!"

释 读

斯章论大节小节之辨。求仁得仁者,盖分两道,一谓全己,一谓赴义。全己者好名,畏惧人言,自束斤斤,几似井中之仁,亦犹所谓妇人之仁、小节之烈耳;赴义者从道,通义理,明本末,知轻重,所谓大仁大义者也,名利生死已置之度外,岂惑于细支末节哉。匹夫主全己,求其"知耻"固足也已;君子主赴义,求其"大任"利益天下,忍辱负重亦小事一桩,不值论矣。盖本章夫子主诲君子之节义。

【管仲不死】公子小白(桓公)与公子纠争夺齐国君位,管仲与召忽共事公子纠,小白终胜而为桓公,召忽请死;管仲则转臣仕于桓公,成就齐桓霸业,诸侯服从,其功泽被天下。能忍名节之小耻,成就仁义之大行,君子如管仲可谓真仁义者也。本章加"仁"名于管仲,似违孔教纪元之制,盖后十篇作纪时,夫"仁"字又归俗语常用矣,殆可浑同"善"字。

子贡曰:"管仲非仁者与?桓公杀公子纠,不能死,又相之。"子曰:"管仲相桓公,霸诸侯,一匡天下,民到于今受其赐。微管仲,吾其被发左衽矣。岂若匹夫匹妇之为谅也,自经于沟渎而莫之知也。"

释读

斯章续上章再论大节小节之辨。品评人物,求全责备,则过犹未及,必有失焉。管仲若无小过在先,则亦无大功在后;恐惧非议而求无过,多匹夫匹妇之小仁耳,近似自陷沟渎之蠢人;君子有志大任,特立独行如管仲,纵一时不得见谅,福泽流远,必载史册。本章子贡较上章子路深问,故夫子所答尤为深详。

【霸诸侯】"霸"与"伯"互文,方伯之转说,而喻诸侯之长者也。天子不振,方伯兴起,代行王道,谓之霸也;后世相争,遂生霸道,而喻礼位不正者图谋天下也。

【被发左衽】夷狄服饰风俗也,喻指野蛮人也,乃无礼教风化之族类也。诸夏时视北边骑士为野人已根深蒂固,贱卑呼之而以中国自名,遂于历史传记造成"夷狄"固有观念及偏颇印象,幸赖现代人类学籍考古学、基因分子学加以辨析订正,学者今人可凭新知重立若干史观以别孔教:一曰文明与野蛮之定义不当决于历史文献;二曰人类同种不同文,所谓"文"者盖由环境造成之生活方式,故不能以"文"轻判族群之优劣;三曰社会变迁殆以科技为主力,科技进步持续变革群居方式,无关左衽右衽之俗。欧亚大陆北方草原带,上古即人类活跃地带,迭兴雅利安人、萨马特人、匈奴人、鲜卑人、突厥人、契丹人、蒙古人、女真人,乃各大文明祖先来源,诸夏古称昆夷、獯狁、鬼方即是类也;夷狄之族崇拜天神,擅驯畜、习骑射、冶采冶,逐水草而居,东西往来迁徙之际,余部或南下温热地带,征服农耕定居人民,而为古早之殖民者。南方定居社会遂视之为莫大外患,故诸夏史纪常加丑名于其族,学者今人亦当同其"肤受之愬"而见谅个中之谬。

【自经于沟渎】经,行也,有解"缢"也,姑存以参;渎,积水而成之塘湾也。夫"自经于沟渎"乃形无根而漂流者,如浮萍、落花,喻指无知从流者也,是类多系之于乡愿浅见耳。所谓"自经于沟渎"之义,亦通后世佛老门徒"落花流水"之说,而讽无聊邀宠者也。

公叔文子之臣大夫僎,与文子同升诸公。子闻之曰:"可以为文矣。"

释读

斯章论贤贤为文之义。前章所述卫国"不言、不笑、不取"之公叔文子,其荐家臣(名僎)同升朝堂,并仕于君。人能举贤,本非难事,竟能举家臣与己并列,几似全然无我,贤贤之德至矣,虽未盖棺亦足可定论矣,故本章夫子称其谥号可为"文"也。

【文】按谥法,君子身后名之为"文"者,有赐民爵位之义;后世谥法或以本章为凭也。

子言卫灵公之无道也,康子曰:"夫如是,奚而不丧?"孔子曰:"仲叔圉治宾客,祝鲍治宗庙,王孙贾治军旅。夫如是,奚其丧?"

再读论语

释读

斯章论公私殊分之义。国君无道于私，尤可活，无道于政，则不可活。举卫灵公之事而证，其私无道，父不父、子不子、夫不夫、妻不妻，家国终必有乱；然其为政用人得宜，仲叔圉、祝鮀、王孙贾皆一时之才，故可勉强维持不坠，及身得免亡国失位。君子之私伦为纲，贤贤为治乃目而已，小仁之功虽可挽救一时，毕竟无道不能久传焉。盖本章夫子深说君子不仁之义。

【奚】同"何"也，"盍"也。古时口音殊异，然能相通于字，亦一义多字之源也。季康子或与卫灵公一类，德名有亏而志大，所问"奚而不丧"亦含不屑世俗之辞气。

子曰："其言之不怍，则为之也难。"

释读

斯章论言谦之义。君子修言之道，当以"谨"为本，而以"谦"为用，不伐无夸，惟恐有失，反可信赖。后儒会意高明，凡事先检点己过而悔愧，则人亦不愿为难，故多自称贱卑，曰愚兄，曰微臣，曰不才，曰犬子，曰拙荆，又敬语他人，称令堂，尊府，贵阁，贤弟，高徒。本章夫子乃劝君子有志者慎言其志。

【怍】惭愧也，似较"耻""悔"之责意为浅。言之不怍者，盖失之于浅学少修，任性而不从道，误以非礼之言为直；言怍者反是，不时不言，非礼不言，多闻少言，言必能中。若乃君子有志卓越，言之不怍或为造次者也，譬如闻卫灵公无道，或径谓"何必有道？无道亦可不亡焉"，几近一言丧邦者也，故云"为之也难"，必不行也。

宪问第十四

陈成子弑简公。孔子沐浴而朝,告于哀公曰:"陈恒弑其君,请讨之。"公曰:"告夫三子!"孔子曰:"以吾从大夫之后,不敢不告也。君曰'告夫三子'者。"之三子告,不可。孔子曰:"以吾从大夫之后,不敢不告也。"

释读

斯章论忠臣之义。以臣弑君,本乃天下无时或无之事,孔教仁礼明定为大不义,举世固当讨伐,诸夏奉为圭臬,几成君主政治之天堂。君可诛臣,臣不得弑君,其理似不甚能通,孔儒屡世强辩,要之无外两说:一者所谓尊尊,群伦必定于一尊,若失一尊则人伦尽丧;二者所谓亲亲,君臣犹父子,父可生子亦可弃之,子从父生不得弑父,天道如此。本章所述陈成子弑君之事,史传齐国大夫(田)成子弑齐简公,不及数代田氏遂代姜姓而为齐君矣;孔子当时告以请讨,终无所成,可见天下相争之道已张,世变行逆为常,周礼之承平教条似属迂阔欤。

【告夫三子】三子者,鲁国孟孙、叔孙、季孙三公,主政重臣也;哀公虽为君,虚置不行矣,故命孔子所请先告于三家定夺。

【从大夫】周制王官,公卿盖坐而论道者也,大夫作而行之者也;大夫奉议,主司议政之职,犹今之政务官,从大夫奉训,受命而行,事毕复告,犹今之事务官,二者合称为"大夫士"。诸夏入于春秋,王官散而国士起,原"大夫士"渐转称"士大夫",个中意蕴微妙:以王官之后自居为"士",而委身为国君之"大夫",士人隐有独立之尊严。又,无天子则无王官,而士人自承王官之后,以天下为己任,故后世帝王虽不封诸侯,亦以天子自名,借迎合士人王官梦想而揽贤,诸夏政治遂呈"君主求大一统"而"士大夫求专治"之貌也。

子路问事君。子曰:"勿欺也,而犯之。"

再读论语

释读

斯章论忠君之义。盖忠君乃忠臣之常义,而忠臣为忠君之变义:事君可死而无憾,忠君也;为政能宁犯不欺,忠臣也。王官之后,事其主君,甘为忠臣而敢犯谏,自有其铮铮风骨焉。盖子路忠君有余而为忠臣有所不足,似有愚忠之弊,故本章夫子诲以士人忠君之大节。

【勿欺】欺君犹欺天,敢欺则敢夺,敢夺则敢弑;故忠君之士当以不欺为底线,而列孔儒君臣纲常之首义。谏君而无欺,必先士人明义;或子路知见不足,惟凭忠心事君,故夫子重诲勿欺一节。

【犯之】犯,冒犯也,犯颜也。君若有过,臣可犯之而不能弑之;犯也有道,义理为本,直勇相争,一息尚存,谏亦不休,谓之忠臣者也;犯颜直谏,不幸死而后已,复可谓之忠君者也,如桀之关逢,纣之比干。故如陈成子之事君,不忠而逆,犯而弑之,当为士人从政之耻。

子曰:"君子上达,小人下达。"

释读

斯章论见仁见智之义。一义之异解,犹一物之多名,有表是非者,有表好恶者,各取所见而高下立判:譬如弑君夺位,君子以为大罪,而小人以为自卫;又譬如犯颜直谏,君子以为不欺,小人以为愚昧。仁德有成者,登高望远,知有四方;仁德阙如者反是,犹久坐井中,笑天渺小,所谓夏虫不可语冰者也已。同一之义而异见殊分,俗语所谓"情人眼里出西施",大凡好德者所誉,或多为好色者所讥,可知孔子何以举正名为先务哉。本章夫子乃示学修高下所成之见地。

【君子上达,小人下达】君子学修,行世可见义也、理也、道也;小人不学,所见无非利也、性也、力也。同一事之见仁见智,众说纷纭,若非学修能明,诚无所措其手足。譬如君子言"和平",小人视如"有畏";君子言"诚信",小人讽其"沽名钓誉";君子言"教化",小人嗤以"站着说话不腰疼";今世政府耗资航天,福利社团亦斥浪费,亦上达与下达之争拗也。

子曰:"古之学者为己,今之学者为人。"

释　读

斯章论旧学新学之辨。名同而实异,一义而众说,所谓"学者"亦分新旧,固有高下之别;古今学道原本一以贯之,既可利己,亦能益人;然学修相因有失,损益其道,为己为人诚难兼得矣。利己而不益人,如当时黄老之徒,雌伏无为,自外于世;益人而不利己,如今时克己复礼之本门,重义轻利,贵和崇让。盖本章夫子以扬今抑古之法,行矫枉过正之诲,主勉门人弟子加重济世一端,否则忠君忠臣恐不易得。

【古之学者为己】古之学者当指王官,其学称"史",记事记言各成专业,总其义者乃归《易》道,盖孔子主喻老氏之教也。孔子以旧学相称,或出于老氏自承古学。

【今之学者为人】今之学者当为孔子自谓其教也。孔教所传学问其源在古,故尔根本崇古,而本章反抑古扬今,其意主指流弊也;盖孔子以为流传而致道之损益,呼吁学者仁人自强振作,返本溯源,以救时弊。后儒承旨,奉为天下不易之学道,但凡欲有为于当世,多自称"今学"者,而攻"旧学"之失;所谓"古文"与"今文"之争,实为"今学"之士求变"旧学"也,文字之"古"与"今"仅充作辩器罢。

蘧伯玉使人于孔子。孔子与之坐而问焉,曰:"夫子何为?"对曰:"夫子欲寡其过而未能也。"使者出。子曰:"使乎!使乎!"

再读论语

释读

斯章论学修不息之义。克己复礼之学者,一日未至,一刻不安,自省观过,不舍昼夜。本章乃夫子赞勤学善修之士。

【蘧伯玉】卫国大夫,孔子居卫曾为其家臣,后孔子返鲁,尝遣使探问,遂有本章。伯玉修身进德,名闻一时,稍后庄周亦发"行年五十而知四十九年之非""行年六十而六十化"之语而誉之。

【欲寡其过而未能】所谓"寡过未能"之省讼,观过不止,琢磨不已,以大我修小我,深喻学修之道,反求诸己、不舍昼夜也;通乎"终食间无违"及"旦夕而至"诸义。使者形伯玉学修精进,照转伯玉自谦之辞而不作渲染,深合贤士"言怍"之义;伯玉斯语犹"发愤忘食,乐以忘忧,不知老之将至"也,故孔子以称叹使者而极赞之。

曾子曰:"君子思不出其位。"

释读

斯章论本分之义。君子不争无夺,天下方得和平,而全系之于克己复礼;若欲克己复礼,又必先诚心正意。盖本章曾子受教仁礼,代稍沾天命之士人所悟。

【思不出其位】犹言"不在其位,不谋其政"之义,惟其警示意味尤重也。曾子一派,崇守礼制,以礼位而服人生,贵贱全凭位定,恪守本分实乃听天意者也;其旨传于子思、孟子,思孟学派主以仁德贯通上下礼位,贵贱复由德而不由位,稍缓"本分"之压力焉。

子曰:"君子耻其言而过其行。"

宪问第十四

> **释读**

　　斯章论言行不一之过。夫"言"与"行"关乎"信"义,无信则不能立,故君子当以"言过其行"为耻,方能自警自省,恒守其信也。

　　【言而过其行】大言者也。言过其行者,好发"狂言""妄言"之语,无信近乎欺也。君子固当重约守信,言必践、行必果;言若胜行,夸夸其谈,自取其辱,倒不如不苟言笑或木讷似愚,庶几可免失信之耻哉。耻其言过其行,必多为"言怍"者,譬如蘧伯玉以"寡过未能"而自谦学修不足。

　　子曰:"君子道者三,我无能焉:仁者不忧,知者不惑,勇者不惧。"子贡曰:"夫子自道也。"

> **释读**

　　斯章论学无止境之义。圣教引人神往,自有其"虽不能至、心向往之"之魅力。孔子"仁知勇"已然大成而自谦不足,高悬至义而犹示人以"无我",亦其"耻言过于行"之圣德风尚欤。子贡最善颂师,闻夫子谦说而补白于人也。

　　【夫子自道】犹言夫子一贯如此自谦也。君子三道既明,岂非君子人哉? 而知其实为难者也,故尔夫子"言怍",耻言过其行耶。

　　子贡方人。子曰:"赐也贤乎哉? 夫我则不暇。"

> **释读**

　　斯章论求诸在己之义。择善而从,笃信"三人行,必有我师"而不辍于学修,乃学者正道也;若本末倒置,转"以人之长补己之短"之学,而为"以己之长攻人之短"之方，则乖谬矣。能近取譬，取长补短，非为分争高下，计较名利，学修明此而可无失焉。盖子贡有方人争较之弊，本章夫子以自道之方而诲。

【方人】方，竞比也。方人者，学修未成之境，以人为鉴而不以道为归，时久恐泥于相争生根之歧途；譬如积德行善，本为当行之事，而汲汲于记功数劳，张扬示众；又如同学一门，相互攀比，得理不让，切磋启发反成争名邀宠耳。

【夫我则不暇】犹言我没空如此也；夫子自道之方，婉转劝人也。择善而从之道，竟流于月旦紫朱，热衷品头论足，一意竞比高下，有伤修德学道，虽一时得逞亦无益哉，故夫子云"贤"而疑，以儆"方人"之不端。

子曰："不患人之不己知，患其不能也。"

释 读

斯章论自省所重之义。夫"患"之常义，忧不足也，引之而喻学修自省，当指自省之至要者也；自省务本，方能道生，然后万事不足为患矣，学修固当于主次、本末、先后、轻重诸端明其分别。盖孔教主驯君子克己复礼，重其忧患而可求其行慎，故常诲"患"义；后儒不明，乱说忧患，多有不通，尤以"生于忧患，死于安乐"为烈，广及百姓众伦，扬忧患之说甚过，杯弓蛇影，忧心忡忡，人生有何乐趣哉？盖本章夫子乃重诲士人务本而患之义。

【不患人之不己知】人不知己，非可为患也。学者常人固多以此为患，恐怕籍籍无名，不欲埋没；若能反省深究，则当知所谓知己与否，乃由学修所成者，倘学修不能务本而进，虽求亦无望得之矣，譬如好"方人"之行，舍本求末者也，徒添烦恼耳。

【患其不能】士人学者当以学修不能进益为患。能辨主次，能明本末，善自省者也；由"患人之不己知"为始，而以患己之"不能"告终，因果昭然，学道自张，有志者欲得瓜必先种瓜去也。

子曰:"不逆诈,不亿不信。抑亦先觉者,是贤乎!"

释 读

斯章论贤明之义。凡攻"知人"一道者,有德至于贤明,无德则成奸佞;贤明相敌奸佞,必求"知"之能胜,仁德方能免于罔,无陷井中之忧。贤明知人之征其要殆有四指:不逆料,不中诈,不臆断,不招疑;成此知见,奸佞固有其能,亦无可奈何仁德君子矣。盖本章夫子主诲君子贤明之道。

【不逆诈】当读如"不逆不诈"也,犹"不怨尤""无好恶"之句型,两义同禁而省字之修辞法;逆,逆料也,迎未来也,诈,欺也,骗我也。诸夏之知分有两向:述往曰经,测来曰逆;读经成知谓之顺也,容易为学,乃孔儒奉经之由也;自今推来称逆料也,殊难得也,殆为方术卜筮兴盛之故也。不逆者奉经成知,雅言常义,可远怪力,固绝方士一类之诈也。

【不亿】未见而以为然也。名实不辨之"亿"最广,人云亦云之渊薮也;不亿者能辨能察,必征之于实然而明知。

【不信】疑也,惑也,不信我也。无信不立于世,不信难成其事,何可谓不信乃贤乎?当从上句之修辞法而解:夫"不亿不信"宜读如"不亿(亦不)不信",双重否定而可去疑矣。

【抑亦先觉者】犹言"如是者岂非先圣一类哉"也,以先觉而喻高明也。四征俱全之智见,或以为难得,非圣贤先知不可及也,夫子不以为然,辟之曰"是贤乎!"乃谓后学从道亦可得之尔。

微生亩谓孔子曰:"丘何为是栖栖者与?无乃为佞乎?"孔子曰:"非敢为佞也,疾固也。"

释 读

斯章论变通之义。老氏自居道学正宗,久浸形上之说,自鸣得意,傲视群伦,愤世嫉俗,是所谓阳春白雪和之者寡也;孔教经世济人,务求上义,欲通广众,因势利导,从权应变,而为老氏之流所讥。诸夏两道之别,亦犹希腊"柏拉图式爱恋"之对斯多葛派"肉欲"说,流径虽为殊途,其源固属同出者也,不当厚此薄彼,尤不可相攻诋毁。盖时学相竞,各守其常,各通其变,不免有所激荡,本章老儒之辩可见一斑。

【微生亩】人名也,盖当时高隐之道士。孔子往拜,其言甚倨,直呼"丘"名。

【栖栖】依依也,形顺人之貌;从《易》道所谓"桡桡者易折,皎皎者易污"之说,盖可得"栖栖者易存"之义。栖栖者行世,柔顺图存,其犹佞臣行私之相,故微生亩疑孔儒或一类者也。

【无乃为佞乎?】犹言汝竟想作贪图禄之俗人乎?居高临下而诘问也。当时老氏之学不乐儒家,多自高一等以视。

【疾固】固,居之不迁也,执而不通也。孔子中庸之道,守常通变,教人为仕求禄,似有栖栖之相,而为老氏之流所不屑;孔子辨称误会,亦从《易》道,非为佞也,不过求其变通罢。

子曰:"骥不称其力,称其德也。"

释 读

斯章论恒德与速效之别。君子上达者,以恒德为贵,所谓行稳而可致远;小人下达者,以速效为求,期有立竿见影之功,欲速反不达。事物同一而所见有若云泥,本章夫子再教表里之辨也。

【骥】善马之称。以之而喻贤士也。

【不称其力】犹言不以其力为佳者也;以力而喻马之小用也。择善不惟其力,实以才干为轻。

【称其德】善之义同归于称德,人马之异形已忽略不计矣。骥之力与人之才,不过同为表里或本末关系所轻之一类耳,善辨者固可明之焉。

或曰:"以德报怨,何如?"子曰:"何以报德?以直报怨,以德报德。"

释读

斯章论人我相交之道。所谓报者,一曰报复,一曰报答;人我相交,以德报德,礼之常道,本不足为奇,而孔子许人以直报怨,似可以眼还眼,以牙还牙,颇令人意外;究其本意,当谓仁道主报答,然亦不去报复。由是再睇孔儒忠恕之道,盖决于所谓大是大非而准人报复,小节固可恕之,大节必当仁不让;后儒光大其风,士人相争不让,为壮行色,定觅一大是大非之借口,未免多所攀高自饰之术耳。或闻老氏以德报怨之说,来问孔子,故于本章辟之。

【以德报怨】德,俗称恩惠也;怨,俗称仇雠也;报,回敬也。以德报怨,受人恶行而仍善待之。或为老氏之道也,本于顺生无争而说,其犹劝人"忍一时风平浪静,退一步海阔天空"。后儒法家引用为道术,出献"韬光养晦"之策,扬言"君子报仇,十年不晚"或"好汉不吃眼前亏",当非正道之士所可明宣者也。

【以直报怨】直,正也,正道也;有怨必报谓之报复也,复仇也。报复亦当行之以道,必也程序公认,比例适当。上古兴血亲复仇之俗,子不报父仇,不得为子;盖当时贵族以牙还牙,赌命角斗,虽私人行之,亦有约定公认之法,不违亦可称"直"也。后儒解读本句多碍于仁教之"恕"义,迂回而归"忍无可忍"之因,再拔"直"义谓之"大节",出师必抬"大是大非"名号,怀恨报复之举遂去其"窘",几有替天行道之"直"矣。学者今人明此,或可深味诸夏史纪之"争"实为"怨怨相报"者,何以不乏冠冕堂皇之辞哉。

子曰:"莫我知也夫!"子贡曰:"何为其莫知子也?"子曰:"不怨天,不尤人。下学而上达。知我者其天乎!"

释读

斯章论仁教自信之义。知己之于圣德，虽为可贵，似亦并非必要；学修若上达至境，倚天而立，物我两忘，众人世相浑然泯矣，或勿庸再求知己者尔。孔子大成近乎老氏，寡欲少求，自在安乐。圣教之道，求诸在己，成之在我，自信固生，何必人知，义理皆通焉；自信而非骄，全凭明道成德，虽不遇亦卓尔立于世者也。盖本章夫子当时不遇，而发自信本教之语。

【莫我知也夫】犹言"无人知我者也"。若非子贡深究，或以为夫子乃怨天尤人耳。

【不怨天，不尤人】怨，恨不得也；尤，怪不利也。天人在外，求之不得，怨尤不已，小人之行也；求其在我，行之不息，乐在其中，学修之道也。为学有志，必不怨天尤人，犹今所谓自励者，全凭个人奋斗，以依赖他人及环境为耻。本句主喻志也。

【下学而上达】下学，为学之初阶也，盖喻后学者也；上达，形上之道也，盖喻成德者也。后学之道，无命不遇，立志向仁，勤学善思，汲汲于道，终至于大成；下学之知尚可同学切磋，知己互瑜，不亦乐乎；及人大成至义，仁德存身，与天地共壤，与日月同辉，则无以尚之矣。盖圣教内明之道，势必孤立，纵有外援，并非可靠，皆于教内各设其隐密自修之法，或冥想，或静祷，或林居，若无非凡自信，实难久行。

【知我者其天乎】犹言惟天知我哉。盖学修之上达者，其自信所恃已不凭人，诚可一意谛听天音焉；故虽夫子有憾于"莫我知"之叹息，亦不失"知我者其天"之笃定。

公伯寮愬子路于季孙。子服景伯以告，曰："夫子固有惑志于公伯寮，吾力犹能肆诸市朝。"子曰："道之将行也与？命也。道之将废也与？命也。公伯寮其如命何！"

宪问第十四

> **释读**

斯章论咎由自取之义。朝堂政争，难论是非，事似自古皆然，而以人划线，党同伐异，亦宦海之常情罢；圣贤若孔子，厕身其间，行不由己，亦颇无奈；其高明之处，惟能自信命运，率先息事宁人。本章所述子路卷入政争事，孔子虽主忍让，亦隐有"以直报怨"之预布，若公伯寮执迷不悟，一意孤行，孔门必予对付。

【愬】诉也，同"肤受之愬"之"愬"也。本处指公伯寮阴告于季孙，播弄谰言，欲不利于子路，犹今所谓告密或打小报告。

【惑】或也，或有此意也。子服景伯乃孔门一道者也，其知公伯寮告发子路，故寻问夫子是否有意针对反制。

【固有惑志于】有惑，畏也，犹豫也，今所谓没把握也；志，针锋相对也，反制也，今所谓对付也；全句犹今语"依您老看来，或拿不准如何对付他"。孔门加入政争，刀光剑影，暗藏杀机，本章似只掀一角而已，公伯寮们当亦心惊肉跳。

【肆诸市朝】肆，弑也，陈尸也；市，市集场所，引指"私了"也；朝，朝堂之所，引指"公了"也。子服景伯自信或私了或公了皆可令公伯寮服诛，而夫子答以"道之将行或将废皆曰命"也，盖有先儆勿肆之意；若乃公伯寮不知止，再以违道之名公了，非我诛之，乃咎由自取耳，适运"以直报怨"之道则可矣。

子曰："贤者辟世，其次辟地，其次辟色，其次辟言。"

> **释读**

斯章论退让之道。志士之道，有道则行，无道则藏；有为进取盖从"学"也，居舍怀藏则凭"辟"也。辟也有道，或退或让，不违其道，精辟以退，明智而让，方称贤者，可全其德，可免耻辱。圣贤诸教均有世外养生之所，信众可与天地日月为伍，惟孔教入世而行，若无进退裕如之方，难有独善其身之望。盖本章夫子乃授士人怀藏舍让之方也。

【辟】一曰能察，一曰能舍；明察能辨安危，善择能作取舍，合之犹俗语"提得起，放得下"之义；本章之"辟"主指轻之舍之，同"避"也。其犹释家所谓"了然而放下"之诫，近乎"觉悟"之义；士人贤明能辟，方可乱邦不居，危邦不入。

【辟世】近所谓"出世""遁世"也。孔儒"辟世"说本于有道无道之见，又与他教"出世"之说根本不同：佛家出世，以世相无常空幻而去；老氏遁世，因从自然本性而避；孔儒辟世，乃权宜之计耳，天下有道复常即归者也。诸夏"辟世"之异端为伯夷叔齐，二贤殷周皆避；常例为太公姜尚，其避殷而从周；凡人少贤如子路一类，无奈多有进无退者也。

【辟地】地，天下之一方，世之一部也。天下众分，立有诸邦，士人贤者，广闻博见，固可避无道而就有道焉；若乃不贤者，视一地为天下，坐以待毙，自生自灭，故知人生为学则好比救命也。

【辟色】所谓色，当谓"好德如好色"之"色"也；孔儒举"色"必并及其"德"，前章"如骥"之譬堪称最明，色指表形，德指常实；佛师东来译经，取"色"字而喻"无常"，当本乎此义。所谓"辟色"者，指日常际遇之德也，无论何世何地，不惑于一时之贵重，一己之私利，固守礼乐纲常，贤士必惟义而取。

【辟言】所谓言，人言也，尤指众口之言也。为政之言分法语之言，巽与之言；近亲之言分浸润之言，肤受之愬；学文之言分雅言，怪力之言。身处如是纷纭之言议世间，若无辟言之贤，虽居有道之邦，必也无所作为，遑论无道之世哉？辟言者，惟以信实为归，不肯人云亦云也；若乃至于大成，则可特立独行于道，不为众口名声所困焉。

子曰："作者七人矣。"

释读

斯章论好古之义。夫"古"之所以尊贵，为其曰本曰源，传承流下而成"今"也，故后世又曰祖曰宗；古者，其始也简，其成也钜，是类作者则必名之曰帝曰圣，如三皇五帝。天下共尊为圣祖者几希，寥寥可数，后世亦不当妄加。盖本章夫子乃自谦非圣,通乎"述而不作"之义。

【作者七人】所谓"七人"之说,盖为夫子雅言之常道,应作虚指解;有解取天子庙数为七,或以七人而喻社稷永继,姑存以参。所谓作者,至圣先贤也,仰天俯地而立万方之则,乃天下百姓礼制共戴之社庙祖宗,周礼尊尊首义牢系于此,不当轻易更添,否则天下根本失稳矣;是以凡从仁教者,既已信古,则当从古,亦必好古,勿疑其美善,无违其经训,尊祖敬宗,日月奉之,天下大同方可有期。或有另寻祖源之时风,如杞人祀夏,宋人复商,恐乱服丧之制、夷夏之辨,故孔子不许而出本章,亦见其王官之后务安天下人心之赤诚。

子路宿于石门。晨门曰:"奚自?"子路曰:"自孔氏。"曰:"是知其不可而为之者与?"

释　读

斯章论为难之义。知其不可而为之者,既喻赴汤蹈火、舍身取义之壮烈,亦指愚公移山、水滴石穿之微功,圣教流传皆谓之义勇者也。凡义勇赴难,孔儒所可依者或惟"辟世"之贤德:世有道可重之取之,世无道能轻之舍之,行其当行足矣。后儒笃信斯义者,自取为难而作牺牲,留名史册屡见不鲜,而匹夫以为愚蠢,亦上达下达之征也。

【晨门】司晨启门人,乃时之贱役也。子路晨出,启门人能知孔氏之教,盖为隐士。或当时孔教声闻已广,知者甚众,好以俗语品议相论,晨门拈采而出是语。

再读论语

子击磬于卫。有荷蒉而过孔氏之门者,曰:"有心哉!击磬乎!"既而曰:"鄙哉!硁硁乎!莫己知也,斯己而已矣。深则厉,浅则揭。"子曰:"果哉!末之难矣。"

释 读

斯章论随遇而安之义。志士仁人欲求有为,常不得遇,反成己患,虽取"浮云""山水"自勉,毕竟心有不甘耶。老氏之流根本鄙视有为之志,劝人进退裕如之效似胜孔教,甚契释家不许"执念"之义。深究孔儒一般求遇之志,实犹今所谓谋差心思,不敢自立又不乐别业,非公侯家不入,难免终日栖惶,而为老氏高人笑。本章所纪荷者当为隐者高士,上章司晨门者一类,殆属黄老之徒,闻夫子心声遂劝随遇而安,故孔子心有戚戚焉:不得已而为其难,孔儒之命也已乎。

【荷蒉】荷者担挑也;蒉,草器也。荷蒉同司门,贱业也,而能赏乐析声,必为时之隐士,多从黄老之道,不屑于政,亦不好礼,自在于野。

【有心哉!击磬乎】喻孔子乃礼乐人家,一义也;乐能言志,为荷者闻知,二义也。不遇之情未发之际,高隐者得闻乐声之正;盖孔子心怀天下,当时玩乐自美也。

【硁硁乎!莫己知】硁硁,当喻德之小也。继而出不遇之声,其乐反归己身,孔子似生怨尤耶;高隐者不忍卒听,斥其卑鄙无识,勉强自大,击磬者之德修不过尔尔,其犹硁石微粒图谋磐石柱础之功,不自量力耳。

【深则厉,浅则揭】水深全衣而涉曰厉;水浅提衣而过曰揭。有解其义乃自"硁硁乎"起读,喻道之广大如深水浅水,人之有志行于其间,不过硁石而已,多一粒不多,少一粒不少,思之无益,故主指劝人清心寡欲、少志无求。另解则谓当自"有心哉"始读至本句,乃老氏劝孔儒返本归真,根本不当有心于有为,自贱求遇无非充作硁石之垫罢,不如堂皇自在,遇深则厉,遇浅则揭,逍遥坦荡,随遇而安。后一解先抑此失后扬彼得,尤合末句孔子叹语之辞气,兹从其说。

【果哉!末之难矣】果哉,犹言"果如是"也;末,同"无"之义也。无为者出

宪问第十四

世,有为者入世,道源本一,其流二分,固无高下,然有难易。夫子闻荷者高隐之论,自省而喟叹,若参上章"知其不可而为之"之执着,再味前章"知我者其天乎"之笃信,是语可谓乃代其后生而答万世高明,大有"知我者谓我心忧,不知我者谓我何求"之孤愤。诸夏士人世代相争,多从本章辩法,原本同志,若道分异,反为仇雠,不共戴天,各以所谓"兄为之易而弟为之难"自诩。因智辩而相生残杀,亦圣贤诸教门内各派常有之不幸也。

子张曰:"《书》云:'高宗谅阴,三年不言。'何谓也?"子曰:"何必高宗,古之人皆然。君薨,百官总己以听于冢宰三年。"

释 读

斯章论服丧守制之义。三年无改于父之道,主维诸夏继统之道,以合尊尊之至义,恪守君位承续之礼序。古礼经夏商成其大略,君位相续或传子或传弟,凡继统者当自称先位者之后;周公制礼底定传子传嫡,严明宗法承"后"之义,确立王室服丧之制,继祢者"斩衰",服丧三年,沿先君制,用旧时臣,尽任太宰领百官而总其事,以保安稳;及过三年,人心思变,继祢者方可逞志以行。盖当时礼制已驰,疑古风盛,子张亦惑,故本章夫子释之。

【高宗谅阴,三年不言】语出《尚书》;高宗盖指商王武丁;帝王之称,夏时曰后,殷时曰王,周曰天子或王;"谅阴"为居丧之谓也。《尚书》之类经说乃代代相传之言,其文或早散逸,后人信之不疑,有好事者又擅托伪作,遂生循环证古之学问体系;托古改制亦成诸夏政治变革之由径,盖周公制礼、孔子兴仁均属此道高手。所谓"三年不言"既为古礼,丧期三年不改父政其来有自,则为天经地义之准则,绝不当改从人意,继统不乱乃可去大患矣。

【薨】天子死曰崩,诸侯死曰薨,大夫死曰卒,士人死曰不禄。孔子时诸侯自立,言"谅阴"之事当喻君薨。

【百官总己以听于冢宰三年】百官含继祢者,悉听太宰主政三年也。盖冢宰之称商时已有,为百官之首,继祢者年幼或服丧,代行王权,亦谓之摄政、执政。又"冢宰"有别于"公"者,"公"位高而无权,礼崇而不命,殆为天子之叔伯兄弟;"冢宰"或次于"公",然位列三公若非冢宰,亦听命摄政,如召公之从周公例。

子曰:"上好礼,则民易使也。"

释读

斯章论为政务民之本。礼治优于他治之政,孔子胸腹固有蓝图,其犹今所谓硬件软件俱备者,诚不乏笃定自信焉。礼之硬件,当指奉行自然封建法则,凡得天下者必采分封,裂土均沾,亘古不移者也;礼之软件,则依分封利益而定其众建责任,言语行止、思虑文章均当适中合轨,通乎道德,以成内外约束之功。主权者好礼而不任权,不求正人于先,而务正己明义之本,权用礼义,民固易使也。学者今人多恶礼治,盖自然封建法则已非全赖威权而行;然孔儒身处之家天下时代,若无克己复礼之义,不守繁严细密之仪,至尊威权岂能有所约束哉?当时礼制实有其无可替代之优也。本章夫子乃诲君子笃信礼治之道。

【上好礼】求主权者奉行礼治之指也。威权尊严,掌无可无不可之柄,人不得已必服之而无能制之,若又失其自制自律,任意求取天下,必民无噍类矣。

子路问君子。子曰:"修己以敬。"曰"如斯而已乎?"曰:"修己以安人。"曰:"如斯而已乎?"曰:"修己以安百姓。修己以安百姓,尧舜其犹病诸!"

释读

斯章论道德君子之义。可参上章硬件软件义。君子位由分封而立,君子德从孔教而成。德配其位,君子方能励行礼治,天下则可望美善矣;诚行礼法,皆大欢喜,惜乎尧舜一去,人亡政息,难期久有;是故礼治之要,本乎德修,几可谓孔儒主张"君在礼下"之义也。盖本章夫子主诲君子逐次成德之道。

【修己以敬】当读如"修己以敬仁"也。君子修德,必先修身,敬仁如畏天,别安一神明于头上三尺,轻其位而重其德;由敬畏入好学,由好学入反省,由反省入克己,成于温、良、恭、俭、让,君子凭修己焕然一新,亦可无恶于人也。

【修己以安人】犹言由己及人也。君子修德有成,近乎"知、仁、勇"一体,纵无至尊之位,足以己欲立而立人,己欲达而达人,固可贤贤益人矣。

【修己以安百姓,尧舜其犹病诸】百姓,古时贵种也,孔子时殆指世袭贵族之家;安百姓者,以一姓而凌百姓,至尊之王室也,乃喻安天下者也。君子修德,又继大统,百姓安之服之,必为圣贤明君,可遇不可求也,故云"尧舜其犹病诸",虽尧舜亦自叹不如。所谓"病诸",不及之义,至德如尧舜者,安百姓尚可望而不可及,君子修德而行礼治,岂非任重道远乎!

原壤夷俟。子曰:"幼而不孙弟,长而无述焉,老而不死,是为贼!"以杖叩其胫。

释　读

斯章论无为轻生之弊。孔子似后起老氏,反"天道无为"之教,而别立"天行健"之义,命士人立志,入世有为,勿枉此生;老氏之流如司晨门者、荷蒉者讥儒,孔儒亦斥黄老之徒为贼耳。同出天生,因各是其是,各非其非,以至相煎相杀,学者今人亦当醒惕。

【原壤】孔子故友,传其丧母不哀反歌,当为旧儒老氏之流。
【夷俟】俟,待也,迎宾客也;夷俟指蹲踞,谓其迎宾不行诸夏礼仪,而从夷狄无礼之俗。孔子往访,原壤夷俟以待,新旧之儒显然并立两分,而老氏尤不肯逢迎迁就。

【幼而不孙弟】孙,同逊,顺也,顺亲行孝也。自幼不学孝悌之礼,孔儒以为忘本,因世人乃父母所出,无之则全无,父子一伦遂为纲常之首。

【长而无述】犹言成年仍一无是处也,乏善可陈之谓也;无志者之形也,其犹所谓浑浑噩噩者也。

【老而不死,是为贼】贼,行欺行偷之害也。老氏之流虚度人生,又为老不尊,其偷生也,近乎盗世,犹欺天者也,故可归于"贼"一类。本句乃孔子反讽也,非痛恶之语。受了如许多腌臜气,找夷俟老友一出为快也。

【以杖叩其胫】胫,足踝;孔子以杖轻叩原壤足踝,挚友也,知己也,晓其道之大、理之深,而其情实不堪也。老儒异流并竞而能互致敬意,亦多温情包容,可见当时"和而不同"之风尚未坠,原道诸子相生相克,相竞相成,遂得共襄诸夏知识学问之鼎盛。又,大观诸子百家可证,所谓学术生态亦较学术本身重要,不特广流,尤当开源,乃学道之正义也;今人有恶儒术者,怨其独尊而迁怒孔子,万恶归罪其教,若非指桑骂槐之计,而竟欲诚意毁灭,则属玉石俱焚之举,固远学道焉。

阙党童子将命。或问之曰:"益者与?"子曰:"吾见其居于位也,见其与先生并行也。非求益者也,欲速成者也。"

释 读

斯章论用益而学之法。学以致用,孔教为学之"的"也,用以明学,亦善教者固有之方也。用益而学,乃"学而时习之"之转说也,犹今之所谓实习,事理相映,内外贯通,琢磨启发之力,言传坐论无可替代者也。然用益仅为学修之一法耳,不当固执而攻乎异端,如子路尝云"何必读书"之畸重,激发所谓"读万卷书不如行万里"之浮说,又旁生"书中自有黄金屋"之澜言,皆过与不及之失者也。本章夫子乃示以用促学之教法。

【阙党童子将命】阙党,指一地之称也;将命,任童子为夫子信使,盖同令役。

【益者与】犹言其有何德何能而任哉。夫子以该童子任事,或有疑不足以当任,出言而问。

【见其居于位,与先生并行】童子见师不知动身行礼,与尊者并行不让,非礼也。孔教崇礼,不放童子,恐怕无礼成习,及长见"夷俟"而不怪,欲救也晚矣。

【欲速成者】令役一职,迎人接物近多礼乐君子,目染耳熏,远胜千言万语。以令役之职而充作童子修习用,夫子之如是善教,其"诲人不倦"之无不用心,堪称师表欤。

再 按

先贤圣教穷极天理,规划世道,所涉包罗万有,若及于政治学说,当以孔子落力最深,盖无出其右者。后儒承教而传,历代相因各有所重,加名其道或称仁教,或称礼教,或称名教,实皆为政治学者也。所谓仁教者,主喻天下大同之望也;所谓礼教者,主指分封众建之道也;所谓名教者,主指义理名实之辨也。三义并行,完备而造,诸夏政治传统醒目而有其特征,兹举大略供学者今人味鉴。

一、信奉天生君权唯一而不唯多。孔儒本乎《易》而立仁义,以为世间所分群伦,终必归于唯一至尊。后世诸夏君王乐从其说,纵一时无力,亦深怀野望,好视已知天下或当属己有,而孔儒亦以侍从至尊之君为人生之志归。此一政治心理基础,虽出于《易》道中庸之见,亦合世人天下大同之望,岂远孔子之宗义哉?

二、偏好分封式共和而非共和。依自然封建法则施行分封众建之道,一谓礼制一谓契约:礼制主运之于姓内而行分封,契约主运之于百姓而行共和。由和而不同而观此两大类秩序,几可统谓之共和者也;契约乃共和,礼治亦可称分封式共和也;仁教大同之义笼统指向共和,而不细分褒贬两道,盖为当时孔子礼治之原义。后儒奉行礼教,以为既已推定至尊,他姓首领诚无并立余地,或可从权相容,一旦得势则必求收复,契约共和遂为之轻矣;进而极攻收服之术,后儒以法家之势尤盛,名为推行礼治之政,实多畔仁违义之谋;是类礼教法术颇有功利速效,礼治政治由外而内渐失共和格局,分封式共和亦仅残存为恩赏制,终退缩至君主一人政治罢。孔子当世已现此端倪,譬如楚王设县不封,晋侯则封大夫以弱公室。

三、固守政教合一而远神明。圣教诸贤代传天道神训,以政教合一形式存续其教,自古无外此道,孔教亦然,力主君子修仁成德,负有重教轻刑之责。后儒远《易》说仁,统合人伦一归礼教,诸夏君主得以自居神明,几反"君在礼下"而渐为"君即礼也";后世君王趁势又进,力行"礼在君下"之治,竟转礼教主训君子之义运于约束庶民。法家甚而主张以刑代教,为用重典不惜欺世盗名,政教合一玩弄于强权之手,神明亦受诬蛊惑而常遭见弃,其犹得鱼忘筌,过河拆桥,孔子倘若有知,或亦徒叹奈何矣。

孔教政治学术距今古远,朦胧混沌在在多有,然亦固有根本不移之义,譬如德与道、仁与善、义与利之分别,言之凿凿者也,必不容上下其手、雌黄紫朱。后儒与时俱迁,舍本逐末而不自知,一旦遇变,每惑于诸如经与权、礼与刑、天下与家国之辨,各从经典争辩无休,无奈援名家法术入教而成名教,又大分所谓古文与今文两派于诸夏之世。古文谓之经书,今文可称之为"纬书"也。古文经学拘泥慎作,今文经学则唆激进变革。世道安宁两派尚可互补,遇世生乱则多利于今文风气之肆行,断章取义,为我所用,不懈攻乎异端,终丧中庸之道。今文古文交替于表,治乱循环造作于内,名教习气遂方便诸夏君王玩弄孔教,而充任其文过饰非之利器耶。

卫灵公第十五

卫灵公问陈于孔子。孔子对曰:"俎豆之事,则尝闻之矣;军旅之事,未之学也。"明日遂行。在陈绝粮,从者病,莫能兴。子路愠见曰:"君子亦有穷乎?"子曰:"君子固穷,小人穷斯滥矣。"

释读

斯章论大节小节之义。夫"义"者,必也,当也,世人本乎"义",方可得明"能为"与"当为"之别。譬如礼乐征伐,天下之大事者也,君子奉义则当以礼乐为本,先礼后兵,慎言兴兵;又譬如富贵贫穷,凡人皆有遇之常事,君子明义则受之当受,不可因穷而滥行无义。本章夫子乃诲君子当守大节之义。

【问陈】陈,同"阵",军阵也。孔子居卫,灵公问阵,婉言不对,托己无知于军旅之事。当时有子路随身,夫子非不知也,乃奉义不从也。

【俎豆之事】俎,类鼎之煮器;以俎豆二器而喻礼乐也。国政大义,莫过于礼乐和平,征伐为不得已耳;本章再明孔子仁政之义,动武兴兵乃后事,至多许以自卫。

【从者病】病,有患也,心忧也。孔子以灵公好战而去卫,至陈国绝粮于道,众皆愁困,不见前途之忧也。

【莫能兴】犹言闷闷不乐也。愁而无方,故了无兴致也。

【子路愠见曰】犹今所谓发牢骚也。子路易怒,见不平则鸣。

【君子固穷,小人穷斯滥】固,安也;滥,水四溢也,以之而形放意肆行也;君子固穷,犹贫贱不能移之义也;小人穷斯滥,犹放利而行之义也。仁义彻行天下,不关富贵贫贱;富贵或多仁,贫贱或少仁,谬论也。籍口"穷"名而纵己滥行,大者如灵公之黩武,小者如践迹之偷盗,皆非正义。明义者能判高下,辨良莠,行正道,足可大节无亏矣。

子曰:"赐也,女以予为多学而识之者与?"对曰:"然,非与?"曰:"非也,予一以贯之。"

释 读

斯章论恒德胜多识之义。多识者不及有恒德者,盖同前章论骥之"力"不如"稳"一义也。学者化识为德,乃化繁为简之功也,所谓举一而反三,说一而知十者也;是类学者由表及里,入木三分,所成之知乃义理也,而非硁硁然之粒石,即所谓"德"也而非"色"也。广闻博采固可称道,又必求贯通其识于一体,方为善学之本;盖本章夫子乃诲子贡为学勿贪多不嚼之义。

【多学而识之者】见多识广,数不胜数,然未必真知灼见者也。圣教之道,皆以形下学识为末次,不过形上之一隅或一支罢,譬如古希腊理念所执"方圆"举世无匹,至多无限近似。

【一以贯之】以"一"而通千万也,犹万变不离其宗之义也。明本而执一,内不受心意之扰,外不随世相而迁,人我俱轻,持之以恒;由是可见,孔教虽曰入世,有为于学,实亦能超世脱俗,永葆儒士本色。盖子贡时或学浅,仍以"多学而识"之"色"形而浑学者之"德"义,故夫子辟之。

子曰:"由!知德者鲜矣。"

卫灵公第十五

> 释　读

斯章论究竟根本之不易,盖续上章之义而论。天由道显,人以德存;世人论道多见之于"性",籍口"力有不足"而甘于画地自限;而好言德者实又多昧之于"色",不特好德不如好色,知德者实亦难得。孔子圣贤上知,深明学道成于"恒"而能示"稳",至为不易者也,故尝叹"其余日月至焉";然其分析知德成德困难之理,似不及佛陀言义高明,难题辗转百世,后儒穷极而悟所谓"灭人欲,存天理",不过释家"色即是空"之另表耳,离欲而观之也已。

【知德者】不为色诱而明德者也。孔子所谓色,物也,利也,功也,位也;其所谓德,本也,道也,义也,理也。后儒翻新本门"德"义,而陆续指为性也、气也、理也、心也。

子曰:"无为而治者,其舜也与？夫何为哉,恭己正南面而已矣。"

> 释　读

斯章论道源本同之义。上古无为而治,其传固然令人神往,惟凭旧儒老氏流传不绝,惜乎当世殆无可征之者也。孔子仁礼之政,亦祖述三代而论,然所喻无为者,乃主运克己,少使劳民,义有所止也,并非老氏无为一道;以德正己,德配其位,貌似无为,实有为于自修克己,并非怠于政事;是以世人无为而治之望,当系于仁教礼治之功,若乃当世不行仁礼之治,专求无为而治,必妄人也,乡愿也！盖本章乃孔子明别老氏之论。

【恭己】行己以恭,而喻克己之至德也。君王似乎无为之美"色",必本于有为之至"德"而可求,方有望如舜之善为者也。

【正南面】正,谨持以礼也;南面,大位也,礼制之至尊也。道之以德,齐之以礼,君子之道必如是,方成所谓众星之共北辰也。

子张问行。子曰:"言忠信,行笃敬,虽蛮貊之邦行矣;言不忠信,行不笃敬,虽州里行乎哉?立,则见其参于前也;在舆,则见其倚于衡也。夫然后行。"子张书诸绅。

释 读

斯章论仁德随身之义。头上三尺有神明,神明宗之诲也;道德自在人心,人文宗之教也。神明宗凭造物主宰之权威由外部约束行为,信众有违必当深自忏悔;人文宗以人为本共织天下道德网罗,凡人有违则得咎于自耻人辱。孔教行世之道,虽偏采人文宗而亦不辞神明宗,本章前句即主从人文宗之说,后句则主修神明宗之术也。

【蛮貊】蛮,爬虫,代指南苗之地;貊,走兽,有说为熊,代指北狄之地。仁道广行天下,未可限于诸夏,学者若存德随身,忠信笃敬不懈,亦可无远弗届,无往不利焉。

【州里】家乡也;州,似较乡小,有言五党为一州,有二千五百家,一乡或有二十五党。无德失礼之人,虽处亲近之地,亦不免寸步难行。

【立,则见其参与前】立,静站不动也;参,鉴也,如镜鉴而观之也。好修德者,一日之始起身即迎圣德,必求确定无误方兴劳作。

【在舆,则见其倚于衡】在舆,指出门升车也;衡,车轭也。出门先见仁德,而后方见车乘。夫子所谓"立参""在舆"之语,盖从神明宗内化之道而论焉;后儒极重礼教,惟恐废礼而罕言神明天道,代代相因而损,儒家自律内化之功只剩人言名声,其犹涉水者舍舟楫而抓稻草,无奈只得另寻他教异端阴助。

【子张书诸绅】本句乃诸夏文字书写方式之文献证据。"史"传文字,书写不易,取材先有龟壳、兽骨、山石,后有金属、木板、竹片;及孔子时,或已兴颜料书于布帛之法。"绅",丝织袍也,同"缙"合用,喻指富贵之民也。

子曰："直哉史鱼！邦有道，如矢；邦无道，如矢。君子哉蘧伯玉！邦有道，则仕；邦无道，则可卷而怀之。"

释 读

斯章论君子有德之行。君子学修成德，大有进退裕如之妙，邦有道则出，邦无道则藏，不必如任性之士，虽有直名而实不知通变，恐多无以善终。本章夫子所举二人，俱为君子而下场不同，盖以两相对照而诲人修德，必当智勇兼修，而不可偏颇孤取。

【史鱼】卫国大夫。盖"史"乃为其官名，传其勇谏，并以尸谏，性直虽佳，用之不当，亦难善终。后儒浅陋，有好死谏、憨谏者，宁为玉碎而不肯妥协，竟不时激发狂悖之徒敢采兵谏、囚谏，作乱天下而振振有辞，亦出乎德修不足而致是类流弊者也。

【卷】收也。蘧伯玉为前篇自忧"寡过未能"之贤者也。夫子赞蘧伯玉不入无道，谓其卷而怀之，主喻君子德修当全，方可进退两宜，用之则行、舍之则藏，勿庸强争。

子曰："可与言而不与之言，失人；不可与言而与之言，失言。知者不失人，亦不失言。"

释 读

斯章论谨言之义。修行当先修言，就"言"本身而论，则宜归于雅言，或法语或巽与之言，全凭读书学文得来；然知言者未必知者，唯善用言者方称知者也。用言之道，若主指咎己修德，则"诚信"之义为其本；若主指知人辨德，则当转从"贤明"之义而行之。细民笃信不欺即为德厚，君子则不然，必至贤明善辨方可称其德，譬如史鱼之直，小人之德耳，而蘧伯玉之明，近乎君子之德矣。君子谨言主指慎用其言，小人不明其义，东施效颦，多不免"见人说人话、见鬼说鬼话"

之恶习也。本章夫子乃诲君子善言之义。

【失人】君子用言虽谨,仍当本于诚信而谨,否则谨言也必无义,不免多疑猜忌,有伤贤贤一道。

【失言】用言不谨者,或因不明,或因不察,故尔失言。不明而失言者,常违"非礼勿言"之训,一时兴起便作戏言,好随口语之;不察而失言者,乃不知人也,言者或虽无意,然闻者或有心,徒惹是非争议,尤其事关君子之言,或可遽启邦国战端。

子曰:"志士仁人,无求生以害仁,有杀身以成仁。"

释 读

斯章论卫道之义。修德至成,犹大宝加身,随行不去焉;其命已然归德,则生死由天,卫道在我矣;个中义理心理之转化殊难言表,惟学修自知,兹略述节要供参:(1)以命为贵之身,贪生怕死为其性,所谓人之常情也,亦释家所谓尘身;(2)以德为贵之身,其命悬之于德,存世能轻己身,视人我各身亦大同小异,必相通于德而可称同命也,近似释家所谓法身,认生身不过所附一皮囊之化身耳;(3)仁德既已牢立为命,固非人生可择可弃者也,必当守卫不失,而己身反为可择可弃之物,当两难之际,或从义或求生,或成仁或杀身,取舍之道自明矣,所谓义勇即生于斯节焉。

【无求生以害仁】可读如"无以求生而害仁"也,其犹"不义而取,富贵于我如浮云"之义也。求生乃人伦之极事,本不当苛责于人,夫子竟教人宁无求生,何仁之有哉?盖是语主诲君子,细民下人大可略过;君子求生之义,当喻夺位称霸之事,若无至德之修,多为残杀祸乱之源,故当重儆。

【有杀身以成仁】明知不可为而为之,舍身取义,卫道之极也。本句亦同上句,主诫君子而非细民,否则即犯前章所谓"失言"之过也;后儒不明,主教细民卫道礼教,甚至不惜鼓动乡里相残相杀,实可恶之极。

子贡问为仁。子曰:"工欲善其事,必先利其器。居是邦也,事其大夫之贤者,友其士之仁者。"

释 读

斯章论仁者贤明之义。空有仁德而不能施行,则亦难称为仁者也;为仁之道,又不必攻乎异端,有志之士主于平常实行,譬如善工者之用器耳;仁者善行,行有所立,立有所凭,有所成就固足矣,杀身成仁究属罕遇。盖本章夫子主以平常实行而诲志士修仁之道。

【居是邦也】犹言"不论身处何邦"也。志士仁人心怀天下,非一方一邦可限,盖自承王官之后者也;孔子以子贡乃通人,或欲再进其贤明而教之。

【事其大夫之贤者】善择君而从之义,大夫或可喻当世之君也。周礼大夫之职主事天子,位近封君之尊,相沿成俗而及孔子之世,诸侯大夫或已可通指;由王官视角,君有德主指天子之修,臣有德祇可称贤,故本句之"贤"义亦通"德"义也。

【友其士之仁者】善择友而同事之义也。以利相交曰党,以义相结曰群;故夫子所谓友仁者,乃喻子贡恒当群而不党也。平交务求相合于仁,若非从政为官,或亦大可不必;然后儒重其说而广其义,举凡以利益相结,或以性趣相投者,俱加以卑视挑剔,纠缠诸夏之民甚过矣。

颜渊问为邦。子曰:"行夏之时,乘殷之辂,服周之冕。乐则《韶》舞。放郑声,远佞人。郑声淫,佞人殆。"

释 读

斯章论善政之治。仁义及政,始有善政,虽难征之于当世,新儒亦自信无疑，以其出自史传三代之说。凡圣教所立证法大体相通，或悬远古，或指来世，恒信者可免受扰于现前，不愁无杀身成仁之卫道士矣。孔教以史证经之道，并非诸夏独创，犹太先民不遑多让，敢以史纪为凭而证雅威神之实有；就诸夏而言，古之巫、祝、卜、史之道，由往及今曰顺，自今推来曰逆，顺说较易，逆料则难；孔子圣贤，本乎仁心仁意，传教之道就易而舍难，方士奇巧乐于运筹未来，则不免多欺人焉。盖本章夫子乃承古而论理想政治。

【夏时】夏制时历；有文史研究指上古《夏小正》一书，或即孔子所谓"夏时"之由来。夏之时历，总由天干地支人和三部分组成，大率天干定年，地支定月，人和生节气。夏以十二地支之"寅"为始月，即所谓夏历建寅；及后两代沿用其法，正始之月则异，商历建丑，周历建子。有言子代天，丑代地，寅代人，又可称夏为人正，商为地正，周为天正。凡顺天应时，当以人和为贵，故孔子以为使民以时，取"夏时"而喻之也。

【辂】木车。车具上古有之，传黄帝即驾车西来，号称轩辕。商时制车之术益善，称辂，仍以木造。盖周时车乘多饰不简，孔子或嫌其费用过奢，上采"殷辂"而喻俭义。

【冕】冠帽之统称也；周冕，代指周之礼服也。考诸各代礼服，孔子或以为周礼所服加重日常，庄严其宗法、继立、男女之序，一望便知其尊卑，完备而至当矣。

【《韶》】舜之乐也，当其乐时，有凤来仪，而喻尽善尽美者也。前言之"时、辂、冕"诸事皆归礼义而定，一旦入于成制则难以更动，天子诸侯不得任意为之，合乐之礼亦然，不可僭越行乐；君子所可自择者，似或唯余乐音之事也，岂料孔子也不放过，又从古例而辨乐理，以为乐音舞韵亦分正邪，决不当掉以轻心。

【放郑声】放，逐也，驱之也；郑声，淫乐也，犹今所谓靡靡之音。郑声为淫之说，当主喻君子私欲，以免君子思出其位，犹俚语摆不上台面之想也；盖夫子以为若修德不严，君子**恐**易为佞人所乘，上迎下合，朝堂必多郑声一类之羞也。故君子当明"放郑声"虽小节，实求"佞人殆"之大义也。

子曰:"人无远虑,必有近忧。"

> 释　读

　　斯章论善谋之义。本篇以下各章多为箴言体。所谓箴言,原有所指,流传既久,所指之事已灭,而个中义理恒存,彻上彻下,通古及今,盖可为教条定律焉。凡世人或循天理,或修人德;或信古,或知新;或为政,或从业;或君子,或小人;或谋大事,或居日常;或朝堂,或家室;或壮老,或妇孺;或乡邻,或外邦,一体人等云云,闻必有思,触之即感。箴言义理,凭各人之深浅,又可作不拘一格之解析,言者发之于一时一事,闻者怀之于心心念念,亦箴言运用之妙也。本章夫子乃诲君子必当善谋之义。

　　【人无远虑,必有近忧】本句主训君子,儆其善谋长远大局之义也。善谋之术以兵家最为擅长,以迂为直,以弱胜强,奇出诡变,有训所谓"不谋全局者不能谋一域、不谋万世者不能谋一时"之义。孔儒修德,主求贤明,不好计谋,故简说耳。

子曰:"已矣乎!吾未见好德如好色者也。"

> 释　读

　　斯章论修德至难之义。本章当为纪纂重出,或欲假托夫子之言忧世,兹存不省读之。以箴言体作解,盖为重儆世人提防伪君子,满口仁义道德,实行男盗女娼,实亦大有人在。

　　【已矣乎】断然而止之语也,犹今所谓"算了吧!"或"别讲了!"学者修德,夫子深知其难,故常叹好德者几希,而好色者遍是,惟其并未失望,诲人不倦。本章发此断然喝止之语,当时夫子必有所指,惜其事已无可考矣。又,后句所谓"色"之义,及后由释家深味周延而转用为"幻相"之说,劝喻之功似较孔儒高明。

再读论语

子曰："臧文仲其窃位者与？知柳下惠之贤，而不与立也。"

释读

斯章论仁者爱贤之义。君子有德无德，可凭爱贤立贤与否立辨；譬如卫灵公虽德薄家乱，然能用贤为政而治，其德之大节未尽失焉；卫大夫公叔文子举其臣下，并立于己，故配谥为"文"也。鲁国大夫臧文仲亦有贤德之名，而不肯举贤立贤，盖本章夫子疑其大节有亏。

【窃位】不当而取谓之窃；深究窃位之失，乃以位为私，贪占也。窃位者私揽其位，虽未窃人之位，然知贤不举，陷贤能于不遇，孔子以为亦近乎窃位也。

【柳下惠】鲁国大夫展获，"柳下"为其食邑，"惠"为其谥号。后儒传其坐怀不乱之佳话，乃小说家言也。

子曰："躬自厚而薄责于人，则远怨矣。"

释读

斯章论德行和人之义。人我之世，性情各异，利益分殊，和而不同甚为不易，而本章夫子所诲之道，诚天下不移之至理也。克己复礼，奉义而行，谓之德行；德行及人，虽有纷争，亦终可望不失和平矣。

【躬自厚而薄责于人】箴言也，喻君子反躬自省而勿轻易怪罪于人也。公道义理之事，求诸在己为本，怨天尤人为末，不可本末倒置，否则世间定无宁日。又，人我相争，诉诸义理仍有所不足，譬如得理不饶人，或强辞夺理，皆无异于火上浇油，必凭德行发扬固有之容忍谦让，方能化解息争，犹今所谓妥协精神者也。

【远怨】德行所化之功多，或可为美名，或可为善利，或可为息争，大不同者也，何独取"远怨"而论哉？是以夫子当主训君子者也。盖常人德行，罕以"无怨"为归，老死不相往来而已，有怨亦无所惧也；为政则不然，民怨众怒关乎根本，君子避无可避，故所谓善政即少怨无怨之政也，远怨之能亦君子之德焉。

子曰："不曰'如之何如之何'者，吾末如之何也已矣。"

释 读

斯章论知者善为之义。知犹德也，必运之于用方可得见其功。德之用远怨也，远怨之征乃躬自厚而薄责于人；知之用善谋也，善谋其事者亦有其征，即临事而惧，不住自问"如之何如之何"者也。本章夫子乃诲君子善用"慎"义而为。

【如之何】犹言如何是好也，同今所谓"怎么办呢？"知者慎为，临事而惧，并非怕事，而求善成其事也；自问"如之何如之何"者，三思而行者也，问人"如之何如之何"者，集思广义者也。君子多自骄凌人，耻于下问，难免追悔莫及，事后两手一摊，大呼"如之何如之何"已晚矣，盖本章夫子乃儆是类。

子曰："群居终日，言不及义，好行小慧，难矣哉！"

释 读

斯章论大智与小慧之别。学者求知，若不明义理，好搬弄文字，以巧言善辩为胜，则难得真知而成大智。盖本章夫子以为上知深学，当以一语中的为佳，未必雄辩滔滔，尤恶高谈阔论、自以为是者。

【群居终日】犹今俗语"一天到晚好往人群里钻"也。是类学者不耐寂寞，圣教诸门多不乐之。

【好行小慧】犹今所谓小聪明也；夫"慧"古或通"惠"字。盖本章夫子所言小慧者，或主指巧言佞语，或机巧诡辩，类近巽与之言，而远法语之言，其言无义也。

【难】不达也。常人若好行小慧之语,即所谓逢场作戏,应景附和,并无伤大雅,当不劳圣贤思虑成忧也;而夫子之所以患其"难",本章之义当主儆君子大夫勿好巧辩之术,以免言过其行而失信。

子曰:"君子义以为质,礼以行之,孙以出之,信以成之。君子哉!"

释读

斯章论君德完备之义。君子成德,示于人而可验者,唯其德行耳;德行完备,则可称真君子矣;若能持之有恒,则又可称完人。盖本章夫子教人明察君子之道。

【义以为质】质者,指天命所定,即本也;本句当喻以义为本,而别重利轻义之小人。奉义而立,乃与天道人心同归者也,其志谓之众望,其道谓之公道,名正而言顺,万事可期成。

【礼以行之】犹言"行之以礼"也,而别行之以力之小人。重礼轻刑,以理服人,贤明之君也。

【孙以出之】孙,逊也,顺也;出,发号施令也;本句犹言"出之以孙"也。使民以时,举直错诸枉,博施而济众,皆大得人心之"孙"道也。

【信以成之】犹言成之以信也。为政取信于民,自古皆非易事,始于高悬大义之名,终于不了了之之实,屡见不鲜者也;若能恒守"无信不立"之义,如齐桓公之让地燕庄,郑子产之不毁乡校,信守大义者也,则堪称仁德君子矣。

子曰:"君子病无能焉,不病人之不己知也。"

卫灵公第十五

> 释 读

斯章论君子为学务本之义。君子本无所畏，无非同芸芸众生，略有所患罢，譬如六亲不和、用度不足之类；孔子兴教，君子始有畏，而革其琐细不经之患，即患也必患其当患，勿庸杞人忧天之瞎患。本章夫子乃诲君子务本而修之义。

【病无能焉】犹言病无能知己焉；病，患也，患有害也谓之病。匹夫有患，原亦无妨，累及一身而已，若为君子之患，天下邦国或受其害也。本句所谓无能，当指君子无能于有名也，众不见谅也，犹今所谓饱受误解，人不知其苦衷，孤家寡人一个；君子为政，若无以得所谓知己体己谅己者，形同匹夫匹妇无能之病，必忧愁困苦，寝食难安。君子无能之症，何以有解？当主反上章四道而修，可为正道。

【不己知】即谓不知己也。众人不知己体己谅己，以至君子形单影只，坐困愁城，宗族大夫虚于委蛇，敷衍了事，此疾仅属表征耳；若君子善于反省，譬如能曰"如之何如之何"者，则当知病症所由乃违上章德行四修之道，有其果必有其因，恍然可明是非矣。细民狂狷，未必需要知己；然为政务民务须合众，一体同心，方可有成，君子明德岂为迂乎？

子曰："君子疾没世而名不称焉。"

> 释 读

斯章论君子善终之义。人生一世，细民固可来去无痕，然天命君子则非可也，善始而又能善终，兹事体大，不当视若等闲。以名而称善终者，孔教尤其乐此不疲，广设细分谥法名号，后世遂有名教之称。深究孔子本旨，乃为驯服君子，不准出偕世同亡之想，妄为一生，拂袖而去，犹近世泰西狂人所谓"我死之后哪管洪水滔天！"由常情亦可推知，君子若非善终，家国必陷大乱，身后之祸天下恐无以承受。盖本章深明君子四修何以为要，否则难有善终焉。

【疾】患也;与"病"一也,不安程度似尤重。疾者近恨也,悔也,自咎而恐惧,君子怀此有如畏其天命,固具甚深之力。

【名不称】无谥也,或无美谥也。世袭者身后之名,凭谥法名之,孔儒专其事而严其义,本于德行盖棺定品,譬如四修之道,义以为质者或可谥"昭",礼以行之者或可谥"庄",孙以出之者或可谥"明",信以成之者或可谥"宪"。谥号之名同其位其财一也,可传可享,故虽或本身不屑,而宗族后人亦必不甘。后儒好名,相沿益隆,若非世袭君子,则属迂夫子之笑料耳。

子曰:"君子求诸己,小人求诸人。"

释 读

斯章论君子咎责之道。求诸在己之道,若及于修德,则谓之内省自讼,以补不足而求进益;若及于君子德行,则谓之反躬自省,当不迁怒而诿责于人,以免贰过再犯。咎责改过乃为政之常事,而善为之者罕有,或怨天或尤人,好迁怒于人,惟不肯反省于己。盖本章夫子续教君子当修德行之义。

【君子求诸己】义近"躬自厚而薄责于人"之指也。君位虽有其庄严,而有德者未必道貌岸然,一副永无过失之相,或亦可温、良、恭、俭、让,不时下达罪己之诏。

【小人求诸人】即怨天尤人也。小人当道,其政多失,或究外患仇敌,或怪祖宗民德,或咎大臣无能,防民之口甚于防川,惟恐他人责己,是类家国君子,古今屡见不鲜也。

子曰:"君子矜而不争,群而不党。"

> **释　读**

斯章论君子善争之义。君子有为必遇有争，相争之际亦生其道，即所谓君子之争也，譬如射礼之德，主于和平相争，本于公平而争，由是再争，则尽可任凭善争者胜。盖本章夫子主诲君子和而不同之争也。

【矜而不争】矜，卓尔自立于众之貌也。善争之道，孔子几似老氏，合其所谓"夫唯不争，是以能争"之义，而诲君子超然于相争之外，力避成为相争之一方；故所谓不争，实争至高裁判之位，方可谓之善争，譬如北辰居其所，众星虽争竞其辉，大位固亦不失其安宁。后儒不明其义，自诩君子而盲从其说，不敢或无能相争，均以"不争"粉饰，以致犬儒腐者众。

【群而不党】群，和处不同之义也。君子既负天命，其道广行人众，上下远近亲疏则当视为一体，而绝无异己他人之别，即所谓合群者也；天子当合天下之群，诸侯当合一方之群，若非如此，必自堕北辰而散众星。群众相分，有党有私，本为世情之常，至尊君子不涉党争，力避偏爱一方，亦后世君主立宪奉行不违之道。

子曰："君子不以言举人，不以人废言。"

> **释　读**

斯章论贤明之道。德行又可称贤明，君子善运而治之指也，要其大端无外贤贤及教众两事也。盖本章续上章，诲善争者不争而深明其有为之道。

【以言举人】主喻贤贤之道也。贤贤而举，必名实相符而断，既听其言，亦察其行，不当偏废。若以言举人，好行小慧、巧言令色者定然蜂拥而至，若致私党泛滥，君子则无所措其手足尔。

【以人废言】主喻教众之道也。言行合一虽可成德，然毕竟两道，言道主其义,行道分其人,故君子正名教众,不可以人废言。盖无义之人其行固恶,而所言则未必然也,否则历经桀纣之世,恐后人不能张口矣;又落败者遗言亦贵,人之将亡,其言也善;泛论一般,智者千虑必有一失,愚者千虑必有一中。是以博闻广采,君子之言道也。

子贡问曰:"有一言而可以终身行之者乎?"子曰:"其恕乎!己所不欲,勿施于人。"

释 读

斯章论德行之要。学修之概要,包罗身言意,广及人我事,经纬纵横,奥义繁言,欲求速成者好听扼要,多发化繁为简之问。譬如子贡尝问为政之要,设足食、足兵、民信三者,若不得已而定弃舍次第,诚属精简通明之良方,乃善学善问之佳例;亦见子贡学修格局之大,日后通达贤明其来有自焉。本章所问之义彻上彻下,通贯修行两造,盖夫子当主诲君子为政之论。

【其恕乎】犹言务必不失其恕也;人虽有过而无咎谓之恕也。君子咎责人过,剥夺刑罚,关乎移天命、废伦常,若乃不宽无恕,必少容忍而多残暴,几似加害同类,有伤仁德安宁之义。无心之过,恶小之过,教训可免贰过,见谅方能改过;不教而诛,有违君子合群之道也。

【己所不欲,勿施于人】本句乃深说"恕"义;因"施"一字可证主诲君子而非细民。己所不欲,勿施于人,合仁者爱人之义,犹今所谓同理心也;细民同理之心,主成于"知耻"耳,乃"齐之以礼"之功也,"有耻且格"者众,则少偷而无盗;君子同理之心,主成于能"恕",所谓躬自厚而薄责于人,则为有道之邦,贤士敢于危言危行,尽展其才。后儒广教下民本句义,不明"恕""耻"两的分殊,恕君耻民畸重,耻上恕下畸轻,亦多谬。

子曰:"吾之于人也,谁毁谁誉?如有所誉者,其有所试矣。斯民也,三代之所以直道而行也。"

释读

斯章论天道不去人心之义。天道存身谓之德,天道行世谓之道,大道存乎世人谓之人心也,犹今所谓公理;公理人心近道,固亦不随众口而迁易,当征之于实行者也。盖孔子取老氏之道而论君子修德,诲喻有所不为之义,如不争、不党、无怨、能恕,或有疑者诬其教,恐欲陷君子于不利,本章夫子矢言斥之。

【吾之于人也,谁毁谁誉】犹言"谁能毁誉吾道"也;毁,众口之贬抑也;誉,众口之褒扬也。有为亦当有止,乃天道也,譬如井中无仁,豆不称觚,妄言妄行固不能稍变之,虽君子亦不免矣。

【如有所誉者,其有所试矣】行以证之曰试;闻道而试,方可为证,不试而作毁誉,不值一顾也。夫子未举"所毁"而祗言"所誉"者,自信其道故也:若能善试吾道,必定誉之,毫无疑问者也。而示其极大信心者,乃后句也。

【斯民也,三代之所以直道而行也】犹言三代之道生生不息可为吾教之证也;举世而证道,自信之坚、卫道之极,夫子性格亦可见一斑。斯民也,即有所试者,从道而行,夏殷周三代不息,可证吾道乃天下之常道罢,并不希罕。我不出,大道未灭,我既出,教人明道而已,述而不作之教坦荡如是而说,真乃无畏毁誉者也。

子曰:"吾犹及史之阙文也,有马者借人乘之。今亡矣夫!"

释读

斯章论勿以人废言之义。当续上章而论。圣人明道传教,无非代天言说,其犹弥缝者补史文缺漏,有马者愿借人骑乘,原本如此而已;倘以小人之心度君子之腹,则不免妄加揣测,疑其沽名钓誉,怀藏野望,而废言昧义,世人难闻其道矣。圣人固无畏于众口之毁誉，传教门徒则不易承当，亦尝无不敬而远之；兴教传道之难，莫过于开创之初。盖本章夫子深叹误会其教之谬。

【史之阙文】阙，同缺，遗失也；史记为文，载于刻画之器，流传既久，不免多所阙失。好文而遇阙文，如失大宝，必辗转以求，为之缝补。后儒为文极攻述而不作，以补阙为风尚，自得其乐，而大兴正音、注释、训诂、考据之诸艺，诸夏学问或由是歧入小道矣。

【今亡矣夫】犹言岂今世无之哉。传道之事亦属平常，犹为文补阙，借人乘马之事耳，或竟受猜忌非议，可见人心不古；盖夫子身受而感同，嫉言斥之。以人废言之俗，遍布天下，并非罕见，或从种族，如称夷语胡言；或从男女，如谓妇人之言；或从贵贱，如断贫谄富骄；本章夫子疾言，或主指当时身为儒士，教诲君子无为不争之道，为对手所乘而作诛心之论，无奈喟叹。

子曰："巧言乱德，小不忍则乱大谋。"

释　读

斯章论善忍之义。德行之修不可或缺一"忍"字，主训君子，以成全其善谋之义。盖本章夫子或感于言议纷纷，而劝儆君子善忍之义。

【巧言乱德】私党巧言胜辩，君子则当静如处子，动如脱兔，切勿为其左右。言语之所以乱人，或径直激将，或迂回诱惑，能明辨不陷者鲜矣；君子尤当自警，所凭者即为忍也。

【小不忍则乱大谋】君子修忍，当忍常人所不能忍者，因其所谋之大，绝非妇人之仁、匹夫之勇可比。忍小之义，并非无视其恶，乃由"人无远虑，必有近忧"所前定；君子相争事关邦国天下，若不能一击而中，必酝后患而悔之不及。故其所谓忍者，非谅也，亦非恕也。所忍之恶，犹今所谓一笔笔账暂计且存，事成之后再算总笞。可见，孔教之德行本亦不避谋略，后儒极攻谋略而成法家，乃尽失中庸之道而自为之者也。

子曰："众恶之,必察焉;众好之,必察焉。"

释读

斯章论善察众口之义。众口毁誉之事,关乎人心浮动之本,可试君子贤明善察之能;人云亦云谓之昏,闭目塞听谓之聩,为政善察可免矣。盖本章夫子乃取必察之事以训君子,循循善诱而修其智见。

【必察焉】名实相合之判曰察。夫"名"高悬之于人心,而"实"常伏之于众口;人言可畏之义,当指众口之好恶有再生其"实"之力也,尤其私党相结,攻讦捏造无已,若君子昏聩不察,贤愚功过皆可翻云覆雨,面目全非,家国之政亦可料矣。

子曰："人能弘道,非道弘人。"

释读

斯章论有为之义。君子德行或有取老氏之说,而孔教毕竟于有为处而论无为,根本不同者也。孔子以为,人之所以应当有为,惟因天道根本无为自在,须凭明道有为方显益世,故断人生在世当求有为;老子不然,以天道无为自在,而主张明道无为惟称正途,故谓人生一世当顺道无争,不可强求。两道流传纷争,老子教细民,孔子驯君子,亦各有其长,本可互益而俱张,后儒引君子而驱老道则大为失察矣。盖本章夫子或自解其何以教君子无为不争之义。

【人能弘道】盖自张其有为之说也。其推理过程稍略详表:(1)天道行世,道外无人,人外无道,实人道也,名谓之仁;(2)仁德不孤,凡人天生好仁,世间遂有君臣、父子、夫妇、兄弟、朋友之义;(3)不学无知,故有不仁,教化可以去之;(4)学者遂负弘道之命,以广德而别类为君子小人,以成德而分众为上中下,务求复归仁道;(5)故天下归仁之望,主系于君子及上知者之有为,即克己复礼,道行中庸。史传可征,若非有为,何来汤武逐夏,武王伐商?

【非道弘人】盖明别老氏"道自弘人"之说也;或时兴老氏之道,以为夏桀自为而招来商汤,殷纣自取而成全周武,必先有桀纣而后有汤武,其犹天地漫生刍草而繁育走兽,是以并无所谓圣人,不过乱世之一分子耳。孔子不以为然,若乃根本不立有为之志,君子何来自强不息,虽桀纣横行,汤武岂敢为之,又岂能成之哉?明此而合参上句义,盖本章乃夫子自陈其无为之义有二:一曰弘道亦乃有择,并非人人可为,必从以寡治众之道;二曰有为者弘道,不求弘己也,故可有所为有所不为,行有所止。后儒尽去无为而论有为,尤以法家极端,肆行"无止"之为,能够不择手段;又极攻弘道有择之义,封闭为政圈子,精英政治传统遂牢立诸夏。

【弘】阔开也,扩大也;弘德至广,如灯照暗,如香飘远,而灯草勿庸求偿;所弘者虽非己身,然由己为,自亦有功,犹居室开窗,引光入户,诚我非光,而我弘光。后儒潜谮其道,别开所谓道学一门,其弘道之义大略为:(1)尽观大道之行,不显而广有,无言而化育,人生其间亦犹草木禽兽;(2)然又偏生一"知"也,可立至洪荒之广远,照耀玄黄之幽微;(3)是故知者虽处一隅亦生万千意,举足间能踏八方地,即"弘"之本由也;(4)道之所以不能"弘"人,盖所弘者当为道也,借弘道之名而求弘己,私欲成障必失也。好学善修者,若能深味体察上述诸义,破私意之误解,执道义之本真,方可弘道;后儒以弘道为己任,力钳为政而行天下,几有宗教干政之面目耶。

子曰:"过而不改,是谓过矣。"

释读

斯章论大过之义。言行之过与不及,皆谓之失也,即过错也。世人之有过,

卫灵公第十五

或小过或大过，在所难免，不足为奇，亦多不足以为患；然及于君子，其过也非关一人，固严立其改过之义，否则天下同受其害。孔教改过之道，主求反省自讼，知耻而不犯，下加庶民以教，上加君子以谏。君子为政寡过之望，孔教寄之于开明纳谏；后儒极攻谏议，遂有所谓"五谏"之诤。

【过而不改】为政之善，固有改过之义也；有过不改，屡犯贰过，则善政无从论起；为仕事君，见过而无诤谏，则谓之谄也、佞也。

子曰："吾尝终日不食，终夜不寝，以思，无益，不如学也。"

释 读

斯章论思而不学之害。君子善为之道，必当学而思兼运；有为之于无为，有过之于无过，纯陷于思虑，必也无益，而当广闻博采，择善而从。盖本章孔子贬思褒学，亦含斥责老氏之教有误君之过。

【以思，无益】以思，运思也，犹今所谓空想也。盖老道论理，偏于以思为用，逐之以空形，捕之以光影，劳心费神，了无所得；趋之者虽可废寝忘食，乐此不疲，譬如夷俟之原壤，孔子或亦尝行此道，而终幡然醒悟其害焉。所谓思而不学则殆，若非误入歧途者，恐难出此后怕之语。

【不如学也】志于学也；有为者好学，不视天下万物苍生为空象，而愿求之取之也。天道所化仁道，不唯空也，而在于实有者也；实有者必不离人也，乃明道上知者也；故谓学者当从圣贤之道，能近取譬，择善从之，尔后再思之究理，举一反三，虽处实有众多之世相，则亦能辨而无罔矣。

子曰："君子谋道不谋食。耕也，馁在其中矣；学也，禄在其中矣。君子忧道不忧贫。"

再读论语

释读

斯章论为政善择之义。盖时之墨家来辩,虽同属近仁有为之教,而其重身体力行,不乐儒士传文谈义,夫子或以本章辟之。天道所化万物,仁道所成百业,道在其中而损益不同,譬如人类之贵于禽兽:因其有知,故曰为学胜于耕作;因其能明,故曰耕有不足、学有其富。君子为政,若求善择,当以从道为先为要。

【谋道不谋食】非不谋食也,乃谋恒有食也。食乃近忧,道乃远虑;细民好近忧,若乃君子亦然,谁为远虑乎?墨家巨子十论,本其身而断其义,犹子贡之欲去饩羊,只爱其羊不爱其礼,非可久也;稍后南人许行至滕国,倡行自食其力,其弊为孟子所斥,情节一似也。

【耕也,馁在其中矣】犹言耕作乃不得已而为之也;馁,不得志也。耕者自食,不得已而为之也,"馁"之义一也;力田终岁,收获欲求丰足,端赖天时地利之赏,非关其志,"馁"之义二也。本句当非鄙薄耕作之事,乃以"耕"而喻"馁"也,谓凡世间为情势所逼之事惟一事而已,未必道义所在。墨家巨子或不明,以为兼爱尚同必自贱劳身,方称有德,孔子非之以"馁"也,实指其不明而误择。

【学也,禄在其中矣】犹言为学从政,义利自在其中;以"学"而喻"从道"也,以"禄"而喻"义利"也。君子忙碌于道,而不费力于田,仁道之所在,义利之所归,故善学者善择,回报固亦丰厚。盖墨子之流时与相争,视孔儒有伪饰大奸之嫌,寄食百业之耻,故孔子强争君子当"忧道不忧贫"而卫学道。

【忧道不忧贫】犹言无道为贫贱之本,贫贱为无道之末也,君子务本,勿庸忧虑其末。其犹"不患人不已知,患不能也"之修辞术也。

子曰:"知及之,仁不能守之;虽得之,必失之。知及之,仁能守之。不庄以莅之,则民不敬。知及之,仁能守之,庄以莅之。动之不以礼,未善也。"

释 读

其章论善成善守之义。君子家国为政,若求有成,且相续不绝,必返德行四修之义,简述即智、德、礼、信四科也。其流程大略为:(1)为学成知,遂能辨;(2)知义存身成德,遂能择;(3)德行乎外,则成礼也,礼治主政,则民广知而从,民德归厚,即所谓民敬也;(4)政命乃择之大也,有令必行,有禁则止,即信也,礼治之要道也。盖本章孔子完教有为君子善成善守之义,以深辟老、墨之流异说。

【知及之,仁不能守之,虽得之,必失之】盖有知而未成德者,义尚未为其质,故一时有得亦难久矣。

【知及之,仁能守之,不庄以莅之,则民不敬】指君子虽德行略备,若不从礼治之道,立上下尊卑之序,明贤与不肖之别,则属礼未成之者也,虽欲号令,必也无奈于民人不服。莅,同临也。

【动之不以礼】又若知、德、礼三科略备,必加"信"为立礼之本,其行方可称善矣。所谓动之以礼,即"孙以行之、信以成之"者也,否则,或有虎头蛇尾之患。

子曰:"君子不可小知,而可大受也;小人不可大受,而可小知也。"

释 读

斯章论善任贤德之义。所谓君子小人之别,必本于成德而论,而非才能器用。君子任贤,当以德为先而赋重任,而以能为次。盖本章夫子乃深说礼治取贤之义。

【小知】知,遇也,取也,任也;小知,当谓任其轻也、次也、下也。君子德厚者,或无才能周旋应事,如充用于耕作力田,则馁在其中,并非其长也;而小人好近忧,多习自食之技,固有其用,然不可以重用,恐多"忧贫不忧道"而取巧谋私。

【大受】受,任也,命也,使也。大受之位,事君侧,掌刑名,判生死,譬如诸夏之大夫,南楚之县尹。君子忧道不忧贫,虽无稼穑之能、弋射之才,可当大任者也;后儒凭此而立为政任贤之道,位愈高责其德则愈苛,亦通世间古今察人用人之政道,今世泰西诸邦或可因一饭之失而去相位者,亦不远孔教欤。

子曰:"民之于仁也,甚于水火。水火,吾见蹈而死者矣,未见蹈仁而死者也。"

释读

斯章论救民于水火之义。天下当行仁政之迫,不啻于水火之急,之所以应者廖廖,究其大略,盖系或因无知,或因失德,或因礼驰,或因不信。故本章夫子疾呼有为君子、志士仁人出而行世,勿再见义不为,长陷仁于井中。

【甚于水火】犹言盼仁之切望,甚于水火之救也,乃所谓救民于水火之辞源也。水火喻难之急事,骤至而夺命,不同于贫疾所喻之缓情,经常而能受;夫子以水火而喻仁政之急,可见其忧道至极,谋道竭诚矣。

【蹈而死者】蹈,踏也,踩也。救水火之急,犹贫贱弋鸟、无奈耕种一类,虽为急事,亦属轻易;而救仁道之急,当非可与之比,而知义修德泛泛之辈亦难为之,故曰救水火之烈士常有,而救仁政之义士罕见。赴汤蹈火、舍生取义、杀身成仁皆形君子之辞,亦可映"君子不可小知而可大受"之义:若非至德者,岂可相托六尺之孤,或寄百里之命乎?

子曰:"当仁不让于师。"

释读

斯章论义勇无畏之义。常人之勇,无非敢于暴虎冯河,若乃不直,又多欺善凌弱之恶;君子之勇,出于仁道,刀山火海亦在所不辞焉。盖本章续上章义而诲救仁当勇之义。

【当仁不让于师】当,立也,为也;师,兵也,军威也。犹言仁德及政,不避用武可也。仁德之君,礼之所去,则为刑之所加;仁政德政,义之所去,亦师所可加者也;君子修德,胜残去杀,不当轻启战端,然亦有义勇之时,忍无可忍,兴起王师,替天行道,吊民伐罪,此所谓"当仁不让"之义,亦"人能弘道"所指有为之极者也。

子曰:"君子贞而不谅。"

释 读

斯章论善择时机之义。君子必有为于义,而又当善作善成;天时地利人和未至,固当三臭而作,以免小不忍则乱大谋;及至时运利我,则可原形毕露,大张其鼓而擂攻,犹汤之取夏,武王伐商,一击而中。盖本章夫子乃先诲死志救仁之义,再教君子取胜之道。

【贞而不谅】贞,利也,吉也;谅,容也,忍也。犹言时运在我,必出击争胜也。夫"贞"字,有文史研究以为源自古卜之文,即繇辞,从卜从贝,指预言吉祥之兆也;后入《易》所演之"贞"卦,相对"悔"卦而喻周全俱备,无往不利矣;本章当谓君子行事,善抓良机而取胜,乃合义勇无畏之正义。虽训君子当怀义勇赴死之志,而又授其不死致胜之道,犹不许君子忧贫,又诲其"禄在其中"之义,孔夫子教法,直如颜回"瞻之在前,忽焉在后"之妙形也;后儒呆学无明,一味求死而不恤于败,或一力求胜而多耻于谋,皆失焉。

子曰:"事君,敬其事而后其食。"

 再 读 论 语

释 读

斯章论禄在其中之义。士人从政事君,旧时谋食为利,今时敬事为义。为利者即谋而忧贫者也,为义者即忧而谋道者也;明此两分,取贤以德之政自兴矣。盖本章夫子主诲士人,亦通君子察贤之法。

【敬其事而后其食】同"先劳而后获"之义也。事君者乃所谓大受者也,视其义利两造之先后,而可察其德焉。诸夏士人之所以列百业首位,孔教或以为固有两胜:一曰仕之职必以义为贵重,而他业姑且可许重利;二曰士人必为学方可为仕,若无志于从政者,虽小学技俩亦足矣。后儒失德,口言敬事,实为尽食,今人固不当诬疑孔夫子原无敬事之美意也。

子曰:"有教无类。"

释 读

斯章论善教化民之义。君子恪行仁政,重教广学,自古有之,夏兴乡校,商设庠序,周立辟雍。先周行从教化,主限君家子弟,幼童而为小学,及长而为大学;孔子兴仁,大开其门,自束修以上无不有教,稍可益及下士子弟;然限于森严等级,艺文经传究属高不可攀,无知广众所能与闻者,盖方士谶语或神话故事耳。及后远域他教来传,凭信仰而轻伦礼,有教无类方大行天下,孔教反呈孤势,其义可赞,其情可悯矣。

【有教无类】或可从两义分解:一指所教之义也,谓必本于仁义方可称教,似隐有独尊自家之意,由此解本句可读如"有(仁)教,无(别)类"也,后儒汲汲于斯而大有作为;一指所教之人也,主以仁教而通教普天下,归于弘道之义,犹言"无分其类而教之"也,为此孔儒编纂小学大学之类艺文,有所谓"五经""九经""十三经"诸典之说。

卫灵公第十五

子曰:"道不同,不相为谋。"

> **释　读**

斯章论善察为谋之义。善谋者必先善友,察人知人为上,尔后再相与为谋。善谋之士,初须自儆万勿失言,再戒失人,平日里善忍能恕,终可成"贞而不谅"之胜局;其道之深,若非仁德至成,似无异于诡谋阴沉之人;倘体谅君子相争之险,事关生死废立,庶几可添致敬意欤。盖本章宜承"贞而不谅"而来,非接"有教无类"之义,否则难免说一套做一套之嫌。

【道不同,不相为谋】君子群而不党,主以道义相交而谋有为,固当谋之以同道者也。有教无类,虽主广传仁义,必有知不及者,仁不能守者;世本忧贫惜命之小慧者众,而相谋以蹈仁犯险之事,几同欲其陷于水火之难,殆无可指望焉。

子曰:"辞达而已矣。"

> **释　读**

斯章论周旋善言之义。若作通义泛解,本句盖不知所云,而参本篇诸章主教君子善为之义,或可味其委婉呵护之笃情。君子有为善争,必多自相激荡于智与德、谋与诚,独处反省之际难免咎己,或于心不忍,或苦人不知,恐有为难动摇而前功尽弃之患;故劝君子勿虑守言之信,谋大事者当不拘小节,言一时之言,语一人之语,以不失人失言为尚,周旋应对,辞达而已,未至"贞而不谅"之日,恒示"矜而不争、群而不党"之姿。德不孤,必有邻,世道何其险难,道德君子心意相通,方明夫子何以怀"知我者其天乎"之孤奋哉。

【辞达而已】犹言"当言则言,言勿有失罢"也;君子周旋忍耐之时,其言非关信义,惟求应接无误则足矣。君子谋道蹈仁,实乃至信至义之大行,若乃不计小节之小亏,而援其善作善成之大功,世人岂不乐见,而吾又何不为之哉?宽慰有忍君子之自咎，以全其救仁于水火之壮志，夫子里仁邻德之情怀至深矣。后儒腐败其义，而多"见人说人话，见鬼说鬼话"之奸佞，亦咎由自取者也。

师冕见，及阶，子曰："阶也。"及席，子曰："席也。"皆坐，子告之曰："某在斯，某在斯。"

释 读

斯章论尽诚之礼。周礼之事君、敬尊、孝亲乃一事也，大略亦为一礼，务求贵其身，从其言，乐其意，竭诚为之。盖本章夫子乃以身教而传后人。

【师冕】乃鲁国司乐之大师，盖为盲人，即瞽者也，其位似尊于孔子。尊者来访，主人迎宾，无微不至，即礼也。

师冕出。子张问曰："与师言之道与？"子曰："然。固相师之道也。"

释 读

斯章论辞达之义。依礼而行，当行则行，当止则止，过与不及皆有失；依礼而言之道亦然，譬如师冕辞归，弟子子张径问二人切磋之道，而夫子不告，错以"道"之他义回避。盖本章子张或其言违礼，夫子以"辞达"机敏应对。

【与师言之道与】犹言师与师冕相谈何事耶？以弟子身份而问师尊主宾相谈之事，有违非礼勿听之义也。所谓"言之道"，子张当指"言及道"也，即问所言为何之义；夫子不欲告之，有意误会，而顺解为"告知归路否"以避。

【相师】盲人瞽者礼尊，古制配"相师"专助以行道也；古乐师皆失明，如师旷、师冕，称瞑臣或盲臣，不知何故，事甚奇哉。以"相师之道"而错解"言之道"之指，婉转以责，若子张能举一反三，闻一知多，则当下即明己过矣。君子教人，点到为止,辞达而已!

再按

孔教勾划历史,大抵本于道统论之演绎,作成《春秋》经义;后世惑于通今,为合经义,今文经学出而书纬,主运五行之德,广引博采而生正统论,求证君王继统之合法性;间中又以"闰统"论自圆其说,缝补正统论之难堪。诸夏史纪遂多裁断而乏史实,重臧否而削事情,史观所见无非君子为政之统,邦国继立之正,百业生民之事不屑多顾,学者今人或有捧读官司档案、君王年谱之感。反观当代历史学之成就,映证《春秋》所献之史近乎哲思之史,与各方古史、神话、寓言一类也,内蕴极高文学价值尔。兹列表对照人类历史源起与诸夏古史之概要:

表15-1 人类历史源起与诸夏古史之对照

年代	诸夏	其他文明摘要
约公元前5000年	洪荒时代	印度哈拉巴文明
		古埃及文明
		两河苏美尔文明
约公元前2000年	三皇五帝时代	印—伊雅利安人文明
		埃及、克里特人制用铁器
约公元前1800年	禹启立夏	古巴比伦大王汉谟拉比刻制法典
		地中海铁器时代
约公元前1500年	商汤代夏;广用青铜	印度发明十进制,发现零数原理
		埃及黄金法老
约公元前1000年	周代殷,制周礼	腓尼基兴起世界贸易
约公元前800年	西周转东周;始用铁器	《奥义书》问世
		《荷马史诗》问世
约公元前700年	齐晋相继会盟攘楚	亚述帝国兴起,建最早国家图书馆
约公元前600年	楚晋争霸	琐罗亚斯德传《阿维斯塔》经
公元前551—479年	孔子的一生	古希腊文明鼎盛时期

盖历史比较法虽美人类一体之观念,端赖科技发展方为可行,前人无奈受困于经籍文字,难免因袭固陋而不自知,学者今人容当敬谅。由比较法视野所得古史不移之价值,殆可通及于孔教诸夏者,略述如下:第一,凡文明之说,不得脱离文字而论,世无不立文字之文明,故尔古史亦可称文明之源。诸夏文明未灭,孔教之功固善莫大焉。第二,及文明展开,不当从古史而判孰优孰劣,古史作者就其眼界所作深思,主明善恶之义者为多,以求生活方式趋于合理。然文明迁流非受制于善恶之见,而根本系之于优劣之别,方能呈现人类全体日日进步之貌;譬如以夷狄之左衽而为恶,实无损骑士之优也。第三,评断古史观成立与否,分有"渐""顿"两道验之:夫"渐"一道乃历史常态,异质文明相遇不合,假以时日而分高下,或数代,或数百年;夫"顿"一道则多拜科技所赐,乃现代兴起之主流。孔教备受渐顿之磨砺,中庸之道光焰不熄,盖可作定论矣。

季氏第十六

季氏将伐颛臾。冉有、季路见于孔子曰:"季氏将有事于颛臾。"孔子曰:"求!无乃尔是过与?夫颛臾,昔者先王以为东蒙主,且在邦域之中矣,是社稷之臣也。何以伐为?"冉有曰:"夫子欲之,吾二臣者皆不欲也。"孔子曰:"求!周任有言曰:'陈力就列,不能者止。'危而不持,颠而不扶,则将焉用彼相矣?且尔言过矣。虎兕出于柙,龟玉毁于椟中,是谁之过与?"冉有曰:"今夫颛臾,固而近于费。今不取,后世必为子孙忧。"孔子曰:"求!君子疾夫舍曰欲之,而必为之辞。丘也闻有国有家者,不患寡而患不均,不患贫而患不安。盖均无贫,和无寡,安无倾。夫如是,故远人不服,则修文德以来之。既来之,则安之。今由与求也,相夫子,远人不服而不能来也;邦分崩离析而不能守也。而谋动干戈于邦内。吾恐季孙之忧,不在颛臾,而在萧墙之内也。"

释 读

斯章详举仁政诸大谋略之义。本章师徒问对,关乎一桩史事:其时鲁国三家公族大夫以季氏为盛,僭越主政;附庸之邦颛臾不附季氏,故季氏欲伐颛臾,以绝后患;冉有或参预谋划其事,而孔子不许。孔子与论之事文献不足征矣,读者盖可取其箴言而深玩其要:一谓不患寡而患不均,不患贫而患不安;二谓既来之,则安之;三谓忧起萧墙。三言皆劝道德君子当尽人事己力,而勿欺天强求。

【东蒙】盖为山名,由颛臾受封主祭,故孔子称其为社稷之臣。

【陈力就列,不能者止】陈,布也;列,位也;止,去也,罢也,喻指谏也。盖本句乃谓大夫士人当尽职于位,若政行无道,则当谏止。有解本句乃引周任之言,传其为先周史官。

【虎兕出于柙,龟玉毁于椟中】兕,牛也。以虎兕而喻兵戈,犹猛兽出栏;以龟玉而喻礼乐,犹废弃之宝器;两事皆属看守失职。冉有不能谏止,受责"道危而不持,义颠而不扶",满腹似有不得已之委屈,孔子续以"言有过矣"而详辟之。

【不患寡而患不均】盖众寡之义当指天生,而悬殊不均则主指人为。寡之于众者也,少也,薄也,犹言地狭人稀之事,天生注定而不由人意,故从天理公道者当明守本份,必不怨天而强求,否则君子皆逞恶寡好众之志,天下岂有一日之宁乎?又,所谓均,乃之于殊者也,等分也,一视也,犹言依礼所行封赏之事,礼义面前人人平等,不当厚此而薄彼,否则君子必失信于人,自乱其礼。家国为政之道,礼即理也,违礼则无理,万事无从论起,故执礼不均当为君子大患。后儒迁延而新"均"义,重劝君子均贫富而轻生产,迂腐凿枘当非夫子之过。后句"不患贫而患不安"可作类似之解,亦"谋道不谋贫""忧道不忧贫"一以贯之之另说也。

【均无贫,和无寡,安无倾】即行守仁政之道妙也。以礼而均,以义而和,以教而安,合成可通今所谓公平公正;万物之不齐由天不由人,公平公正则由人不由天,无道之邦虽富强亦终不久,有道之邦虽寡贫亦可有望。后儒逆天而求者,强以贫寡之忧为首义,亦乌托邦之乡愿耳。

【既来之,则安之】当上接"远人不服,修文德以来之"之"远来者"而言,谓君子服远之道乃主行教化,切勿托辞欺世,不教而诛。若从箴言而解,乃望君子成德,知仁勇兼备,无惧无忧无虑,自可收"既来之,则安之"之效,近乎以不变而应万变之义也;又,奉行本句义者,犹今所谓务实立场,不猜不忌,先礼后兵,先君子后小人,庄严从容若斯,所凭为何?曰:仁德也!德乃天下至大之一"实"也。

【干戈】干,木盾也;戈,戟也;二者皆古之兵器,以喻兴兵之事。仁政主治文德,并非不治军事,军阵之事所备,主御外邦之敌;若邦国内政好动干戈,必危乱不安之政也。

【忧在萧墙之内】萧墙,内室之帘帷也,屏风也;以此而喻近亲或妇人也。家国之政必分内外，内分亲疏，外分远近，常情多内畸重而外畸轻，故君子齐家系为政之要害也；夫子以为季氏之忧，或出于不能齐家，料受宫内挑唆。以箴言而论，本句盖"祸起萧墙"之源典，后儒立所谓"八目"之说，首儆君子齐家，若君子为政惑于萧墙，余事恐不足以观也。

孔子曰："天下有道，则礼乐征伐自天子出；天下无道，则礼乐征伐自诸侯出。自诸侯出，盖十世希不失矣；自大夫出，五世希不失矣；陪臣执国命，三世希不失矣。天下有道，则政不在大夫。天下有道，则庶人不议。"

释 读

斯章论礼治在君之义。本篇皆直名"孔子"，故有解或出自齐《论语》（又称"齐论"）；论语原有三本，《古论》《鲁论》与《齐论》，今传本多据《古论》与《鲁论》，《齐论》原早失传于秦汉之际，今南昌海昏侯墓出土再现矣。本章气象宏大，御宇纵横，迹近演《易》者俯仰推算之辞。礼治之道，定于一尊当为尽善尽美，任从其分，道必有损，其祚不可久远；若又行细分，愈损愈厉，则其亡也指日可待。孔教不违自然封建法则，主以周礼分封众建，故卑楚之设县近乎夷狄，亦忧晋国分封大夫之政，而当时周礼几似大势已去，失礼之封建逐层堕落凋弊，如鲁国为季氏所僭，季氏又为阳虎所僭，如是情状列国多有，盖不足为奇矣；本章孔子欲举纲而张目，指礼治在君之义，并非不封宗族，而当有所不分，大权即礼乐征伐两事，必归之于至尊。

【礼乐征伐】礼乐之序，犹今所谓宪章也；征伐之事，犹今所谓宣战也。周室之礼乐，盖由太宰总之，三公督之，百官行之，主维太平秩序；征伐之事，专由天子宣布，不可授之于人；观其旨义美妙，若果施治天下，岂逊于今联合国安理会之旨乎？

【十世希不失】诸侯自强，毕竟只天下之一域罢，竟自主礼乐征伐，固损天道矣,虽有运于十世,终必不免于亡也。再次,大夫僭诸侯,益损天道矣,至多五世之运,终不久矣。以孔子所言审察当时列强局面,虽不中亦不远也。

【陪臣】最不济者乃陪臣之政,时运巧合而兴,至多三世即亡。所谓陪臣,当已远继统之位,古时主指亲之疏者,或五世而杀之亲,孔子时或已泛指士人之为大臣者,如齐桓之管仲,晋文之赵衰;陪臣固不乏忠贤之士,受命相国辅政,能立不朽之功,若僭越谋逆,其弊亦巨。盖孔子时士人有志者已夥,略少敬畏,奉天下为能者得之众,而服有德者居之寡,蠢蠢欲动之势显矣,异姓为国,裂土分疆,实已见怪不怪,譬如陈成子弑齐君简公,几无人理会。不顾位卑而敢夺权端倪已现,孔子深忧当时似迂,然一旦成为风尚,则势不可当,天下遂转入征伐自立为王之战国时代,读者岂不拍案叹服圣贤之能远虑乎?

【天下有道】若乃无违礼治天下之道,礼乐征伐定于一尊,文质彬彬者也,尽善尽美者也;如是之善政必示有两征,一曰大夫听政,一曰庶人不议。所谓政不在大夫,当指大夫思不出其位,事君以忠,居功无夸,言必称君,绝不自作主张;所谓庶人不议,礼治昭彰,以理服人,庶民固无所可议者也。位上而能听命,位下而能服命,虽为天下一域之细邦,其政亦堪称有道。

孔子曰:"禄之去公室,五世矣;政逮于大夫,四世矣;故夫三桓之子孙,微矣。"

释 读

斯章论分封众建之要。天命所成礼义,系之于父子兄弟血脉相依,定之于天子诸侯尊敬和乐,明之于宗法嫡庶亲疏远近,故不违其道者相续百代而可不绝。然道行流传有损者也:一损于封远而不封亲,谋强权而致孤独,譬如晋国之设六卿,当不久于五世;再损于尚贤而不重位,图安乐而放大权,譬如姜齐之任田氏,当不久于四世;终损于僭位而不知耻,享苟且而废荣辱,譬如鲁国之置三桓,近乎自立其位者,下场指日可待矣。或疾尽失封建道义之三桓,其世袭之命终盖可及身见之矣;本章孔子深明礼治在君之义,或主微鲁政。

【禄之去公室】公室,天子一系之五等诸侯也;孔子时以"公"统称依宗法而封爵位者,可言及于王,"公"之长者又称"方伯",为众建之干臣也;本句犹言"政不归公室",近"政不出于天子"之义。诸侯自立,夺天子大权而不去天子大礼,故可以"公室"代指天子诸侯;然若诸侯大国为强干弱枝,不以宗法而行封建,有自去"公室"之嫌,故谓之"禄之去公室"也,如晋国公室。

【政逮于大夫】逮,及也,捉也;大夫,宗法之疏者、远者也;本句同"政出于大夫"一指也。大夫掌大权,本已违礼,以违礼而主礼乐,必乱也,无可安也,其祚难久也。

【三桓】鲁国季、孟、叔三家也,而称三桓。三家以宗室兄弟而僭君政,盖其所违者,是所谓"君家无父子兄弟之私,唯有君臣之义"之礼也。家天下易生手足相争,名为兄弟之争,实乃君臣之争,天下古今一般无异,孔教礼治主驯君子,诚非迂也。

孔子曰:"益者三友,损者三友。友直,友谅,友多闻,益矣。友便辟,友善柔,友便佞,损矣。"

释 读

斯章论结友得失之辨。自本章起又多箴言矣。相结于亲主凭宗法之礼,相交与远而当从道为友。故君子交友相结,不可不慎。本章夫子主诲交友之道也。

【益者】交友之道之益者也。交友合道有益则四海皆为兄弟。

【损者】损于道也。交友之道有损则不免祸起萧墙。

【友直】直者不屈,益于"勇"也。譬如当仁不让于师者。

【友谅】谅者不拘小节,益于"和"也。譬如知小不忍则乱大谋者。

【友多闻】多闻必有识,益于"知"也;譬如能近取譬者。能勇,能和,能知,皆友之益道者也,可助君子成德立功。

【友便辟】便辟者,卑顺不直也,损于"义"也。譬如谄语者。

【友善柔】善柔者,老氏之徒也,损"志"也。譬如根本无为而逃者。

【友便佞】便佞者,察言观色而善逢迎者,损"诚"也;譬如陷仁于井中者。无义,丧志,不诚,皆友之损道,君子厮混其间,必无可观瞻之小人耳。

孔子曰:"益者三乐,损者三乐。乐节礼乐,乐道人之善,乐多贤友,益矣。乐骄乐,乐佚游,乐宴乐,损矣。"

释 读

斯章论仁道损益之辨。君子享命,固有其乐,而道不同,乐亦不同。盖本章孔子乃教君子长乐之道也。

【乐节礼乐】礼乐为常,以约性情,可得常乐。譬如君子当远郑卫之音。

【乐道人之善】犹言成人之美,不成人之恶也;即好扬人之善,当与"偲偲"之义近类也。譬如能举家臣与己并立之公叔文子。

【乐多贤友】贤友即同道者也,相交谓之群,群起则弘道,如是本身之乐,亦乃天下之幸也;譬如群而不党。循礼、贤贤、和群之三乐,君子长乐所在,夫"老者安之,朋友信之,少者怀之"可期焉。

【乐骄乐】骄乐者,卑人之乐也;极尽取笑讽刺,耽于凌人之乐;虽乐,而不知近怨也。譬如褒姒戏烽火之乐。

【乐佚游】佚游者,失礼之乐也;虽乐,必藏后患也。譬如八佾舞于季氏之庭。

【乐宴乐】宴乐者,一时之欢也;虽乐,席终则人散;譬如齐景公之乐。乐之所好,如为骄乐、佚游、宴乐之三乐,多为淫乐者也,难免及身而殁之患。

季氏第十六

孔子曰:"侍于君子有三愆:言未及之而言谓之躁,言及之而不言谓之隐,未见颜色而言谓之瞽。"

释 读

斯章论议政失言之义。为政事君,法语巽与并运,方合议政之礼。君子修言,尽善固无止境,除弊则可求也。盖本章孔子乃教谏君之法,非切大义之论;后儒混淆,亦多引以自饰诒佞。

【愆】过也,失也;任意而肆行,人多怨之也。言有愆者,谏必无方。

【躁】议政之际抢人而言,失礼也,有理亦先亏矣;殆欠思虑,未审而言,言不及义,犹所谓听风就是雨,一问又三不知者,故谓之躁。多历练不足者也。

【隐】当言而不言,失职也,或可谅亦必有咎;言不由衷,恐或有难,犹所谓揣着明白装糊涂,亦谓之隐。是类多循臣者也。

【瞽】面君而议,当察言观色,若对牛弹琴,闭目画文,其犹瞽也;失明无察,虽直勇亦未可称许尔。是类任性而急者,多不免好心办坏事。

孔子曰:"君子有三戒:少之时,血气未定,戒之在色;及其壮也,血气方刚,戒之在斗;及其老也,血气既衰,戒之在得。"

释 读

斯章论性情之修。盖齐《论语》为孔门业师之流传,并非曾子、有子所述者,篇章体裁近似教材汇编;齐国大处东夷,相邻鲁国而风尚远隔,四围利商贸通达,国人好灵异修仙,所传孔教亦直截总要,不乐其烦,箴言扼义。本篇诸章凝练之文,当非孔子实语之言,料为后儒齐师自纂。本章乃耳熟能详之教条,主以血气说而论养生之道,顺喻君子修德,颇难合"不语怪力"之训。

【血气】是说当为道家所好,蕴义若干为后世广传:(1)人乃长生天所造万物之一种，主凭血气而生；(2)盖血气之说，一从巫而称魂魄，一通《易》而谓阴阳；(3)血为魄为阴，气为魂为阳，血入地，气升天；祀鬼通神之"灌"仪，据传当以束苇下灌牲血，其气可降神入凡；(4)人生在世，自幼及长，亦凭血气由弱至强之运，养之育之可葆长寿。若从孔子雅言一以贯之，则本章所谓"血气"当以"仁德"代之。

【戒之在色】少年戒色，因性情未定；性情未定，因血气未定。性为阳，情为阴，各由血气化合成人，故主少年戒色保养，可不令血气损泄。此"怪力"之说通乎日常，似较仁德雅训尤胜。

【戒之在斗】中年戒斗，因血气旺盛，自溢为刚，若行之于斗，则不免有伤，或自伤或伤人，一发而不可收拾。以保血气而劝道德，犹以"禄在其中"而劝"忧道忧贫"，齐人虽非雅言，然传道容情，通乎世行日常，察言观色之功亦不逊耶。

【戒之在得】老年戒得，斯所谓得，当指贪也。因血气用久已衰，若有求则愈损，虽有得亦难享，故思之无益，受亦无用，而当乐善好施，持盈保泰，通乎人生晚景日常。齐人从血气而扬道德，犹齐景公闻孔子"君君臣臣"之道，反推至"虽有粟吾不得而食"而解，亦属道传广远，常见外邦出人意料之悟也。

【戒】强去之也，必不为也。神明宗行修主"戒"，人文宗行修主"律"；戒由神出，律为人定，胥强加于人者，惟"戒"不可辩，而"律"尚可一辩尔。

孔子曰："君子有三畏：畏天命，畏大人，畏圣人之言。小人不知天命而不畏也，狎大人，侮圣人之言。"

释读

斯章论君子有畏之义。君子天命，居高位，操大权，采食而肥，决人生死，故行世坦坦荡荡，无可无不可，何畏之有哉？孔子兴仁立教，方令君子生畏，然后得以持戒，又恒守不惰，道行无损则可望也。君子所畏，固非斤斤小事，必为世间之极大者也，诚又当明其所指，就有道而畏焉；若畏无道，天下亦无幸焉。

【畏天命】旧时先王亦畏天命,故立祭天祀神之礼,古今相续不违也。惟畏天命者,尚不足以去桀纣,不足以成汤武,是以孔教不止步于此,倡仁义齐天命,全新君子之有畏。

【畏大人】大人者,至尊也,天子诸侯也;其掌生杀予夺,岂可无畏乎?孔子所立此义,实求"尊敬""忠孝"也,若"畏"之情不进"德"义,恐"戒"亦未必能守,犹所谓披着羊皮的狼,或许沉潜侯机以夺者也。

【畏圣人之言】圣人者,先王也,上知大贤也,统指替天发声之有道者也。圣人之言上达于天,应之于地,从之常兴,违之立亡,固亦当畏之矣。有此三畏而守戒,君子之畏又并非畏也,实克己成功者也,集忠敬、从义、合理于一身,乃焕然卓立之一新君子。不能克己之小人,明知三畏而不行者也,亦徒有天命耳。

【狎】小兽也,犹今所谓宠物,好行无忌,以之而喻形卑意玩者也。狎大人者,本当守礼勿违,事亲敬尊,而其顺意不从义,秽行以取悦,玩弄礼仪不亦乐乎;后儒传老莱子娱亲事,自扮丑角而戏,当谓之"狎",而以之为"孝",或出于齐人之说也。

【侮】亵玩也,辱人也。以圣人之言为常人之言,轻侮也,其犹觚已不觚,仍称其觚;搬圣人之言而饰己非,重侮罪也,譬如谄佞之流,借口"小不忍则乱大谋"而安于苟且。

孔子曰:"生而知之者,上也;学而知之者,次也;困而学之,又其次也;困而不学,民斯为下矣。"

释 读

斯章论为学高下之分。仁德出于知见,成于学修,故当修德先求知。盖本章齐人从孔子为学定品之则而论德。

【生而知之】生而知之者,主指祭司、卜巫、祝史之类;当为神明宗之余绪也,身负通灵降神大能,可为天地诸神代言。周人难免受染,遍多信奉,及于孔子,改取往圣先贤而代怪力先知,笃信伏羲、神农、共工、后稷实为人祖,奉传为文、传道、立则、治具之事,纪其兴百业、益民生、和天下之功;孔子所谓信而好古,亦敬天命转入仁道之方也。

【学而知之】必承先知之道,后世方可有知,故当善学好思,述而不作,始有所成。是类大成者,当主指商汤、文武、周公,逐次而为管仲、子产,以至于当今仁德君子。盖孔教所谓人祖先知乃为虚悬,从此以往之永世,必凭"为学"方得有知,再不许后人自居先知而不学矣。

【困而学之】困,难也;当指命贱、位卑、财贫者也。居下而求上进,处约而欲显达,不甘久困而立志向学,乃志士仁人之道也。笃行正道,唯学而已,孔教立此纲要,可杜绝受困者径行歧路焉。

【困而不学】当指坐以待毙或为非作歹之徒也。上进之道,唯立志向学,别无他路;然广众卑贱,有一顿没一顿,碌碌而忙衣食之周,鲜有立志从学奉教者,至多巴望天上掉馅饼,实亦世之常情,世代无能兴矣,故为后句所云"民斯为下"之义也。尤有更"下"之民,困而萌生异志,志不在为学,竟无耻于为盗,无畏于为寇,铤而走险,甚或凶残好杀,则多自取灭亡者也;后世有志于所谓"王侯将相宁有种乎"者,若去为学之道,必归是类焉。

孔子曰:"君子有九思:视思明,听思聪,色思温,貌思恭,言思忠,事思敬,疑思问,忿思难,见得思义。"

释读

斯章论善思之义。成知进德,必学而思兼备并运,上章为学之道已张,本章再论善思之道要。所谓思,一曰衡也,即从《易》而辨本末、源流、干支者也;二曰择也,即从《易》而定先后、轻重、主次者也;两者合可称运思,即思之义也。人皆能思,而运思之道不同,故所成之知亦各有所异,辨而能识其为上、中、下三等;盖本章乃孔子教君子主攻上知而诲善思之道,齐人综述谓之九思。

【视思明】善察也。目视所至,无所遗漏,务求能辨,明其为何,何以名之。不善者反是,多视而不见,或一叶障目。

【听思聪】听,主指聆训也,所听者当属"必闻"之节,如教也、责也、劝也、辩也;闻听而必解其义,谓之聪也。听思聪,即善闻者也,如闻一知多,举一反三,全凭诚意专注,谦恭以听,念念不忘。不善者反是:或犹风之过耳,鸡同鸭讲;或言者谆谆,听者藐藐;或断章取义,偏听偏信。

【色思温】色,动容示人也;温,和之以亲也,而止于狎。接人应物,以和为贵,必善行者也。不善思者反是,或骄矜凌人,或前倨后恭,人皆远之。

【貌思恭】以敬人为先,善行礼也。敬人为先,恪守礼节,可免傲慢、谄佞之羞。不善者反是,趾高气昂,招摇过市。

【言思忠】善言也。所谓君子无戏言,言必有信,方可谓之忠也。不善者反是,擅行巧言小慧之语,或多自伐不实之辞。

【事思敬】善行也。君子治事,矜而不争,群而不党,任其事而尽其命,可谓之敬也。不善者反是,结党友私而损公,或放利而行相争无休。

【疑思问】善学也。崇以为学,不耻下问,择善而从,进益不止。不善者反是,好自以为是,虽疑亦不问,强以无知为有知,料为天下笑耳。

【忿思难】善咎也;忿,怒,深责也,主指恨人之失也。过失之咎,若不迁怒,必躬自厚而薄责于人,明其失而谅其难,方能善咎而求改过。不善者反是,多逞一朝之忿,或诿过于人,或迁怒无辜,或怨天尤人,贰过再犯固难免矣。

【见得思义】善取也。及于义利之辨,以义为重,于不能兼得之际,方可取义而舍利,视富贵如浮云。不善者反是,唯利是图,放利而行,虽一时得之,终必失之。

孔子曰:"见善如不及,见不善如探汤。吾见其人矣,吾闻其语矣。隐居以求其志,行义以达其道,吾闻其语矣,未见其人也。"

释 读

斯章论行道与修德之辨。夫道,出之于先圣,而得之于为学,后世顺行勿违固可矣;夫德,似为逆行之道,主凭深修克己,而欲反归于先圣,诚非易事哉。盖本章齐人假孔子而论道易而德难之义,或打趣老氏之说。

【见善如不及,见不善如探汤】所谓善与不善,盖主指道别也,而仁与不仁,当主指德分也。孔子贵仁而次言善,因道从德出;善亦谓之贤,以之而全其德者也;而老子之说反是,主德由道成,故重善而轻仁,实崇道而抑德者也;齐人原有好道之俗,或托孔子口而趣比老子。从孔子说,大道既成,善与不善,为学固可明之,见善如趋之不及,见不善如探汤而缩,世人言行之常情,屡见不鲜之事耳;然欲求成德至圣,则罕见也。

【隐居以求其志,行义以达其道】依孔子说,道出于德,而为德之末,相通于本末而论;夫"志"喻有为也,夫"义"喻修德也;深修先圣之德,务本之志也,逆世道而求之至难者也。回归本句再解:世人为求德而隐居反行,又为德道贯通而出世行义,修德能有此大成者,实未尝有遇于当世。孔子德道说与老子道德说之针锋相对,齐人似作趣观,末句"吾闻其语,未见其人",或代孔子而讽老子坐而论道之失。

齐景公有马千驷,死之日,民无德而称焉。伯夷、叔齐饿于首阳之下,民到于今称之。其斯之谓与?

释 读

斯章论道归于德之义。德为道之本,道为德之末,惟有"无德之道及有德之道"之两分,而无"善与不善"之两道。有解本章之简或有阙误:(1)原简似应有"孔子曰"三字居首,及后则当取第十二篇之"诚不以富,亦只以异"列为前言;(2)《诗》之"我行其野"篇乃弃妇怨言,以"诚不以富,亦只以异"而喻婚姻并非可靠,可引伸"无德之道,虽有一时之善亦不能久"之义,当值一参。盖本章续上章再详明道与德孰重之义。

【齐景公有马千驷】犹言齐景公治千乘之国也。君子统有大国,善道所成者也,人若渴慕羡效,唯知任贤、求富、强兵、服远,见其善犹恐不及,而不知其死有余辜矣。以齐景公为例可证,世有无德之道,虽善而未尽善,亦难有善终焉。

【民无德而称焉】犹言"民称其无德焉"。景公有道无德,长居尊位,亦不乏治道之功,终因无德而不得好死,身殁而名不称焉;如此结局,若君子不鉴,再无知以德为本之义,汲汲于谋所谓善道,必追悔莫及,无如之何矣。

【伯夷叔齐饿于首阳山】又反举伯夷、叔齐例,饿死乃不善其道之极,二贤径行不肯弃义,至德之名恒传于世,迄今未绝。以之而喻有德之道,虽不善于一时,求仁而得仁,纵死无悔亦无怨矣。口称其德者或众,实行其义者殆无后续,何以故?后句"其斯之谓与"或隐斥老子无为说乃祸由也。

陈亢问于伯鱼曰:"子亦有异闻乎?"对曰:"未也。尝独立,鲤趋而过庭。曰:'学诗乎?'对曰:'未也。''不学诗,无以言。'鲤退而学诗。他日又独立,鲤趋而过庭。曰:'学礼乎?'对曰:'未也。''不学礼,无以立。'鲤退而学礼。闻斯二者。"陈亢退而喜曰:"问一得三,闻诗,闻礼,又闻君子之远其子也。"

释 读

斯章论父教子学之义。父之义,养子也,而教子又为养之大者;子之义,孝亲也,而为学乃行孝之重者;父子之义,及于君子人家,贵乎传而不贵亲。文家尊尊而别质家亲亲,孔教以为若得诗礼传家,十世而可不绝。盖本章乃赞孔子教养之道。

【鲤】孔子之子也,名鲤,字伯鱼;鲤生子伋,字子思。孔鲤先亡于孔子,事迹平凡;子思则受教于曾参(曾子),著书《中庸》,盖传于孟子。本章即"伯鱼过庭"之出典。

【不学诗,无以言】为学重文之说也,主修言。为学之道,似未必读书,如子路之尝言,棘子成之疑惑;孔子从文家之道,或自居"史"与王官之后,故崇文重读也。后儒居之不疑,恒贵诗文,遂招不勤于事之嫌。

【不学礼,无以立】崇礼之说也,主修行。谓礼治乃理所当然之事,今人止于表义而读,实不胜其烦;置身当时则不然,违礼近罪,寸步难行,孔子所诲固亦极重。究本句深义,乃谓仁礼源于天道,务必恪守奉行,常伦诸德方不落空。后儒奉礼为立身之本,密繁其仪而求德,亦多失之于小器。

【君子之远其子】当指文家尊尊之风尚也。依古祀之礼说,尸祭居位由孙不由子;或沿习成俗,文家尊尊,有抱孙不抱子之陈礼,犹今所谓隔代亲。探文家此礼之所由,盖祖孙已出父子之义,可以相亲而无重教之责矣。

邦君之妻,君称之曰夫人,夫人自称曰小童;邦人称之曰君夫人,称诸异邦曰寡小君;异邦人称之亦曰君夫人。

释 读

斯章论君妻称谓之义。邦君之妻,并非平常妇人,其入夫妇一道,关乎父子之伦,固有其尊;齐桓会盟诸侯于葵丘,明立夫妇之伦,重申同姓不婚之禁,又严正妻高于别室,以全宗法之礼而杜继祢之乱。盖当时齐国公室好淫乱,已大失夫妇之道,本章取孔子之言而明君妻之称,或有委婉儆诫之义。后十篇简文多有阙误,本章或亦如是,不知何所指;学者今人由本章之述,或可一睇当时之名称风俗。

再 按

盖圣贤诸教源起当时,必取置身其间之流行知识,运思而可得以造成,绝非凭空开辟者也。孔子出而兴教,诸夏文化时已初有定形,河洛中原差可自成一体,所凭乃《易》之道也;本《易》而布新说,孔教之所本为何?所出又为何指?读《论语》至此,或足可作一锥之刺,发一管之见。兹试述略要:

一、《易》集先古知识于一身,合信仰、辨理、常识于一体,指导敬天、析理、知事诸务,实可谓诸夏之哲思先祖,至高无上者也;孔子时诸子各有所专,然无不本《易》而立,老、墨、孔三家兴起,一时难分轩轾,同所力敌者或为《易》道末流之方术迷信。

二、《易》所设施诸夏精神之一大成就,谓之名相世界也。阴阳化成之世,必以能"名"而可谓成其"知"焉。名相即世界,诸夏本当无所异议,而孔子时或"名"已浮泛,知见错乱矣。圣贤诸子遂忧恐出救,各张其说:老氏或以为儒术与方术一道乱名,儆之以所谓"名可名,非常名",望能正本清源,慎立名言;墨家钜子不善名辨,重"实"而轻"名",主务行"实"而求"名"之正义;孔子从仁德而化人伦,讳言天道与性,好立名言,如"知、仁、勇",又及于人伦各轨细化为"信、义、廉、耻",深求"名"之正义,不懈约导实行。盖诸夏当时方术操弄《易》道,怪力横行,迷信无知,世道萎靡不振于名数之术,君子大夫亦好养龟画符,山节藻棁。

三、《易》道贡献诸夏精神之另一成就,乃推演法也。老氏本乎上知,反朴归真,绝圣弃智,不肯推演于下,故少析理;墨子一道首重实行,深恶虚名乱知,主采以"实"而证"名",故亦甚少推演;孔子不然,以为《易》之演绎乃运思之首要,成知之所本,特加名谓之中庸,欲明别阴阳之道。中庸之逻辑法实为《易》之人伦版,指一名必有两义,执两义之"中"适可成其善行,譬如"贤"名,必包"佞"与"不佞"两义,不违两义之"中"者,谓之"德"也,有德之贤方称"贤"之正义。中庸知法与形式逻辑所治不同,一主攻人我,一主攻物我,切不可相浑而运;譬如中庸推演能得"孔夫子出而必败"之结论,形式逻辑只可断言"孔夫子必有一死"罢;中庸殆可适用于或然领域,近乎量子纠缠,唯凭概率取胜;形式逻辑适用必然领域,其犹化学公式,不许稍出偏差。故尔可谓孔教中庸之道,乃《易》道行于人世之弘光者也。

四、孔教名相及推演造成当时政治之后果。主有两者:一动摇礼制基础,虽非孔子本意,然教义推演天命广及于众而称仁德,有为志士感奋欲兴,老子深患"以寡治众"之天道或将坠地,而墨子反嫌孔子口惠而实不至,直奉平等兼爱,根本侵蚀至尊;一助长变革风气,亦非孔子本意,然中庸之道广开智辩,相助纷争,各寻各"中",墨子一门尤其身体力行,前赴后继,慷慨从义,故尔老子惊呼"多言数穷,不如守中"。孔子当时或亦见不测,迭加劝喻崇礼主敬,盖为用守其"中"之举;后儒昧于中庸之道,固执崇礼主敬之训,舍本而逐末,殊乏守常应变之能,或知见不足故也,或力不足终无可奈何故也。

孔儒承袭诸夏知识衣钵,所作所为主求正其本、清其流,温故而知新,以益世间人伦焉。诸夏古文密法若有不合今世者,并非孔子之过耶,是故学者今人虽未必尊孔,诚亦不当毁之以"蠹"名。

扫码查看

- 听·儒音雅集
- 悟·论语智慧
- 读·先贤名句
- 观·圣人故事

阳货第十七

阳货欲见孔子,孔子不见,归孔子豚。孔子时其亡也,而往拜之,遇诸涂。谓孔子曰:"来!予与尔言。"曰:"怀其宝而迷其邦,可谓仁乎?"曰:"不可。""好从事而亟失时,可谓知乎?"曰:"不可。""日月逝矣,岁不我与。"孔子曰:"诺。吾将仕矣。"

释 读

斯章论辞达而已之例。士人必当择君而事,否则为虎作伥,福不得而祸临头,累名伤身,迁及后人;智德之士遇召,有道则出,无道则藏,机智不足者,藏而不得,无奈屈从,惜乎志不坚,应无方,或生千古之恨。本章所述阳货,传其事迹略为:阳货,名虎,传为鲁国季氏家之乱臣,拘君僭政,以陪臣而主政,其欲孔子出仕;孔子既知其无道,勉力推辞不就,阳货阻于道,当面以辞锋相激,若非深怀"隐居以求其志"者,或将为其所动。孔子以礼相忍,辞达周旋,上下各得所安;盖本章夫子以所遇而教士人善隐之道。

【归孔子豚】周礼,上大夫赐下士礼,下士当往而面谢于上大夫;阳货召而孔子不见,改以赠豚欲引孔子上门,孔子尊礼,避无可避,无奈前往。豚,小猪祭品也。

【孔子时其亡也】犹言孔子闻阳货未在府上之日也;不欲见而又不失礼,苦心以谋也。

【遇诸涂】涂,途也,道也;未料阳货有备,候于孔子必经之途,似不期而遇,实亦深谋,足见其求贤用心矣。

【怀其宝而迷其邦】迷,隐也,匿也;士人贤能如身怀其宝,而不欲益于邦众,非仁德也。阳货深责孔子之语,谓孔子不肯听召,失德也;若不以人废言,其义固无可挑剔,然又不当以言立人,贤德如孔子故不惑其言焉;后句"好从事而亟失时"亦同斯义。

【亟失时】亟,机也,运也。阳货谓诸事皆有机运,孔子本有志从政,遇时机而不逮,何可称有知哉?后句"岁不我与"为阳货直劝,犹俚语所谓过了这村再没这店。晓之以理者,未必有道之士也,孔子明察,岂易中诈哉。

【诺,吾将仕矣】以辞达而对辞达也。阳货虽为不德之诚、无道之贤,孔子敬其诚而泛言"将仕"之义,乃隐志应酬之机智也,亦两不失和于当下之辞达善对也。

子曰:"性相近也,习相远也。"

释读

斯章论同异之辨。所谓性,喻先天也,人之所以亲仁向善也;所谓习,喻后天也,人之所以各不同类也。从《易》而言,夫"性"自天道阴阳为始,而存于天道之末,化成为形而共有谓之"类"也;以"类"而别可分禽兽草木,及人也,则谓之同性也,故云性相近者也。周人虽主"阴阳"之说,盖同齐人谓之血气,楚人谓之魂魄,古今四域之人相近于一,可谓人同此心,心同此理,故曰"性相近"也。及之于后天人生世间,因宗亲、风俗、际遇,或为学或习得而成千差万别,仁与不仁、知与不知、贤与不肖,遂分霄壤之殊矣。盖本章乃夫子观世相而劝人当立务本之志。

【性相近】是谓爱人之所本也。仁者爱人,乃笃信"同性"天生之有者也。后儒本此而进,断言"人之初,性本善",或取信甚过而失中庸矣;若言"人之初,性本私",似尤合《易》无善无恶之道;近世泰西贤哲主人"固有理性"之见,其所含

"私"义默契《易》也。

【习相远】即知人之所本也;仁者知人,必凭能辨能察而可择也。世人众习,已远天道之始者也,若不明各各相异有别,一味以"爱人"而相友纵容,则近乎无道之愚,岂可寄望其能利仁哉?譬如同为君子相召,贤明者必向仁德而往,季氏、阳货之流则不待尽忠托命而急迫自立矣。

子曰:"唯上知与下愚不移。"

释 读

斯章论为学止境之义。天下正道唯称为学,舍此无他,否则必多行夺与霸,或为欺与盗;后天为学亦非万能,其利也主及于中知,成于是非可明、善恶能辨而已;是故为学之道,不贪上知之天功,不化下愚之顽劣,若有贤与不肖之极者,亦可归之于天,勿庸归之于学也。盖本章夫子乃诲传道者"虽主为学,而未必尽信于学"之义,可教则教,不能则罢。

【唯上知与下愚不移】盖承《易》而形人道之极端:上知者喻近道之极,能化能生,乃为学所本者也,故只可从之而不可易之;下愚者喻远道之极,道运之末,器用而已,故无可再造而只可任之由之。盖天生成人,其性虽近,后天之运有异,难免远近不一于道,而有上知与下愚之极分。既信往圣先知之当有,后世当亦存上知者也。下愚之说亦然,先圣当时未出,万古如暗夜,先圣既出,若以为下愚尽去,岂又生桀纣之类哉?盖本章夫子或劝喻传道者,上知与下愚虽罕遇,然未绝世,教学能益常人中知足已;若乃以上知为木铎,以下愚为刍狗,传道行乎中庸,亦可谓仁至义尽者也。

子之武城,闻弦歌之声。夫子莞尔而笑,曰:"割鸡焉用牛刀?"子游对曰:"昔者偃也闻诸夫子曰:'君子学道则爱人,小人学道则易使也。'"子曰:"二三子!偃之言是也。前言戏之耳。"

释读

斯章论务求为学之义。为学之道之为世道之正大,虽有所不及天道,譬如上知与下愚之不能移,然有为之士,必当坚志行义,经营济世,勉力不懈,终可合乎仁道焉。盖本章乃深说夫子为学之道妙也。

【莞尔】清小之笑貌也。子游迎夫子于所治小邑,大行礼乐,隆重其事,夫子自谦不能承受,故戏言弟子犹牛刀割鸡也,似小题大作,甚过其礼矣。

【君子学道则爱人,小人学道则易使也】上下之众以常人中知为主,为学若广,礼乐若兴,则为政可归于善治矣;弟子子游(名偃)昔在门下为学,尝闻夫子所教,而今移用于小邑之治,乃传道也,运功也,故后句夫子盛赞。君子为学重教,其政爱人则近于博施广济;细民为学好礼,其行易使谓之有耻且格;为学之道,岂非善治之道本耶?

公山弗扰以费畔,召,子欲往。子路不说,曰:"末之也已,何必公山氏之之也。"子曰:"夫召我者而岂徒哉?如有用我者,吾其为东周乎?"

释读

斯章论道义与时运之辨。有道无道,明辨在先,择机而事,乃有为之士行藏取舍之道也;然本章子路以之反阻夫子歧路彷徨,当时情状虽无可考,亦得窥久不获遇,夫子或生强求之志矣。盖公山弗扰,与阳货一路,执君而据费邑以叛,来召孔子为仕,几似蠢蠢欲动,子路闻而反对,其后作罢。盖本章夫子自辩之辞当为强取者熟用。

【末之也已】末,勿也;之,往也;犹言不当前往就仕也。以天下之大,见夫子急急欲事叛臣,门弟子不便直斥而谏,故只言"何必"一辞委婉陈情。

【召我者而岂徒哉】徒,枉费也,犹今所谓白白浪费也;犹言召我者岂只以小任糊弄(而浪费我,必定委以重任)哉?一旦得当大任,我必大有作为而令为政焕然一新也。夫子是语乃多强辩,实无异阳货召劝之强辞;后儒落寞之士好"以言举人"者,多效夫子此语自解其变节之举。

【吾其为东周乎】犹言"吾或能为之而新成一东周,亦未可知矣"也。自信"君有过而我能改"而从之事之,圣人先知或非虚言,常人中知则恐易深陷其败,诚当默念"危邦不居,乱邦不入"为妥。或公山弗扰非比阳货,亦不无可取之处,夫子盖自比先圣而萌生蠢动,不料子路呆守中庸之形,直陈劝谏;后儒浅陋,中庸表里全失者,不论名节大义,耽于机运急迫,亦效本章夫子而滥发豪语,犹今所谓"给我一个支点,就能撬起地球"之类,匡扶天下实不过乃食禄之借口耳。

子张问仁于孔子。孔子曰:"能行五者于天下,为仁矣。"请问之。曰:"恭、宽、信、敏、惠。恭则不侮,宽则得众,信则人任焉,敏则有功,惠则足以使人。"

释 读

斯章论仁道之详。孔子仁道之说多有,常因人因时而宜。盖子张素怀远游之志,出仕临别孔子尝赠以"欲速则不达",本章或为其在门时师徒问对之言,当属修身从政彻语之论。君子行世治人,所谓仁道,乃有所为而有所不为者也;有所作为出乎信、敏、惠三义,主求利人益众,行有所止则归于恭、宽二义,敬服天理仁道;有为无悔,有所不为亦无怨,无怨无悔,天下莫之能敌焉。本章直呼"孔子",或为子张门人所记。

【恭则不侮】敬及于人谓之恭,礼失于行谓之侮;恭者常怀其敬,故不获侮也。有所不为,本乃有畏、知耻、守戒者也,若加以好学明道,固无获咎于失,可保远怨少侮矣。

再读论语

【宽则得众】博施广济谓之宽,和而不同谓之众。宽众者必有仁道齐天之笃信,行世得见相近之性,故其能爱人,亦能忍、能谅、能恕,似有所不为者也。

【信则人任焉】任,任使也。言行合一谓之信,不欺天地、不违己志而行者也。有为者恒行之以信,则可立天下矣,人甚或甘愿寄命托孤,何任不可当乎?故孔教所谓"信"义乃有为之始也:人无信不立,可绝乱作妄为之徒;民无信不立,以杜倒行逆施之君。

【敏则有功】临机应变于事者,谓之敏;善成其事者,谓之功。敏于事而求成功,必先劳而后获,善作善成,是类有为者当可谓之贤也、能也。

【惠则足以使人】本句所诲之义,乃行及于上下之道者也:上宽予谓之惠,下效命谓之使。有为者若不明其义专指,误会本句通诲世道之论,恐误以为人心尽可收买,不免迷恋"好施小慧"之效,譬如阳货归豚,季氏赠药;尤甚者,竟信所谓"有钱能使鬼推磨"之俚语,则其"惠"也不足论矣。

佛肸召,子欲往。子路曰:"昔者由也闻诸夫子曰:'亲于其身为不善者,君子不入也。'佛肸以中牟畔,子之往也,如之何!"子曰:"然。有是言也。不曰坚乎,磨而不磷;不曰白乎,涅而不缁。吾岂匏瓜也哉?焉能系而不食?"

释读

斯章论至圣有为之义。本章之事并阳虎召劝、公山弗扰召之欲往两事略同,而所论则近乎弗扰章义。乱邦不入,危邦不入,择君而事,有道则出,无道则藏,皆孔教经义,而以三事各述衍义,之于阳虎虚与委蛇,之于弗扰、佛肸则欲往,是何故也?盖《易》道主运无为,而仁道中庸主生有为之志。孔子身后弟子传道,亦分各说,如子张、子思一派尽从有为而攘无为,再传弟子或拈入论语,欲以孔子而张本己志;若通乎公山弗扰章义,读者可明,凡扬言有志于不辞倒转乾坤之机者,多属强求者自饰之利辞耳。

【佛肸】音"必希"也,晋国赵氏家臣,叛据中牟邑。

【亲于其身】犹言自立其位者也;周礼至要,盖自立为神人所共愤,虽成周已旁落于方伯,诸侯亦当讨伐问罪。孔子时自立者既多,世人或见之不怪,然其耻犹存,故谓之"为不善者"也。

【磨而不磷】磷,薄也;以喻志坚之有损也。所谓坚者,非不磷也,必磨而不磷方可称之也;不磨难知其坚,盖取"如切如磋,如琢如磨""玉汝于成"而说。

【涅而不缁】涅,染也;缁,黑色也;以缁而喻贞德之有染也。所谓至白之洁,非不污也,无污于染也;后儒取其义形其物,好以荷花而自比修为,堪称至当。

【匏瓜】葫芦也;当喻根本无为者也。老子无为之道,视匏瓜与人同齐,有志者岂甘于为伍哉?故夫子严斥阻其有为,乃愠子路不知与匏瓜有别耶。

【系而不食】植物也,草木之类也;本句犹言生而无为,坐以待毙也。志士仁人,若有为之运已至,则当有为,何必自画其限哉!譬如文王既殁,文不在兹乎?天之生我,岂唯欲灭我乎?由畅想大展宏图之壮志,而怀处污泥不染之自信,终发其深恶匏瓜之宿怨,本篇诸章假孔子事而言有为之志显矣;或可征纪文出于子张门人,盖亦见当时有为之风尚烈矣。

子曰:"由也,女闻六言六蔽矣乎?"对曰:"未也。""居!吾语女。好仁不好学,其蔽也愚;好知不好学,其蔽也荡;好信不好学,其蔽也贼;好直不好学,其蔽也绞;好勇不好学,其蔽也乱;好刚不好学,其蔽也狂。"

释读

斯章论好学之功。为学正道之义既明,若非下愚无能于为学者,必当以好学为立身之本,否则天下珍贵之德,譬如仁、知、信、直、勇、刚之类,名虽美而实无以至焉。盖子路质直性勇,好疑师道,尝发"何必读书"之类逆言,三番五次以子之矛攻子之盾,强逼夫子矢言明志,后儒有非孔者,多以子路之名相诘,似可见纪文者用意一斑。本章夫子深晦子路好学之功,或亦有勒戒之意。

【六言六蔽】蔽,失也,或不及或过也;本句犹言六蔽之言也;子路常好疑难学道,夫子颇不许之,又深爱之,故不倦于教诲。诸夏教人,起于巫卜,其文主断吉凶,其传主演数术,及"儒"代"史"教,仍立数字为纲,如三坟五典,或三纲五常,本章所谓六言六蔽亦是类;后儒不学,盲从此道,循环论证,以传教条,实多自愚。

【好仁不好学,也愚】愚,无知也,不明也,不能有辨也。好仁者若不学无明,易陷于众口欺诈,轻者为他人作嫁衣裳,重者助奸佞害忠良,近乎今所谓"老好人"也,譬如子路疑孔子见南子事。

【好知不好学,也荡】荡,风之过水而扬波,喻轻浮也。好知者若不学无明,易歧从怪力,误入方术小慧,轻伦畔礼而失其所立;譬如子路强不知以为知而见责于夫子。

【好信不好学,也贼】贼,害人也。好信者不学无明,则多昧于信义大小之辨,斤斤于私党小信,虽言守信,实为无义之信,难免损人害己,譬如行匪友为偷之事。

【好直不好学,也绞】直,不屈于变者也,刚也,诚也;绞,逆也,乱也。好直者若不学无明,其诚无义,横冲直撞,行人惟恐避之不及,其为政必也治丝愈棼,譬如暴虎冯河之徒。

【好勇不好学,也乱】勇,敢也,无畏于变也;乱,以乱而告终者也。好勇者若不学无明,其勇无义,近似奸宄寇攘,多好犯上作乱,遇变如见大宝,惟恐天下不乱,譬如阳虎、桓魋之类。

【好刚不好学,也狂】刚为勇之常,勇为刚之变;狂,骄也,凌人而招怨也。好刚者若不学无明,其刚无义,居常而不驯,眼高而手低,不肯容人小节之失,非好刚也,实无事生非者也,譬如匡人之狂。又,言六蔽而诲子路,或夫子有所指;后儒奉为通教广义,颇不免挂一漏万之失也:仁道学道包罗万千气象,岂只六言哉?盍不为八言九言乎?可猜老氏嫌恶儒生烦言数术,故劝"多言数穷,不如守中",勿庸啰嗦列举,有一说一则可,智见或较孔氏略高一筹。

子曰:"小子!何莫学夫诗?诗,可以兴,可以观,可以群,可以怨。迩之事父,远之事君。多识于鸟兽草木之名。"

释　读

斯章论学文必从诗始之义。儒士当时奉经,盖主指《易》《诗》《书》也,《礼》与《春秋》或为后儒之事;《易》谓之至善,《诗》谓之尽美,《书》谓之首要;至善可成德,尽美能养性,首要则立功;毕其三者之妙用,近乎天人合一之圣明。本章专挑《诗》而论,盖孔教以《诗》为小学进大学之门,一旦入于其间,则为学之道自张矣。

【可以兴】兴,奋也,自奋其志也。人世固分上下,有命者继之,无命者学之,由下拾级而上,天下不移之道也;凡人学诗,可激性情之阳气,可生有为之志向,虽不入仁教亦不远矣。

【可以观】观,视能明也,自有其见也。观以成其知,可调性情之阴行,可辨万物之同异。本句以下又出细分详说,由一义而化众指,老子不免无奈叹息。

【可以群】和而不同谓之群,同"众"也,得其类而旁通也,自得其人也。能群者,可凝气而聚,可四海亦为兄弟。

【可以怨】怨,乃天怒人怨之"怨"也,非怨天尤人之"怨"也;当指有冤伸冤、以直报怨之义也。能怨者,哀而不伤己身,其气可散而不淤,其情可悯而无咎。

【迩】近也,或时之近,或方之近;本处主指居家行孝之义,与"远"所喻为仕从政之义相对。由立志而从有为之教,成于知仁勇三德,则事父事君皆能矣;盖本章夫子"四可以"说乃主大学之义也。

【多识于鸟兽草木之名】乃主小学之义也。《诗》之妙用,进则可至大学,再不济亦得小学之艺。又,本句似为门生后人纪时所加,后儒所作《尔雅》专名鸟兽草木,本不知何人何时成之,或本章纪时已见同类之作,充为蒙童教材,及后为业师总纂而成;盖孔儒一贯重学,时或疑何必非入孔门,后人编纪盖假孔子尊名以为招揽,而出本句似乎莫名其妙之续尾。

子谓伯鱼曰："女为《周南》《召南》矣乎？人而不为《周南》《召南》，其犹正墙面而立也与？"

释读

斯章论学诗之要。盖《易》为天下王道之学，而《诗》乃天下王化之典；儒既代史，自居王官之后，是以广教之道必始于《诗》，别诸异端他说尔。立《诗》为本教首经，常理铺陈"可以兴，可以观，可以群，可以怨"四指，要之则谓"思无邪"三字；为学必当运思，所学必有所思，若乃向学不当，则难思之无邪，或反不如不学；故好仁好知而不起于学《诗》，难免荡其欲、乱其意，恐百蔽丛生焉。《诗》为学之本，务本当自何处着手，可得其骨髓焉？必曰《周南》《召南》也。测其意由，或本正宗之说也：周南召南乃文武之故土，天下源起之所在，盖可谓周南召南之《风》亦《诗》之大宗，学者承嫡长而入门，继统者也，可通乎"能立"之义也。

【《周南》】采自周原故地之诗，盖今陇南一带。以《关雎》起篇。
【《召南》】采自召公封地之诗，盖今陇上一带。以《鹊巢》起篇。
【正墙面而立】犹言向隅而立也。《易》之演法高深难测，善运譬喻而证其明，故尔孔子及诸子诲人至理，皆从此道而教。又，若从前章套说，本章似亦可云：好立而不好学，其蔽也殆。

子曰："礼云礼云，玉帛云乎哉？乐云乐云，钟鼓云乎哉？"

释读

斯章论礼乐之义与仪有别。礼乐形之为仪，亦通乎义理，若乃不明义理而行礼，则徒具外形也已；譬如八佾舞于大夫之庭，礼乐之仪成，义理之尽亡焉。盖本章乃续论君子为学之义，犹言好礼不好学，觚将不觚矣。

【玉帛】君子佩玉，五服献帛；自夏及周，贡赋之礼或有所损益，而玉帛成礼或未改也,故仍以之而喻礼仪。

【钟鼓】乐器也;钟,盖为青铜所制,排列编成,击打曰奏,领节而治管弦之韵;鼓,盖由兽皮蒙制,击打曰擂,大作于全乐始终之两端。无钟鼓不成乐,故以钟鼓而喻乐仪也。

子曰:"色厉而内荏,譬诸小人,其犹穿窬之盗也与?"

释 读

斯章论为学有失之义。为学之失,盖由两出,一谓不好学也,一谓所学不义也;二者之失皆令人无德于内,不良于行,如"六蔽"所指。盖本章续论主教君子,为学无道,终失庄严。

【色厉内荏】石之粗硬者曰厉,草之柔弱者曰荏;色厉内荏,其形外强中干之物而喻虚张声势者也。君子好威而不好学,德不配位,又智见不及,若无骄慢逼迫、迁怒诿过、造次无已,亦难矣。

【穿窬】穿,越也,避人而过也;窬,旁门也,墙洞也;小人好学可知行不由径,若不学或敢想穿窬为盗也。君子好威而不好学,犹小人好利而不好学,固可作一类比;然夫子以"色厉内荏"与"穿窬为盗"之殊途,而欲求其同归,同归之义何指焉?曰:贼也!君子之贼害天下,小人之贼害一人,是以为学之道当主驯君子。

子曰:"乡原,德之贼也。"

释 读

斯章论乡原失德之义。所谓"人之过也,各有其党",即指乡原之本由也;以私相结为党,譬如今时社团,虽为众亦本于私,声势盛大热烈,执意强求一孔之利,而亦未必正义。乡原者,犹今所谓局部真理、部分真相也,之所以有害,盖其为学之道未至,唆下愚恃众而昧于义,诱君子无明而不能察,强凌弱众暴寡,诚亦在所难免;若风气养成,不善学者或以为世道之当然,辗转其间,推波助澜,天下相争于"好色"之私,必一发不可收拾,仁德之修又从何谈起？盖本章乃教君子明辨党而不群之害,犹言好群而不好学,其蔽也乡原。

【乡原】原,同"愿"也,人之私欲,相邻共鸣,乡愿生焉。盖乡愿乃道义之相对者也,乡愿所成谓之同党,道义所成谓之和群;同党可壮私,和群能从义,两道相争之政治,古今未尝片刻止歇。孔教深恶乡原,盖忧其削弱学道,恐以众口而代师传;后儒则有感宦海险恶,深恨党争,历来严斥为背德之源。今人不恶乡愿,然亦有所制约,其道即所谓民主法治并举,定不容偏颇,譬如集会诉求涨薪,示威者不得拘押总裁而要挟,可征孔儒之义相续未绝焉。

子曰:"道听而涂说,德之弃也。"

释读

斯章论众口相传之蔽。为学弃德,改从他途,皆非正道,乡原如是,人云亦云亦如是也;从下愚之众,搬不实之辞,名曰为学,必轻浮无知者也。盖本章再续为学之道而劝君子善其所学,犹言好闻而不好学,其蔽也不聪。

【道听而涂说】涂,同"途"也。乡原本私,竟能成势,亦好学者不善学之故也;善学者务求名实其符,必举一反三而得其义方罢;而不善学者反是,浅尝辄止,轻信人言,闻一知一,甚或逐迷猎奇,陷"怪力"之说而自欺欺人,亦可谓不如不学也。

【德之弃也】即谓弃德者也。仁德为随身之命,而不善学者只当可取可舍之物,凭用而择而弃,已非正见之知;若尽从他教异说,犹寄命于奸佞盗贼,自绝其命,故曰"弃"也。

子曰："鄙夫可与事君也与哉？其未得之也，患得之；既得之，患失之。苟患失之，无所不至矣。"

> **释 读**

斯章论不学无明之征。无德不明之辈，多患得患失之征，若乃放利而求，虽称有志，实可谓天下贼。盖本章教君子察人为学成否，犹言好求不好学，其蔽也妄。

【鄙夫】鄙，同敝，陋也；原指邦国边地，有距都五百里之说，同"野"并称而喻贱也。士人求禄事君，统称有志好求；好求而好学者，贤士也；好求而不好学，虽为士人亦可谓之鄙夫。鄙夫事君，若非党同伐异，必也诌佞奸邪，固为世乱之贼首。

【患得之】犹言患不得之也；当指放利而行，以利为归之志。重利而轻义，于未得之时患不能得之，惶惶然从流于乡愿私党一道，难免尽弃其德。

【患失之】犹言患其得而复失也。既得之而又患失之，或为不义而取之利，或为身处无道之邦；盖本章当主指前义，由奸佞而取利者，必以奸佞而谋自保，乱天下亦在所不惜，故可见其"无所不至"之妄为。

【无所不至】同"无适，亦无莫适"之义也，犹今所谓不择手段者也。夫"无所不至"原指君子之威，孔教出而可形义理之盛，不料逐利者患得患失，亦敢铤而走险，可见"无所不至"者世间遍是，为学无道祸广，岂不慎哉！

子曰："古者民有三疾，今也或是之亡也。古之狂也肆，今之狂也荡；古之矜也廉，今之矜也忿戾；古之愚也直，今之愚也诈而已矣。"

> **释 读**

斯章论不学道损之义。大道相传固有损益，学道本可相济以补，无奈天下不学、乱学、伪学者众,害德弃德无所不至,是以大道之行也今不如古。盖本章夫子乃诲门人弟子之语,犹言好古不好学,其蔽也亡。

【狂也肆…也荡】肆,放逸也,犹四散之声也;荡,蓄积小水之塘洼也,喻浅薄易摇之行也。志过高谓之狂,志易迁谓之荡;狂者不自量力,欲比高而求,不甘于人后,其行可谓之"肆"也;荡者浅学少知,见异思迁,舍大道而就小技,以博闻为知,以广采为德,亦近乎"蠢"也。或可鉴"荡"与"肆"之两喻,一浅蓄一放流,一自骄一润物,一轻浮一坦荡;由是而识两道:狂肆者奋力而行,或有伤情之小弊;狂荡者无知背德,必为世道之大害。

【矜也廉…也忿戾】矜,自持威仪也;廉,棱角锐利者也;忿曰不恤,戾曰不爱。庄严无亲谓之廉,威严太过谓之忿戾。同为矜持君子,何以古人廉而今人忿戾哉?无他,今人失其爱人之德,无奈色厉内荏而多伤人也。

【愚也直…也诈】无知不明谓之愚,诚而有信谓之直,以欺陷人谓之诈。天下有道,虽愚者亦直,可凭相近之性以通人;天下无道,虽愚者亦诈,径从相远之习而行事。风气所至,愚者不免,故当云:好古而不好学,其蔽或可亡天下矣。

子曰:"恶紫之夺朱也,恶郑声之乱雅乐也,恶利口之覆邦家者。"

释 读

斯章论君子之恶。仁礼之教,道从中庸,循守正义,君子为学,方能明其所当恶。君子所恶,天下之禁,义理由以生焉,或亦可由以亡焉,关乎重大,涉及根本,固当重诫之;本句犹言有恶而不学,其蔽也邪。盖本篇多为后世门生劝学孔教之论,本章仍是类也。

【紫朱】朱为周之正色也;紫虽艳过于朱,乃异色也。以异而夺正,无义不当者也,如以妾代妻、以庶夺嫡之事。君子之恶合乎义理,礼必固焉。

【郑声】郑国之乐似偏淫声,孔儒以为已远周之雅乐正音,故多非之而称"乱音"也。夫"乐"之能分正邪,并非孔教一门独设,圣贤诸教亦无外有制,视听舌享,出入皆欲,不得不防,宽严不一而已。孔子以《诗》为雅言,辟郑声为乐之邪,文艺为之一统,诸夏习性趋同,正乐固有莫大之功焉。

【利口】口才便给也,加乎德善者谓之侃侃而谈,形喻不善者则谓之巧言、诐佞也;相对于"讷于言""木讷"之义。利口者,盖指强辩能胜也,好行小慧而思出其位,总有借口自饰其非,负义而行,其犹"诚不以富,亦只以异"之流;君子利口之弊,莫知所终,轻者好谗过于人而远贤德,重者诈父子兄弟而夺正位,亦家国为政之贼也。

子曰:"予欲无言。"子贡曰:"子如不言,则小子何述焉?"子曰:"天何言哉?四时行焉,百物生焉,天何言哉?"

释 读

斯章论究竟无为之义。老子力主不言之教,即所谓"多言数穷,不如守中",若乃绝圣弃智,尤可明无为顺道之妙;本章孔子所论迹近一似,亲木讷而恶利口,称慎言而斥浮夸。语言威力,圣教皆防,诸夏亦然,传伏羲制文出字,四方鬼神夜夜哭,或先民亦知语言之烈实属不测欤。传孔子尝学于老子,儒老源通而流异,及门人纂记时或已兴两道相融之风,故本章不避嫌矣。

【予欲无言】犹言"吾欲不言矣"也。有为者善言,务求言及于义而言,时运不利亦不懈于言,人敬呼之为"木铎"者也。若乃圣贤亦欲无言,倘非绝望于世道衰极无救,则必了悟世道原本或亦勿庸多言。

【天何言哉】天,天道也,当喻形似无为又根本有为者也。无为而行四季,无形而生万物,天道之妙岂可言哉!天又何尝发一语哉!人文宗之先贤,崇天敬神终不敢全泯,故一时教有为,一时恋无为,苦心孤诣,上天入地,问道至诚,足配后世敬拜。又,天何言哉?行四时,生百物,功至大而弗居,德至大而无夸,窃以为可献一赞和之:高山无语,流水不争。

再读论语

孺悲欲见孔子,孔子辞以疾。将命者出户,取瑟而歌。使之闻之。

释 读

斯章论不言之教。会意之道,老子爱之,佛陀亦喜,及后诸夏别开禅宗一门。本章所记,可征孔子学道广纳,未辞无言之教也。

【孺悲欲见孔子】传孺悲乃鲁国士人,尝从学孔子以礼丧之仪。谓孺悲求见,孔子托辞身恙而不见;及使者出户复命,孔子又弹弦而歌,明欲孺悲得闻,知非有疾也,实拒见也。盖孺悲或有得咎之处,故以无言之法深责。

宰我问:"三年之丧,期已久矣。君子三年不为礼,礼必坏;三年不为乐,乐必崩。旧谷既没,新谷既升,钻燧改火,期可已矣。"子曰:"食夫稻,衣夫锦,于女安乎?"曰:"安。""女安则为之!夫君子之居丧,食旨不甘,闻乐不乐,居处不安,故不为也。今女安,则为之!"宰我出。子曰:"予之不仁也!子生三年,然后免于父母之怀。夫三年之丧,天下之通丧也。予也有三年之爱于其父母乎?"

释 读

斯章论服丧之制。丧制乃礼之大节,当归本明义而行守,不然于为难之处必忧动摇。本章师生三年丧制之辩,延及后世颇多争议,今人多不值孔子之言而悯宰我(予)。天生万物,固当敬天,乃道也;父母生子,子必服丧,乃义也。道能生义,而义不能生道,其犹"人能弘道,非道弘人"之谓也,盖生之道由天道所定,弘之义归仁道所明。故谓生之道不变,弘之义亦不变,三年丧期报父母生身之恩,岂不肖子孙可以任改乎?后世今人之断,亦人文宗已尽去天命所作之如是观,孔子当时则不肯相认也。

【三年之丧…期可已矣】三年之丧,子丧父之服,当为"斩衰"也;期,一年也。三年之期,宰我(予)以为过久,君子服之不违,恐礼崩乐坏而天下不治矣;所论之法取比草木更新,远天道而解大义,试言改轻至一年或足矣,其弊殆近夫子所斥"好知而不好学"者之"荡"也。

【燧】取火之木也;后世之燧或以金石代木矣。

【改火】四时取火,用木不同,谓之"改火"也。

【于女安乎】犹言"汝心安乎"也。丧期当敝衣绝食,卧于柴草,形如槁木,以示哀伤;宰我(予)似嫌礼繁,直告居丧不守其制,亦心安理得,盖所言乃当时一般心声。

【子生三年,然后免于父母之怀】本句为夫子执义之本由也。不明者如宰我(予)忘本而攻末,竟以钻燧改火而取譬丧亲之制,亦可料想当时夫子之忿,故尔痛斥无爱。两道之证法,一为义取于道,一为任取于事,或亦为孔子所谓木讷与利口之大别也。明道从理当切情而不害义,古今相通者也,故吾等虽为今人,亦会知孔子当时实非迂者也。

子曰:"饱食终日,无所用心,难矣哉!不有博弈者乎,为之犹贤乎已。"

释 读

斯章论君子无为之义。天道以"无为"成其德,仁道以"有为"立其志,两道分流而同源,君子仁人若明,则可取舍裕如、进退自如焉。本章专论无为之难,盖夫子亦叹明道之事极难。

【饱食终日,无所用心】君子不遇当世,无为不争,怀而藏之,安之若素,颇难能可贵者也。盖世人多见反是类者:倘不遇受挫,则坐卧不宁,或阴谋复辟,或暗中勾结,佯装无所用心,潜运"小不忍则乱大谋"之法,雌伏而欲东山再起,迹近韬光养晦者也;世间无为君子诚属希有,故尔喟叹"难矣"哉。

【博弈】博,二人徒手相戏也;弈,围棋也。博弈之趣,一怡情,一益智,若有志者能善无为,亦可乐在其中矣,或可一救"无所用心"之弊;是类不顾旁人所见百无聊赖,无倦于小技之乐,真安乐者也,亦可称"贤"于无为者矣。又深玩本章之义,盖七十子之后,似假孔子而讥无为之德非真,再不济不亦有求博弈之贤乎?或有反将老氏一军之趣耶。

子路曰:"君子尚勇乎?"子曰:"君子以义为上。君子有勇而无义为乱,小人有勇而无义为盗。"

释 读

斯章论义勇之义。自古君子守社稷,必以勇武为尚,孔教崇文,承袭沿俗,言崇仁亦不忘贵勇,故并立"知、仁、勇"三德而称仁;知与仁相及于义,义为勇之本,勇为义之末,由是旧勇已非,新勇方是,合成孔教所谓"义勇"者也。子路之好勇,盖多旧时风尚,故本章夫子晓以义勇。

【君子尚勇乎?】似子路代君子之质问也:若专务学文读书,君子岂有所立足焉?

【君子以义为上】义为上,勇为下,方称君子也。凭无义之勇,小人敢于盗户,君子则敢为乱世;此节又相契于"道与德"孰重之问,孔子以为世有无德之道,虽善而不仁,终归于无道,如齐景公之不得善终。

子贡曰:"君子亦有恶乎?"子曰:"有恶:恶称人之恶者,恶居下流而讪上者,恶勇而无礼者,恶果敢而窒者。"曰:"赐也亦有恶乎?""恶徼以为知者,恶不孙以为勇者,恶讦以为直者。"

释　读

斯章论君子有恶之义。依孔子经说,凭知仁而称君子者,当有好人恶人之能,又因其爱人,故所恶亦无欲恶人,犹今所谓就事论事而已,并非怨恨于人。本章籍子贡深问,夫子详述恶之正义。

【称人之恶】犹言专揭人短也。人私不免有恶,或既往之失,或天生之疾,或难言之隐,乃可谅可恕可悯者也;好称人之恶者,非礼也,津津乐道,张扬其事,极尽羞辱,非攻恶也乃攻人也,君子有德必恶之。今人不许煽动种族、族群仇恨言论,义亦相通。

【居下讪上】讪,讥讽、谤毁之议也。居下若见上德有失,当谏而不当讪,尤不得当面以谄,退而妄议以讪;盖"讪"尚不至于入罪,而孔教严诫以维忠敬,又可谓"君子好谏,小人好讪"也。今世言议空间尺度拓阔,难领其旨,惟于公司社团科层内部,似仍可会得其意。

【勇而无礼】勇而无义则为乱为盗,勇而无礼则暴也慢也。君子以义为上,虽好勇而亦能止乎礼,若见善射之弈、荡舟之浇,必亦恶之。

【果敢而窒】果敢,果决敢为也,较"勇"尤猛;窒,不通也,陷之而令不能进退也。当谓行事好走极端,爱之欲生,恶之欲死,俗语所谓话说死、事做绝;是类分子成事不足,败事有余,不肯听劝,不见棺材不掉泪,犹如顽石之不灵。今人若遇,亦必远之。

【徼以为知者】徼,小道也,喻小慧之知也;误以旁门小技而为正知也。盖上节四恶主教君子识人,本节以下三恶主教士人辨恶。学道固以仁道为本,其余皆小技杂艺耳;若乃舍大道而取径行,沾沾自喜于小知小慧,当可谓学之贼也。

【不孙以为勇者】违礼背道谓之不逊,同逆也、倍也。若以背逆为勇者,造次或亦称为天下先,当可谓志之贼也。

【讦以为直者】讦,发人隐私而攻之也。以讦为直者,多不避非礼,好闻他人之恶,乐于道听途说,惟恐家丑不能外扬;是类分子,无意间而亦成人之恶,不能成人之美,当可谓群之贼也。士人学修奉此三恶,损友必远而可获益友焉。

再读论语

子曰："唯女子与小人为难养也，近之则不孙，远之则怨。"

释 读

斯章论治恶之难。君子仁人之所恶，攻恶而不及于人，置身其间忍之容之，不倦诲之，诚躬自厚而薄责于人而已，若非爱人之德、知人之道兼运并举，诚亦难为。若乃所恶为天下之疏远者，自有"道之以德、齐之以礼"之妙方，或并非难事；惟其所恶者乃宗亲近属，同居于萧墙之内，君子治之则不易矣。孔子感慨斯语，后儒心有戚戚焉，共奉"齐家"乃"平天下"不移之正始；圣贤他教亦通是义，佛陀尝谓女子缠教致其大法少寿一半，耶稣则训信徒之爱当先验之于邻人，盖亲近者性情天生不驯，欲攻其恶甚难，天下概莫能外。

【近之则不孙】近之，当喻和也，顺意也，迎合其求也；不逊，当喻无厌也，强求也，需索无度也。譬如宠爱妾室新妇，易激其望而忘其位；器重家臣或子弟一类近属亦然，所谓仆人眼里无圣人，天长日久或难守其本分。

【远之则怨】远之，当喻无亲也，待之以矜也，临之以威也；怨，当喻失意也，或好"讪"也，或生"窒"也。君子左右为难于亲近者，是以尤当慎明齐家之义，必远近得宜方可治之；然是道也不足以为外人道，家家有本难念经，个中秘辛但甘苦自知耳，惟家人了无"不孙与怨"之迹，示之于外而可证其道之善形。本章举"女子与小人"而喻亲近者，盖今人以为乃孔子仇贬女性之证，讪谑攻评者甚夥；若归当时礼制社会，平心复观是语，可知其间误会。尽灭天道而逞己志，不过当代"乡原"之事罢，凭此而诬古人文言，岂有孔子说理余地哉？

子曰："年四十而见恶焉，其终也已。"

释 读

斯章论改恶之义。夫"恶"同"过"也，必当有则改之，勿令诸恶加身。盖性本相近于仁，而所习各各不同，相远而生诸恶；既为习得之恶，自亦可凭好学善学而改之，故孔教学道又求学者不舍昼夜，只争朝夕于进。本章乃夫子泛论改恶之义，或亦诲学者当尽勉以求。

【年四十而见恶】以"年四十"而喻"晚矣"之义；本句犹言偌大年纪惜仍见其恶也。人生四十，固当不惑于事，往行至善；而反有恶在身，失德畔道，无可救药者也，唯了此残生而已，故判其所谓"终也已"，不值一顾尔。或以"大器晚成"质疑未必如是，以罕遇而攻常见，以莫须有而戏笃直义，亦属"利口"之恶也。

再 按

孔子当时兴教，周室权威虽去，至尊礼位犹在，天下和平尚可悬系于一线；及至身后百年，世道日新月异，天子礼治丧亡殆尽，诸夏局面无所凭借，诸子学说破茧而出，蔚然而成百家争鸣。孔子身后百家学术总体之轮廓，必深映相契当时天下分合治乱之概貌，故切列国之政治、经济、文化、风俗，或可有助学者今人明察百家之所由，相争之所以耶。兹试略详其要：

一、先民风俗。东亚称夷，内亚称狄，东西之向相互交通，融合于河洛一带，遂成诸夏古源。南北交通，止于饮马之需，不入低纬之域，秦晋燕卫似为天然屏障，得保河洛大致独立，相异于北人。河洛地区初由夷狄移居而成，位中心而渐高傲，又远拒北边，自视一切文物设施优胜各方，服封之民受其浸染，亦滋生夷狄不如诸夏之共同心理。

二、文化流迁。东夷拜火，北狄敬天，或于燕辽一带共通于萨满，而于河洛之地有分焉，敬天者射日，拜火者补天，神话似可佐猜测当时文化分野情形；南楚隔江依偎诸夏，或少受困扰，信从古教，流传巫医。周代殷际，文王演《易》，天人合一，取代古教，诸夏根基始立。孔子承《易》说仁，远天近人，建立道德，经营改善现世人生，洞开知识教育大门，新辟一文化共同天地。由是古教备受抑制，转伏流于民间。

三、经济进步。自古欧亚大陆东西向之交通，以游牧部族（诸夏曰狄，泰西呼之为闪米特）往来为主。秦国或主承农业之利，晋国或主承手工业之利，燕辽则兴贸易之利,河洛一带可集四方之利。周公制礼,封建天下,实乃经济制度,所谓贱役奴隶属用工成本方式罢,主保营收利润供礼制上层需用。东周时出现铁器,开垦效率显著提高,小麦谷物产量足以支撑城镇都邑兴起建设,自由民及贸易规模随之扩大,铜制铸币或已面市,马匹、道路、船舶、水渠亦见广泛,器皿制作技艺丰富,师徒制手工业益形发达。

四、政治变革。东周天子权威初失之于迁洛,终全失于郑国启衅;齐国凭渤海圈贸易兴盛,桓公率先称霸诸夏,其政一世而亡;晋国以手工业之利继起,文公代齐会盟,攘夷敌楚,其道广开贤路,封大臣而弱公室,士人才干风云际会,咸以为人生即舞台;晋国君政根本违礼,内忧虽起而内力不减,力拒强楚,保全诸夏;晋楚相争,牵连吴越,东南边鄙亦入围相争,灭国之战登场,当为战国之序曲,至三家分晋遂正式挥别周礼天下。

诸子学说源承孔子有为之教,断章取义,各从所需,无惧变乱,唯求能胜,盖可由当时形势识其主旨,无外乎自强及相争两道之要:自强之道谋治也,或曰足兵,或曰足食,两全其美必从法家,兼采诸业之说;相争之道谋战也,必召兵家、纵横家来助。孔教流远,中庸之道时多见弃,任凭沉浮,其余各家放逸自娱焉。唯新儒学者奋声而出,勇作天下之木铎,力辩法术诡计,惜其无能为力于浩荡时局,沦为一迂阔批评角色耳,必望治世从容,或可卷土重来。

微子第十八

微子去之，箕子为之奴，比干谏而死。孔子曰："殷有三仁焉。"

释读

斯章论先贤之仁。凭史传而证经义，本篇多有。盖诸夏文章之证道，奉《易》为本，取譬为证，复归成义，亦通乎逻辑学"大前提，小前提，结论"之仪轨；是以"取譬"之方乃成知证道之至要，殆"史传"为之首取，次者"形拟"而法物象，再者"发凡"而善举例，孔儒相承主运三者为证，其余证法似无足道焉。孔子时三证道尚可不分，仍大略完备寄托于《诗》，渐后"史传"为《尚书》及《春秋》所袭取，后儒遂尊为两经，退《诗》居次矣。兹例举而简形三者证法大略：（1）若依"发凡"而证：谓天道乃自在而化者也（大前提也）；凡天下必有四时（发凡也），故曰居夷狄必亦有四时（结论也）；（2）若从"形拟"之法，不改上例之大前提，小前提以"北辰居其所，而众星拱之"取譬（形物也），结语可为"虽夷狄亦能远来"之义；（3）若举"史传"来证，大前提同，小前提则谓"有圣人出，俯仰天地取法而作"之类，结论或至"虽夷狄闻之亦必服之"也。可见若无《易》之为本，诸夏智识难免失之于"荡"耶，故孔子时不学《诗》，恐实难以言之成理而服人。本章所述三仁乃周代殷际事，孔子以为合乎卫道之义。

【微子去之，箕子为之奴】微子为纣王之庶兄，箕子为纣王之叔伯，微、箕为二人封国之名。或传二人叛而私通周，致纣王败。殷人或与东夷同源，周为西狄，东西势力此消彼长轮主诸夏，或已源远流长，孔子当世殆少有人知其事耳。盖孔子以微子避去而喻卫道者善择取舍，以箕子为奴而喻卫道者求仁得仁。

【比干谏而死】比干与箕子为兄弟,存亡绝续之际死谏,为纣王所杀。孔子以比干谏死而喻卫道者杀身成仁。盖殷虽亡于纣,以三仁故,终仁道未丧而免天下亡。

柳下惠为士师,三黜。人曰:"子未可以去乎?"曰:"直道而事人,焉往而不三黜?枉道而事人,何必去父母之邦。"

释读

斯章论进退取舍之道。舍用怀藏之义,原亦无甚稀奇,世人趋利避害,禽兽逃水火而争栖食,天生之性由以故也;及圣人出,辨善恶,制规则,立准绳,严赏罚,后天之"习"无奈为"义"强加约束,夫"当与不当"遂决于"义"而不全由"性"矣,由是进退取舍之道大分为二:奉义而行者,其道不避水火生杀,反可视若琢磨成玉之攻也;轻义而行者,其道全凭得失之计,非获享食色而不肯为之也。孔教经义大违常性,盖不免多受诘疑,本章夫子或举柳下惠例而证其道非虚。

【士师】周掌刑名之官,犹今检察官或大法官。柳下惠,鲁国大夫,以正直闻名。正直而行义,不偏不倚,无私无亲,动辄得咎于人情常性,若乃居于义理未彰之邦邑定受孤独窒碍,必求仁得仁之坚志者方可无怨。

【黜】罢免也,夺职也;"三黜"当虚言"数次",未必三次罢官之实。柳下惠三黜而不去邦,疑者疑之,唯知己者知之。

【枉道而事人】枉,强弯木令其曲也,而喻强加不实之罪以害无辜也;枉道,背道也,伤义也。直道事人或枉道事人,大权在握,全凭自择;夫子乃直道者之知己,知其何以有三黜,亦何以不必去:(1)事人之道,必直枉两者取其一,天下莫不如此;(2)直道事人至难,天下之常情一似也;(3)若欲枉道事人以利己,又何必舍近求远乎?

齐景公待孔子,曰:"若季氏则吾不能,以季、孟之间待之。"曰:"吾老矣,不能用也。"孔子行。

释 读

斯章论礼贤之义。礼贤以利,譬如养犬马;礼贤以义,譬如见大宝。士人遇君,何去何从,亦试其德焉。盖本章主喻士人择君,固当明辨其礼贤之道。

【齐景公待孔子】盖外国之君任贤曰待,若为本国之君则曰召。齐景公才宏而德薄,或从富强论之流,放利欲而行者也,故行礼贤主凭功名利禄召之待之。本章当纪孔子游于齐国之事。

【以季、孟之间待之】即谓于季氏与孟氏之间之位而礼遇孔子,当可谓之"优礼"也。以孔子在鲁邦,其位或止于从大夫,而景公竟能并列三家待之,际遇甚隆矣。

【孔子行】终以年老为托辞而归国不就也。孔子辞行之义,宜本于"不择景公"而解为其正义。有说孔子或以景公礼遇过厚而不敢受,故辞;或不乐景公厚礼欲养而不用,故辞;两解皆谓景公之待有"好行小慧"之嫌,恐陷人于不义,姑存以参。

齐人归女乐,季桓子受之。三日不朝,孔子行。

释 读

斯章论怀去之义。士人进退之义,固有多节:大节必明乎有道无道,次节则多可从权以济,或谏或恕。盖本章夫子乃教士人退舍之道:君子大节尽失之日,必为士人怀去之时。

【齐人归女乐】齐国大国也,而礼不及鲁国位尊;鲁国弱小于齐,以周公之封贵于姜齐。齐鲁相邻,孔子时齐俨然为鲁之上国,常行赏赐于鲁。季桓子为季氏家主,以大夫而掌鲁政,获齐国所赠女乐。

【三日不朝】又以"三日"之虚,实指"多日"也;三日不朝,久怠于政也。时孔子以大司寇相国,或劝谏而终无果,遂辞矣。孔子一生为官不数年,此后再无为仕之遇,其辞官一事或另有他故;后儒为证经义,挪说女乐充其辞官之由,亦犹周代殷后辩称微、箕、比干之为仁人,而罪纣王咎由自取,其道一也;盖不凭此论道,后儒引经据典而匡君,或多为难矣。

楚狂接舆歌而过孔子曰:"凤兮!凤兮!何德之衰?往者不可谏,来者犹可追。已而,已而!今之从政者殆而!"孔子下,欲与之言。趋而辟之,不得与之言。

释 读

斯章论庸人自扰之义。有为与无为,有志与顺受,皆本于人与天之争辩而出者也:老氏之道,顺守天道而主无为安静之德;孔子之教,不反天道而求有所作为之德;殆可谓老儒一出《易》道而分为二者,相因相生固亦相知,相克相杀则不免讪笑互讥欤。本章楚人接舆,盖与司晨门者、荷蓧者一类,老氏之徒也,佯狂而避世,遇儒好戏玩,时称隐者。盖本章所述之事为孔子受邀适楚,传其终未成行。

【楚狂接舆】"接舆"或非人名,而当为职称,犹"行人""祝史"之类,移用而指人也;接舆者或从迎宾使者而事杂务,其位卑似执鞭者、射者之类也。狂之于一门之内,主言其志过高,如子路狂过公西华;若他教旁门互以"狂"相称,虽非同道亦不失敬意。楚国历来称狂于诸夏,盖其风俗兼容夷狄,为孔儒忧鄙。

【凤兮】楚人之图腾,最美神鸟也,其雄曰凤,其雌曰凰。古时以凤为图腾之族,或称玄鸟,盖殷商是也,或东北亚渤海诸地皆然。接舆乃高士,虽位卑亦当闻孔子声名,乘兴而歌,盖引凤而讽孔子有为之德尔。

【往者不可谏,来者犹可追】犹言及时回头未为晚也。乃诸夏名句妙语也,若觅比肩本句者,实亦"多乎哉?不多也!"也,夫"逝者如斯夫,不舍昼夜","知我者谓我心忧,不知我者谓我何求"差可为一类尔。老氏文义不输孔儒,本章似可一证。若归老氏至义而解本句,似可运之广泛而出多义,或云"既往不复,未来可期",或谓"来日方长,勿咎既往",或亦通所谓"放下屠刀,立地成佛"之义也。

【趋而辟之】道不同不相为谋也。前数章孔子不行于道不同者,本章则为老氏不行于孔子,狂者更遇狂者狂,两道高下易位,孔儒似相形见绌矣。后孔子终未至楚,门人后生以接舆而饰个中缘由,亦合儒家尊尊善隐之道。

长沮、桀溺耦而耕,孔子过之,使子路问津焉。长沮曰:"夫执舆者为谁?"子路曰:"为孔丘。"曰:"是鲁孔丘与?"曰:"是也。"曰:"是知津矣。"问于桀溺,桀溺曰:"子为谁?"曰:"为仲由。"曰:"是鲁孔丘之徒与?"对曰:"然。"曰:"滔滔者天下皆是也,而谁以易之?且而与其从辟人之士也,岂若从辟世之士哉?"耰而不辍。子路行以告。夫子怃然曰:"鸟兽不可与同群,吾非斯人之徒与而谁与?天下有道,丘不与易也。"

释读

斯章论《易》道分流之证。本篇多章专纪老氏戏孔子之文,盖传人编纂后十篇论语时老氏已兴,为道学首尊,孔儒反多化入法术主流,清名令誉老多而孔少,或已为时情常态,殆门弟子介怀者亦鲜矣。老氏诘难孔儒之志,斥其鼓吹逞欲者也,有进无止恐必祸乱天下;本章假耦耕高士而刺孔儒,亦犹孔子以杖轻叩原壤之胫也。

【耦而耕】并作而耕也。盖长沮、桀溺二人乃高隐者,并避一处而同事耕作。当时有道者甘于无为,不避下流,以贱为贵,身体力行而谋自食,作业于农圃桑雕,或充引车走卒,和其光同其尘,不欲显耀于世。

【问津】津,渡口也;孔子使子路问路,后儒引典而成"乏人问津"之语。孔儒有为之道,其志似可由"问津"始,而终至于"问鼎"也。

【滔滔者天下皆是也】水兴不平之状,谓之滔滔也,喻功利之欲也。天下人求名逐利,本有滔滔洪水之势,孔教反推波助澜,假仁义之名,唆有为之志,岂非抱薪救火之冥顽,南辕北辙之蠢蛋乎。故子路问津,遭劈头盖脸一顿,终不得要领而回;又以子路受屈,纪文者或隐怀同情之意也。

【⋯辟人之士,⋯辟世之士哉?】辟,避也。因其能择,故能避;因其能辨,故能择;三义俱张而共合于明道一义也。大道辟世,小道辟人,无道方求。所谓仁道,斤斤于爱人知人,名谓尚德尚贤,实出于有志好求,迹近于无道矣;故耦耕者言毕再不理睬子路。

【耰】种田也。子路于长沮处未得,转问桀溺,桀溺以辟世者自居而责子路误入歧途,言罢辄复作耕种,任由子路失意归去。

【鸟兽不可与同群,吾非斯人之徒而谁与?】物以类聚,人以群分,虽未见其人,而能深会其意,故夫子闻告而叹谓"我必亦是类者也"。老与儒两道相激于孔子,当时之情犹所谓神交者也,譬如夫妇吵架,一方闻道而见谅,矢言从此君可负我,而我绝不负君。凭孔子"吾非斯人之徒而谁与"之浓情蜜意,老儒原出一家勿庸再疑。

【天下有道,丘不与易也】其犹兄为易弟为难之说。既同本心者,行道有别,难免误会,闻道冰释,夫子开朗抒怀,遂转委曲之情而奋不屈之志。隐逸无为谓之易,克己复礼谓之难,从此老儒兄弟俩从俚语"你走你的阳关道,我走我的独木桥"可也。

子路从而后,遇丈人,以杖荷蓧。子路问曰:"子见夫子乎?"丈人曰:"四体不勤,五谷不分。孰为夫子?"植其杖而芸。子路拱而立。止子路宿,杀鸡为黍而食之,见其二子焉。明日,子路行以告。子曰:"隐者也。"使子路反见之。至则行矣。子路曰:"不仕无义。长幼之节,不可废也;君臣之义,如之何其废之?欲洁其身,而乱大伦。君子之仕也,行其义也。道之不行,已知之矣。"

释 读

斯章之义可参同上章。盖丈人老者与荷蒉者、接舆、长沮、桀溺一类,可征诸夏当时隐逸风盛,黄老之势诚不弱矣。老氏高人所攻孔儒,总其类分主及于两面,或斥其智见有失,或讥其道行卑鄙,本章当为后者之义:(1)孔儒借口"有为"而纵欲行世,倍远天道自然,巧言称"志"而欺世;(2)尤不齿者,名从有为之志,实逐功名利禄,以采食他人为贵,不肯自食其力;(3)为逞志愿,极攻钻营,攀附君子,妄生是非,不啻寄人篱下之蛆虫矣;(4)似此有为之道,孔儒振振有辞,自诩周礼传人,满口仁义道德,终以治人为利归,岂不为人所厌恶哉?由本章及本篇诸章老儒对话,亦见诸子学说相互激荡之风貌。

【蓧】草器也。

【植】直立也。

【芸】去草之动作。

【子路曰】子路以下所言当为孔子嘱其转述之言。孔子闻丈人蔑己"四体不勤,五谷不分"之语,知高人枉己正道,专使子路再反相辩,不肯误会蒙羞。有解称曾见版本于"路"字下有"反子"二字,已无可考;以下以子路之口而述孔子之意,则当无疑。

【长幼之节】盖指周礼宗法也。天生长幼,必蕴其义,周礼发之,宗法成之,孔儒服之,不违天道,固无可非议;吾人明序辨礼,非为"分"也,乃为"和"也,虽取其长,亦爱其幼也;若此节废而不存,尽从齐物之说,万类自由,各恃其力,则天下相争无休,何可盼一日安宁邪?盖表孔子于不平等中求平等之苦心。

【君臣之义】依宗法而明继统也。尊卑有序牢立,君臣各安天命,天下方期能治,周礼焉可废哉?欲天下得治,君当贤贤而任,臣以贤德而仕,不教仁义道德,不立有为之志,又岂可得之哉?君臣不安,天下大乱,君臣礼乐,天下大和;故谓君臣即天下,天下即君臣,天命如此也;吾人不辞千难万险,忠君而事,奉义而行,反落尔等不务正业之讽,良知何在,良心何在焉?盖可述孔教受屈不平之鸣。

【欲洁其身,而乱大伦】犹言尔等为保一身之祥泰,而弃人伦大义于不顾,实天下乱源也。由是可明老儒之争,根本而为出世入世两道:老氏之徒主出世求道,而孔儒则主入世行义。后儒奉"不仕无义"者,愈行愈远,反转天道,极求功利法术,而昧"平等为其本、不齐为其末"之义,孔子未料亦不免牵累受过尔。

【道之不行,已知之矣】犹言吾知何以大道不行矣,直斥老氏乃天下无道之罪魁也。天下无道,相争而乱,尔等虽曰得道,然明哲保身,袖手旁观,不肯入世有为,亦归私心自用之恶也;吾人明道行义,匡扶天下,耻于不仕,引天道而成仁德,比尔等欺名盗世、风言风语之贼,诚高下立判矣。盖孔子不屑老氏之讽也。

逸民:伯夷、叔齐、虞仲、夷逸、朱张、柳下惠、少连。子曰:"不降其志,不辱其身,伯夷、叔齐与!"

释 读

斯章当与下章联读。

谓:"柳下惠、少连,降志辱身矣。言中伦,行中虑,其斯而已矣。"谓:"虞仲、夷逸,隐居放言。身中清,废中权。我则异于是,无可无不可。"

释 读

同上章相联,乃孔子品论隐逸之士。所举七子,史传或多或少有纪,而夷逸与朱张则不可考。老氏尚隐逸,孔儒言进退,两道同归独善其身,而所见亦云泥分殊。盖两章孔子分类士人隐逸之义,或深非老氏之说。

【不降其志,不辱其身】举伯夷、叔齐而论,天下无道,君子士人不遇,不肯降志辱身,乃怀仁德而隐者,非为隐而隐尔,犹所谓宁为玉碎、不为瓦全,是可谓直隐者也。

【言中伦,行中虑】举柳下惠、少连而论,居近乎无道之邦,士人有遇,降志辱身,从权济世,务求从礼合义,隐怀苦心孤诣,犹所谓委曲求全、独木撑屋,乃忍辱负重者也,是谓之隐忍也。

【身中清,废中权】身,行也,处也;清,洁也,无染也。夫"身中清"者亦犹"涅而不缁"也,其身恒保清正不污。废,不立也,去位也;权,度量以义也,取舍之凭也。夫"废中权"亦犹"磨而不磷",譬如"三黜"亦不能改者。举虞仲、夷逸而论志士高洁,刚正其中,乃处污泥而不染、临大节而不亏,是可谓之隐让者也。

【我则异于是,无可无不可】犹言我若隐逸则皆可也,视情而行。孔教有为亦有所不为,有所不为亦非无为,取舍之际进退裕如,或大隐隐于朝,或中隐隐于市,或小隐隐于野,不丧其德则皆当焉。孔子匹敌老氏之志,笃信有为之道昭昭然矣。

大师挚适齐,亚饭干适楚,三饭缭适蔡,四饭缺适秦。鼓方叔入于河,播鼗武入于汉,少师阳、击磬襄入于海。

释 读

斯章之义当再续前章,以表孔儒坦荡不移之风范,用则行之,舍则藏之。譬如当时鲁国废礼,乐失其道,司乐之士相率辞去,或另投前程,或隐世而避。本章举八乐师事迹,盖夫子力证儒士非如隐者高士所诬之寄食者、干禄之徒,乃真济世者也,志士仁人也,有道之士也。

【挚、干、缭、缺、方叔、武、阳、襄】皆人名也。八乐师,以大(太)师为首,亚饭、三饭、四饭皆乐官名,于一日之二饭、三饭、四饭时司乐。

【播鼗】鼗,小鼓也。播鼗者,似今之乐队摇拨浪鼓者也。

周公谓鲁公曰:"君子不施其亲,不使大臣怨乎不以。故旧无大故,则不弃也。无求备于一人。"

释 读

斯章传周公之语。盖孔子尝述于弟子,弟子门人纪成本章。周公封己于鲁,不至,而由世子伯禽领治其邦,临行训嘱,诲伯禽为政之道。

【不施其亲】施,予也,赏也。君子施人,当施之以礼,而非施之以亲,礼为公,亲为私,行私而废公,宗室自乱矣。故君子不施其亲,乃宗室安宁之道也。或解"施"当为假借"失"字,其义欲求宗室和乐;另有解言"施"原为"驰"字,亦近"失"之义,主诲务求宗室亲和,姑存参之。

【不使大臣怨乎不以】以,用也。犹言勿令大臣埋怨不用。周之大臣,多为叔伯宗亲,转任辅政而入君臣一道,关乎社稷安宁,故主忠信,所谓疑人勿用,用人勿疑,任之必尽其能,可使大臣无怨,君臣同命。

【故旧无大故,则不弃也】故,故友也;旧,旧属也。二者皆以"信"义而"群"之属也。夫"大故"者,恶行重罪也。故旧之情,乃为力助,君子不党而拥故旧,可为"矜而不争于内,群而不党于外"之资本;由周公之语可见,宽容故旧而不轻弃,亦至尊者驭政超然不党之力助也。

【无求备于一人】无,勿也;备,俱全也。本句犹言为政切勿尽倚一人之力。为政之道,不可偏倚,犹今所谓团队作用,不当系于一人之贤。本章周公四语之义,首重宗室礼乐能和,次求君臣同心同德,再次则明群而不党之道,本句当主诲治事用人之道也;循本句治事而任贤,亦可免贤贤"求全责备"之失矣。

周有八士:伯达、伯适、仲突、仲忽、叔夜、叔夏、季随、季騧。

微子 第十八

释读

斯章盖时传之语,后无以详。夫八士,当指贤仁之士,孔子尝言于门人弟子,遂作纪于此。本篇诸章所记古今高明贤士,若从《易》统视,亦犹此一母四乳之八子,本属同出而异流于世,相知、相亲、相和、相惜殆亦可不稍侮也。孔儒厕身其间,出而自承其重,弘道行义,欲救路哭,甘居末节而克己,降志辱身以扶顷,立使命也胜觉悟之高,求道德也逾自了之明,堪称"其智可及、其愚不可及"之奋身义勇者也。遍察世间圣贤诸教,莫不求如斯之徒;是故卫道者不孤,殉道者不污,必垂诸不朽而永远。

再按

孔子学说贴合封建法则,凡行封建之域必通其教,犹皮毛之两相互依,乃封建形态普适之义,迄今君主国亦根本不违。世道难料,每遇反封建之社会形态,孔教则不免首当其冲,毁誉沉浮,甚或劫后余生,随封建法则而新其面貌。兹略形浩劫冲击之状,以明其幸存之所以然:

一、殖民相争之规模。殖民相争本于人类迁徙拓殖而伴生,自有书文历史以来,取简用字,记载事件,主述相争,殊少和平相处之文,当非殖民生活真实面貌,犹今人之不当凭新闻报导事件建构世界认知一理也。不过,相争规模愈大,史纪愈详则无可争辩,故亦可知人类拓殖早有灭国掳族之方式,和平封建不时亡于暴烈残杀。斯时庙堂垮塌,埋葬孔儒,教义避难,转入伦常尚存之人家,一俟尘埃落定,和平降临,即复归至高主权献其新猷。

二、思想统一之程度。多神教义时代,宗教原亦合乎封建,氏族各奉其神,大体相安不扰,譬如牧野之战,周武王所率熊、罴、豹、鹰、貙之图腾部落;及至一神信仰兴起,教会普世设立,君权由其神授,各封建主权尊严并非至高,抑弃家天下式封建,跃入共天下之大同式封建,从而危及孔教学说。后世孔儒政治似乎式微,其实百折不挠,深伏人伦礼治信念,而造宋明之复兴。能近取譬,择善而从,乃孔门固有之方,故虽相形见绌,终亦勉力不败,转生所谓理学心学,差可维名山之未坠。

三、知识技术之进步。技术进步及于自然封建法则,可致土地权所占财产权益比重下降,个人自主选择能力增强,礼制分配秩序根本动摇,孔教当时必受冲击;然而一旦技术主权扩张完成,系统长久维持,仍当依赖人伦礼义,复迎孔子学说归来。今世通行之遗产继承法律,若有争议,岂可不凭周礼宗法原则行事哉?各大机构商社所订科层制管理规则,岂有违君臣之义而可行者乎?纵举知识进步最为乐道之政治自由而论,以众治众之选举民主,亦当服以寡治众之法律,民主与法治,岂又远孔子"德与道"之哲思耶?

概而论之,若乃封建主权者不灭,求治之志不息,则孔教之道固亦不亡,可同天地长在,必与日月争辉。后世违道而行者,虽假孔教之名,其乱其败亦属自绝耳。

扫码查看
- 听·儒音雅集
- 悟·论语智慧
- 读·先贤名句
- 观·圣人故事

子张第十九

子张曰:"士见危致命,见得思义,祭思敬,丧思哀,其可已矣。"

释读

本篇均记孔子弟子所言,当为再传弟子尊祖敬宗之作,或为子夏门人主纪;孔子身后儒教亦分多门,主有颜回、子贡尚知之一脉,曾子、子夏崇礼之一脉,子张、子思狂放之一派,读篇中诸章,可见"七十子"相分有痕矣。本章子张乃重义而欲轻礼,以为士人若明仁知义,何必重礼?其犹子路所谓"今人为学,何必读书?"一似;轻蔑周礼及腐儒之风,当时便有矣。

【见危致命】犹"见义勇为"之义也,喻义勇者也。
【见得思义】犹"君子喻于义"之说也,喻明义能守者也。
【祭思敬】犹"祭神如神在"之义也,喻主敬者也。
【丧思哀】犹"丧与其易也,宁戚"之义也,喻孝弟者也。盖子张以为学修仁德,无关繁礼,何必多此一举,故云"其可已矣"而疑崇礼之说。

子张曰:"执德不弘,信道不笃,焉能为有?焉能为亡?"

释读

斯章论弘道有为之义。老氏与孔儒之争,迁沿固无已时,子张出语本章或两道益形激辩尔。老氏以为:无者有之始,有者无之末,故倡无为;子张志高,既非老氏之道，又诘孔子之德，颇嫌二圣之教似皆尚隐怀，羁绊后学有为，故主奋起求弘。

【执德不弘】盖攻周礼之言也；囿于礼制天命，有德者行世难逞其志。天下之道原本任贤而不任亲，而为周礼所废，改任亲不任贤，有德者无能居之矣。

【信道不笃】盖攻《易》道也；天道自然而受制于运筹之智，必伤义损道。子张如是而责，或嫌当时士风耽于犹豫，似欲鼓舞"天生我才必有用"之志：有为者奉道义出世，若寄命于老氏方术之数筹推演，或伏于孔氏中庸之克己复礼，岂可称笃信邪？子张反时说之意大显矣。

子夏之门人问交于子张。子张曰："子夏云何？"对曰："子夏曰：'可者与之，其不可者拒之。'"子张曰："异乎吾所闻：君子尊贤而容众，嘉善而矜不能。我之大贤与，与人何所不容？我之不贤与，人将拒我，如之何其拒人也？"

释　读

斯章论容人而交之义。人际交往当以义为本，以信为要，而又以能容为贵，即所谓躬自厚而薄责于人也；夫"可"与"不可"之问，盖出于"义"与"信"而作决断，子夏所教门人之道也；而子张或疑其固陋太过，未能切情以谅以恕，庶几害容而伤和，则不免"同而不和"之患矣。子张弘毅，广交天下，渐悟道行之大，仁德之厚，或有"义不必归于尧舜，信不必出于周礼"之见地，所谓"可与不可，当与不当"固亦未必，可先容之而后征之，再辨而择之。子夏尝发"四海之内皆兄弟"之语，并非固陋不通之士，而子张见疑其说，盖弟子所传之言主及于庶众，子张所引之语主及于君子，分类而教，各有侧重耳，并非水火不容。

【可者与之，其不可者拒之】世人相交结合，固当先明大义而务根本，否则好从乡愿，啸聚成党，滋扰无宁矣。盖子夏笃实，弘道于下，主求建立基础。

【异乎吾所闻】犹言吾所闻有异也。子夏门人转问子张,子张以教君子之义而论,似欲深诲。

【君子尊贤而容众】道不同不相为谋,乃敬贤之义也;和而不同,乃容众之义也。君子有容乃大,安居北辰,而众星共之;小人反是。

【嘉善而矜不能】所谓举直而措诸枉,君子和而不同,如此也已矣;君子之德风,小人之德草,风必偃草,即所谓矜不能也。同而不和者反是,一遇不服有违,遽施之以刑杀,美其名曰"以就有道"也。

【我之不贤与】自省也,换位思考也。若人视我不贤,亦拒我如我之拒人,或去我、弃我、杀我,我何得有辩邪?故相交贵乎能容,和而不同,利人利我。

子夏曰:"虽小道,必有可观者焉;致远恐泥,是以君子不为也。"

释 读

斯章论有所不容之义。盖子张之道以能容为先,子夏之道则以有所不容为贵。他教异说虽有可取之处,毕竟各有所宗,根本分歧,故君子虽必和而不同,然亦当明辨而有所不容。本章或承上章,门人再转述子张之言于子夏,子夏斟酌以对。

【小道】应指他教异说也;圣教别称外道,好形之以小道,或谓邪门。老氏、墨子时必兴矣,占卜、图谶方技法术又盛,孔儒环处其间,交相辉映亦不免相与为敌,呼"小道"之名可做门人自持。

【致远恐泥】泥,不行也,陷也;本句犹言"恐怕泥足深陷行之不远"也。诸子各说之所以流行,诚不乏切情合理之处,然究属小道末技,吾人趣之若能不"荡",或亦未尝不可;倘引君子闻而从之,则属舍本逐末,天下恐陷入无道。子夏"致远恐泥"之论,标签为敌之意似淡,多斟酌从权之味,主劝君子勿因小失大;后儒不明,大违彬彬有礼之道而争,动辄加敌手恶名,曰蠹或曰贼曰妖者众,先儒中和能容之气殆亡矣。

再读论语

子夏曰："日知其所亡,月无忘其所能,可谓好学也已矣。"

释读

斯章论好学为勤之义。好学之义,主分善学与勤学两道也。善学者学而思,由表及里,由外入内,闻一知多,而成于上知;勤学者恒不惰,学如不及,犹恐失之,废寝忘食,而成于日月至焉。子夏于孔子身后,居西河之地而为业师,广收弟子开门授教;盖本章子夏所诲,乃督学于西河弟子者也,与曾子"一日三省吾身"之训皆近小学之义。

【日知其所亡】犹言一日有一日之新得。好学之德,一称志也,有志则可尽力;二称敏也,敏而求之则多知;二德合一于"行"则谓"勤学"也,必不虚度一日之光阴。

【月无忘其所能】依孔儒之见,盖为学所得初成于"能"也,再及于"贤"也,终至于"德"也。初学固无其能,学而时习之则可成矣,谓之"勤"也,不辍也;若间歇少学,虽学亦无以存其"能",谓之怠惰也,无恒也。孔儒以为勤能补拙,故督学尤切,譬如"积跬步""聚篑土"诸说,主勉下士不懈上进。

子夏曰："博学而笃志,切问而近思,仁在其中矣。"

释读

斯章论善学之义。可续上章义,盖明进一步之学问功夫。学者固当勤学,尤须善学,方可向仁有成;善学多分其类,主有三者:一曰生而知之,天资圣贤是类也,世所罕遇,学者切勿妄意自比;二曰学而知之,常人中知是类也,博学众采而广其知,不耻下问而通其理,凡学者必笃行其道;三曰教而知之,下愚众民多是类也,服于君子仁政,从教为学,守戒知耻则可矣。盖子夏当时传道兴学,督促勤学与教导善学两不误也。

【博学而笃志】博学广知亦有其患,何也？曰:杂念丛生也,歧路徬徨也;犹所谓好知而不好学,其蔽也荡。故又加"笃志"以制,因志笃能去其惑,譬如老氏来招隐,墨子来劝耕,笃志者必不从尔。

【切问而近思】遇惑即问,虽善亦忧,所忧者虑其无思也。学而思兼运为道,学之不足固当加勉,思之不用亦须有戒;凡学问有成,必发乎愤悱之际,而通乎运思之功,方能举一反三,告诸往而知来者。是故为学中途,愈钻愈坚,学者不懈,重在笃志与近思。

【仁在其中】学者勉力于学,遽言"仁在其中",何也？盖子夏从《易》相生相克之说而言仁道:笃志之生则定也,而能克"荡"之惑;近思之运则明也,而可克"惰"之愚。

子夏曰:"百工居肆以成其事,君子学以致其道。"

释 读

斯章论专学之义。勤学、善学仍有所不足,又当专学;故行仁政者,必广设辟雍庠序,犹建百工之肆,教与学各专其道而共修,可保君臣之义不坠天下也。盖学儒不事百业,疑之者甚众,孔子即遭"四体不勤、五谷不分"之讽,身后非议料愈汹涌,本章子夏或有卫道之意。

【百工居肆】肆,公府所设之工场也。专善其工,必先利其器,百工之技居肆而可成功,举常情而通理之术也。

【君子学以致其道】专务学文,明道知义,又岂可谓之虚度寄食哉？士人舍业入学,聚集一堂,修习君臣之义、为仕之道,实与百工之居肆一道也,不当另眼相待而讥。

再读论语

子夏曰:"小人之过也必文。"

释读

斯章论文人相轻之义。孔儒治学重文,为人所轻,流言蜚语袭来,亦多裹以文辞,近似雄辩者也;譬如老氏高人莫不文过饰非,或乐夷侯,或美耦耕,或笑志士,亦有动摇旌心之力。盖本章子夏不屈于物议沸腾,坚执学文修仁之道,与门内弟子共勉。或解本章乃谓小人必文过饰非,犹君子不德必好迁谤,似浮泛取义,姑存不采。

【小人之过也必文】文,纹也,饰也;小人者,盖指他教异说也。以文攻文,言不及义,乃文人相轻耳,故子夏或勉门人勿以为意,不受其扰可也。若尽依表字作解,或取"君子小人"之"小人"而说,主指"文过饰非"之不德,似浅,故不采。

子夏曰:"君子有三变:望之俨然,即之也温,听其言也厉。"

释读

斯章论君子成德于人之义。君子居上其德如风,小人居下其德如草;君子成德而临下,犹风之及于草,必令草偃矣,是谓君子成德于人也,而常人成德于己而已。盖本章子夏所赞德容,主语与门下庶民弟子辨君,以勉其为仕之志。

【君子有三变】为仕望君,犹风之偃草,自远及近,见德之三容也。
【望之俨然】望,远观也;俨然,庄严貌也。远观而见其尊,固有威严也;如是之君方可服远。
【即之也温】即,亲临之也;温,容和貌也。近接而得其亲,和气随身也;如是之君必能合群。
【听其言也厉】听,未见而闻其言也;厉,威迫貌也。伏身而听其命,言出如山也;如是之君定当有信。君子临下之三变,实仁德本色。

子夏曰："君子信而后劳其民，未信则以为厉己也；信而后谏，未信则以为谤己也。"

释 读

斯章论取信于君之义。士人事君，首务取信于君，否则万事皆休。盖本章子夏乃教求禄之道，深诲士人取信之义。

【君子信而后劳其民】犹言必使君先信我，而后我再劳其民。士人事君，其"无信不立"之义当本于先得君信，而不可放纵自信，若一意孤行而求有为，欲速则不达矣。后儒奉此，为官好事事请示，谨慎作业最早成为系统，遂致诸夏文治可行；个中纵然伴生"不求有功，但求无过"之弊，亦两害相权取其轻之小碍耳。

【厉】病也，害也。士人若执意躁进，君子不免疑其包藏祸心，欲不利于己也；平头士人呆取"无信不立"之义，未能取信于君而强进己见，误会闹大，性命交关，岂可不慎乎。

【信而后谏】取信于君，方能进谏，否则憨谏也。谏君以改其过，为仕之本也，若非君信，则本也不能立。后儒领教佩服是义，多行迂回之谏，主修察言观色，以致忠敬与诹佞相浑难辨，亦成官场痼疾。

【谤】言人之非也，无礼也；谤者及于平交多为构陷，及于君上则属忤逆，大不敬也。谏言固然有所逆意，若非以忠敬取信君子，恐误会士人假"谏"而行"谤"，危殆如是，知者当不为之。

子夏曰："大德不逾闲，小德出入可也。"

释 读

斯章论从权之义。孔教贵德，编细礼严明其修，求克欲密设其防，学者临深履薄，战战兢兢，恐陷小道之末流，而忘大道之本源；是以学者致远，当知变通之道，熟谙从权之要，否则或为本末不分之腐儒，或成大小莫辨之蠢人。盖本章子

再读论语

夏求弟子善变而诲从权之义，亦"致远恐泥"之另一忧也。

【闲】"栏"也，四围而能出入之枢机。大德稳居，不出界守之外，如身之大节，屹立成人，礼义廉耻之纲自举也；小德出入从权，如身之小节，可探界外，游戏乐趣之目可张也。若乃纲目颠倒，驰大德出入游戏乐趣，则俱归小德，从权亦无从谈起，便只是一滥行之人罢。

子游曰："子夏之门人小子，当洒扫、应对、进退，则可矣。抑末也，本之则无。如之何？"子夏闻之曰："噫！言游过矣！君子之道，孰先传焉？孰后倦焉？譬诸草木，区以别矣。君子之道，焉可诬也？有始有卒者，其惟圣人乎！"

释读

斯章论道不分本末之义。子游（言游）讥子夏所授门徒，近末而远本，属小学功夫耳，不及大学之义；子夏反驳，意谓圣道传世，固无分先后、本末，犹草得之，木亦承之，惟"知"方生其别。两弟子激辩，子游（言游）主从"知"一道而哂之，子夏似从《易》而正之，子夏近乎老氏齐物之论，不准子游以"知"伤"道"也。

【洒扫、应对、进退】皆为小学之功也，古来蒙童必修科目也。及至成年，则入大学，主教穷理、正心、修己、治人之道。子游所讥，盖同学戏言耳。

【倦】不教也，同"诲人不倦"之"倦"义。子夏循序渐进，并非不教上义也。

【区】类也，群也。教有次序，孰先孰后，依学生才质分类施之，不当一概而论。盖子夏恐门徒闻子游戏言，自疑其学，有始无终，故相诘而语与门生。

子夏曰："仕而优则学，学而优则仕。"

释 读

斯章论学而仕之义。孔儒主攻君臣之义,往复于学与仕两道,亦犹百工制器,奔波不休于工与器两造之间,原本无甚可怪;近世"学"义拓广,此"学"已非彼"学",遂嫌先儒之训固陋误人,大多不以为然,诚古今有变故也。

【仕而优则学】仕而优者,累遇升迁也,上进不已;位愈尊,权愈重,则尤当向学。依孔儒之见,士人由下进上之遇,当亦由"能"进"贤"、再由"贤"进"德"之阶,方可谓才堪其任、德配其位;家天下之礼治等级,若非严诫克己复礼,高进之士又岂甘自律哉?必一朝得势而鸡犬不宁!今世政治亦承义未绝,凡高阶职位必严审密察,所异古人者,今时多凭他律机制罢。故可云:仕而优者不学,几同亡命之徒耶。

【学而优则仕】学而优者,贤士也,未遇之德也;明道知义而独善其身,或避或隐,当惭"不仕无义"之训。是语劝进之义,乃吁学者立志为仕,诚忧天下之言也;学优者无为不仕,恐受治于不学无术者,并非隐居求道,几近当仁而让之自弃者也,亦可谓天下无道之同谋者也。后儒从教,纷至沓来,励志有为,纵横天下,功莫大焉;然学海无涯,浅学者偏取一义而生武断,固执学以致用惟仕为贵,致远则泥矣,其弊流及后世,诸夏遂有两疾醒目:其一,学者奉出仕为使命,所学必本于为政,而百科俱为之附庸,所谓博学深思经久必失源流,难以为继矣;其二,学以致用之道,尤以出仕之利最为深厚,学者易忘初志而转求禄利绵长,所谓群而不党亦难符其实,反而广群大党,相结造成百代不移之士人阶级,繁取苛采,食民无厌,否则不足以供养饱餐。孔教流传而生沉疴烈害,殆非子夏斯言本义,后儒得以亵玩经典,个中必有不周之处,故若学者今人不谅,亦并非无义焉。

子游曰:"丧致乎哀而止。"

再读论语

释读

斯章论致哀为丧之义。孔教匡扶周礼而重治丧事,欲举人伦之纲而切者也。孔子身后或分两派:一派崇礼守制,严行五服丧仪,或曾子、子夏之流也;一派则求从权,简易其礼,服丧不必苛责墨守,致哀已足,或宰予、子张及子游之类也。丧亲之痛,家家不免,孝子必哀,人伦首善,孔门切丧事而广仁义,诚富纲举目张之力。丧礼之行,或有古今相隔之情,当时两派分别,今人切勿妄加置喙;人类学研究发现,古代丧亲陪葬人殉之俗并不罕见,周礼尽去人殉,改以服丧,实已为益,欲图再简,固合情理,反对者亦未必无义。

【丧致乎哀而止】服丧至重者斩衰或齐衰,期内食不甘味,寝不有居,终日敞衣陋食,昼夜哀嚎不已,孝子出入大率面如死灰,形似槁木。丧礼磨难,虽好过人殉,毕竟伤身甚钜,有不忍者归道求情,子游斯语当即是类。日本近世仍存切腹而事亡君之例,嫌礼繁者亦当反省己见之所由,乃"君子上达"焉?抑"小人下达"乎?

子游曰:"吾友张也,为难能也。然而未仁。"

释读

斯章论能与仁有别之义。孔学之道,成德至上,次者曰贤曰能也。何可谓之仁?即合仁道之德也;又何可谓之仁道?即中庸之道也,有所为亦有所不为。圣教至义,人言言殊,瞻之在前,忽焉在后,难以捉摸,由此而泛论品人,当非子游原意,盖必有所指而议子张,惜无可考证矣。故兹取文表而解,本章或为子游教人辨仁,当勿惑其能也。

【为难能也】有难能者,或利口,或博学,或多艺,负胜人之能也;盖子张一贯志高蹈远,人多悦之,子游举同学而抑,重申学道以"仁"为本,而不得以

"能"为归。

曾子曰:"堂堂乎张也,难与并为仁矣。"

释 读

斯章论以仁为本之义。曾子亦从子游而抑子张声势,劝诫弟子门生以仁为本,而角度不同:子游主言其"能"而贬,曾子则直取"仁"而述。弘道为仁,非为弘人,子张或似反行,志气张扬,锐意作为,欲置弘人于弘道之上,虽有一时之胜,亦难久矣。盖子张之门势张,曾子或亦不从尔。

【堂堂乎张也】堂堂,盛大貌也;犹言子张之教业已热闹非凡矣。传子张虽出孔门,而立志作堂堂之儒,不屑战战兢兢、唯唯诺诺,常自比君子北辰,似有不敬之嫌。从其学者多效古圣先贤,举止容服或有无礼之嫌。曾子自画其疆,相别子张之教,故曰"难与并为仁矣"。

曾子曰:"吾闻诸夫子:人未有自致者也,必也亲丧乎!"

释 读

斯章论孝子服丧之义。服丧之争,分有守制与求变两派,犹子贡欲去告朔饩羊之辩,孔子身后似益形激烈;盖曾子力主守制,不肯退让,恐人借口"哀而不伤"而废礼也。

【人未有自致者也】犹言"世无未有父母而生之人"也。本章解义纷歧多迁,即出本句之义有所不明,夫"致"或解为"至诚",或解为"亲至",胡乱勉凑,而陷昏说。曾子引孔子之语,必为雅言常理,其所谓"致"者,当指"出生"也,"自致"即"自生"者也;全句当训作"世人未有自己出来世上的"。又一句多义:何人可无父母？父母不养何可得生？自幼及长又岂可离父母一日哉？诸问扪心,自得孝义焉。

【必也亲丧乎】上句既明,则本句自通,当谓"孝子必亲丧制"也；主指凡奉孝义者,必不反丧制之礼也。盲从上句昏解者,或曰"亲丧"乃"奔丧亲致",或曰"亲遇有丧"始出其"至诚",莫名其妙,皆迂之谬耳。

曾子曰："吾闻诸夫子：孟庄子之孝也,其他可能也；其不改父之臣,与父之政,是难能也。"

释 读

斯章论君子行孝之义。君子行孝于父母在,守孝于父母亡,善始善终者也,方称至孝；君子之孝,难在服膺丧制之义,要在三年无改于父之道,君子孝道,于斯为大焉。上章曾子殆泛论教众勿违,本章当主喻同道者：君子服丧之事关乎天下安宁,切勿轻言改制。

【其他可能也】君子行孝父母,关乎尊位继立,行孝几近法度,虽至诚亦有所不得已,故非至难,人多可行。

【是难能也】守孝则不同于行孝,继弥者已达至尊,若无服丧严制之约,或可任凭己意,改弦更张,天下之政必动摇不安；孟庄子克己自律,不改父臣父政,其孝行毕竟罕有,故谓之"难能"也。丧制之义,兹事体大,言及变更,故当三思而再慎。

孟氏使阳肤为士师,问于曾子。曾子曰："上失其道,民散久矣。如得其情,则哀矜而勿喜。"

> ### 释 读

斯章论法亦容情之义。传士师之职始于尧,皋陶首任,司寇刑官之任也。天下有道,不正之人先得教化,以令其归正,愚顽少数,屡教不改,无奈方捕而刑之。孔儒所谓仁政,大率作如是说。故士师一职,属仁政大道之末法,亦乃归义最后之寄望。阳肤充任士师,来问曾子,盖当时鲁政堪忧,曾子教其容情之义。

【上失其道,民散久矣】犹言邦政不治已久,众民不得已各奔前程罢;近"中庸之为德,其至矣乎,民鲜久矣"之指,主谓"冰冻三尺非一日之寒"之义。不仁之政,犹驱羊入虎,民所散者,德也、礼也、耻也,无暇自顾耳。

【如得其情】犹言如获证据也。士师捕人,亦凭证据而断案,古今不外一道尔。

【哀矜而勿喜】哀矜,矜而哀也,居正而怜不正也。天下无道,民皆苟且而谋自存,以致作奸犯科,盗贼蜂起,非其人之罪也;其罪虽不当容之恕之,亦可怜之谅之,若必刑以正法,切勿自居为功德也。盖曾子所教阳肤,乃启发君子之德也,悲天悯人之情甚矣。

子贡曰:"纣之不善,不如是之甚也。是以君子恶居下流,天下之恶皆归焉。"

> ### 释 读

斯章论成名之义。重名而立名节,并非孔教独有之征,人文宗皆然,大抵有为之士志在成名,惟恐人生一世籍籍无名尔;孔教又称名教,乃后儒极务功名所致,惟先儒尚可自作分辨。譬如本章,子贡疑纣王恶名如是,或有不实之冤,而欲究何以至此之理。

【纣之不善】夏之桀,殷之纣,孔儒恶名加身之极者也,悬之永对先王圣君之嘉名。纣集万恶于一身，武王吊民伐罪，牧野战败而殷商亡。子贡或依"众恶之必察"之训，而疑纣王未必如此不堪，虽无文献佐证，实近情之说也；不过子贡之疑有违"信而好古"之义，是故后儒多搁置前言而扬其后语。

【君子恶居下流，天下之恶皆归焉】君子何以成其恶名？曰：乃由居下流而得之也；何以居下流而得恶名邪？曰：其似高处之落水，井口之投石，必下行而归集也。成名之道，子贡悟纣，恍然而明，盖善名似气之上行，而恶名如水之下流；故本章子贡或勉门人弟子，为学固当务求上进之义也。后儒汲汲于功名者，偏颇取义，解为"成者王侯败者寇"而自勉，属天理尽失之人言耳，子贡不知作何想矣。

子贡曰："君子之过也，如日月之食焉：过也，人皆见之；更也，人皆仰之。"

释 读

斯章论君子成名之义。盖上章属广义教众，本章主诲君子。君子天命，已居上位，岂有成名之忧哉？曰：固有也，纣王即如是也。是以君子永续不败，谓之成名；何可不败？知过也，能改之也。君子成名之道名曰不败，实为改过自新者也，子贡成名之义岂容奸邪之口篡夺哉？

【如日月之食】位居至尊，其德也如日月，其名也如光照。是故君子之名，非一般有志之士所可妄比，其名可自暗亦可自洁，惟存乎一心一念之德耳。盖纣王不能改过而终归于败，恶名由是如日月之暗，不复其明矣。君子之名如日月之食，取譬至为精彩，可与"往者不可谏，来者犹可追"同妙；亦证子贡时人观天象，睹食蚀，多不以为怪矣。

卫公孙朝问于子贡曰："仲尼焉学？"子贡曰："文武之道，未坠于地，在人。贤者识其大者，不贤者识其小者，莫不有文武之道焉。夫子焉不学？而亦何常师之有？"

释 读

斯章论孔子为师之义。孔教初立行世，未免多受诘疑，门内弟子善解者，以子贡颂赞最力。孔子为师，直取文武之道，深明君臣之义，以固天下之安，故深得门人敬仰，犹子贡尝谓"固天纵之将圣，故又多能"所指，几视作往圣先贤再世。不过，子贡赞师有余，释道似嫌不足，不及颜回所负切中之能；故虽孔子身前喜好子贡贤达，亦只称其为"瑚琏"之器尔。本章子贡所斥公孙朝讽孔，亦有言不尽意之感。

【仲尼焉学？】犹言仲尼有何学问哉？辞气若谦，当云"夫子焉学"，而直呼"仲尼"则示有讽也，犹今俗语"孔老二哪里有学问呢？"公孙朝如是之轻蔑问语，盖为当时诘疑孔学者常用。

【文武之道】指周之文王、武王父子奄有天下之道也；周有天下源于文、武父子，其道终成于周公制礼，后世合而统称文武之道。在周而言文武，乃指天下社稷之本，亦近天道之谓也；孔子立学而传文武之道，诚天下之治道也，故其犹今所谓伦理学、宪法学、政治学、社会学之通论也。

【未坠于地，在人】大道未坠，必凭人弘；所谓"人能弘道"之转说也，子贡以俗语相表。

【贤者识其大者，不贤者识其小者，莫不有文武之道焉】全句可读如：贤与不贤，为学则必有所得，或大义或小理，无不合乎文武之道也。盖子贡深明孔学弘道之功，其所谓"在人"之"人"者，当指孔子之教也。

【夫子焉不学？】犹言"岂可不学夫子之道邪？"。文武之道既尽在孔门，若立志有为，岂不学焉？

【而亦何常师之有？】常师，传道师也，经师也。本句可读如"而亦何有（所谓）常师乎？"师者，传道、授业、解惑也，传道为上，次为授业及解惑，传道经师乃至尊者也;孔学本于文武之道而传人,若不尊孔子为常师,以之而为木铎,天下又何来可配称经师者也?

叔孙武叔语大夫于朝,曰:"子贡贤于仲尼。"子服景伯以告子贡。子贡曰:"譬之宫墙,赐之墙也及肩,窥见室家之好。夫子之墙数仞,不得其门而入,不见宗庙之美,百官之富。得其门者或寡矣。夫子之云,不亦宜乎!"

释 读

斯章赞孔学高深之义。可并下两章共读。时或闻孔子名者而多不直其人,以为不过一失意业儒而已,才能见识似不及其门生子弟,子贡身处其间,颂师不已,勉力以辩,而成上下诸章。

【仞】或八尺或七尺为一仞;时宫墙殆不逾两仞。以墙之仞而喻人之见,非孔子内空一无也,浅学不高而未得见之罢。

【夫子之墙数仞】谓孔子学问高深,犹数仞之墙也;不得其门而入,必无可见其内之壮美丰富。世上得入其门者亦几希,遑论登堂入室欤。

【夫子之云,不亦宜乎】当读如"夫子之云,亦不宜乎"也;此处"夫子"指叔孙武叔,子贡责其所言不当。浅知者不得其门而入,反唇相讥,出言不逊,亦犹坐井之蛙、吠声之犬一类耳。

叔孙武叔毁仲尼。子贡曰:"无以为也,仲尼不可毁也。他人之贤者,丘陵也,犹可逾也;仲尼,日月也,无得而逾焉。人虽欲自绝,其何伤于日月乎?多见其不知量也!"

释 读

斯章赞孔子人格伟大之义。子贡尊师,上章主从学问而赞,而本章主从道德而誉。

【毁】发恶言而损名也,可称诽谤,或谓贬损,皆毁也;若"毁"之极,则生"恶之欲死"之"恶"也,必欲置之死地而后快。夫"毁"乃"誉"之反,毁与誉两者不当,皆属无德之利口,或能有掌人生死之力。

【仲尼不可毁也】子贡所言之义两指:一谓人不当毁仲尼也;一谓人亦无能毁之也。子贡后句取譬深解。

【丘陵】土高之形曰丘,丘之绵延称陵;以丘陵而喻常德之优也。常人成德,止于丘陵之高;其名也不过如是之高罢,取土以毁,似亦非难。

【日月】喻圣德之至高也。圣人至德,譬如日月,唯可仰望;其高其远,涣然永悬,欲攀不得,欲毁不能。后世名媛杂和斯义讽世,而作"八至"名诗,读者可往味一趣尔。

【人虽欲自绝,其何伤于日月乎】自绝,自断也,誓不往来也;本句犹言"若有自绝于圣德者,岂奈何圣德丝毫哉?"。毁谤圣人之德,不啻恨天高者之欲伤日月,亦枉然徒劳耳。

【不知量】量,权也,度而衡之也;不知量者,即愚也,固也,不通也,实乃无知也。所谓"量"又通乎"知",夫"知"似主及于常,而"量"主及于易,盖"知"与"量"双全者,方可称知者也。

陈子禽谓子贡曰:"子为恭也,仲尼岂贤于子乎?"子贡曰:"君子一言以为知,一言以为不知,言不可不慎也。夫子之不可及也,犹天之不可阶而升也。夫子之得邦家者,所谓立之斯立,道之斯行,绥之斯来,动之斯和。其生也荣,其死也哀,如之何其可及也。"

 读论语

释 读

斯章赞孔子尽善尽美之义。子贡贤达通识,经商从政,无不成功,时誉甚隆,而谨守自居仲尼之徒。不乏相友之士,好举子贡而轻孔子,子贡乃于上三章各赞一旨,力辟不尊者。而本章则全然深明,谓孔子完备而有其德、其道、其命,堪称尽善尽美之圣贤也。

【子为恭也】犹言先生执礼过恭也,同"足恭"之义也。盖陈国大夫子禽深敬子贡,疑孔子有所不及,或欲劝子贡勿执弟子礼,其与卫国大夫公孙朝、鲁国大夫叔孙武叔一路,皆不得其门而入者也。

【君子一言以为知,一言以为不知,言不可不慎也】君子言出如山,故当慎言,以全"信"义,"知之为知之,不知为不知"者也。本句语法当非并列兼述,宜以选择句型而读,方可落盆于"不可不慎"之重诫,所读犹今语"大人可不得轻言,要么知道再说,要么什么都别说"。

【夫子之不可及也,犹天之不阶而升也】主言其德也;德自天成,由人存身,故子贡以"天"而喻圣德之高;孔子则好形之以"巍巍乎高山"也。德修至深,所见无以尚之,不得已而拟形象指代,亦各异其趣。

【夫子之得邦家者,所谓……】主言其道也;"得邦家者"指为仕从政,有为之志大者也。夫"所谓"二字犹今"总起而言"之语,并非引经据典之指,其后四句则近乎孔子"义以为质,礼以行之,孙以出之,信以成之"之转说:立当所立,本于义也;行义于道,服周礼也;召之即来,近于逊也;以和为贵,重于信也。

【立之斯立】犹言堂堂而立也;立于义也,不立于不义也,近"义以为质"也。危邦不居,乱邦不入,君子之义也!

【道之斯行】犹言正道而行;夫子之道,中庸之道也。克己复礼,爱人知人,弘道天下,君子之行也。

【绥之斯来】绥,上下车乘之挽绳也,主谓"顺"及"安"也,兹解为召也、待也,以合首句之"得"字、本句之"来"字。故本句犹言召之即来,所言"安"义亦含可全身而退也:欲得邦家之任,必已辨君之有道无道,亦明己之才配其位,遇召,则

可愉快赴任矣。主指志士仁人恪守本份,不当逾越强求,否则易生奸佞之恶、攘夺之患。

【动之斯和】动,变动也,应变而动,以济时变也;和,通达济变也,乃"知和而和"之"调和"也,略异于"和而不同"之大和;本句犹言善于调和应变也。夫"以和为贵"之义,及于君子主训"和而不同",及于士人则重"知和而和",上下各从其道故也;君子之"和而不同"遇变当应之以礼,士人"知和而和"之应变亦当守礼,不过又当稍重"信"义,合所谓"信以成之"也。若如是之有为,志士仁人可称善为者也。

【其生也荣,其死也哀】主言其命也;荣,桐木也,佳木也,而喻至尊之义也;哀,丧亲之痛悼也,此处当指如丧考妣之伤也。命之大者,谓之生死也;生死之大,谓之荣哀也。生有荣,死有哀,察孔子当时似远未至此,端赖身后"七十子"及再传弟子弘毅之功,孔教得以发扬光大,子贡方一语成真矣。

再 按

诸夏承载孔儒之教,历经千年而融外来文教,化合浑成,彼此殊难相分。及至近代环球交往风气势盛,比较文化学影响大众心理,孔教体系不免代人受过,而为新学囫囵见弃,亦所谓"天下有过,罪及一人"之王道又一翻版尔。当时汹涌之情,而今尘埃大抵落定,古教所传经义光芒重现,孔子学说赫然其间,并未熄灭。兹举要道,印证孔教大纲之不朽:

一、存在之真相。孔教本《易》而谓之"易"也;而《易》以"恒不易"为始,所谓"太一"也,不生不灭,不增不减,为自存者也,大化而成"阴阳"之二分,夫"阴阳"无以独存,必相互依存而"生"万物。夫"阴阳"相合呈现"渐易"及"易"之动静,令万物得其相。乎"缘"之义哉?一物之两端必相对而合,是非、表里、本末、刚柔,瞻之在前,忽焉在后。足可相参圆融者也。

二、道德之成立。孔子本于"仁"也。洞见真相而作"人何以为人"之裁决,是谓之道德也。立信成知经历各异,然于孔子"性相近"一义处可全然贯通,共赴道德之根本两旨:谦逊与平等学者恒修,凭求诸在己之道,因敬畏形上至尊而生谦逊,因明了人类处境而生平等,冲破个个独存所布设之牢笼樊篱,道德精神得以开辟同理心之新天地;人我置身道德世界,方能相互信靠利益,可望稍远孔子所谓"怪乱"之性情矣。

三、价值之选择。孔子谓之"安乐",出离形下世间,求形上平安喜乐之归宿。惟孔子汲求之于现世人生,至为难能者也。圣贤诸教均信道德精神涌现人世价值,然亦各有所虑。孔子盖趋乐观,主诲立志有为,入世而求其美善,唯须明辨当与不当之义,笃信大成至德者尽可从心所欲尔。

四、主体之建成。所谓主体,行世之性命也,孔子称"君子",君子奉中庸。君子之成,则克己复礼而已,中庸之道,不疾不徐,自然而然,文质彬彬。其道如此宽大,美固美矣,颇赖自为,得乎中正尤难,反恐失之于偏颇。故孔子崇学重教,勒令君子必始于为学。夫"君子"之名取自世俗,似欠空灵超凡,易染他指,固陋浅知若生误会,多另建主体于功名爵位,遂不免为天下笑。

五、知识之评价。孔子谓之"中"也。主体之知识,别有可知与不可知两道,又分有限与无限两类。孔子盖归"可知"一道,从《易》尽可成知,所知似亦无限包罗,涯无止境。孔教独到之处唯在于"中"也,盖真伪之辨并非知识圭臬,真似之分仅限于名实而已,若得其"中",真伪则不足挂齿;知识之"真"次于"中",不善捉"中"者,所知或亦可疑;故可谓孔子乃于"能知"之处为可知论者,而于"所知"之处为有限论者,两相合参,或可消灭知识本于真理之傲慢。知识以"中"为归之见,今世凡从科学家言者不敢苟同,怪孔子远"真"而欲尽弃其见,不料却为议会运行体系揽为至尊,各家之"真"必当服于票数之"中"也,夫守"中"用"中"之道岂不妙哉?

上述大略,可见当代环球文化运流益及广众,孔教要义亦作根本贡献,同气联枝于宗教、哲学、伦理、政治诸大领域;惟后儒流传损益,颇多固陋不通,卖狗肉而挂羊头,以致孔学令名受污,有所埋没。

尧曰第二十

尧曰:"咨!尔舜!天之历数在尔躬。允执其中。四海困穷,天禄永终。"舜亦以命禹。曰:"予小子履,敢用玄牡,敢昭告于皇皇后帝:有罪不敢赦。帝臣不蔽,简在帝心。朕躬有罪,无以万方;万方有罪,罪在朕躬。"周有大赉,善人是富。"虽有周亲,不如仁人。百姓有过,在予一人。"谨权量,审法度,修废官,四方之政行焉。兴灭国,继绝世,举逸民,天下之民归心焉。所重:民、食、丧、祭。宽则得众,信则民任焉,敏则有功,公则说。

释读

斯章列于终篇,乃后儒欲立道统之义。道统之说或萌于孔子身前,迁沿于身后,而兴于战国,终成于前汉。溯源探本,主出于三端:其一者,从《易》旁生之五行说也,谓天命出于五行更始而成德,譬如传夏运土尚黄,殷运金尚白,周运火尚赤,君子承运而有天下;其二者,周礼宗法继祢之制也,天命所运之君子,虽非一宗之后,亦隐为一脉之继,代代相因其道者也,譬如天下自尧舜始,其后夏禹,之后商汤,终及文武,桀纣无道则非后也;其三者,所承巫史之天下观也,天道无疆,道即天下,有道则天下小,无道则天下亡,天下一体存乎其道焉。去孔子之世不远,有好事者出而杂採,拼凑而成此一儒术雏形;再后之儒深自玩弄,聚沙成塔,借穿凿古文,采方术臆说,利口要君入其迷津,天下遂不敢一驳矣。先儒之道统,主旨似谓"仁道"行世之轨迹,相续于代代之"因"也,而保天下不坠。盖本章成纪之时,先儒尚未惑于五行更易之说,仁道凭"天下观"仍可一以

贯之焉。

【咨！尔舜！】咨，叹辞，犹"嗟""噫"之类也；或谓当断文为"咨尔舜"，则指尧虚己建言于舜之义，亦通。尧禅让于舜乃孔儒经说，《竹书纪年》则指舜夺尧位；孔儒笃信先王"贤贤"而让之说，亦不合周礼"尊尊"之首义，善度其旨，盖取和平安顺之史义而欲诫后来者；未料后儒因此而劝有志者当仁不让于前，矫枉必也过正，举"替天行道"而唆争，方见其矛刺其盾矣。可见世人之言多自我矛盾者也，若非中庸之道，必无所措其手足。

【天之历数在尔躬】历数，继立相续之数也，祚也；犹言大位能存多久系于尔一身也。乃先君嘱其后嗣之语。

【允执其中】允，信义也，公道也；中，不偏也，中道也；本句犹今所谓公平正义也，夫"允执其中"当为"中庸之道"的"诂"也。公平正义，易说而难为，要在其"中"难得，若乃欲执其"中"，必从中庸之道邪。

【四海困穷，天禄永终】勉辞也，犹所谓"若果君德如是，海枯石烂亦不灭矣"也。有解本句为儆句，谓尧曰"勿置四海民穷不顾，苛剥则践祚不久"之义，乃惑于"尧曰"之属诲而勉耶？或诲而儆耶？若以"咨"表谦逊而统领所语，固从本解之勉说为洽。

【予小子履】履，商汤之名也；因告天而自作谦称也。前句为尧舜禹禅让之辞，本句乃出自《汤诰》；诸夏君王通示百官之语曰"诏"，广喻天下则曰"诰"；《汤诰》之文真伪已不详，后儒多信可参。汤武革命成功，欲流放夏之末后（帝）桀而告天下。

【玄牡】黑色雄牛也。又说夏运尚黑，商尚白，周尚赤。时汤武以黑牛祭天，不易夏之朝色，自张以臣伐君之举并非逆乱，乃顺天应人之革命也。

【后帝】"后"为夏王之称也，"帝"为天帝也。汤武自承天命，故昭告祭天，以示不为夏后之臣，而为天帝之臣。

【朕】我也，诸夏君王自称专用之辞也。有说"朕"字或自古阿尔泰语来，转音为字，犹今语"刹那""基督""引擎"之外来；商人起自东夷，汤武以"朕"自称，或为后世所加，亦《汤诰》之文属后作之一证；姑存此说以待高明。

【周有大赉,善人是富】赉,予也,益也,而喻仁德也;富,通"附"也;本句犹言周有大利天下之德,四方善人遂归附云集。周虽旧邦,亦如商汤,其命维新,重振乾纲,故一呼百应,天下义士纷至沓来。有解"富"字趋"足"义,相和于"四海困穷"之"不足",皆放利而读者,辞气殊难通之于"义",不采为宜。

【虽有周亲,不如仁人】犹言"纣王虽有至亲遍布天下,然不及人人向往之仁人"也;人心之向背,在德不在亲,纣王众叛亲离,失德故也。句出《周书》"太誓"之辞,或传纣王妃乃文王之女,与武王有郎舅之亲,故其宗亲之广亦及于周,故"周亲"殆有两指也:一谓虽匹夫孤身亦可仁者无敌,二谓武王伐纣乃大义灭亲。周治之功德,于后句详颂。

【谨权量】权,称锤,衡器也;量,量具也,如斛。权定轻重,量分多少,主喻"立信"之义。

【兴灭国,继绝世,举逸民】灭国,指为商所灭之邦;绝世,指夏商之遗后也,如建"杞"祀夏,建"宋"祀商,以续其祖宗;逸民,指弃商之贤士也。举逸民,主喻贤贤也;兴灭国,主喻正义也;继绝世,主喻崇礼也。全句当主喻"立德"之义。

【所重:民、食、丧、祭】四事俱归仁政之本,不以兴兵残杀为重也。主喻"立功"之义。

【宽、信、敏、公】允执其中者也,中庸之道也。宽者能容,故可得众;信者人从,故民任使;敏则不怠,故立其功;公者无偏,故众乐之。全句主喻文武之道也。笃行文武之道,君德于斯为盛,自尧舜经汤武而至文武,"允执其中"一以贯之,大道终不坠于天下。往圣既往,来者若追,定非孔子莫属,门人后生欲立孔子素王之志,凭道统推演之方,几可顺理成章矣。

子张问于孔子曰:"何如斯可以从政矣?"子曰:"尊五美,屏四恶,斯可以从政矣。"子张曰:"何谓五美?"子曰:"君子惠而不费,劳而不怨,欲而不贪,泰而不骄,威而不猛。"子张曰:"何谓惠而不费?"子曰:"因民之所利而利之,斯不亦惠而不费乎?择可劳而劳之,又谁怨?欲仁而得仁,又焉贪?君子无众寡,无小大,无敢慢,斯不亦泰而不骄乎?君子正其衣冠,尊其瞻视,俨然人望而畏之,斯不亦威而不猛乎?"子张曰:"何谓四恶?"子曰:"不教而杀谓之虐;不戒视成谓之暴;慢令致期谓之贼;犹之与人也,出纳之吝,谓之有司。"

释读

斯章详论为政之道。夫"允执其中"及于君子,主奉民生民德为本,而以"宽、信、敏、公"行道;及于士人,则当从本章所谓"五美"之义,"四恶"之诫。盖子张性逸志远,恐有行远忘本之患,本章夫子详诲仕人笃实任事之道,不妨上行下效,君臣亦可通运。士人若奉之为本,尊五美而屏四恶,必终身勤习犹有所不及,岂有余力再存非分之想哉?虽多言数穷,为仕不免疲于奔命,亦家天下所乐见之也。

【惠而不费】惠,益也;费,滥支也;本句犹言"拔一毛而可利天下"也,亦近今所谓"投入产出比"之义。通乎"因民之所利而利之",则明君子当以民生民德为重,譬如修辟雍庠序广兴教,出兵赋力役以驱盗,虽费亦称惠,何费之有也?

【劳而不怨】劳,累身也,使也;怨,不乐也,不从也。劳其民而民乐,犹今所谓好事办好,通乎"择可劳而劳之"之义;择可劳之民,且役民以时,何怨之有也?

【欲而不贪】欲,求也,而喻功利之心也;贪,求之甚过也,而喻私心膨胀也。克己复礼,自修其德,通乎"求仁而得仁",何贪之有也?

【泰而不骄】泰,安也,自得也,而喻志得意满也;骄,凌人也,而喻自高自大也。躬修诚敬,谦己以让,以和为贵,通乎"无众寡,无小大,无敢慢",何骄之有也?

【威而不猛】威,势之盛也;猛,力之暴也。士人有道临下治事,举声势而亦不伤人,何猛之有也?

【无敢慢】敢,同"赶"也,急促也;慢,倨也,怠慢也;两字皆喻骄凌之义也。

【不教而杀谓之虐】虐,恶以待人也。仁者,爱人也;虐者,其德失之于不仁也,视人命如草芥。

【不戒视成谓之暴】不戒,不申明禁令于事前也;视成,罚也,惩罚示众于事后;暴,躁也,急切不安也。暴者,其德失之于无道也,不戒视成,犹俚语看不顺眼胡乱发飚。

【慢令致期谓之贼】慢令,迟不发令;致期,刻期以求速成。治事无预,前缓而后急,其犹陷人于为难之贼也。

【犹之与人也,出纳之吝,谓之有司】当读如"(及)之与人也,犹谓之有司(者)(之)出纳之吝"也。以有司出纳之吝而喻言而无信,刻薄计较,可见当时称"有司"者,名声不佳,殆指役使之吏也;盖夫子取譬乃就其寡恩而论,以执事之吏非可自主其事者也,属无恩于人一类,故举而鄙视。今语亦延此道,譬如称悍妇为"河东狮",斥忘恩者为"白眼狼",讥虚伪者为"道学先生"。

子曰:"不知命,无以为君子也。不知礼,无以立也。不知言,无以知人也。"

释 读

斯章或时之微言罢,而孔教光大立为本门之宗义。盖其德、其本、其道重申于此,能济本篇推戴素王之志,可系门生之终望焉。

【不知命,无以为君子也】主指成德也;夫"命"者,尊尊也,乃周礼首要之义;孔子承其命而新其义,欲造天命君子而为仁德君子也。周礼君子,惟知由天不由人;孔教君子,诚求以和为贵之德,亦先王之道百世不绝之由也。盖本句乃主诲君子。

【不知礼,无以立也】主指人生之本也;乃君子士人通诲之语也。及于君子,即当严宗法、庙数、服丧、婚娶之制;及于士人,则主明君臣之义、长幼之节、伦常之序。君子不知礼,多祸乱天下;士人不知礼,易自取灭亡。

【不知言,无以知人也】亦通诲之论,主指其道也。爱人之道,在于知人;知人之道，在于知言。所谓知言，先王往圣之经典也，上古有《三坟》《五典》《八索》《九丘》，及周有《易》《书》《诗》《礼》《乐》，乃天道地理之所在，人伦事情之总归；有志之士务必学而知之，方可大行其道。

再 按

诸夏古史所奉者殆成之于《易》，而别巫祝一类先贤也；盖《易》之道传流久，渐分部派而陷于卜筮术数，古史正宗遂出诸子，或究复归大道之本然，或求大道无穷之妙运。老子与孔子两家当时领衔诸子，乃互为辉映者也，几不可相分独瞻。兹举老子相与互见之大略，或可证诸子之孔子乃真近孔子，庶几不当独尊孤立而论孔教焉。

一、同奉《易》道而共建智慧。孔子自诩不占，老子勿须筹策，两家智慧同归《易》而求明其大义，皆反方技数术之道，俱斥当时迷信欺说风尚，譬如居蔡养龟、山节藻棁之类。孔子重雅言，老子从自然，言义析理，启发洞见，学而知之，思而得之，吉凶祸福一系之于自身抉择，不当求问卜筮，不得怨天尤人。是以老氏与孔儒皆主为学成知之道，人生修养复归正途，诸夏得远怪力乱神焉。

二、老子保守而成就孔子中庸。老子笃信齐物之道，万物百姓一视同仁而为刍狗，乃辟世者也，犹今所谓价值中立者也；孔子爱人，不忍犬马相待，本于人世而从《易》论道，谓之仁道，是所谓辟人者也。老子深忧辟人不辟世，大道易受人生劫持，恐滋生不绝之害，故取譬多端而勒人妄想，如谷神、妙门、橐龠、渊水、轮毂，又不惮烦演绎两仪而推理平常，如虚而为盈，亡而为有，约而为泰，申儆《易》理固非出自方术之筹策，亦不入专化仁道之小径，阴阳大道惟止于一无一有之际而已。孔儒仁道浸润其间，施加有为之志亦不敢强远天命，常奉"己所不欲，勿施于人"而知有所止，战兢恐惧而行中庸，终亦保全天良焉。

三、有无之生灭亦有通家之谊。老子以无为始，以有为母，而成天下万物之名，万物不过名耳，是以知"无"者为上知，知"有"者为中知，知"名"者为下知；孔子承其义而转其说，以"乐无"者为上，以"好有"者为中，以"知辨"者为下，故仁者大成亦可不失其自在安乐。无形谓之象，有形谓之相，老子也；无形称义，有形名礼,孔子也。老子谓有无生灭恒自不息,孔子移而深解仁道,谓义礼相因损益亦然,革命换代固可也已,而天下未必亡矣;老子骇其揖邀盗贼,疾呼绝圣弃智,以阴阳之道本为重,而以有无之形辨为轻,务戒世人逐末躁动;孔子无奈服之,遂归有无之际加修其舍藏隐怀之德,儆有为者不得轻易造次,潜从老子而同勉持盈保泰之义,几近今所谓存在即合理之说,教人冷静务实,不宜过分干预世道。

四、中庸之道两家尤其相为表里。从老子经说,太一乃"恒不易"者也,夫"无"中生"有"而方出"易"者也,世人存身固当取法大道,和其光、同其尘,夫惟不争,居本而弃末,恒不易之,必可曰久曰至曰大;孔子主张有为,入世而行,惟于"变易"中守其"不易",谓之中庸,其道实为"渐易"者也。老子本于"恒不易"而欲归根,孔子本于"渐易"而立中庸,一依形上之道而称能容,一从形下之智而曰执中;二者虽有别,往来亦无碍:老氏无为穷极,可采中庸之浑噩,所谓大隐隐于市;孔儒有为穷极,可返《易》道之洞明,所谓独善其身;是故可谓老子之"容",或正为孔子之"中"也。中庸之道传承历久,后儒守孔子之"中"而"庸",或早已不见老子之"容"矣;去"容"而觅"中",又执其"中"而逞其"庸",盖后儒相因谬失之根由也,圣教流弊之误当莫此为甚哉。

五、及之于为政两道可相辅相成。老子重无轻有,道为本,德为末,故尔不许君子自以为是,好动妄作;孔子贵有为而斥无为,德为本而道为末,鼓舞士人立志有为上进,事于君子为政,可济其寻常无为之治。君子之德如居北辰,老孔一也;士人之德两家有分,老子主顺,孔子主贤,孔子加"贤"于老子之"顺",夫"顺"转曰"忠"也,由是君子足可信赖远贤,人才进途阔拓焉。然而,顺为者多从道,忠君者好忘道,故老子儆儒"大道废而有仁义,国家昏乱而有忠臣",孔子则回敬"有道则出,无道则藏",以安其心。后儒浅学无知,浑君子士人一体而教有为之道,嗾明君贤臣相与争辉斗艳,诸夏北辰天宫遂漠然泯矣。

诸子砥砺,老孔双璧,共襄形上道德之至义,相辩之义虽负纲常之重,亦祇牛耳之一棱角耳,远非当时学问全貌。譬如同趣有为之志,农、墨身体力行,质诘从政食禄,实近好吃懒做,孔子奋言不仕无义,所谓学而优则仕,固所应当,毕生求禄乃志士当仁不让之举。又如名家或活跃图变,简礼薄葬,欲削儒术,孔子

再读论语

卫礼守制,自承从周不违,也未必要人泥古,多半一时难以招架而攀高求援,以死守祖制之术而抗名家利口之辩。是以学者今人若返诸子语境,再读孔子或可复睹其真容之一二也。

扫码查看
- 听·儒音雅集
- 悟·论语智慧
- 读·先贤名句
- 观·圣人故事